科学出版社"十四五"普通高等教育本科规划教材

政策与项目评估

杨代福　陈　升　定明捷　编著

本教材获第三批重庆大学一流专业核心课程群建设项目
（02020054012005）、重庆大学公共管理学院"精品教材"倒立项资助计划、
国家自然科学基金项目（72274026）、中央高校基本科研业务费项目
（2024CDJSKPTO2）资助

科 学 出 版 社

北　京

内 容 简 介

本书是一部系统阐述政策与项目评估理论、方法与实践的教材，介绍了政策与项目评估伦理，范式及相应的模型和方法以及规划、实施、结果交流与元评估等过程。本书主要有四个方面的特色：一是凸显思政性，强调政策与项目评估伦理的指导作用；二是注重前沿性，注重反映国内外政策与项目评估的最新研究动态和发展趋势；三是强调系统性，全面、详细介绍了政策与项目评估的理论与方法；四是注重可学性，全书穿插了大量的评估案例，注重理论联系实际，可读性强。

本书适合作为高等院校公共管理专业本科生、硕士研究生、博士研究生的专业教材，也适合作为公共部门管理者和公务人员了解政策与项目评估知识的参考书。

图书在版编目（CIP）数据

政策与项目评估 / 杨代福，陈升，定明捷编著. -- 北京 ： 科学出版社，2024. 12. --（科学出版社"十四五"普通高等教育本科规划教材）. -- ISBN 978-7-03-080160-9

Ⅰ. F224.5

中国国家版本馆 CIP 数据核字第 2024J8N323 号

责任编辑：方小丽 / 责任校对：王晓茜
责任印制：张 伟 / 封面设计：有道设计

科 学 出 版 社 出版

北京东黄城根北街 16 号
邮政编码：100717
http://www.sciencep.com

北京市金木堂数码科技有限公司印刷
科学出版社发行 各地新华书店经销

*

2024 年 12 月第 一 版 开本：787×1092 1/16
2024 年 12 月第一次印刷 印张：19 3/4
字数：468 000

定价：78.00 元

（如有印装质量问题，我社负责调换）

前　言

　　政策与项目评估于 20 世纪 60 年代在西方国家进入专业化时代。随后引起了各国的广泛关注和持续探索。20 世纪 60 年代末期政策与项目评估成为西方国家的新兴产业；20 世纪 70 年代成为西方社会科学界的一个重要学术领域；20 世纪 70 年代末期以来，受新公共管理运动的影响，政策与项目评估更加繁荣；20 世纪 90 年代末期以来，受"循证政策制定"浪潮的影响，各国和一些国际组织不断追求政策与项目评估的科学性、有用性。政策与项目评估已成为效果认知与检验、政策优化与学习、政府监督与问责的重要途径。自 20 世纪 80 年代中期开始，我国也开始了政策与项目评估的探索历程。近些年来，中央和各地的政策和项目评估实践日益蓬勃。

　　2014 年党的十八届四中全会通过的《中共中央关于全面推进依法治国若干重大问题的决定》指出"对部门间争议较大的重要立法事项，由决策机关引入第三方评估"。2015 年中共中央办公厅、国务院办公厅印发的《关于加强中国特色新型智库建设的意见》提出"建立健全政策评估制度"。2020 年《中共中央关于制定国民经济和社会发展第十四个五年规划和二〇三五年远景目标的建议》指出"健全重大政策事前评估和事后评价制度"。党的二十大报告指出，到 2035 年，"基本实现国家治理体系和治理能力现代化"；要"坚持科学决策、民主决策、依法决策，全面落实重大决策程序制度"；"提高行政效率和公信力"。①政策与项目评估已成为我国政策过程和政府绩效管理的重要环节，成为实现我国公共决策科学化、民主化和法治化的重要途径，成为推进我国政府治理体系和治理能力现代化的重要方式。因此，正确认识政策与项目评估的基础概念、相关理论、模型和方法，系统阐释政策与项目评估的框架体系、主要环节和实施过程，对于提高我国政策与项目评估水平、推进公共管理学科建设、培养政策与项目评估人才具有重要的理论意义和现实意义。

　　本书从阐述政策与项目评估的基础理论出发，以政策与项目评估体系为总体框架，从政策与项目评估伦理，政策与项目评估范式、模型和方法，政策与项目评估过程等对政策与项目评估的理论和方法进行了系统的介绍和阐释。全书共分十一章，可以划分为以下三篇。

　　第一篇（第一章至第二章）：该部分主要讲述政策与项目评估的基础概念、发展历

---

　　①《习近平：高举中国特色社会主义伟大旗帜 为全面建设社会主义现代化国家而团结奋斗——在中国共产党第二十次全国代表大会上的报告》，https://www.gov.cn/xinwen/2022-10/25/content_5721685.htm。

程、政策与项目评估体系以及政策与项目评估伦理。第一章介绍了政策与项目评估的定义、特点、类型、意义，中外政策与项目评估的历史发展状况，政策与项目评估体系；第二章介绍了政策与项目评估伦理。

第二篇（第三章至第八章）：该篇主要介绍政策与项目评估的范式、模型和方法。第三章至第十章将分别介绍后实证主义评估、建构主义评估、变革性评估、大数据政策评估、批判复合主义评估、实用主义评估的范式、相关评估模型和评估方法。

第三篇（第九章至第十一章）：该篇主要介绍政策与项目评估的过程。第九章将介绍政策与项目评估规划；第十章介绍政策与项目评估实施；第十一章介绍政策与项目评估结果交流、利用和元评估。

本书集结和整合了三位作者多年来在政策与项目评估领域理论研究的成果和具体实践的经验，既可以作为高等院校公共管理专业本科生、学术硕士研究生、博士研究生、公共管理专业硕士研究生课堂教学的专业教材，也可以为从事和打算从事政策与项目评估的人士提供参考，也可以为公共部门管理者和公务员了解政策与项目评估知识提供参考。概括而言，本书具有以下几个特色。

一是凸显思政性。作为公共管理学科的专业教材，本书内容追求工具理性和价值理性的统一，将"立德树人"作为本书的根本任务。本书认为，评估之要，首在立德。本书不局限于对政策与项目评估的模型、方法、过程的探讨，还专辟一章介绍政策与项目评估伦理，并将评估伦理要求融入之后各章。

二是注重前沿性。本书在借鉴吸收国内外已有理论成果和实践经验的基础上，注重阐释政策与项目评估的前沿理论、模型和方法，积极探索国际前沿的研究视点。如循证评估的模型与方法、大数据政策评估的模型与方法等，较好地反映了国内外政策与项目评估的最新研究动态和发展趋势。

三是强调系统性。本书以政策与项目评估体系为总体框架，详细介绍了政策与项目评估伦理，六大范式与其相应的模型和方法以及政策与项目评估规划、实施、结果交流利用和元评估等过程。全面包含了政策与项目评估的伦理、范式、模型、方法和过程，结构清晰，条理分明。

四是增强可学性。本书除系统介绍政策与项目评估的理论与方法外，还辅以大量的案例作为补充，注重理论联系实际。案例按照评估对象及其背景—哲学与理论基础—评估方法—管理与预算—评估结论—评估者的反思—评估报告与利用进行编排，提高了读者对理论和方法的理解。同时，本书在每章后面安排了本章小结、关键术语和复习思考题，以帮助读者温故知新，提高学习效果。

本书是集体努力的结果。重庆大学杨代福教授负责统筹本书的编写，并撰写了本书第一章、第二章、第三章、第四章、第五章、第六章、第七章、第八章；重庆大学陈升教授编写了第九章和第十章；华中师范大学定明捷副教授编写了第十一章。感谢重庆大学公共管理学院各位领导特别是丁从明副院长的支持，将本书纳入重庆大学公共管理学院"精品教材"倒立项资助计划并予以资助；感谢重庆大学公共管理学院行政管理系系主任彭小兵教授，将本书纳入第三批重庆大学一流专业核心课程群建设项目（02020054012005）并进行资助；此外，本书还得到了国家自然科学基金项目（72274026）、中央高校基本科研业务费项目（2024CDJSKPTO2）的资助。本书在编写过程中，参考借鉴了大量的书籍和其他资料，在此也一并向这些资料的作者表示诚挚的感谢。尽管我们已经尽了很大的努力，但囿于水平，书中的疏漏和不足在所难免，因此还敬请各位专家、学者批评指正。

杨代福

重庆大学教授、博士生导师

2024 年 1 月 16 日

目　录

第三篇　过　程　篇

第一篇

基　础　篇

　　本篇旨在提供政策与项目评估的概述，探讨政策与项目评估的定义、特点、类型、意义，中外政策与项目评估的历史发展状况，政策与项目评估体系以及政策与项目评估伦理等问题。本部分包含两章：第一章——导论和第二章——政策与项目评估伦理。

第一章
导　论

我们学习和研究政策与项目评估时，首先遇到的就是什么是政策与项目评估，其具有哪些特点，政策与项目评估有何意义，中外政策与项目评估的历史发展状况如何以及如何理解政策与项目评估体系等问题。

第一节　政策与项目评估的含义与意义

一、政策与项目评估的含义

"政策与项目评估"是现代社会生活中使用较为广泛的概念之一。但无论是在实践领域，还是在学术领域，人们对它的含义都没有一致的界定。我们先来看看国内外学者对其的定义。

（一）国内外学者的定义

梅尔滕斯认为，评估就是为了减少做决策时的不确定因素而对客体（政策或项目）的优点（merit）或价值（worth）进行的系统的调查研究（Mertens，1998）。

托弛姆认为，评估是一种使用正式方法论在决策环境中提供有关公共实体（如项目、产品、绩效）的有用经验证据的职业，这些决策环境本质上是政治性的，涉及多个经常冲突的利益相关者，资源有限，时间压力突出（Trochim，1998）。

福尼尔认为，评估是一种用于收集和综合证据的应用性调查过程，最终得出关于政策、项目、提案、计划、人员或产品的状态、优点、价值、重要性或质量的结论。评估中得出的结论既包括经验方面（事实就是这样），也包括规范方面（对事物价值的判断）。正是这种价值特征将评估与其他类型的调查区分开来，如基础科学研究、临床流行病学、调查性新闻或公共民意调查（Fournier，2005）。

林肯（Lincoln）和古贝（Guba，也译作古巴）认为，评估是一种经过训练的调查研究，用来决定某些客体（政策、项目、干预、设施等诸如此类的评估对象）的价值，以便改进或改良评估对象（形成性评估）或者评价它的影响（总结性评估）（古贝和林肯，2008）。

罗希等（2007）认为，评估是应用社会研究的规程系统地调查社会干预项目的效益。更具体地说，评估者利用社会研究方法从社会项目的各个重要方面研究、评价和帮助改进社会项目，包括对项目所关注的社会问题的诊断、项目的概念化和设计、项目的实施和管理、项目的成果及效率。

陈振明（2015）认为，政策评估是依据一定的标准和程序，对政策的效益、效率、效果和价值进行判断的一种政治行为，目的在于取得有关这些方面的信息，作为政策变化、政策改进和制定新政策的依据。

（二）本书的定义

中外学者都力图对政策和项目评估下一个恰当的定义，但由于角度不同各有所侧重。但总的来看，政策与项目评估离不开如下五个要素，即评估主体、评估对象、评估标准、评估方法与程序以及评估的目的。综合以上要素，本书认为，政策和项目是指评估人员依据一定的标准、方法和程序，对政策和项目的绩效进行调查与判断，为政策和项目效果的认知与检验、政策与项目的优化与学习、政府监督与问责等提供信息和依据。

（三）正确把握"政策与项目评估"的内涵

1. 谁进行评估？——评估的主体

一般来说，政策与项目评估由内部或外部的评估人员进行评估。

内部评估是指由实施政策或项目的同一机构或人员来完成的评估。如果内部评估是由接受委托并实施政策或项目的部门进行，那么这种评估可以称为"自我评估"。如果评估是由这个单位的另一个部门（如政策与项目评估办公室）进行的，那么这种评估虽然也是内部评估，但不是自我评估。内部评估的好处在于，评估人员更了解政策项目，避免了无知导致的错误；评估人员更了解实施政策和项目的人，更容易与他们交谈；评估人员在评估完成后仍然在这个机构，可以促进评估的改进和优化；评估人员更容易获得相关资料，使评估成本更低。但内部评估也有其缺陷，那就是评估人员缺乏独立性和必要的距离，更容易受到政策、项目和相关执行人员的影响；另外，他们也可能缺乏足够的评估能力，致使评估结果产生偏差。

外部评估是不属于政策或项目制定者、政策或项目资金提供者，以及政策或项目实施机构的人员进行的评估。外部评估的优点在于，评估人员具有相对的独立性，不太可能受到个人或工作利益考虑的影响；评估人员通常具备较强的方法技能及专业化的评估知识。外部评估的缺点在于，获取政策或项目相关的数据或资料较为困难；会给被评估者带来恐惧感从而引起抗拒反应；另外，由于评估人员与相关执行人员缺少交流，如果评估结论不能被相关人员接受，则评估结果的使用或转化可能更为困难。

鉴于内部评估和外部评估各有其优缺点，现实中人们有时将内部评估和外部评估结合起来使用，这样可以将二者看问题的角度结合并且择其优点而用之。

2. 评估什么？——评估的客体

评估什么包含两个层面的含义。一方面，是指 Evaluand（评估对象），另一方面，还包括评估 Evaluand 的什么方面，例如，是其优点、价值，还是目标达成情况或者影响等。

1）Evaluand

Evaluand 是迈克尔·斯克里文（Michael Scriven）创造的一个通用术语，可以适用于任何评估的对象。它可能是政策、项目、组织、团队、个人、资金（如财政资金）、产品、想法或任何其他被评估的实体（Mathison，2005）。就本书的范围而言，我们仅聚焦公共政策（public policy）与公共项目（public program）。

政策是国家（政府）、执政党及其他政治团体在特定时期为实现一定的社会、政治、经济和文化目标所采取的政治行动或所规定的行为准则，它是一系列谋略、法令、措施、办法、条例的总称。政策是关于某一特定主题或问题领域完整的、自成一体的行动策略。政策表达的是指向未来的远景，但也预先规定了行动步骤，或者说政策都有一个值得期待的目标，但也有一个详细的行动策略，通常这一行动策略要在相互协调的项目中完成。

项目则是"为达到某些目标而设计的一系列活动的有机整体"，它由一系列彼此相关的计划组成，而计划（projects）是"政府试图将政策和项目转变为行动方案的主要手段"（施托克曼和梅耶，2012）。从方法上看，项目被当作为了达到事先确定的规划目标所实施的一连串措施，借助这些措施可以促进社会系统内部的创新。从组织方面看，项目可以看作一个单位，它需要配备物力和人力资源并纳入一个组织（载体）中，而组织（载体）是一个更广泛的系统关系中的组成部分。项目的干预可对载体组织或它们的周边环境（如目标群体、成果接受者、有权提出要求的人）产生影响。根据罗伊斯的观点，一个好的项目具有以下几种特征：具有合格的人员；具有合适的预算；具有稳定的财政资金配给；具有自我认同感；在经验性结果基础上的需求评价；有关于项目因果作用方式的"项目理论"；具有服务观；利用以经验为基础的评估体系检测项目成果（施托克曼和梅耶，2012）。

相比较而言，项目涉及的范围更为狭窄，组成部分数量有限，目标较为明确，涉及的利益相关者更少；而政策涉及的范围更为宽广，组成部分数量更多，目标更为多元和模糊，涉及的利益相关者更多。这可以视为评估的两个层次，而干预（intervention）一词常涵盖所有两个层次。尽管这两个层次以及对这两个层次的评估存在差异，但从评估的基本理论和方法来看，这两个层次的评估存在大量的共性，因此本书不对政策评估、项目评估的理论与方法进行明确的区分。

2）评估政策与项目的哪些方面？

目前学界和实践界对"评估政策与项目的哪些方面"存在多种多样的看法，可以说是百家争鸣。某一个词语似乎难以恰当地概括所有方面，综合考量，我们以"绩效"一词来涵盖这些方面。

首先，一些学者认为，政策和项目评估包括背景评估、政策或项目方案的未来前景或后果的预测评估（贠杰和杨诚虎，2006；Stufflebeam and Zhang，2017）。

其次，一些学者认为，政策和项目评估包括评估政策或项目的依据充分性或相关性、程序规范性、协调性、一致性、充要性、依赖性、瞄准度或精准度、可行性等。依据充分性或相关性考察政策与项目是否与宏观决策背景、战略规划依据相符；程序规范性评估政策制定和实施程序是否符合法律法规和相关政策要求；协调性评估政策与项目是否与法律法规以及国家、上级政策规定相一致，是否与相同位阶的其他重大行政决策相协调（孔翠芳等，2023）。政策的一致性检验"主导观点"的政策价值观与政策的目标、手段和预期结果之间的逻辑关系，政策的充要性检验政策的目标对于追求的价值是否有必要、政策的手段对于实施的目标是否有必要、期望或实际的政策结果对于衡量手段的成效是否有必要以及检验目标是否充分反映价值、手段是否充分达到目标、结果是否充分证明手段，检验政策与利益相关者价值观的吻合和矛盾程度（梁鹤年，2009）。政策瞄准度或精准度评估政策是否瞄准目标群体或对目标群体的识别是否精准。政策或项目可行性主要评估政策或项目在技术上、经济上、政治上和行政上是否可行。

再次，还有学者认为，政策和项目评估包括对评估政策或项目的投入（input）进行评估，包括对系统能力、备选的政策策略、备选的外部承包商、所选政策或项目的实施程序、预算、进度、人员配置和利益相关者参与计划进行评估以及对它们是否能响应政策或项目的目标和受益人需求进行评估（Stufflebeam and Zhang，2017）。

然后，还有一些学者认为，政策和项目评估应包括对政策或项目进展、贯彻落实情况或者过程与产出进行评估（施托克曼和梅耶，2012；陈振明，2015）。

最后，一些学者强调对政策或项目的优点与价值，目标达成情况，效果、效率、效益，成本与收益，结果、影响和可持续性进行评估。其中，持续性评估指考察政策或项目是否能够持续发展、内外部环境是否有重大变化或追踪政策和项目后续运行及成效发挥的情况（孔翠芳等，2023）。

除此之外，还有学者对政策与项目的内容范围持更广泛的界定。例如，贠杰和杨诚虎（2006）认为政策评估还包括对构成政策系统的诸要素、环节和评价方法进行局部或全面的分析；费希尔（2003）认为不仅要评估政策或项目是否达到特定的目标，还要考察政策目标与问题情景的符合度、政策对整个社会系统的工具性影响以及其与证明社会系统合理性的意识形态原则的关系；波森认为，政策与项目评估不仅应评估政策或项目的效果怎样（what works），还应评估"政策在什么情况下起作用，对谁起作用，如何及为什么起作用"（how or why does this work，for whom，in what circumstances）（Pawson and Tilley，1997）。

本书试图以"绩效"一词来涵盖这些方面。但为了区分，本书将聚焦于政策或项目的"结果和影响"一类的绩效的评估称为"狭义的政策或项目评估"；将聚焦于政策或项目的"过程、进展、贯彻落实情况、产出，优点与价值，目标达成情况，效果、效率、效益，成本与收益，结果，影响"这些方面的绩效的评估定义为"中义的政策或项目评估"；而将包含或涉及以上所有内容范围的评估称为"广义的政策或项目评估"。尽管本书的部分内容涉及广义的政策或项目评估，如 CIPP 模型（背景-投入-过程-产出模型，context-input-process-product model）、政策辩论逻辑框架、现实主义评估等，但更多的是聚焦中义的政策或项目评估特别是狭义的政策或项目评估。相关的概念将在下一部分进一步阐述。

3. 为什么评估？——评估的目的

政策或项目评估具有以下四种目的，它们在不同的环境下有所侧重。

（1）认知与检验。任何政策或项目，如果投入运行后，就再没有人去做相关的评估反馈工作，那它的效果就不得而知。因此，只有进行评估，才能认知政策或项目产生了怎样的实际效果，是否同制定与执行该政策或项目所花费的人力、物力、财力成正比以及是否产生了其他影响。同时，评估也是检验政策或项目的质量与水平的基本途径，只有进行评估，才能明确政策或项目是否有助于社会问题的解决，目标是否实现以及实现程度如何。

（2）优化与学习。如果获得评估结果，就会使得不同的利益相关者（政策制定者、政策实施者、其他参与者与相关人员）之间的对话和学习成为可能。例如，在评估结果的基础上，大家可以共同而且透明地总结政策或项目是如何成功进行的、哪一方面最成功、哪些方面还存在不足，从而为政策或项目的优化提供反馈信息，也可以从评估中获得新理解、新灵感。从这个角度而言，评估可以为政策或项目目标的优化、内容的优化、实施方式方法的优化、资源配置的优化等提供依据；还可以为政策是否继续、政策是否终结以及未来新政策的制定提供信息。

（3）监督与问责。"每一次评估都与一种形式的监督或问责有着直接或间接的联系"（施托克曼和梅耶，2012）。评估通常会公布所有的政策或项目参与者是否完成了自己的任务，是否履行了自己的义务、他们的资质和能力是否够用等，因此，可以说，评估是除法律监督、政治监督和经济监督之外的另一种行政管理活动的监督形式。从更广泛的角度来看，评估还有利于更好地问责或提升公共组织及其成员的责任感。例如，由于发现了政策或项目的有效之处和无效之处，有利于上级明确成功或失败的责任；通过对政策或项目成效的检验和评价，也有助于加强公共部门，特别是政府组织及其成员的工作责任感。

（4）证明与宣传。除了以上目的，政策和项目评估还具有证明和宣传的目的。一方面，在一些政策辩论中，评估结果被作为"证据"，用来证明制定和实施的政策或项目的合法性；在当今世界各国实施预算绩效管理的背景下，政策或项目要想获得持续的资金或资金的追加，也必须提供政策或项目有效性的证据。另一方面，评估还有助于宣传或推广有效的政策或项目或者这些政策或项目的有效机制。决策者和实践者一直在寻求最佳的政策或项目实践，在这样的背景下，利用评估结果宣传经过检验的成功的政策或项目，可以帮助政府决策者做出更明智的采纳决策。

4. 依据什么进行评估？——评估的标准

政策与项目总是要依据一定的标准（或进行判断的尺度）来进行，只有参照一定的标准才能对政策或项目做出科学、客观的评估。而且，依据的评估标准不同，得到的评估结果也可能不同。

由于评估的目的与内容、政策与项目的目标以及与评估相关的利益相关者的价值观、政策与项目的变化理论等的不同，设定一种统一的、具有固定规范的评估标准是困难的，也是没有意义的（施托克曼和梅耶，2012）。当然，评估标准经常指向的是政策和项目或其实施过程为某些人或某些群体带来的收益，因此，评估中的评估标准可以有以下出发点。①历史比较：获得的绩效与过去相比表现如何？②国内比较：获得的绩效与同一个区域或全国范围内的相似机构相比情况如何？③国家比较：获得的成绩与其他国家相似机构相比情况如何？④标准值：观察到的成绩与最佳的经验性实践相比表现如何？⑤目标：观察到的成绩达到了事先拟定的目标值吗？⑥目标群体的期望：取得的成绩满足了目标群体（接受者）的期望吗？⑦利益者的期望：取得的成绩符合其他利益相关者的期望吗？⑧专业化的标准：成绩在多大程度上符合可接受的专业的、科学的标准？⑨最低值：取得的成绩足够满足最低要求吗？⑩最佳值：取得的成绩与最优的模式相比是否足够高？（施托克曼和梅耶，2012）

一般来说，建立评估标准可以有以下来源。①相关法律法规、政策或项目文件或者评估委托方确定的强制性评估标准。例如，经济合作和发展组织（Organization for Economic Co-operation and Development，OECD）为发展合作项目的评估制定了以下标准：相关性、有效性、效率、影响、可持续性。②评估者确定的评估标准。人们认为评估者是专家或专业人士，他们应该最清楚必须按照哪些标准对某一政策或项目进行评价，这种标准的建立可以称为知识和经验本位。③由目标群体确定的评估标准。在一些政策或项目中，目标群体的利益处于中心地位，在建立评估标准时，应该确保评估优先考虑到他们的需求。④参与式方法确定的评估标准。由评估委托方、评估者、目标群体的代表和其他一些利益相关者共同确定评估标准，以便尽可能从不同视角来考虑。因此，评估标准建立的关键是确定需要参考哪些价值体系并能解决价值的冲突。

5. 如何进行评估——评估的伦理，范式、模型、方法与过程

"如何进行评估"涉及伦理道德标准指导问题，政策与项目评估的范式、模型、方法问题和评估的程序问题。本书认为，从实施的角度看，政策与项目评估是在一定的伦理道德标准指导下，选择、组合和运用评估范式、评估模型和评估方法，并基于一定的程序来开展的。相关内容将在第三节进行概要介绍。

二、相关概念

考虑到目前学界和实践界对政策与项目评估提出多种概念和术语，在明晰了政策与项目评估的基本含义后，对相关的一些概念进行介绍。

（一）事前评估、事中评估与事后评估

从评估在政策过程中所处的阶段来看，政策与项目评估可以分为事前评估、事中评估与事后评估三种类型。

事前评估（ex-ante evaluation）也称为执行前评估或预评估，是指在政策执行之前对政策方案的一种预测性评估，其重点在于对政策方案的后果和未来前景进行预测以及对政策方案的可行性进行分析，其主要的目的在于为科学地制定政策提供依据。

事中评估也称为执行中评估或执行评估，是在政策执行过程中所进行的评估，其目的在于通过分析政策在实际执行过程中的相关情况，准确地反映政策执行效果，并及时反馈和纠偏，实施严密的过程控制，以确保政策得到严格的贯彻执行。

事后评估（ex-post evaluation）也称为执行后评估，是指政策执行活动完成后所进行的一种全面的、综合性的系统评估。其旨在鉴定人们执行的政策对所确认问题确定达到的解决程度和影响程度，辨识政策成败原因，它最终决定着一项政策的延续或终止，以及长期性的政策资源的获取和重新分配等重要问题，往往是最主要的一种评估方式。

（二）形成性评估与总结性评估

从评估的作用或评估信息如何被使用的角度看，政策与项目评估可以分为形成性评估与总结性评估两种类型。

形成性评估（formative evaluation）是指评估起到的是形成性作用，即用来发展、改进政策或项目。在形成性评估中，评估是政策、项目发展过程的一个组成部分，评估可以提供持续的反馈，一般用来协助人们改进正在发展、执行或推广的政策或项目。

总结性评估（summative evaluation）是指评估起到的是总结性作用，即用来概括政策或项目的价值。在总结性评估中，评估人员寻找所有关于政策和项目的效果，并依据利益相关者的评估需求对这些结果进行检验，还会将被评估的政策、项目与竞争性的政策、项目优点、价值和意义进行对比，从而对政策或项目的价值提供全面、综合的判定，可以用来帮助利益相关者了解政策或项目的价值，明确政策成功和失败的责任，以及加深对评估的理解。

（三）背景评估、投入评估、过程评估、产出评估、结果评估和影响评估

背景评估（context evaluation）是指对政策与项目的背景进行的评估，包括确定政策或项目预期受益人的需求，确定满足预期受益人需求的问题或障碍，确定可用于满足预期受益人需求的相关的、可利用的有利条件和获得资助的机会。

投入评估（input evaluation）是指对评估政策或项目的投入或输入进行的评估，包括对系统能力、备选的政策策略、备选的外部承包商、所选政策或项目的实施程序、预算、进度、人员配置和利益相关者参与计划进行评估以及对它们是否能响应政策或项目的目标和受益人需求进行评估。

过程评估（process evaluation）是针对政策或项目的执行、实施以及包括改变政策或项目某些程序的重大失误或不良操作部分进行持续性的检查和评估（Stufflebeam and Zhang，2017）。

产出评估（output evaluation）是针对政策或项目的产出进行的评估。政策或项目的产出指政策或项目从事的工作或已经做过的事情以及与此相关联的一系列统计或经济数字（陈振明，2015）。例如，一项针对婴幼儿贫血的营养干预项目（以缺铁性贫血为例），项目的覆盖人数、覆盖强度、覆盖周期等为项目的产出，其仍为过程性变量（陕西师范大学教育实验经济研究所，2022）。因此，产出评估是针对这些内容进行的评估。

结果评估（outcome evaluation）是针对政策或项目的结果进行的评估。结果是指在一定阶段，事物发展所达到的最后状态，政策或项目的结果则指政策或项目实施后客体及环境呈现的状态，它是产出的延续。例如，上述的婴幼儿贫血的营养干预项目的结果是项目实施后婴幼儿血红蛋白值情况、贫血发生率情况。

影响评估（impact evaluation）是对政策或项目产生的影响进行的评估。影响强调结果的改变，是政策或项目带给目标对象或环境的变化。进一步地，影响评估往往强调政策与项目的净影响。社会环境呈现出高度的错综复杂性以及政策行为的重叠（针对相同或相似的政策问题和目标群体，不同的机构和部门都制定并执行各自的政策或项目），

因此环境的改变可能是由多种政策、项目或社会中的其他因素综合作用的结果,或者说,环境的改变并非由待评估的政策或项目单独所导致。因此,需要将环境的改变与仅仅归因于政策或项目的"净影响"区分开来,净影响才是政策或项目的真正的影响。现代影响评估强调分析政策或项目带来的净影响,其核心问题是归因问题,往往建立在"反事实"框架上(陕西师范大学教育实验经济研究所,2022)。

(四)优点与价值

优点与价值是国外学者常用来表示政策与项目评估的内容的术语。其中,优点指政策与项目内在的或关于某一特定标准的绝对或相对特性。一方面,"优点"可以根据政策与项目的内在价值来判断,例如,它是否满足特定人群的需求?另一方面,优点也可以由特定的标准来确定,例如,对残疾学生的支持项目的优点可以通过"残疾学生在学术上成功程度、残疾学生毕业后就业的人数或者为残疾学生提供服务的要求"等标准来判断。政策与项目的优点与情景无关,关键在于政策与项目本身的特性。

价值是指政策与项目在特定环境中的价值或者对政策与项目目标群体之外的人的价值。从情景的角度看,对残疾学生的支持项目对于有残疾学生的学校有价值,但对没有残疾学生的学校就没有价值。从目标群体之外的价值的角度看,如果对残疾学生的支持项目导致家长对残疾学生的进步满意、雇主对残疾学生的技能满意,甚至缩小了社会的贫富差距,显然这个项目便具有"价值"(Mertens and Wilson,2019)。

(五)效果、效率和效益

政策与项目的效果(effect)是指一种结果,它应该用绝对指标来表示,并且可以采用"正向"和"负向"两词来修饰"结果"。"正向结果"是指人们预期的结果,一般是符合客观规律的结果,大多指"好的结果";"负向结果"是指人们非预期的结果,一般是不符合客观规律的结果,大多指"坏的结果"。

政策与项目的效率(efficiency)是指在特定时间内,政策与项目的各种产出与投入之间的比率关系。"投入"不仅仅是时间的投入,也可以是政策与项目中的人力、物力、财力投入;相应地,"产出"可包括公共产品的数量与质量、目标群体的收入等。

政策与项目的效益(effectiveness)则是一个综合概念,是效果与效率的统一。可用逻辑乘法("与"运算)来表达,即效益=效果∧效率(吴君民等,2007)。

(六)成本和收益

尽管成本(cost)收益(benefit)分析与上述的投入产出分析都是对政策或项目产生的价值和投入的资源的价值进行比较,但是二者存在差异。其基本区别在于对"价值"的不同理解,投入产出仅限于基于市场价值和国民账户的财务指标,而成本收益分析注重政策或项目对整个社会福利的影响,例如,在某些情形下市场价格并不是物品或服务的"真实"价格,因此必须经常对市场价格进行调整,或者有时用其他评估来取代,以便对成本和收益做出正确的估计。又如,所有使用的资源都应该包括在内,即使是没有在市场上交易的资源,例如,休闲时间和环境资源,也应该在成本收益分析中进行评估。

此外，对以任何方式受到政策或项目影响的每一位社会成员的影响都应该是成本收益分析的一部分（Andersson et al.，2008）。

（七）目标达成评估与无目标评估

目标达成评估是指评估以政策或项目目标为基准，描述政策结果与政策目标相一致的程度。描述政策或项目的结果是否达到政策目标也是政策或项目评估的一个重要方面。其特点在于认为评估过程是将政策结果与预定的政策目标相对照的过程，是根据预定的政策目标对政策结果进行描述的过程。

无目标评估指评估者有意独立于政策或项目的既定目标，通过观察和衡量所有的实际结果来判断政策的真实结果和问题所在。

（八）结果和影响的维度

对于结果和影响，还可以从多个维度进行分析。

1. 结构、过程、行为维度

结果和影响可以表现结构、过程和个体行为方式的改变。比如，在新教育政策的实施中，增加实践教学导致学校修改基本规定或者课程安排，即结构的改变；在课堂教学中更注重师生的互动而减少教师讲授的时间，即过程的改变；而要达到上述的变化，教师的个体行为方式就得改变，比如，他必须采取新的教学形式以符合新的课程。

2. 预期、非预期维度

预期的结果和影响是指政策或项目的制定者或执行者预先期待的结果和影响，非预期的结果和影响是制定者或执行者意料之外的结果和影响。

3. 积极、消极维度

积极的结果和影响指政策或项目带来的正面的、肯定的、有利于发展的结果和影响，反之，消极的结果和影响指政策或项目带来的反面的、否定的、不利于发展的结果和影响。

4. 直接、间接维度

直接结果和影响是政策或项目直接导致结构、过程或行为的变化或针对所要解决的政策问题及目标群体所产生的作用；而间接结果和影响是政策或项目经过其他环节或因果关系所导致的结构、过程或行为的变化或者对政策问题及目标群体之外的事物或人员所产生的作用。

5. 短期、中期、长期维度

这是从政策或项目产生结果和影响的时间角度来划分的，但是不同的评估者对于短期、中期、长期时间的理解不尽相同。一般而言，短期结果和影响指政策或项目在接下来的最近的时间内（通常是在一年内或更短的时间内）所产生的结果和影响；中期结果和影响指政策或项目在未来的几年内（通常是在三年到五年内）所产生的结果和影响；而长期结果和影响是指在更长周期内（通常是五年以上的时间内）所产生的结果和影响。

6. 总体性、异质性维度

政策或项目的总体性结果和影响指政策或项目产生的总的结果和影响。但是，政策或项目对不同的个体、不同的群体、不同的地区可能产生不同的结果和影响，因此，有时需要评估政策或项目对不同个体、不同群体、不同地区的差异性结果和影响，即异质性结果和影响。

鉴于政策与项目评估可能涉及的内容广泛，且相关概念众多，评估人员在开展评估时，应明确评估的内容和范围，明晰相关的概念和术语。

三、政策与项目评估的特点

（一）科学性

政策与项目评估要遵守经验社会科学的规则和标准，也是系统、严谨的行为。一方面，尽管政策与项目评估不像基础研究那样，目的在于检验并发展理论，但其同样需要遵守经验社会科学的规则和标准。在选择研究对象、为证明效果和弄清因果关系（政策、效果与效果之间的关系）而应用数据获取和分析方面，评估和基础研究并没有原则上的差异。在评估过程中，所采用的猜想和假设都要得到高度的经验性检验，所有信息的获取、评价和解释的过程都要有方法上的保证而且整个过程都要有质量监控。政策与项目评估不仅要运用经验社会科学的理论与方法，同样需要遵守经验社会科学的基本规则和标准。另一方面，政策与项目评估要求拥有评估必备资质的人员依据评估专业的适当标准进行系统的、严谨细致的工作才能完成。因此，政策与项目具有科学性，是经验社会科学的组成部分（施托克曼和梅耶，2012）。

（二）政治性

政策与项目评估具有明显的政治性特征。它是政治过程的一部分，评估的结果可以对政治过程产生影响。评估作为政治调控的决策工具，部分会受到非学术性要求的制约。一方面，评估作为一种应用性的研究，必须深入分析除科学价值之外的政治以及社会的价值。从评估的目的来看，评估与政治（决策）紧密联系在一起或者说是为政治（决策）服务的，评估需要为政策或项目目标、内容、实施方式方法、资源配置的优化决策等提供依据，需要为政策继续、政策终结等政策走向决策提供信息。当然，监督与问责、证明与宣传也具有一定的政治和行政目的。从这一角度来说，政策与项目评估就是要回应政治（决策）的需求并为政治（决策）或社会实践的改进提供可以使用的结果。另一方面，评估在社会中的角色在很大程度上受到政治的影响，评估的发展历史是受政治驱动的，评估的繁荣和萧条主要是随着政治的变化而变化的。例如，"新公共管理"运动"结果导向"理念导致评估得到了更广泛的运用。除此之外，政治决策者还可以作为主要的评估委托方以各种各样的方式对评估产生影响。

（三）跨学科性

一方面，从评估和提高质量以及问责的需求上来说，各行各业（教育、医疗卫生、经济、住房等）都依赖于评估；另一方面，在其发展过程中，政策与项目评估不断从哲学、政治学、数学、经济学、统计学、社会学、管理科学与工程、公共管理、数据科学与大数据技术中汲取知识和能量，并综合运用相关概念和方法来系统地解决政策和项目的检验和评价问题。因此政策与项目评估具有跨学科、综合性和交叉性的特点。

四、政策与项目评估的意义

政策与项目评估除前述的认知与检验、优化与学习、监督与问责、证明与宣传等一般性的意义外，对于我国当前还具有以下意义。

（一）是我国政策过程和政府绩效管理的重要环节

从政策科学的角度来看，公共政策评估是公共政策过程的重要环节和组成部分。一般来说，公共政策经历政策制定、政策执行、政策监测、政策评估和政策终结等生命过程。当政策制定和执行后，确定政策是否科学、是否解决了政策问题、是否实现政策目标，就需要对政策的结果和影响进行判断和评价；而这种判断和评价又决定和影响政策是否需要优化、是否需要延续、是否需要终结。更进一步来说，通过政策评估获得的经验教训，也可为未来新政策的制定提供基础和启发。可以说，公共政策评估是政策过程中"承上启下"的重要一环。从政府绩效管理的角度来看，政策和项目评估是政府绩效管理的重要组成部分。根据管理层级，政府绩效可以分为组织绩效、部门绩效、政策和项目绩效以及员工绩效（方振邦，2019）。政策和项目绩效是各级政府在开展和实施政策或项目过程中在效率、效益、效果及质量等方面的完成情况，政府绩效管理不仅要对组织绩效、部门绩效和员工绩效进行管理，也要对政策和项目绩效进行管理。特别是在我国的财政预算绩效管理中，对政策和项目的评估贯穿于预算编制、执行、监督的全过程，以提高财政资源配置效率和使用效益以及政策和项目的实施效果。

（二）是实现我国公共决策的科学化、民主化和法治化的重要途径

首先，通过政策或项目评估，不仅可以获知和检验政策或项目的效果、效率和效益，可以为政策或项目目标的优化、内容的优化、实施方式方法的优化、资源配置的优化等提供依据，还可以为政策的延续、终结和未来制定新政策提供信息，因此政策或项目评估有利于减少公共政策的无效供给，最大限度地避免政策失误，实现公共决策的科学化。其次，政策或项目评估也是公共决策民主化的重要途径。政策或项目评估加强了决策过程中各种群体的参与，第三方评估使得专家和评估专业人员参与到评估中，政策目标群体和其他利益相关者在评估中也可以表达他们对政策或项目的意见；政策或项目评估促进了各种群体的对话，从建构的角度而言，政策或项目评估是各利益相关者进行交流、对话和协商而达成的共识；政策或项目评估促进了政府信息的公开，有利于实现公共决策的透明化。最后，政策或项目评估还有利于实现公共决策的法治化。我国《重大行政决策程序暂行条例》以及一些地方的规章和规范性文件均明确将"政策或项目的风险评估、决策后评估"作为决策过程的一部分，因此，政策或项目评估也是依法决策的体现，有利于实现公共决策的法治化。

（三）是推进我国政府治理体系和治理能力现代化的重要方式

政策与项目评估促进了公众和专家参与，有利于实现治理主体的多元化和治理结构的网络化；丰富了政策过程、政府绩效管理和政府监督体系，有利于政府治理制度的完

备化；改善了政策制定与执行以及体现了依法行政，有利于推进治理方式的现代化，因此，政策与项目评估有利于推进我国政府治理体系的现代化。而且，政策与项目评估可以促进政府决策的科学性，增强政策的执行力，提高政府的公信力，进而提升各级政府对我国政治、经济、社会、文化、生态等各方面的治理绩效，因此，也是推进我国政府治理能力现代化的重要方式。

案例　我国"三个重大"评估实践

一、资料来源

孔翠芳，龙玉清，王女英.2023."三个重大"评估实践概述.宏观经济管理，（1）：74-82.

二、我国"三个重大"评估实践

"三个重大"指重大规划、重大政策和重大工程。重大规划包括国民经济和社会发展规划、空间规划、区域规划以及教育、医疗、健康、文化、服务等方面的专项规划等。重大政策包括从国家到乡镇各级政府发布的与教育、环保、就业、交通、住房、旅游等相关的政策措施、实施细则、实施方案、指导意见、管理办法等。重大工程涉及一些重大水利项目、公路高铁建设项目、环保项目、三防建设项目等。

（1）评估依据。我国"三个重大"评估的依据主要包括以下几类：依据专门评估制度规定（如《重大行政决策程序暂行条例》）开展评估；按照上位通知文件（如《关于建立健全国家"十三五"规划纲要实施机制的意见》）要求开展评估；在规划、政策或工程项目可行性研究报告文本（如《乡村振兴战略规划（2018—2022年）》）中明确要求开展评估；依据上级指示（如《住房和城乡建设部　国家文物局关于加强国家历史文化名城保护专项评估工作的通知》）要求开展评估。

（2）评估主体。我国"三个重大"评估的实施主体主要划分为三类：政府内部自评估、委托第三方评估、政府内部第三方与委托第三方联合评估。目前以前两类评估为主。

（3）评估内容。我国"三个重大"评估内容主要包括目标实现程度、任务进展过程、实施效果影响（考察评估项目实施后对客体产生的实际效果和外延影响，包括经济效益评价、社会效益评价、生态效益评价等）三个维度。部分评估以相关性（是否与宏观决策背景、战略规划依据相符）、效率（投入产出比率）、效果（直接结果）、影响（对宏观社会、经济、生态等方面的间接影响）、可持续性（是否能够持续发展、内外部环境是否有重大变化等）五个维度作为评估内容。一些评估依据专门评估制度规定的评估内容开展，涉及成本收益分析、相关对象的接受程度、近远期影响、协调性、绩效性等。

（4）评估方法。我国"三个重大"评估常用的评估方法主要包括文献研究法、对比分析法、现场考察法、利益相关方座谈法、问卷调查法、综合指标体系评价法、专家打分法、大数据分析法、表征指标衡量法、成本效益分析法、计量分析法等方法。

（5）评估成果运用。我国"三个重大"评估成果运用场景主要有四种：一是上报政府部门，供决策者了解情况。这是最为直接的形式，例如，"十三五"规划中期评估报告最终向全国人民代表大会常务委员会（简称"全国人大常委"）报送。二是向社会公众公开，扩大宣传。例如，退耕还林政策评估后，国家林业和草原局举办了全国退耕还林还草综合效益监测评价结果发布会，通过印发宣传册、新闻媒体宣传等方式促进经验分享交流。三是转化为学术性成果，促进相关行业学会经验交流。例如，2020 年 6 月，国家林业和草原局发布《中国退耕还林还草二十年（1999—2019）》白皮书。四是推动政府管理部门完善政策、强化治理。例如，根据《国家新型城镇化规划（2014—2020 年）》中期评估结果，对部分指标和措施进行调整；又如，根据《横沥镇失能老年人护理补贴实施方案》的评估报告，该实施方案已不适用，横沥镇于 2021 年进行废止，开始按《东莞市居家养老服务管理办法（修订）》申请享受居家养老服务资助。此外，也有部分评估结果建立起了数据库和监测平台，方便后续监测评估、政策咨询、专题分析等。

三、我国"三个重大"评估存在的不足

我国"三个重大"评估体系在实践中不断发展，各部门各地方在评估主体、内容、方法和结果运用上都探索了一些好的做法，但在制度化、规范化、科学化和标准化方面，还存在一些亟待解决的问题，如评估理念滞后于发展需求，评估依据亟须顶层设计，评估主体独立性有待增强，评估内容有待完善和规范，评估方法亟须更新和深化，评估结果运行机制尚不健全等。

第二节 政策与项目评估的发展历程

了解政策与项目评估的发展历程或来龙去脉，有利于加深对政策与项目评估的理解。本节将介绍政策与项目评估的发展历程。以下从国外、国内分别介绍其发展概况。国外主要介绍美国、欧洲国家以及联合国、经济合作与发展组织等国际组织的实践和研究。另外，国内外政策与项目评估的实践虽然十分久远，但系统化、学科化的政策与项目评估却是相对现代的现象，因此，以下仅介绍系统化、学科化的政策与项目评估的发展历程。

一、国外政策与项目评估的发展历程

对于国外现代政策与项目评估的起点，人们有着不同的看法。有学者将 20 世纪三四十年代对"罗斯福新政"框架下为减少失业率和改善社会安全的改革项目所进行的评估作为美国政策与项目评估的实际起点（施托克曼和梅耶，2012）。但是，政策与项目评估在 20 世纪 60 年代以后被视为一门成熟的专业，或者说 20 世纪 60 年代才进入"专业化时代"（斯塔弗尔比姆，2007），因此，本书以 20 世纪 60 年代作为国外政策与项目评估的起点。依据评估需求的增长及其变化，大致可以将国外政策与项目评估分为以下四个阶段。

（一）进入专业化时代

20 世纪 60 年代，美国的经济显露出衰退迹象，这引发了一系列经济社会问题。比如，美国的贫困人口不断增加，总人口的 18% 为贫困人口；弱势群体为争取种族平等、社会公正，导致"民权运动"此起彼伏。为了缓解这一系列的经济社会问题，1964 年，时任美国总统约翰逊提出了建设"伟大社会"的施政纲领，国会通过了包括"向贫困宣战"、"保障民权"及医疗卫生等方面的立法四百多项，先后投入几十亿美元，在保障民权、反贫困、教育、医疗卫生、环境、劳动就业、消费者保护等领域提供了大量的政

策和项目。比如，在反贫困方面，就包括以下项目：就业工作团（Job Corps）——为 16～21 岁的贫困青年提供宿舍，举办职业训练，目的是帮助处于弱势地位的青年培养能够自力更生的技能；"邻里青年团"（Neighborhood Youth Corps）——给贫困的城市青年提供工作经验并且鼓励他们继续学业；"文明城市"项目（The Model Cities Program）——促进城市再发展；"向上跃进"项目（Upward Bound）——帮助贫穷的高中生进入大学；"领先"项目（Head Start）——为贫困儿童提供学前教育；对有子女的家庭补助项目（Aid to Families with Dependent Children，AFDC）——对父母一方死亡、出走、丧失工作能力、失业的家庭以及因离婚、弃婚、未婚和非婚生子女的单亲家庭进行补助等。伴随着加强教育以及救助贫困人们的进程，由于花费巨大，以及对巨大投资可能存在浪费问题的担心，人们开始关心这些政策和项目的效果，以及注重对它们的监督和问责。1964 年，政府部门中建立了一个独立负责项目管理和财务的"经济机会局"，开展了一系列的项目评估活动，包括上述的就业工作团项目、"领先"项目等。1965 年，约翰逊政府在《中小学教育法》中，更是明确地提出了评估的要求，要求对有关指定的项目进行年度评估，从而掌握每个项目目标完成的程度和情况。当然，这也刺激了大量的专家学者投入政策或项目的评估中。"这些都促使评估发展成一个专业。"（斯塔弗尔比姆和柯林，2019）

（二）产业化和学术化时代

这一时期主要在 20 世纪 60 年代末期至 20 世纪 70 年代末期。一方面，随着新的政策和项目的制定和实施以及诸如规划、计划和预算系统（planning, programming, and budgeting system，PPBS）等改革在政府部门中的扩展，形成了一个巨大的评估任务委托市场。据估计，1976 年社会服务项目中就已经有 6 亿美元用于评估（施托克曼和梅耶，2012）。"评估"成为一个新兴产业。在大量政策与项目评估框架内，国家机构或者地区的和当地的项目，以及组织中的众多社会领域出现了评估员就业的机会。各州以及当地政府的评估人员大大增加，以适应与联邦政府部门之间协作的援助项目有关的评估活动大大增长的需要。通常大量的评估活动要求政府各个机构寻求私人公司的帮助，反过来又促使私人部门大量参与有利可图的评估活动，在 1970 年，美国民间评估组织就有300 多家，提供了 800 多个博士级别的评估职位（贠杰和杨诚虎，2006）。最终国会本身甚至成为政策和项目评估的一个主要来源，作为国会的独立审计和评估机构的总审计局被公认为是联邦政府那些最复杂、最可信的评估研究的项目来源，国会为此还成立了国会预算局和技术评估局。另一方面，作为对这种产业化需求的反应，不仅"大学中有关评估内容的课程增多了"，而且"出现了独立的评估文献，形成了理论和方法论方面的学说模式"以及"建立了专业化的专业组织和网络"，即评估日益学术化了（贠杰和杨诚虎，2006）。到 20 世纪 70 年代，政策与项目评估成为西方社会科学界的一个重要学术领域。例如，1972 年韦斯（Weiss）出版了第一本政策与项目评估教材——《评估研究：评估项目有效性的方法》，1973 年美国西北大学开始进行博士和博士后的评估训练项目，1976 年《评估评论》杂志得以创刊，1976 年评估研究会和评估网络协会成立（贠杰和杨诚虎，2006），此外，大学与民间评估组织开发出了许多新的政策评估理论和方法（如无目标评估、CIPP 模型、回应性评估等）。这一时期，随着全面的政治改革计划的兴起，欧洲也开始了对评估的重视、实践和研究，瑞典、英国和德国被视为欧洲的"领跑者"。

（三）新公共管理时代

这一时期主要在 20 世纪 70 年代末期至 20 世纪 90 年代末期。20 世纪 70 年代末期，新公共管理改革运动出现并在后来的发展中席卷全球。新公共管理秉持"管理自由化"和"管理市场化"的理念，倡导"让管理者来管理"、更多地使用间接控制而不是直接控制以及以顾客为中心，权力下放、放松管制、私有化、民间社会、结果导向、顾客导向、绩效管理、目标管理成为新的流行语。在新公共管理浪潮中，政策与项目评估不仅得到了加强，还采取了新的形式。公众有权知道政府如何花钱被视为当务之急，这导致通过检查经济性、有效性和成本收益更加强调政府在资源使用方面的责任；评估也成为成果管理制和外包的一个永久特征；政策与项目评估还采取了责任评估、绩效评估和消费者满意度评价、质量保证、基准测试等新的形式。在美国，《日落法案》（Sunset Law）要求，如果在规定的期限没有证据表明政策或项目产生了效果，该政策或项目将被自动停止；1993 年通过的《政府绩效与结果法案》要求所有政府机构及其资助的项目都需要评估。在欧洲，荷兰、英国和斯堪的纳维亚国家也都注重运用评估来审核政府行动措施的效益，新公共管理为这些国家的政策与项目评估带来了新的繁荣。

（四）循证时代

这一时期从 20 世纪 90 年代末期延续至今。20 世纪 90 年代末期以来，自英国开始，在全球范围内掀起了一股"循证政策制定"（evidence-based policy making）的浪潮。其基本精神是：在基于证据的基础上进行政策决策，即将严格的研究证据纳入公共政策制定的过程中，通过寻求严格和可靠的研究结果，并在政策制定过程中增加对证据的利用，从而提高政策决策的科学性和公共政策的质量。由于政策与项目评估是一种特别好用和有用的证据，因此"严格的评估是这场运动的核心"（Orr，2018）。1999 年，英国内阁办公室在《21 世纪专业化政策制定》中明确指出："有效的政策制定必须是一个学习过程，包括从经验中找出哪些有效、哪些无效，并确保其他人也能从中学习。这意味着新政策必须从一开始就对其有效性进行评估。"（Strategic Policy Making Team Cabinet Office，1999）2002 年，布什政府颁布了《不让一个孩子掉队法案》（No Child Left Behind，NCLB），法案中明确规定，要求学区在其关于课程、教学计划和专业发展的决策中使用"基于科学的评估"。2017 年美国众议院提出《基于证据的政策制定法案》，进一步提出了诸多推进科学评估的举措。从研究的角度而言，由于能够综合评估结果提升证据质量，系统评价和荟萃分析被评估界广泛地加以使用；由于能够准确地识别政策与项目和环境变化的因果关系，随机对照试验（randomized controlled trial，RCT）被人们称为政策或项目评估的"黄金标准"；大数据及其技术不仅可以降低评估的成本，还可以实时、快速地获得更可信和更可靠的评估结果，因此，评估界也开始探索和运用大数据技术进行政策或项目评估。

在这一历史进程中，一些国际组织也日益重视和加强评估，一些跨国性的专业评估团体也不断建立和发展。在国际组织的评估实践方面，联合国长期以来开展了多种多样的项目评估，1984 年成立了联合国评估小组（United Nations Evaluation Group，UNEG），并于 2005 年制定了《联合国系统评估规范》；联合国开发计划署（The United Nations Development Programme，UNDP）长期以来对其向伙伴国提供的援助项目以及联合国千年发展目标、2030 年可持续发展目标的进展进行持续的评估；世界银行（World Bank）质量保证小组和独立评估小组多年来对相关的贷款援助项目的准备、实施与完成进行评估。经济合作与发展组织多年来也注重对其提供的发展援助项目的评估，并提出建立政府监管影响评估的制度框架和方法。在跨国性的专业评估团体的建立和发展方面，美国评估协会（American Evaluation Association，AEA）自 1986 年成立，至 2004 年成为拥有 5000 多个会员、代表美国 50 个州和超过 80 个其他国家的国际性评估组织；2003 年，来自全世界 24 个评估协会和网络的代表共同建立了国际评估合作组织（International Organization for Cooperation in Evaluation，IOCE）；2006 年以工作小组形式出现的国际影响评估基金（3IE①）也已经发展成为包括公共和私人捐助者、中低收入国家的政府机构和非政府组织的全球性评估机构。

二、我国政策与项目评估的发展历程

我国政策与项目评估的系统化、学科化进程起始于改革开放后的决策科学化和民主化时期，至今大致可以分为两个阶段。

（一）第一阶段

该阶段大致于 20 世纪 80 年代中期至党的十八大以前，在此阶段，我国对政策和项目评估进行了初步探索并逐渐拓展。1986 年 7 月 31 日，万里同志在全国软科学研究工作座谈会上发表了题为《决策民主化和科学化是政治体制改革的一个重要课题》的讲话，标志性地推动了我国公共政策评估的实践与发展。此后，党和政府日益重视政策评估对决策科学化、民主化的重要作用，并在实践过程中鼓励政策评估、开展政策评估。比如，在中央层面，国家计划委员会于 1987 年颁布了《关于建设项目经济评价工作的暂行规定》，对公共建设项目的经济评估做出了初步规定；2002 年全国人民代表大会常务委员会通过的《中华人民共和国环境影响评价法》要求对规划和建设项目实施后可能造成的环境影响进行分析、预测和评估；2003 年国家发展和改革委员会（简称国家发展改革委）开展了"十五"计划实施情况的中期评估，开启了发展规划领域的第一次正式评估。一些地方政府也进行了探索和实践，比如，2005 年上海市劳动和社会保障局开展了对促进就业政策的实效进行了评估，2007 年江西省对就业、再就业政策落实情况进行了评估。这一阶段，中央、地方政府开始自行或者委托其他机构进行公共政策评估，第三方评估主体逐步多元化，重大决策和政策的评估逐步成为法定事项。

（二）第二阶段

该阶段大致于党的十八大至今，在此阶段，我国政策和项目评估发展加速。2013 年党的十八届三中全会通过的《中共中央关于全面深化改革若干重大问题的决定》明确提

---

① 3IE 英文全称 International Initiative for Impact Evaluation，是一个研究型非营利机构，其任务是从事国际援助方案成效影响评估的研究。

出："全面深化改革的总目标是完善和发展中国特色社会主义制度，推进国家治理体系和治理能力现代化。"在推进国家治理体系和治理能力现代化这一目标的指引下，我国政策和项目的实践迅速提速，开始蓬勃发展。2014年党的十八届四中全会通过的《中共中央关于全面推进依法治国若干重大问题的决定》指出"对部门间争议较大的重要立法事项，由决策机关引入第三方评估"。2015年中共中央办公厅、国务院办公厅印发的《关于加强中国特色新型智库建设的意见》提出"建立健全政策评估制度"。2020年《中共中央关于制定国民经济和社会发展第十四个五年规划和二〇三五年远景目标的建议》指出"健全重大政策事前评估和事后评价制度"。时任总理李克强同志一直高度重视公共政策评估，将第三方评价视为政府创新管理方式的重要措施。在中央的引领和示范下，各地的政策评估活动也日益蓬勃。

我国政策和项目的实践已具有如下多种形式。一是党内法规评估。依据2019年《中国共产党党内法规执行责任制规定（试行）》，一些党内法规制定机关对党内法规执行情况、实施效果开展了评估。二是人民代表大会（简称"人大"）的立法后评估。我国各级人大对法律、地方性法规的实施效果、存在问题等进行评估。三是行政部门开展的政策与项目评估。主要包括三方面的内容。①政府规章和规范性文件的评估。2004年国务院印发的《全面推进依法行政实施纲要》要求"规章、规范性文件施行后，制定机关、实施机关应当定期对其实施情况进行评估"。②政策与项目财政支出评估。2018年《中共中央 国务院关于全面实施预算绩效管理的意见》要求"实施政策和项目预算绩效管理。将政策和项目全面纳入绩效管理，从数量、质量、时效、成本、效益等方面，综合衡量政策和项目预算资金使用效果。对实施期超过一年的重大政策和项目实行全周期跟踪问效"。③重大行政决策评估。2019年国务院颁布的《重大行政决策程序暂行条例》规定重大行政决策实施后明显未达到预期效果，公民、法人或者其他组织提出较多意见，决策机关认为有必要等情形下，决策机关可以组织决策后评估。近年来，重大行政决策评估的范围不断扩展，目前已包括了对经济社会发展规划的评估，对有关公共服务、市场监管、社会管理、生态环境、开发利用保护自然资源和文化资源等方面的重大政策和措施的评估，以及对重大公共建设项目和其他对经济社会发展有重大影响、涉及重大公共利益或社会公众切身利益的重大事项等的评估。

总的来看，近40年来，我国不断加强理念引领和制度建设，广泛开展评估实践，已初步形成具有中国特色的公共政策评估体系，政策与项目评估取得了重大的成就。但是还存在范围有待拓展、制度有待健全、运行有待规范、人才比较欠缺、理论和方法比较薄弱等问题，未来仍需要全面推进我国政策与项目评估的科学化、制度化和专业化。

案例　我国精准扶贫第三方评估

一、资料来源

刘彦随，周成虎，郭远智，等. 2020. 国家精准扶贫评估理论体系及其实践应用. 中国科学院院刊，35（10）：1235-1248.

二、背景与目的

实施精准扶贫战略是中国政府新时代贫困治理与发展的重要指引，其既是重大的政治工程、民生工程，也是复杂的科技工程、信息工程。为了建立健全精准扶贫工作考核机制，党中央提出实行"最严格的考核评估"制度，并由国务院扶贫开发领导小组委托有关科研机构和社会组织，自2016年至2020年开展扶贫开发工作成效第三方评估。经过公开竞标，中国科学院成为国家精准扶贫工作成效第三方评估机构，并在第一时间成立了评估领导小组、咨询顾问组、评估专家组和应急协调组，依托中国科学院地理科学与资源研究所、中国科学院精准扶贫评估研究中心具体负责评估工作。

评估是由第二方——国务院扶贫开发领导小组发起评估任务，通过公开竞标方式并委托第三方机构独立开展评估工作，其任务是重点评估第一方——中西部22个省级党委和政府对第二方制定的扶贫开发政策措施执行情况，开展大数据分析和评定"两率一度""两不愁三保障"总体态势，梳理精准扶贫成功经验和发现存在的问题，服务支撑第二方对第一方确定相关奖惩措施、制定扶贫政策和实施专项治理工作实际需要。

三、评估指标体系

基于乡村贫困化基础理论与精准扶贫原理分析，根据《省级党委和政府扶贫开发工作成效考核办法》的要求，国家精准扶贫工作成效第三方评估选取了精准识别、精准帮扶两大方面。其中，精准识别的考核指标包括贫困人口识别准确率、贫困人口退出准确率，精准帮扶的考核指标包括因村因户帮扶工作群众满意度，即"两率一度"。贫困人口识别准确率包括贫困户错评率（指抽样贫困户中已达到脱贫标准、属于错评户的户数占抽样贫困户户数的比重）、漏评率（指调查的非建档立卡贫困户中核实的漏评户数占抽查村非建档立卡户数的比重）两项指标，贫困人口退出准确率包括脱贫户错退率（指抽样脱贫户中未达到脱贫标准、属于错退户的户数占抽样脱贫户户数的比重）一项指标，因村因户帮扶工作群众满意度包括群众满意度（贫困群众对产业扶贫、就业扶贫、扶贫小额信贷、易地扶贫搬迁、危房改造、教育、医疗、驻村帮扶等脱贫攻坚重要政策措施落实到户情况的获得感、满意程度）一项指标。

四、评估规范

统一设计抽样方案、统一细化评估标准、统一设计调查问卷、统一调查技术规范、统一数据采集与管理规范、统一开展评估培训。

五、评估实施

（一）抽样

采用分层随机抽样法。具体将中西部22个省（区、市）分为22个子总体，每个子总体称之为一个层，然后从每个层中随机抽取一个子样本，子样本合起来就是总体的样本量。根据中西部22省（区、市）的建档立卡户数，测算出各省（区、市）所需抽样调查的样本量，汇总得到全国所需抽样调查的样本总量约为2万户。在确定分省调查样本量的基础上，根据各省（区、市）建档立卡人口规模，并结合省（区、市）域内贫困地域类型的差异特征，每个省（区、市）抽取4~5个样本县、每个县内抽取10~15个样本村，并结合村内农户样本的个体差异抽取调查户。

（二）数据收集与分析

建立"两制度、三系统"。"两制度"是指分省团队交叉评估制度、团队成员考试认证合格上岗制度；"三系统"是指精评通APP（application，应用）全数字采集系统、数据质量审核与后台管理系统、标准化统计分析与决策系统，主要包括6项评估关键技术（包括评估指标体系研制、调查问卷设计、抽样方案制定、开展进村入户调查、数据汇总管理核查、评估指标核算分析）、4项评估支撑技术（贫困识别判断技术、数据建库分析技术、评估可视化与模拟、专家辅助决策支持）、"六合一"设备保障系统（一套APP问卷系统、一支录音笔、一台照相机、一部摄像机、一个GPS终端和一张地图）三个部分。

2016~2020年，参加评估调查的专家学者近8300人次，累计完成531个县、4059个典型村实地调查和3个典型贫困县普查工作，获得了13.5万份农户调查问卷和3741份村干部调查问卷。

六、评估结果与应用

第三方评估组撰写完成每年度的《国家精准扶贫工作成效第三方评估总体报告》和《国家精准扶贫工作成效第三方评估分省报告》，被国务院扶贫开发领导小组采纳，连续5年为国家脱贫攻坚成效考核提供支撑，促进了国家精准扶贫成效考核与决策的系统化、规范化。同时，评估专家团队充分发挥了科技智库作用，积极撰写报告、开展专题研究和支撑精准扶贫决策，多次专题汇报第三方评估结果及相关对策建议。

第三节　政策与项目评估体系：伦理—范式、模型、方法—过程

从政策与项目评估实施的角度看，政策与项目评估是在一定的伦理道德标准指导下，选择、组合和运用评估范式、评估模型和评估方法，并基于一定的程序来开展的。因此，政策与项目评估体系包括了政策与项目评估伦理，政策与项目评估的范式、模型与方法以及政策与项目评估的过程等要素。以下对这三个要素进行概要介绍，以作为后续各章学习的基础。

一、政策与项目评估伦理

评估之要，首在立德。政策与项目评估伦理是指政策与项目评估中调控评估人员行为的价值理念和道德准则，以帮助评估人员正确应对评估中的伦理困境，促进和支持评估领域采取合乎道德的行为。一方面，政策与项目评估天然地与伦理问题紧密相关。政策与项目评估引出并公布政策或项目的结果和影响，为明智的决策和公众对话提供证据基础，是一种与公共决策紧密联系的职业；政策与项目评估的对象——政策与项目是为公众的利益制定和实施的，评估的资金来源是公共资金，评估需要向政策或项目中所有利益相关者提供服务；评估事关判断，涉及权力的分配以及社会资源和机会的分配，评估对谁将得到什么、谁的利益得到维护等都有影响，因此评估不能是价值无涉的，甚至不能仅由评估者的个人价值决定，也不能仅由有权委托评估的人的价值决定；评估人员的角色选择、合同义务、所调查主题的性质、评估方法的选择等可能与道德问题相关。另一方面，政策与项目评估伦理是应对评估中的道德困境和促进职业发展的需要。政策

与项目评估至少涉及以下四个层面的社会政治互动：与委托评估的政府和其他机构决策者的互动；与政策、项目中的参与者的互动；与评估职业人员的互动；与更广泛的公众（在民主社会中评估人员有责任向他们进行报告）的互动（Shaw et al.，2006）。在这种多层面利益的背景下，评估人员应维护谁的利益、应扮演何种角色、应采取何种行动都必须做出复杂的判断，因此极易出现各种道德困境或道德挑战。已有研究表明，在评估的任何阶段（进入或签约、研究设计、数据收集、数据分析和解释、调查结果的交流以及调查结果的利用）均可能产生伦理冲突，特别在进入或签约阶段以及评估结束阶段（即沟通和利用结果）可能性更大（Mathison，2005）。例如，在评估设计中忽略了合法的利益相关者、交流结果时利益相关者施压要求改变评估结果的表述和利益相关者向评估者施压要求评估人员违反保密规定、评估结果使用时利益相关者滥用评估结果等均是较为常见的例子。政策与项目评估伦理可为应对这些道德困境提供指导和依据，也可通过其调节功能、提升功能、示范功能等促进和支持评估领域采取合乎道德的行为。

从内容上说，政策与项目评估伦理既需要建立具有监管职能的评估监督体制机制（如伦理委员会或机构审查委员会）、评估行业制定职业标准和指导原则，也需要评估人员提升道德素养，加强伦理理论学习，了解伦理决策框架和掌握一定的应对方法。

二、政策与项目评估的范式、模型与方法

在明确了政策与项目评估伦理之后，接下来需要对依据评估对象、评估目的和问题等选择或组合评估的范式（evaluation paradigm）、评估模型（evaluation models）和评估方法（evaluation methods）。

（一）范式、模型与方法的含义

范式是广泛的形而上学结构，包括一系列与逻辑相关的哲学假设（如本体论假设、认识论假设、方法论假设和价值论假设）。沙迪什认为，评估中的许多基本问题反映了基本哲学假设的差异，评估领域中的大多数争论都是关于"认识论和本体论，关于我们在构建知识时所做的假设，关于我们在工作中使用的许多基本概念的性质，如因果关系、概括和真理"（Shadish，1998）。梅尔滕斯等也指出，关于适当策略的决定始于评估者对自己和其角色的信念以及他们的世界观。评价者自然而然地对存在的一切做出解释，他们对世界的运作有自己的先入之见（Mertens and Wilson，2019）。因此，"如何进行评估"的问题本质上是一个范式选择问题（施托克曼和梅耶，2012）。评估模型是"个别评估者概念化及描述评估过程方法的总结、缩影或摘要——每一种都能体现作者描述和从事评估的方法"（Mertens and Wilson，2019），在一定程度上它提供了对"如何进行评估"的规则、规定和指导框架。评估方法则侧重于具体的"办法或技术"，比如，如何进行评估设计、如何确定评估的目的和问题、如何确定和选择利益相关者、使用哪些指标来确定目标的实现情况、如何收集数据、如何分析数据、如何使用评估结果等。从评估范式、评估模型、评估方法的关系来看，范式是模型和方法的根源或者说是指导模型和方法的一般思想，处于最基础层次；不同的学者依据相关的范式，开发出一定的评估模型；而概念化的评估模型需要评估方法来具体实施，因此，三者具有紧密的内在

联系。由于范式的差异是评估基本哲学的差异，因此，依据不同的范式，可以划分出不同的评估分支（branch）或流派（Mertens and Wilson，2019）。

（二）政策与项目评估的范式划分

美国学者梅尔滕斯等认为，当今的评估世界形成了四种范式，分别为后实证主义范式、建构主义范式、变革范式和实用主义范式（Mertens and Wilson，2019）。基于政策与项目评估的特点（科学性、政治性或使用性）、政策与项目评估理论发展方式（单一理论开发与范式整合）以及更全面、更广泛的角度，杨代福（2023）将政策与项目评估划分为八大范式。本书借鉴杨代福等的观点，将政策与项目评估的范式归纳为六大范式。表 1.1 展示了六大范式及其相应的流派。其中，后实证主义范式及其流派、建构主义范式及其流派、变革范式及其流派、数据密集型科学发现范式及其流派更注重和追求政策和项目评估本身的科学化，即更多地遵循科学的标准，探索如何进行准确、客观、全面的评估。实用主义范式及其流派更注重和追求评估的使用，探索如何让评估得到决策者或利益相关者及时、有效地使用以及发挥更大的社会影响。而批判复合主义范式及其流派则谋求以整合、混合的视角来观照不同的范式，以实现更好的评估。需要注意的是，上述六个范式和流派相互之间并不是绝对排他的，其历史发展也并不是绝对线性的。从横向上看，各个范式和流派的内涵和外延并不是绝对泾渭分明的。正如阿尔金所指出的那样，并不是"只有一个流派相信某种方法论，而其他流派则不相信，相反，分类系统是基于各种流派中的相对重点"（Alkin，2013）。各种流派存在着边界渗透、思想混合的机会。

表 1.1　政策与项目评估的六大范式与流派

视角	范式	流派	产生时间
注重评估科学性	后实证主义范式	后实证主义评估流派	20 世纪 60 年代初期
	建构主义范式	建构主义评估流派	20 世纪 60 年代末期
	变革范式	变革性评估流派	20 世纪 90 年代末期
	数据密集型科学发现范式	大数据政策评估流派	2011 年左右
注重范式整合	批判复合主义范式	批判复合主义评估流派	20 世纪 80 年代中期
注重评估使用性	实用主义范式	实用主义评估流派	20 世纪 70 年代初期

（三）政策与项目评估的六大范式

以下对各个范式、流派及其包含的评估模型和方法进行概要介绍。

1. 后实证主义评估

后实证主义评估产生于 20 世纪 60 年代初期。"测量"与"描述"时代的经验为其提供了理论渊源，"伟大社会运动"的出现为其提供了现实背景。后实证主义评估流派的基本主张是以后实证主义为哲学基础，强调价值中立，尽量运用定量设计特别是实验方法来对政策或项目进行评估。他们开发出了实验与准实验方法，基于理论的评估、培训项目的评估方法，自然实验方法，以及成本收益分析等模型。后实证主义评估流派秉持"价值中立"和"技术理性"的精神，强调评估活动的技术化、理性化，这无疑开创了一条科学的路径。但该流派因忽视价值因素和利益相关者、往往面临成本过高和伦理问题、不能揭示出相关的深度事实和复杂细节等弊端使得他们招致"缺乏适用性"的批评。

2. 建构主义评估

建构主义评估萌芽于 20 世纪 60 年代末期，成熟于 20 世纪七八十年代。对后实证主义评估流派的批评是其出现的理论背景。一批学者认识到，科学对社会现象的解释已无法脱离价值层面的考量，评估必须考虑对评估产生影响的价值和社会环境。建构主义评估以建构主义为哲学基础，主张促进利益相关者参与政策评估过程并激励他们进行有意义的对话和反思，主要通过定性方法识别多种价值和观点，从而对政策进行评估。就其开发的评估模型而言，主要包括无目标评估、案例研究方法、鉴识评估和"第四代评估"等。建构主义评估流派开创了一条基于"价值"的路径，也提供了一种更加开放的视角，由于评估结果是基于各方谈判、协商形成的共识，也有利于提高评估结果的全面性和可信性。但是，在实际的操作中，如何界定和授权利益相关者、评估者如何转变角色等仍存困难，特别是缺乏对评估结果的使用的关注更是需要在未来得到进一步的研究和解决。

3. 变革性评估

尽管后实证主义评估流派、建构主义评估流派都对评估的科学性做出了重要的贡献，但是他们都存在明显的局限性，即他们较少关注权力不平等问题，在评估中忽视了那些因种族/民族、残疾、移民身份、政治冲突、性取向、贫困、性别、年龄等而遭受歧视和压迫的人，没有将评估运用于改善边缘群体的生活和社会变革。20 世纪 90 年代，以梅尔滕斯为代表的评估学者开创了变革性评估流派，其以变革范式为哲学基础，聚焦于边缘化群体的观点，并通过混合方法质疑系统的权力结构，以促进社会正义和人权。变革性评估流派也开发了多种评估模型，如协商民主评估、伙伴国家领导的评估、批判种族理论评估、面向土著的评估、文化响应评估、基于残疾人权利的评估、基于女权主义的评估和变革性参与式评估等。变革性评估流派将评估拓展到改善边缘群体的生活和社会转型上，弥补了以往评估忽略边缘化群体的"声音"这一缺陷，对于实现评估的科学性又向前迈进了一步。但是他们开发的一些评估模型的精致性还不够，对评估人员的文化能力要求颇高，而且由于社会不平等问题的复杂性，如何进行恰当的评估以创造可持续的社会变革仍面临许多挑战。

4. 大数据政策评估

近些年，人类社会进入了大数据时代。作为一种新的数字数据源、技术和创新方法，大数据为政策评估带来了新的机遇。在大数据时代，如何利用大数据及其技术和方法进行理论和方法的创新，成为政策评估理论的重大命题。很多学者自 2011 年左右开始了大数据时代政策评估理论和方法的探索，逐渐形成了大数据政策评估流派。其以"数据密集型科学发现范式"为哲学基础，将大数据提供的多数据源、新的方法和技术整合进公共政策评估当中，形成了新的政策评估理念（如节约型政策评估理念、快速政策评估理念、持续性政策评估理念、参与式政策评估理念、包容式政策评估理念等），优化了评估过程（提升背景和利益相关者识别的清晰性和完整性、改善评估设计、改善评估数据的收集和分析、促进评估结果的传播和利用），也开发了新的评估方法（如运用社交媒体数据评估政策的方法、运用卫星遥感数据评估政策的方法、运用手机数据评估政策的方法、运用网络搜索数据评估政策的方法、运用综合数据评估政策的方法）。大数据政策评估理论和方法是政策评估在新的时代进行的一次重大创新，可以说是对以往政策评估理论和方法的一种全面变革。但目前对政策评估领域大数据革命的基本原理、大数据在政策评估中尚存在的机会和实证运用的研究还不够，未来还需要不断地改进。

5. 批判复合主义评估

随着主张价值中立、运用定量方法的后实证主义评估流派和强调承认价值、运用定性方法的建构主义评估流派的发展，在 20 世纪 70 年代和 80 年代，评估进入了一个"范式战争时代"，于是，对多种评估理论和方法的整合便提上了议事日程。20 世纪 80 年代中期，一些学者以批判性复合主义为哲学基础，探索调和、协调和整合后实证主义评估和建构主义评估，出现了批判复合主义政策评估理论流派。该流派从以下几个方面提出了整合的尝试：一是在范式方面，谋求范式的对话；二是在事实与价值方面，谋求整合事实与价值；三是在方法方面，提出了一些整合定量方法和定性方法的原则、框架、可能性、做法和途径，例如，政策辩论逻辑框架、整合评估实践的框架以及一般混合评估方法，开发了辩证多元主义实施框架、辩证多元混合评估方法和辩证多元系统评价方法等方法。批判性复合主义评估是政策与项目评估发展史上谋求整合的努力，在一定程度上缓解了评估理论分化的局面，但是其对于整合的内在逻辑还缺乏深入的挖掘，对整合的操作方法研究也还不够，因此，还有待于未来进行更进一步的整合性研究。

6. 实用主义评估

上述各个流派在如何"做评估"方面做出了重要的贡献，但都存在一个重要的缺陷，即忽视了评估结果的应用。评估的最终结果并不只是完成评估报告，还要关注评估的结果是否得到应用或被用来改进决策。自 20 世纪 70 年代初开始，一些学者陆续开展了对评估使用的研究，逐渐形成了一个新的流派——实用主义评估流派，并随着 20 世纪末期的"循证政策制定"浪潮的出现而进一步发展。该流派以实用主义哲学为基础，认为应促进各种潜在用户对来自评估结果或评估过程的信息加以适当运用，以做出决策、改变态度、证实以前的决策或者建立个人或组织的评估能力。实用主义评估流派开发了 CIPP 模型、以利用为中心的评估、学习型组织评估、授权评估和实践参与评估等模型；在"循证政策制定"浪潮兴起后，由于能够产生高强度证据，随机对照试验、自然实验、成本收益分析得到复兴和进一步的扩展；由于能够进行有效的研究综合，医学领域的系统评价和荟萃分析被迅速引入；为了增加证据的强度和证据的可转化性、可移植性，现实主义评估方法被提出并得到广泛运用。该流派为实现评估的使用提供了多种理论和方法，但是，仍然存在许多值得改进之处。一方面，现有的评估证据生产、综合的方法仍不是完美的，一些方法仍然存在争议；另一方面，从决策者使用评估证据的角度来说，现有方法能否适应决策的复杂性、确保决策者有效使用评估证据还有待于进一步研究。

三、政策与项目评估的过程

开展政策与项目评估还涉及政策与项目评估的过程或程序问题。政策与项目评估是一种有计划、按步骤进行的活动，是一个由多阶段组成的连续的动态过程。政策与项目评估的过程指开展政策与项目评估需要采取的程序和步骤。尽管由于评估类型等差异而使这一过程在操作实践中有所不同，但是任何规范化、科学化的政策与项目评估活动在程序上都是大致相同的，即要经历这样三个相互关联又相互区别的阶段：评估规划—评估实施—评估结果交流、利用与元评估。

评估规划主要涉及明确评估意图、界定评估范围和开发评估方案、进度计划。第一步是明确评估意图、界定评估范围。这包括确定评估对象、确定评估目标与评估问题、确定实施类型（内部评估、外部评估还是内外部结合）、识别利益相关者、确定评估标准以及检查资源设备（考察经费额度、时间期限、可使用的人员和已有的数据资料等）。第二步是制订评估方案和进度计划。评估方案是对评估目标和评估问题的具体化，主要包括对评估对象、评估目标、评估问题的描述，实施类型、利益相关者、结果的使用者的确定，评估标准的说明，计划采用的范式、模型和方法（抽样方法、数据收集方法、数据分析方法）的说明，对如何组织、管理评估过程的描述。进度计划主要涉及评估的时间安排，包括时间计划、人员计划与经费预算等（施托克曼和梅耶，2012）。总之，评估规划阶段就是对"评估什么、谁来评估、为什么评估、依据什么标准以及如何进行评估"等加以厘清和设计，从而为评估的实施奠定基础。

评估实施主要涉及数据收集、数据分析和获得评估结论。首先需要利用各种调查手段，收集与评估目的、评估问题、评估标准等相关的信息；为了评估的全面性，有时还需要收集与评估目的、评估问题、评估标准无关的信息。其次，需要利用各种分析技术，对前述步骤收集到的原始数据和信息资料进行系统的整理、归类、统计和分析。最后，在前述的基础上，对分析的结果进行综合和解释，得出评估结论。

评估结果交流、利用与元评估主要涉及撰写评估报告、交流和利用评估结果以及进行元评估。评估报告需要对评估过程、评估结果或结论进行陈述并提出相应的建议。交流和利用评估结果包括向委托方、其他利益相关者甚至公众公布、传播、交流评估结果或报告，并采取适当方式促进评估结果的使用。元评估（meta-evaluation）是对评估本身（评估的有效性、可行性、适用性、准确性和问责或者优点与不足等）进行评估的过程，全面和可靠的元评估应包括一个评估人员内部的自我元评估和一个独立的元评估人员进行的外部元评估（斯塔弗尔比姆和柯林，2019）。

本书第二章将对政策与项目评估伦理进行详细介绍，第三章至第八章将对六种评估范式和流派及相应的模型和方法分别进行介绍，第九章至十一章将分别介绍评估规划、评估实施和评估结果交流、利用和元评估三个评估过程。

📝 本章小结

政策和项目是指评估人员依据一定的标准、方法和程序，对政策和项目的绩效进行调查与判断，以为政策和项目效果的认知与检验、政策与项目的优化与学习、政府监督与问责等提供信息和依据。其具有科学性、政治性和跨科学性的特点。政策与项目评估除认知与检验、优化与学习、监督与问责、证明与宣传等一般性的意义外，对于当前我国而言，还是我国政策过程和政府绩效管理的重要环节，是实现我国公共决策的科学化、民主化和法治化的重要途径，是推进我国政府治理体系和治理能力现代化的重要方式。

政策与项目评估于 20 世纪 60 年代在西方国家进入专业化时代。随后引起了各国的广泛关注和持续探索。20 世纪 60 年代末期政策与项目评估成为西方国家的新兴产业；20 世纪 70 年代成为西方社会科学界的一个重要学术领域；20 世纪 70 年代末期以来，受新公共管理运动的影响，政策与项目评估更加繁荣；20 世纪 90 年代末期以来，受"循证政策制定"浪潮的影响，各国和一些国际组织不断追求政策与项目评估的科学性、有用性。自 20 世纪 80 年代中期开始，我国也开始了政策与项目评估的探索历程。目前，中央和各地的政策和项目评估实践日益蓬勃。

从实施的角度看，政策与项目评估是在一定的伦理道德标准指导下，选择、组合和运用评估范式、评估模型和评估方法，并基于评估规划、评估实施、评估结果交流利用与元评估等程序来开展的。

☑ 关键术语

政策，项目，政策与项目评估；内部评估，外部评估；事前评估，事中评估，事后评估；形成性评估，总结性评估；广义的评估，中义的评估，狭义的评估；政策与项目评估伦理；评估范式，评估模型，评估方法；政策与项目评估过程

☑ 复习思考题

1. 如何理解政策与项目评估的含义？
2. 政策与项目评估的目的有哪些？
3. 政策与项目评估对于当前我国具有哪些意义？
4. 内部评估与外部评估各有何优缺点？
5. 你认为背景评估、投入评估、过程评估、产出评估、结果评估、影响评估有何差异？
6. 评估"结果和影响"包含哪些维度？
7. 国外政策与项目评估经历了怎样的发展历程？
8. 我国政策和项目评估的实践目前存在哪些形式？
9. 我国政策和项目评估取得了哪些成就？目前还存在哪些不足？
10. 政策与项目评估伦理有何意义？
11. 目前存在哪几种政策与项目评估范式？它们各自的基本观点是什么？
12. 政策与项目评估过程包含哪几个阶段？

第二章
政策与项目评估伦理

评估之要，首在立德。本章将介绍政策与项目评估伦理的含义、特点与意义，介绍政策与项目评估中的道德困境及其应对之策，特别是重点介绍一些评估行业制定的专业标准和指导原则。

第一节　政策与项目评估伦理的含义、特点与意义

一、政策与项目评估伦理的含义

案例　**不允许发布评估报告**

一名实习生在一个发展中国家进行参与式评估，该评估涉及许多利益相关者团体。她非常谨慎地分享评估报告草案，召开会议让利益相关者参与草案的审查。总的来说，报告表明，该项目受到了非常积极的评价，服务接受者提出了一些改进该项目的建议。然而，当她向该机构的负责人提交最终报告时，该负责人表示，她不允许发布该报告，因为其中包含对该项目持批评态度的信息。在这种情况下你建议实习生如何继续？在政策与项目评估中出现类似问题时你该如何处理？

目前对于政策与项目评估伦理尚无明确、统一的界定，本书认为，政策与项目评估伦理是指政策与项目评估中调控评估人员行为的价值理念和道德准则，以帮助评估人员正确应对评估中的伦理困境，促进和支持评估领域采取合乎道德的行为。

对于这一概念可以从以下几个方面来理解。

1. 政策与项目评估伦理主要是一种职业伦理

政策与项目评估伦理是专门针对政策与项目评估这种职业，基于职业需要和职业逻辑而应当遵循的价值理念和行为准则。

如第一章所述，在西方国家，政策与项目评估在20世纪60年代成为一个独特的领域，后来评估人员也与政策分析师一样，在同一时间成为专业人士（Wolf et al., 2009）。政策与项目评估伦理是产生并适用于政策与项目评估这个特定群体和职业的。

进一步来说，政策与项目评估伦理也是以政策与项目评估的职业逻辑或特点为根据的。它不同于一般的、流行的社会公众意识，也不同于其他职业（如其他的社会科学研究）的伦理。从职业特点来说，政策与项目评估引出并公布政策或项目的结果和影响，

为明智的决策和公众对话提供证据基础，是一种与公共决策紧密联系的职业；政策与项目评估的对象——政策与项目是为公众的利益制定和实施的，评估的资金来源是公共资金，评估需要向政策或项目中所有利益相关者提供服务；评估事关判断，涉及权力的分配以及社会资源和机会的分配，评估对谁将得到什么、谁的利益得到维护等都有影响，因此评估不能是价值无涉的，甚至不能仅由评估者的个人价值决定，也不能仅由有权委托评估的人的价值决定；评估人员的角色选择、合同义务、所调查主题的性质、评估方法的选择等可能与道德问题相关（Simons，2006）。政策与项目评估伦理是以这些职业特点或逻辑为依据的。与个人道德、社会道德相比较，虽然政策与项目评估伦理和它们都是处理人与人、人与社会的关系的规范，并且并不排斥在职业活动中的个人道德与社会交往道德，甚至有时在实践中涉及依赖我们个人道德、社会道德的来源，但是政策与项目评估伦理的重点是一种做事的行业道德（Simons，2006）。如果将政策与项目评估伦理与其他社会科学研究伦理进行比较，二者之间也存在一定的差异。由于政策与项目评估的目标是提供可用的信息来支持有关政策或项目的决策，这种对可操作信息的强调、与决策的联系以及对社会产生的更广泛影响，引发了超出其他社会科学研究的伦理问题（Wolf et al.，2009）。

2. 政策与项目评估伦理包括价值观念和道德准则

政策与项目评估伦理既包含着政策与项目评估群体所拥有的价值观念，如对人的尊重、仁慈、正义等观念，也包含着评估人员与委托人之间、评估人员与其他利益相关者之间、评估人员之间、评估人员与其他职业人员之间、评估人员与更广泛的社会之间相互交往应遵循的道德规范，如维护公众利益的原则、对委托方负责的原则、诚信正直的原则等。

3. 主要目的是帮助应对伦理困境和促进合乎道德的行为

由于政策与项目评估往往涉及多种利益的社会政治互动，在多层面利益的背景下，评估人员应维护谁的利益、应扮演何种角色、应采取何种行动都必须做出复杂的判断，因此极易出现各种道德困境或道德挑战。而政策与项目评估伦理作为评估人员判断评估活动对错的过程和理由，为判断评估行为的正当性、合理性或合法性提供了依据，从而帮助评估人员正确应对评估中的伦理困境。同时，也可以通过其指导功能、调节功能、提升功能、辐射功能等促进和支持评估领域采取合乎道德的行为，从而更好地向社会服务。

二、政策与项目评估伦理的特点

政策与项目评估伦理具有以下特点。

（1）微观伦理与宏观伦理的统一。微观伦理问题是指侧重于评估的内部过程的问题，例如，如何与受访者建立关系以及同意、匿名、透明等基本价值观的维护。宏观伦理问题是指侧重于评估与社会的关系的问题，例如，评估应该为何种目的和谁的利益服务？因此，政策与项目评估伦理不仅仅局限于内部过程的、技术或程序中的伦理，还包括处理与客户（委托人）和更广泛群体的关系的伦理。

（2）他律和自律的统一。一方面，政策与项目评估伦理和强制遵守、惩戒联系在一起，体现了他律性。比如，目前许多国家设立了伦理委员会，也称为机构审查委员会

（Institutional Review Board，IRB），其旨在保护试验参与者的权益和福祉，确保试验是符合道德和法规合规的。在这些国家，进行人类临床试验的研究者需要得到伦理委员会的批准，才能够启动和进行试验。另一方面，政策与项目评估伦理要求通过评估人员的自我体验、自我约束来实现。也就是说，这要求评估人员积极运用自己的伦理自主性，抵制不道德的组织或自身的不负责任行为，而这种伦理自主性的获得需要评估人员有意识地培养自己的内部控制资源（个人价值观、信仰等）（负杰和杨诚虎，2006）。

（3）受到文化规范的影响。文化是人类生活的基础，它包括传统、信仰、习俗等多种因素，这些因素对伦理道德的形成和发展起着重要的作用。在不同的文化中，人们对于伦理道德的认知和要求也会有所不同。例如，在一些文化中，评估伦理倾向于将个人主义的自我表达、个人自主、个人成长和目标实现、平等主义、精英管理和竞争力等概念视为规范。然而，在另一些文化中，个人成就的概念本身并不是一种价值观，而是只有当它对群体产生积极影响时才重要；或者合作比竞争力和个人自我表达更受重视（Schwandt，2007）。因此，政策与项目评估伦理也会受到文化规范、文化背景的影响。

三、政策与项目评估伦理的意义

（1）指导意义。政策与项目评估伦理作为评估人员判断评估活动对错的过程和理由，为判断评估行为的正当性、合理性或合法性提供了依据，从而为评估人员正确应对评估中的伦理困境提供指导。

（2）调节意义。政策与项目评估伦理可以通过他律和自律等方式来调整和纠正评估人员的行为和实际活动，也可以协调评估人员与委托人之间、评估人员与其他利益相关者之间、评估人员之间、评估人员与其他职业人员之间、评估人员与更广泛的社会公众之间的关系。

（3）提升意义。政策与项目评估伦理具有提升评估人员的道德水平和整体素质的功用；通过促进和支持评估人员采取合乎道德的行为，提升评估质量。除此之外，还可以提升职业形象，赢得客户和同行的信任，提升职业信誉。

（4）辐射意义。除以上意义外，政策与项目评估伦理还可以对整个社会的道德建设产生辐射作用，为整个社会的道德文明、精神文明的进步做出贡献。

第二节　政策与项目评估中的道德挑战与应对

一、政策与项目评估中的道德挑战

政策与项目评估中到底面临哪些道德挑战或道德困境？米歇尔·莫里斯等学者长期从事"政策与项目评估中的道德挑战"研究，以下基于他们的研究成果来介绍这一问题。

（一）道德挑战的普遍性

对美国评估协会、澳大利亚评估协会和加拿大评估协会成员的调查发现，绝大多数

（68%至77%）受访者表示，他们在评估相关工作中面临一个或多个道德挑战。道德挑战可能发生在评估的任何阶段，包括进入或签订合同、设计评估、数据收集、数据分析与解释、结果的交流以及结果的利用（Morris，2015）。

（二）道德挑战的表现

政策与项目评估中的道德挑战存在多种表现形式。米歇尔·莫里斯对其进行了归纳（Morris，2015）。这些道德挑战见表2.1。

表 2.1　政策与项目评估中的道德挑战表现

评估阶段	道德挑战的表现
进入/签订合同	利益相关者已经得出了调查结果"应该是什么"的结论，或者计划以道德上有问题的方式使用调查结果（如支持之前做出的决策）
	存在利益冲突
	要进行的评估类型没有得到充分的说明或没有证明其正当性
	利益相关者在评估中宣布某些研究问题是"禁止的"，尽管它们具有实质性的相关性
	规划过程中忽略了应当考虑的利益相关者
	各个利益相关者对评估的期望、目的或愿望相互冲突
	评估人员难以确定关键利益相关者
设计评估	评估人员未能获得所有相关利益相关者对总体设计的认可
	评估人员认为评估设计存在根本性的缺陷
	没有足够的时间和资源进行可靠的评估
数据收集	数据提供者的权利或尊严受到某种形式（如违反保密、匿名和知情同意）的损害
	评估人员在进行评估时发现违法的、不道德的、危险的行为等
	评估人员发现员工不称职
数据分析与解释	评估人员在数据分析中对调查结果和他的个人观点未能区分
	方法选择突出了一些评估结果，而淡化了同等重要或更重要的其他评估结果
结果的交流	利益相关者向评估人员施压，要求评估人员歪曲评估结果
	利益相关者向评估人员施压，要求评估人员违反保密规定
	尽管没有受到违反保密规定的压力，但评估人员担心，报告某些评估结果可能意味着这样的违规行为
结果的利用	利益相关者压制或忽视评估结果
	最终报告、原始数据等的所有权/分配方面存在争议或不确定性
	评估结果被滥用于惩罚评估人员或其他人（如另一个利益相关者）
	在发布之前，利益相关者蓄意修改评估结果
	利益相关者曲解评估结果
	评估报告被虚假陈述和剽窃
	为一个目的收集的信息被用于另一个目的

由表 2.1 可以发现，评估的各个阶段都可能存在道德挑战。道德挑战最有可能出现在进入/签订合同阶段以及评估结束（即交流和利用结果）时（Morris，2005）。在进入/签订合同阶段，主要的道德挑战是难以与一组在评估方面真诚工作的适当利益相关者建立有效的工作关系。在结果交流阶段，最常见的道德挑战是利益相关者向评估人员施压，要求评估人员改变或歪曲评估结果。这种压力通常包括利益相关者（通常是委托方）敦促评估人员以更积极的方式来描述政策或项目。但是有时利益相关者也可能会朝着相反的方向施压，当利益相关者希望诋毁某个项目或与之相关的部门或工作人员时，就会发生这种情况。除此之外，利益相关者和评估人员也有可能对某些结果的含义和实质意义产生分歧，这些分歧可能导致利益相关者对评估结果或结果的呈现施加不当影响。另外，结果交流阶段还可能出现保密性受到威胁的挑战。例如，有时利益相关者会直接要求评估人员确定具体的受访者，或者他们可能会要求以一种可以识别受访者的形式提供数据（如要求对小样本受访者进行描述）；为了增加报告的丰富性和深度，评估人员也可能引用受访者的话语，导致对引用来源身份的猜测，这都可能会导致受访者的信息泄露。又如，评估人员在评估中发现了利益相关者的非法、危险或不道德行为（如政策执行人员性骚扰、欺诈、药物滥用行为），此时，评估人员是否要在结果的交流阶段对这些予以公布面临着尊重个人机密和促进更广泛的公共利益之间的选择，这一选择可能会因法律授权而变得复杂。在结果的利用阶段，利益相关者忽视评估结果和滥用评估结果的道德挑战更为突出（Morris，2015）。

以上是评估人员反映的他们遭遇到的道德挑战，而利益相关者从他们的角度也发现其他的道德挑战，比如，政策执行人员反映，一些评估人员不恰当地使用随机对照试验方法评估政策或项目，在这种方法中，设置对照组的做法将导致拒绝向有需要的个人提供可能有益的干预措施，如不能恰当处理，将产生严重的道德问题。

案例　我国第三方教育评估中的"道德风险"

道德风险是指从事活动的人为了最大限度地增进自身利益，而做出不利于他人的机会主义行为的危险性。在第三方教育评估中，第三方教育评估机构为最大限度地追求自身利益，可能在教育评估活动中不正当地谋求私利从而损害委托方利益以及公共利益。现实中，第三方教育评估中的"道德风险"具有以下表现。

（1）专业性不强。一些第三方评估机构为了实现企业的经济效益、提高企业的品牌效应与社会声誉，在追赶"第三方评估"的浪潮中大干快上，但其专业能力无法保证。比如，评估指标体系设计、获取数据的能力存在不足。有的从纰漏甚多的数据库中收集数据，有的仅依据各高校自身公布的数据进行评估，还有的甚至不向相关学校获取数据。例如，某著名大学校长表示，制作大学排名的机构没有一家向其所在的学校获取过相关数据。

（2）寻租。某些第三方教育评估为了自己的私利向高校索要"赞助费"。某高校校长公开表示，曾有排名机构向其索要费用，声称可以提高该校在排名中的名次。

（3）办评合谋。主要表现为被评学校运用"人情""金钱"等"贿赂""收买"第三方教育评估机构，以获得一个超出真实办学水平的评估结果，从而提升学校的社会声誉、获取更优质的资源投入。而第三方机构在利益的引诱下愿意接受收买，并提供一个使被评估学校满意的评估结果。之前就发生过第三方机构与高校合谋的道德风险。该从事大学排名的机构负责人曾被某高校邀请去该校做"咨询"，并在"咨询"活动中先后两次都向高校收取了"咨询费"，而后此大学在该排行榜中的位次得以快速提升。

（4）不作为。不作为又称作努力水平低、"偷懒"。第三方机构作为教育评估工作的代理人，在完成评估工作过程中，同样存在不重视、消极敷衍评估工作的态度。2019年一从事大学排名的机构在不加调查的情况下直接将某一高校的毕业生就业率设定为"最小值"数据，因此遭受该高校的公开质疑，在社会上产生一定程度的影响。事后，这一机构将其做法解释为因未通过公开渠道采集到该校数据，故以"最小值"数据替代。但试想，该机构起初是否可以做出进一步努力通过积极的方式向高校征集未征集到的信息？而并不是通过征集不到就按最小值处理的消极方式来对待？

尽管该案例不是直接针对政策或项目的评估，但我国政策或项目评估中也存在类似的现象。

二、政策与项目评估中道德挑战产生的原因

1. 政策与项目评估涉及多层面的利益

评估是在制定与实施政策和项目的社会政治背景下开展工作，在这种背景下，评估至少涉及四个层面的社会政治互动——与委托评估的政府和其他机构决策者的互动；与被评估的政策、项目、机构中的参与者的互动；与评估职业人员的互动；与更广泛的公众（在民主社会中评估人员有责任向他们进行报告）的互动（Simons，2006）。这种互动中，涉及多层面的利益：公共利益、委托方（客户）的利益、政策执行人员的利益、政策对象（可能又包括不同群体）的利益、评估人员的利益等。在这种多层面的利益关系中，评估人员最应该对谁的利益负责？如何平衡这些利益？采取何种行动为最好？评估人员对这些问题往往难以回答和有效应对。可以说，多层面的利益是政策与项目评估中道德挑战产生的根本原因。

2. 评估人员的角色冲突与道德修养缺失

评估人员在政策和项目评估中扮演着五种主要角色：客观科学家（数据采集者/研究者）、评估管理者、报告者、职业成员和社会成员。而每个角色都有不同的期望，其中一些角色的期望与其他角色的期望还相互冲突。评估人员作为数据采集者/研究者的典型期望包括客观性、充分了解测量和分析技术、公平可靠地收集信息、平衡地收集利益相关者的观点以及与项目工作人员合作的能力。评估人员作为管理人员的期望反映了评估管理、财务责任、与客户沟通的能力。评估人员作为报告者应提供平衡的信息、提供反映客户关切的清晰简洁的摘要以及及时的结果。评估人员作为职业成员具有特定的职业期望，包括共同的培训、相似的方法和实践领域，以及产生价值澄清、成员教育和一定程度自我监管的对话。评估者作为社会成员的角色应反映一般的公民身份所伴随的义务、责任和实践的某些期望，其与社会正义的概念密切相关。这些期望中，一些角色的期望与其他角色的期望还相互冲突。例如，担任管理人员角色的评估人员可能会关注评估的

财政方面，如调查成本、工作人员时间和对其他项目的承诺；而作为数据采集者/研究者的评估人员可以优先考虑数据的代表性和工具的充分开发；同时，对报告者角色的期望优先考虑信息的及时性。进一步，就评估者作为职业成员的角色来说，评估者往往被视为两个职业（评估职业和他们实践的学科）的成员，然而这两种职业中哪种职业具有优先权以及两者如何相互支持也具有一定的冲突。而对于一类特殊的评估人员——内部评估人员，可能面临更多的角色冲突，除扮演上述多种角色外，内部评估人员更多的还是组织、政策或项目的工作人员（Newman，1995）。在许多情况下，评估人员都难以有效地处理这些角色的冲突。除此之外，一些评估人员的道德修养缺失也是政策与项目评估中道德困境产生的原因。比如，一些评估人员追求不当的利益（给予某个项目超出实际的评价而捞好处）、敷衍塞责、弄虚作假等，也导致了道德问题的产生。

3. 客户和其他利益相关者的不当利益追求和道德缺失

由于政策和项目评估事关政策和项目的声望、资源分配，甚至与某些利益相关者的职位、权力相关，客户和其他利益相关者为了维护自身的不当利益或者在道德修养不足的情况下，可能在政策和项目评估中做一些不道德的事情或者强迫评估人员做一些不道德的事情。前者的例子包括掩盖报告、压制负面信息、骚扰他人等，后者的例子包括破坏设计、重新调整数据收集、扮演不恰当的角色等（Smith，2002）。

4. 技术与文化多样性问题

技术的进步也可能引发伦理问题，新技术的使用可以改变评估人员、管理人员和客户的期望、要求和行动。例如，政策与项目评估使用大数据技术可能导致侵犯个人的隐私以及潜在的意外排除（如运用社交媒体数据评估政策时可能将不使用社交媒体的群体排除在外）等问题。另外，文化多样性也会导致或加剧道德挑战。由于不同国家、不同地区、不同群体的文化存在差异，而在一种文化中被认为是道德实践的东西很可能在另一种文化中不成立，如果评估人员具备足够的"文化能力"，也可能产生道德困境。

三、政策与项目评估中道德挑战的应对

1. 建立和完善评估监督体制机制

目前我国已正式建立了《科技伦理审查办法（试行）》，其他一些国家也在积极推动相关体系的建立。要求高等学校、科研机构、医疗卫生机构、企业等设立伦理（审查）委员会，对涉及以人为研究参与者的科技活动，涉及实验动物的科技活动，不直接涉及人或实验动物但可能在生命健康、生态环境、公共秩序、可持续发展等方面带来伦理风险挑战的科技活动以及其他需进行科技伦理审查的活动进行审查和监管。政策与项目评估同样是一种科学研究活动，如果在评估中涉及上述活动，也需要接受伦理委员会的审查和监管。作为一种制度化、规范化的体制机制，可以规范政策与项目评估行为，保护评估委托人、其他利益相关者、被调查对象、评估人员的权益，帮助解决政策与项目评估遇到的道德困境。

2. 制定政策与项目评估的专业标准和指导原则

专业标准和指导原则是由评估团体为促进道德实践而制定的职业道德规范、标准、准则或原则。自 20 世纪 80 年代以来，一些国际评估组织（联合国评估小组、联合国开

发计划署、世界银行、经济合作与发展组织发展援助委员会、欧洲评估协会、非洲评估协会等）、一些国家和地区（如美国、加拿大、法国、德国、瑞士、英国、澳大利亚、新西兰等）的评估协会开始建立和制定政策与项目评估中的职业标准或指导原则。他们提出了诚信、正直、公正、人权、透明度、文化多样性、负责、独立性、公共利益等方面的原则或标准，也提出了能力、对利益相关者的关注、财政责任、可靠信息、基于数据的评估、系统调查的义务、报告、参与和沟通、利益冲突、合理设计和分析、合理做出结论、保密性等方面的规范。这些专业标准和指导原则为评估人员如何开展合乎道德的评估提供了指导。但也需注意的是，目前这些专业标准和指导原则还存在一些局限，例如，对于一个仍在发展的专业领域，对于到底应遵循哪些专业标准和指导原则目前的共识性还有待加强；这些组织或协会制定的专业标准和指导原则主要是倡导性，缺乏强制力；各个指导原则之间可能存在冲突。更关键的是，政策与项目评估伦理本身是一种情境性、关系性和政治性的实践，每种道德困境都呈现出必须考虑的人、历史、资源、痛苦和机会的独特复杂性，因此，实践中的评估伦理绝不仅仅是应用原则或标准的问题，而是一个在各种情况下明辨是非以及以正确的方式做正确的事情的问题（Schweigert，2007）。因此，要正确看待目前制定的专业标准和指导原则的贡献与局限。

3. 增强评估人员的道德修养和自我道德决策能力

政策与项目评估道德挑战具有情境性、关系性和政治性，除建立和完善评估监督体制机制、制定政策与项目评估的专业标准和指导原则外，还必须增强评估人员的道德修养和自我道德决策能力。可供考虑的策略包括三方面内容：①加强伦理理论学习。比如，义务论、美德理论、契约主义、关怀伦理等提供了关于个人应该如何行事以及什么是值得的或什么是好的一般说明。②把握一些道德决策框架。例如，Newman 和 Brown（1996）提出了一个评估道德决策模型，该模型强调直觉、冲突、实际情况、对感觉到的问题的主观反应起点、与同事的协商以及最终在问题的组织背景下协商解决方案的作用。Schweigert（2007）提出了基于正义的评估伦理解释性框架，该框架强调要从公共正义（如忠实于价值观、标准和理想而为公众服务）、程序正义（评估必须以不损害或无视人的尊严和人类社会的方式进行）、分配正义（评估必须有效利用）三个角度来澄清道德挑战的主要性质以及思考可行的解决方案。③注重对话和协商。Simons（2006）认为，评估人员之间以及评估人员与客户、参与者的对话可能是解决道德挑战的最有效方法，使用这种方法让评估人员、客户和其他利益相关者就各自的利益和价值观进行协商，评估人员与客户、其他利益相关者一起构建一个在适当道德行为范围内满足每个人需求的解决方案。

第三节　政策与项目评估专业标准与指导原则

如上节所述，要应对政策与项目评估中的道德困境，除建立评估监督体制机制、加强评估人员的自我道德决策能力之外，还有赖于政策与项目评估行业建立专业标准与指导原则。在目前国际评估组织和一些国家和地区评估协会制定的专业标准和指导原则中，"教育评估标准联合委员会制定的《项目评估标准》和美国评估协会制定的《评估人员指导原则》是这些工作中最为人所知的两个"（Morris，2005）。以下为这两个专业标准或指导原则。

一、《项目评估标准》

教育评估标准联合委员会（Joint Committee on Standards for Educational Evaluation，JCSEE）先后于 1981 年、1994 年、2011 年发布和修订了《项目评估标准》。以下介绍2011 年版本的内容，表 2.2 是这些标准的总结（Yarbrough et al.，2011）。

表 2.2　项目评估标准总结

基本属性	标准	含义
有效性	U1 评估人员可信性	评估应当由具有资质的人员实施，在评估过程中建立和保持可信性
	U2 关注项目方	评估应当充分关注对项目进行投资和受评估结果影响的全部的个人和团体
	U3 协商目的	应当根据项目方的需求确定评估的目的并不断地进行协商
	U4 明确的价值辨析	评估应当澄清和指明个人与文化的价值观来支持目的、过程和判断
	U5 相关信息	评估信息应当服务于项目方确定的需求和紧急的需求
	U6 有意义的过程和产品	评估信息应当鼓励参与者重新发现、重新诠释或修正他们的认识和行为，并以此构建活动、描述和判断
	U7 及时、准确地交流和报告	评估应当持续关注其多个受众的信息需求
	U8 关注结果和影响	评估应当提供可靠和合理的应用，以防无意的负面结果和使用不当
可行性	F1 项目管理	评估应当使用有效的项目管理策略
	F2 实际步骤	评估步骤应当实际可行并符合项目运转的模式
	F3 环境生存力	评估应当识别、监视和平衡文化及政治利益与个人和团体的需求
	F4 资源应用	评估应当高效率、高效益地使用资源
适用性	P1 责任与包容性导向	评估应当对项目方及其所属团体负责
	P2 正式的协议	评估协议应当经过磋商使权责明晰，兼顾需求、预期、客户及其他项目方的文化背景
	P3 人权及尊严	评估的设计和实施应当保护人类及其合法权益，维护参与者及其他项目方的尊严
	P4 廉明和公平	评估应当易于了解，公正处理项目方的需求和预期目标
	P5 透明和公开	在不违反法律或违背适用性承诺的情况下，评估应当为全体项目方提供结果、局限和结论的全貌描述
	P6 利益冲突	评估应当公开、公正地鉴别和处理洞察到的可能危及评估的利益冲突
	P7 财政责任	评估应当说明已消耗的资源，并且遵守完善的财政手续和过程
准确性	A1 合理的结论和决议	评估的结论和决议在文化和社会环境中应当清晰合理
	A2 正确的信息	评估信息应当服务于预期的目的并支持提供正确的解释说明
	A3 可靠的信息	评估进程应当为预期的应用产生足够可靠、一致的信息

续表

基本属性	标准	含义
准确性	A4 清晰的过程和环境描述	为了评估的目的，评估应当在适当范围内和细节上记录过程和社会环境
	A5 信息管理	评估应当运用系统信息采集、检验、核实和存储方法
	A6 完善的设计和分析	评估应当运用适于评估目的的技术性合理设计和分析
	A7 清晰的评估推理	应当清晰、完整地记录结果、解释、结论和判断的评估推理
	A8 交流和报告	评估交流应当在适当的范围内，防止误解、偏见、扭曲和错误
评估问责	E1 评估文档	评估应当以文件形式完整地记录协商目的、执行计划、过程、数据和结果
	E2 内部元评估	评估人员应当使用项目评估标准和其他适用标准检验评估设计、过程运用、信息采集和输出结果完成情况
	E3 外部元评估	项目评估的承办人、客户、评估人员及其他项目方应当鼓励使用项目评估标准及其他适用标准进行外部元评估

《项目评估标准》提出了五条基本属性：有效性、可行性、适用性、准确性和评估问责。

（1）有效性。有效性标准旨在确保一个评估能够有效地提供信息和判断结果，项目方利用这些信息和判断结果进行项目规划、控制、优化、评估、问责和推广。首先，一个评估应该是具有一定用途的。应该向参与或负责执行在评项目的人员和团体进行解释和说明。其次，评估人员应该查明用户信息需求并且应清晰、简洁和及时地向用户报告相关的评估反馈结果，应该协助客户鉴别和注意项目存在的问题，并清楚项目主要的优势。评估人员向客户说明存在的最重要的问题，全方位获取所需的信息来评估项目的优势和价值。最后，评估人员不仅应该报告有关优势和缺陷的评估反馈信息，还应帮助客户研究和应用评估结果。有效性标准反映了评估文献中的普遍共识：项目评估应该富有成效地解释和说明客户或其他具有知情权的受众所需的信息，提供项目优化的方法和项目问责报告。如果得不到预期可用的评估结果，评估应当终止。

（2）可行性。评估应具有可行性。评估人员应该在项目环境中运用简约和可操作的评估步骤，应该避免扰乱和损害项目，应该尽可能控制政治力量妨碍或腐化评估。另外，评估的实施应尽可能地提高效率、节约成本。这套标准强调评估步骤在现实世界背景下必须是可行的，而不仅仅是在实验室中。总而言之，可行性标准要求评估是现实的、严谨的、成熟的、政策允许的、有效益的和低成本的。

（3）适用性。评估应该满足适用性条件。必须制定清晰的书面协议，明确评估人员和客户在支持与实施评估方面所承担的义务。评估人员应该保护所有当事人的权利和尊严，并且评估结果必须客观公正，不受任何影响。评估报告应该遵守信息法规规定的自由度，在预先约定的范围内通告。此外，评估报告应该恰当、公平地说明优势和劣势。适用性标准反映了这一事实：评估能够对人们产生积极的影响，但是也能产生消极的影响。此类标准的设计用意在于保护评估各方的权利。总之，适用性标准要求评估合法并符合道德规范地进行与实施，保障参与评估的各方和受评估报告影响的各方的权益。

（4）准确性。准确性标准旨在确保评估信息的准确性，保障评估人员的正确传达，这些信息体现出有关判断在评估项目的优点和/或价值的特征。评估人员应该清晰、准确地描述项目的计划和执行，描述项目的背景和环境，并报告准确、可靠的评估结果；应该辨别和验证评估信息源、测量方法和设备、分析过程和偏差控制规定的正确性。评估人员还应该提出优势、劣势以及评估方案、步骤、信息和结论的局限性，应当描述和评价在多大程度上能够提供一个独立、无偏的评估。一般来说，这类标准要求评估人员获取严格的、高质量的信息，分析其正确性，报告合理的结论，并且提醒相关的注意事项。准确性标准是评估整体正确性的指标。

（5）评估问责。一个评估是需要评估人员完全负责的。评估人员应该记录文档以供检查评估的各个方面，这也是对评估的有效性、可行性、适用性、准确性和问责进行独立评价的要求。评估人员还应当实施评估的内部评价并证明其满足全部标准的程度。评估人员应当主动寻求一个独立的、基于标准评价的评估，也就是说，寻求一个外部的元评估；应该全程通力合作并致力于发布元评估结果（斯塔弗尔比姆和柯林，2019）。

二、《评估人员指导原则》

美国评估协会（American Evaluation Association，AEA）先后于 1992 年、1995 年、2004 年、2018 年起草、批准和修订了《评估人员指导原则》。以下介绍 2018 年版本的内容，该版本包含了用于指导评估实践的五项原则和 26 条基本的标准化表述。表 2.3 列出了相关原则和有关的子陈述（American Evaluation Association，2018）。

表 2.3 美国评估协会评估人员指导原则

原则	子陈述
1. 系统的调查。评估人员进行基于数据的调查，这些调查是全面的、有条理的和与背景相关的	（1）遵守适用于所使用方法的最高技术标准，同时注意评估的规模和可用资源
	（2）与主要利益攸关方探讨核心评估问题的局限性和优势，以及可用于回答这些问题的方法
	（3）准确、详细地沟通评估方法和模型，使他人能够理解、解释和批评相关工作
	（4）明确评估及其结果的局限性
	（5）以适当的方式讨论对评估者对评估结果的解释有重大影响的价值观、假设、理论、方法、结果和分析
	（6）认真考虑在评估实践中使用新兴技术的伦理影响
2. 资质。评估人员为利益相关者提供熟练的专业服务	（1）确保评估小组全体拥有评估的教育、能力、技能和经验
	（2）当最合乎道德的选择是在评估团队的专业准备和能力范围之外进行委托或请求时，应清楚地传达可能对评估产生的任何重大限制。尽一切努力直接或通过他人的帮助来补充缺失的或薄弱的能力
	（3）确保评估团队集体拥有或寻求在评估的文化背景下开展工作所需的能力
	（4）持续进行相关教育、培训或监督实践，以学习胜任评估实践所需的新概念、技术、技能和服务。持续的专业发展可能包括：正式的课程和研讨会、自学、对自己的实践进行自我评估或外部评估，以及与其他评估人员合作学习和完善评估技能专业知识

续表

原则	子陈述
3. 诚信。评估人员的行为诚实透明，以确保评估的诚信	（1）就评估的各个方面，包括评估的局限性，与客户和相关利益相关者进行真实、公开的沟通
	（2）在接受评估任务之前，披露任何利益冲突（或冲突的表象），并在评估期间管理或缓解任何冲突
	（3）记录并及时传达对最初协商的评估计划的任何变更、这些变更的理由以及对评估范围和结果的潜在影响
	（4）评估并明确利益相关者、客户和评估人员关于评估实施和结果的价值观、观点和利益
	（5）准确、透明地展示评估程序、数据和评估结果
	（6）明确沟通、证明和解决与可能产生误导性评估信息或结论的程序、活动有关的问题。如果问题无法解决，请咨询同事寻求适当处理的方法的建议，并在必要时终止评估
	（7）披露评估的所有财政支持来源以及对评估要求的来源
4. 尊重他人。评估者尊重个人的尊严、福祉和自我价值，并承认文化在群体内部和群体之间的影响	（1）努力理解并公平对待个人和团体在评估中提出的各种观点和利益，包括那些通常不包括在内的或相反的观点和利益
	（2）遵守与评估参与者有关的现行职业道德、标准和法规（包括知情同意、保密和防止伤害）
	（3）努力使与评估相关的群体和个人的利益最大化，减少风险或伤害
	（4）确保那些提供数据并承担风险的人自愿这样做，并且确保他们知道并有机会获得评估的好处
5. 公共利益和公平。评估人员努力为公共利益和促进一个公平公正的社会做出贡献	（1）识别并平衡客户的利益、其他利益相关者的利益和公共利益，同时保护评估的完整性
	（2）确定并努力解决评估对公共利益的潜在威胁，特别是当特定利益相关者的利益与民主、公平和公正社会的目标相冲突时
	（3）确定并努力解决评估加剧历史劣势或不平等的潜在风险
	（4）促进数据和评估结果的透明度和积极共享，目的是以尊重人和履行保密承诺的形式公平获取信息
	（5）缓解评估背景可能导致的偏见和潜在的权力失衡。在这种情况下，自我评估自己的特权和社会身份

美国评估协会《评估人员指导原则》包括系统的调查、资质、诚信、尊重他人以及公共利益和公平五项原则，每项原则都附有若干子陈述，以扩大总体原则的含义，并为其应用提供指导。这些原则规范了评估人员在评估各个阶段的行为，从最初评估重点和目的讨论，到评估设计、实施、报告以及最终的评估使用。这些原则是相互依存和相互关联的，但有时它们也可能相互冲突。因此，评估人员应该仔细检查他们如何证明专业行为的正当性。

案例　道德困境的处理

一个道德困境的例子来自 McDonald（麦克唐纳）和 Myrick（迈里克）在 2008 年对学生评估员在评估教授的指导下进行的评估的描述。学生对大学多样性中心举办的一系列研讨会的效果进行了评估。当他们分析数据时，惊讶地发现，其中一位研讨会负责人对某个特定的少数群体使用了贬损性语言。他们就如何处理这一发现进行了辩论，最终同意将其提交给委托人（多样性中心主任），但不提供违规人员的姓名。中心主任随后联系了指导教授，并询问了此人的姓名。教授主动提出和学生讨论一下，然后再向主任回复。学生们认为，《评估人员指导原则》中的原则存在冲突，因为"尊重他人"原则规定，评估人员应"遵守当前的专业标准……关于保密性、知情同意以及对参与者的潜在风险或伤害"（American Evaluation Association，2004）。然而，"对一般和公共福利的责任"原则指出："评估人员应在委托人需求和其他需求之间保持平衡"（American Evaluation Association，2004）。

对于教授和学生如何回应中心主任你有何建议？你是否认为有其他标准或准则与应对这种困境相关？在接下来阅读一些学者提出的两种可能的解决方案之前，你可能需要考虑一下你对这个问题的回答。

1. McDonald 和 Myrick 方案

McDonald 和 Myrick 为这种道德困境提供了以下解决方案。

我们的分析得出了一个解决方案，我们认为该解决方案支持所指出的变化，同时又避免违反职业道德：评估团队应拒绝向主任确定研讨会负责人，而是与多样性中心合作以建设性地解决问题。我们的反思也揭示了我们可以从这种情况中吸取的教训，包括评估人员需要就我们的道德准则对客户和利益相关者进行教育，制定书面协议，预测有争议的结果，并前瞻性地应对这些有争议的结果的最终出现，创建一个具有相当文化意识的团队，并在进行评估之前仔细检查利益冲突。

2. Perry 方案

Perry（佩里）在 2008 年对 McDonald 和 Myrick 提出的解决方案提供了另一种视角。她称赞学生遵守了《项目评估标准》（1994 年版）中的第 P4 条和第 P5 条，这两条涉及对结果的完整、公平的评估和报告。然而，她也确定了在与项目工作人员的早期讨论中，评估中可能违反的具体原则：

开发过程提供了一个机会来识别任何可能对项目评估有问题的障碍。这些障碍可能是可行性问题（如程序的可行性，《项目评估标准》（1994 年版）第 F1 条）或行为规范问题（如受试者的权利，《项目评估标准》（1994 年版）第 P3 条）。由于没有提及学生评估人员、多样性中心主任和咨询委员会成员之间的对话，目前尚不清楚是否提出了任何潜在的、实际的或道德的问题。如果没有进行这种讨论，就意味着错过了计划应对潜在挑战的机会。

Perry 继续分析对这一困境的回应，赞扬了教授对咨询委员会的第一次回应（即基于保护受试者的伦理原则，他不能透露单个领导人的姓名）。然而，她感到困惑的是，当主任第二天向教授打电话问那个人的名字时，教授为什么会含糊其辞。Perry 写道：

教授……为什么你的反应会在一夜之间改变？处理行为规范的标准不会随着询问者的立场而改变。当然，我知道你会记住这一点，并向主任做出适当的回应，因为你也解释了你希望提供帮助而不是阻碍的愿望。

Perry 认为，在确定对多样性中心主任的适当回应时，不存在道德困境。负责人的名字不能被透露。然而，她确实建议，评估需要更明确地制定相关的准则和原则，以便所有利益相关者从评估一开始就了解其可能引发的后果。

值得注意的是，虽然教育评估标准联合委员会制定的《项目评估标准》和美国评估协会制定的《评估人员指导原则》代表了国际评估界建立政策与项目评估专业标准和指导原则的努力甚至是典范，也尊重多样性以及不同文化和亚文化的规范，但"这些原则源于西方的世界观，各国社会在制定标准和准则时应对其不同的文化背景做出反应"（Schwandt，2007）。由于我国政策与项目评估的专业化程度还不高，也缺乏专业性的评估团体或协会，目前我国还没有制定政策与项目评估专业标准和指导原则。以上《项目评估标准》和《评估人员指导原则》可供我国评估人员进行参考，未来应结合我国的评估实际、文化规范特别是社会主义核心价值观建立制定我国的政策与项目评估专业标准和指导原则。

本章小结

政策与项目评估伦理是指政策与项目评估中调控评估人员行为的价值理念和道德准则，以帮助评估人员正确应对评估中的伦理困境，促进和支持评估领域采取合乎道德的行为。政策与项目评估中，在进入或签订合同、研究设计、数据收集、数据分析和解释、调查结果的交流以及调查结果的利用等阶段均可能存在道德挑战；应通过建立和完善评估监督体制机制、制定政策与项目评估的专业标准和指导原则以及增强评估人员的道德修养和自我道德决策能力来应对这些挑战。美国教育评估标准联合委员会制定的《项目评估标准》和美国评估协会制定的《评估人员指导原则》可供我国评估人员进行参考。

关键术语

政策与项目评估伦理；微观伦理，宏观伦理；自律，他律

复习思考题

1. 政策与项目评估伦理有何意义？
2. 政策与项目评估中的道德挑战有哪些？
3. 政策与项目评估中的道德挑战的成因有哪些？
4. 如何应对政策与项目评估中的道德挑战？
5. 美国教育评估标准联合委员会制定的《项目评估标准》提出了哪些评估专业标准？
6. 美国评估协会制定的《评估人员指导原则》提出了哪些评估人员应遵守的指导原则？
7. 如何建立我国政策与项目评估的专业标准或指导原则？

第二篇

范式、模型与方法篇

本篇旨在介绍政策与项目评估的范式、模型和方法。第三章至第八章将分别介绍后实证主义评估、建构主义评估、变革性评估、大数据政策评估、批判复合主义评估、实用主义评估的范式、相关模型和方法。

第三章
后实证主义评估

20 世纪 60 年代，由于早期政策与项目评估的经验和方法（如"测量"与"描述"时代的方法与实践）的历史积累，以及"伟大社会运动"的现实背景，催生了后实证主义评估的产生。后实证主义评估以后实证主义为哲学基础，强调价值中立，尽量运用定量设计特别是实验方法来对政策或项目进行评估。作为最早出现的政策评估流派，其对西方政策评估的专业化具有开创性的意义；作为一条科学的路径，它成为政策评估中非常重要的流派，并至今都产生着深远的影响。本章将对后实证主义评估的范式、评估模型和评估方法进行介绍。

第一节　后实证主义评估的含义与范式

一、后实证主义政策评估的含义

就后实证主义评估（post positivist evaluation）的含义而言，目前尚无明确的定义。一些著名的评估理论家对其常常有着不同的称谓，例如，阿尔金等在"评估理论树"将其称为"方法分支"（Alkin，2013），维当将其称为"科学浪潮"（Vedung，2010），而梅尔滕斯等则将其命名为"方法流派"（Mertens and Wilson，2019）。检视和比较他们的相关论述，可以将后实证主义政策评估的基本含义概括为：以后实证主义为哲学基础，强调价值中立，尽量运用定量设计特别是实验方法来对政策或项目进行评估，以客观、准确地探究政策效果。

后实证主义评估具有如下特点。其一，以后实证主义范式为哲学基础。其二，坚持"价值中立"信条。后实证主义政策评估者被要求在评估过程中剔除个人的情感、态度、价值等因素而成为"技术专家"，以保证评估结论的客观性。其三，强调定量方法（如实验、测量和统计等）的运用，尤其是实验方法的优先运用。

二、后实证主义范式

后实证主义（post positivism）是一种批判和修正实证主义的元理论立场。实证主义产生于 19 世纪三四十年代，其基本特征是：坚持自然科学的逻辑方法和程序同样适用于人类社会研究的基本假设；强调经验是一切知识的基础，经验始终是获得"确定性"的唯一途径，必须通过观察或者经验感觉去认识客观环境；在有关客观现象如何被认识的问题上，坚持价值中立的原则，即研究者在他们的研究工作中应该做到避免个人价值的介入，研究者应该以不偏不倚的"纯粹的"中立的视角反映研究对象。后实证主义继承并修正了实证主义，它仍然强调研究者和研究客体之间的独立性，但是后实证主义接受了研究者的理论、背景、知识和价值观等可以影响观察到的东西。就政策与项目评估而言，评估活动更多地受到人们的知识水平、背景经验的影响，因此，政策与项目评估更多的是在后实证主义的信念体系下而非在实证主义的信念体系下进行的。

以下从价值论、本体论、认识论、方法论四个方面来具体阐述后实证主义评估范式。

（1）价值论。虽然实证主义者认为研究是或可以是无价值的或价值中立的，但后实证主义者认为偏见是不受欢迎但不可避免的，因此调查人员必须努力发现并尝试纠正。后实证主义者努力了解他们的价值论（即价值观和信仰）如何影响他们的研究，包括他们选择的措施、人口、问题和定义，以及他们对工作的解释和分析。因而，后实证主义政策评估价值论立足进行"良好的研究"，因为进行"良好的研究"是伦理道德建设的基本要求。良好的研究是指反映诚实、压制个人偏见和仔细收集经验的研究。因而，现实的政策评估实践受到三项伦理原则的约束：一是尊重，要求礼貌地对待所有的政策评估参与者，包括那些不尊重和礼貌待人的人（如年幼的儿童、智力有问题的人或者老年人）；二是正义，即确保政策评估程序是合理的、非剥削的、仔细考虑的和公平管理的，并确保那些在政策评估中的承担风险者可以从中受益；三是有益性，即最大限度地提高科学、人类和个体研究参与者的良好结果，最大限度地减少或避免风险、伤害或错误。综上，客观、公正、准确、精确、可重复、预测和控制等价值对评估具有特殊的影响。评估者被希望忠实于上述价值，而尽可能保证其个人的任何价值不要影响实验数据的收集和解释。

（2）本体论。后实证主义本体论延续了实证主义本体论的基本假设，同样坚持现实是客观存在的。后实证主义者认为社会现象与自然现象的本质是一样的，它不是一种新的现实，它有类似于自然现象的规律，因此，社会现象可以像自然现象一样用科学的规律所解释。但是，与实证主义不同，他们认为现实只能以不完全和概率的方式被认识。后实证主义者也从社会建构主义中吸取了对现实的理解和定义。后实证主义者还强调了现实与观察者之间的关系的独立性，现实是存在的且独立于观察者。现实是可知的，但是由于现实具有复杂性，人的认识具有有限性，因而，后实证主义者认为，现实在一定概率水平内是可知的（Mertens and Wilson，2012）。

（3）认识论。后实证主义的认识论认为，人类知识不是基于客观个体的先验评估，而是基于人类猜想。由于人类知识是不可避免的推测，这些推测的断言是有理由的，或者更具体地说，可以通过一套权证来证明，这些权证可以在进一步调查的情况下修改或撤销。然而，后实证主义不是一种相对主义的形式，并且通常保留着客观真理的观念。后实证主义政策评估主张在研究中与研究客体保持距离，这样有助于减少偏差。尽管相对实证主义而言，后实证主义接受了研究者的理论、背景、知识和价值观可能影响研究客体，但其在认证论上仍强调客体是独立于主体的外部存在。由此可见，远离研究对象仍然是后实证主义认识论信仰体系的特征。政策评估人员在实践过程中应该努力做到"客观"，限制与研究对象的接触或参与。与此同时，政策评估人员应努力找寻能够客观认识事物的研究方法。

（4）方法论。后实证主义不是一个明确的哲学流派，没有统一的思想，它是实证主义在经受众多批评后的修正的总称，后实证主义者承认研究者不能"证实"一个理论或其他因果命题，但是可以通过消除其他解释来增强这一理论，承认对于同一套数据可以用不同的理论来解释，承认观察中内含着理论、研究过程中的主观因素，但是坚持客观性仍然是研究的努力方向，研究者应该尽可能地保持中立。马克等指出，当研究的目的是建立因果关系，并且对特定干预的效果存在不确定性时，随机对照试验设计的方法选择在伦理上是合理的，因为该设计在证明干预效果方面相比其他方法提供了更大的价值（Mark and Gamble，2009）。根据马克等的说法，"事实证明，良好的伦理为这些方法的使用提供了正当理由，这些方法将给出关于项目有效性的最佳答案，因为这可能增加取得良好结果的可能性，特别是对那些最初处于不利地位的人"（Mark and Gamble，2009）。因而，后实证主义保留了对实验法的偏爱，同时对实验法有所发展，强调在此基础上使用多种定量分析方法开展政策评估的有效性。由于实验条件苛刻，非常难以满足，某些严格的科学方法的要求并不适合于社会科学研究，因此后实证主义提出了准实验研究。与实证主义相比，后实证主义范式具有不同的研究方法，后实证主义政策评估者在总结实验与准实验方法的基础上，发展出了自然实验方法，并且借助统计学和计量经济学的方法开展评估研究。

三、后实证主义评估的产生与发展

（一）后实证主义评估产生的背景

从现实背景上看，20 世纪 60 年代中期美国政府开展的"伟大社会运动"促进了社会、政府和学者关注、实施对相关政策和项目的评估。

从理论上看，在 20 世纪 60 年代中期以前西方国家对政策或项目评估的探索为后实证主义评估的出现提供了理论渊源，也正是这些探索的不足为后实证主义评估的出现提供了动力。结合古贝和林肯（2008）的"评估四代论"观点，我们简单地将 20 世纪 60 年代中期以前的评估探索划分为"测量"和"描述"两个阶段。在测量时期，评估和测验、测量紧密相连，测验的资料通常成为评估的主要资料来源，评估的主要任务仅仅是获得"量"的数据。例如，通过统一标准化考试或"智力测试量表"来测量学生能力，进而衡量教师能力、课程质量和学校教育的质量。"测量"评估最典型的特点是评估者的角色是技术性的，他应该掌握可利用的工具，任何指定的调查变量都可以被测量，如果合适的测量工具不存在，评估者还要运用必要的专门技术去创造（古贝和林肯，2008）。虽然"测量时期"的客观成绩测验在项目评估中发挥了重要作用，但它只能提供很小一部分所需的信息，这样的评估对于衡量优点、价值、诚信、可行性、重要性、安全性和公平性等方面都不能令人满意。第二次世界大战以后，评估进入了描述时期。被后人誉为"评估之父"的拉尔夫·W. 泰勒（Ralph W. Tyler）提出了全面的、创新的见解。在他看来，评估的定义就是目标是否实现，评估的本质就是结果与目标相一致的程度。这种方式侧重于直接的测量，且相对于标准化考试可涵盖更广的结果变量，以及不需要实验组、对照组之间高成本、破坏性的比较，因而具有显著优势。总之，这一时期，评估的主要方式是"描述"，评估以描述关于某些规定目标的实现程度为特征，评估者的角色是描述者。经过这两个时期的发展，西方政策与项目评估领域已经形成了一些评估的理念，也积累了一定的评估方法和技术，如标准化考试、教育数据统计方法、目标完成统计算法、专家实地考察法等，为评估的开展提供了一定的基础。然而，人们也逐渐发现，这些理念和方法的针对性和实用性存在不足，没有解决评估过程中所存在的问题，也没有对政策和项目的决策提供多少帮助。尤其是在 20 世纪 60 年代中期评估实践的巨大需求背景下，这些理念和方法的局限更为明显。一些学者突然意识到，"他们需要学会认识评估面临的巨大障碍，并另辟蹊径地发展新的评估理论和方法"（斯塔弗尔比姆和柯林，2019）。

（二）后实证主义政策评估理论的发展历程

从 20 世纪 60 年代中期以来，为了弥补以往评估理念和方法的不足以及回应评估实践的巨大需求，一批学者在以往评估理念和方法的基础上，不断修正已有的评估方法，并开发出大量新的评估理念和方法，形成了后实证主义评估流派。当然，相关学者也从其他学科中不断地吸收新的理论和方法，不断地推动该理论流派向前发展。从具体的发展历程来看，实验与准实验设计的引入与使用，基于理论的评估的开发，成本收益分析的强化，培训项目评估方法的开发，统计学、计量经济学与系统工程方法的融入是具有里程碑意义的事件。

1. 实验与准实验设计的引入与使用

长期以来，评估的测量模式仅仅关注政策实施之后的效果如何。但是，评估对象行为的改变是否真正源于政策的推行或者项目的实施，仍然是一个有待讨论的议题。20 世纪 60 年代，政策评估者开始探究隐藏在政策实施与政策效果之间的因果关系，以寻找政策评估更加具有说服力的路径。唐纳德·坎贝尔为政策评估的因果推断做了大量的基础性研究工作。他和他的研究团队引入了随机对照试验和准实验方法，并系统地提出了基于因果推断的政策评估实验和准实验研究设计思路（Campbell et al., 1963）。坎贝尔的贡献对后实证主义政策评估学科产生了深远影响，他们的理论和方法成为政策评估的重要研究路径之一。20 世纪 90 年代，实验方法在评估实践中得到进一步发展。托马斯·库克（Thomas Cook）、威廉·R. 沙迪什（William R. Shadish）和罗伯特·博鲁克（Robert Boruch）的研究扩展了评估界对实验方法的理解；马克·W. 利普希茨（Mark W.Lipschitz）和霍华德·E. 弗里曼（Howard E. Freeman）合著的《项目评估：方法与技术》一书详细地解释了如何在评估实践中使用随机对照试验设计和准实验设计。进入 21 世纪初，实验方法在探究政策干预与政策结果之间的关系方面取得了长足的进展。除了实验评估理论的拓展，梅尔文·马克和加里·亨利还对实验伦理问题进行了探索（Mark and Henry, 2006）。显然，实验与准实验设计的引入与使用对后实证主义评估的形成奠定了重要的基础，并对其发展产生了深远的影响。

2. 培训项目评估理论和方法的开发

无论是在企业、第三部门还是在政府中，都存在大量的培训项目。然而，如何评估培训项目的成效，在 20 世纪 60 年代前尚没有成熟的方法。1959 年至 1960 年，美国学者柯克帕特里克 J D 和柯克帕特里克 W K（2012）发表了有关培训学员反应、学习、行为改变和业务结果的四篇文章，提出了培训项目评估的具有逻辑顺序的四个方面（反应层、学习层、行为层和结果层），形成了著名的"柯氏四级评估模型"。1991 年，菲利普斯（Phillips）提出五层次评估模型，在柯氏四级评估基础上增加了财务评估层，即投资回报率评估。评估的重点在于将培训收益和培训成本进行比较，测算投资回报率的指标，进而分析员工培训对经济利润的影响。2003 年布林克霍夫（Brinkerhoff）开发了"成功案例法"。该方法要求对所有培训对象进行调查并确定成功者和失败者；然后采访成功者和失败者中的样本，形成"成功的故事"或"失败的故事"；最后根据对组织的利益报告投资回报率。这些都推进了培训项目评估理论和方法的发展。

3. 成本收益分析的普遍运用

成本收益分析是将政策或项目中所有的成本和收益量化为货币形式后，通过成本和收益的比较来评估政策或项目的一种方法。1936 年美国国会制定的《全国洪水控制法案》开创了运用成本收益分析评估项目的历史，其要求行政机关在防洪工程中可能获得的收益应当超过预估成本。20 世纪 70 年代，成本收益分析被应用于评估拟议的基础设施项目、公共工程的成本和收益。到了 20 世纪 80 年代，鉴于成本收益分析的重要价值，一些西方国家政府开始强制要求对政府规制进行成本收益分析。例如，1981 年，里根总统发布了 12291 执行令，要求对所有重要的监管举措进行监管影响分析（监管影响分析基本上是一种成本收益分析）。在 1993 年的 12866 行政令中，克林顿总统也确认了美国联邦政府对成本收益分析的承诺。诸如无资金授权改革法案、政府绩效与结果法案、小企业监管执行法案等相当多的联邦政府法律都具体要求执行一些成本收益分析的形式。美国法院也广泛使用成本收益分析来评估有关环境、健康和安全的规制政策。由此经过政府层面的强制推行，在 20 世纪 80 年代以后，成本收益分析逐渐成为西方国家政策评估的核心方法（Boardman et al.，2010）。之后，西方国家还掀起了使用成本收益分析的第三波浪潮和第四波浪潮。第三波浪潮出现在 20 世纪 90 年代中期以后，成本收益分析扩展到了更广泛的涉及支付意愿的环境保护和自然资源等政策的评估。21 世纪初至今，成本收益分析被持续地应用到社会政策或项目（如教育、医疗、就业、司法等方面的政策或项目）的评估。

4. 基于理论的评估的创立

在 20 世纪七八十年代，后实证主义评估虽然已经具备了大量的工具箱，然而，评估者却发现此时的评估理论存在一个重大的缺陷：评估者偏爱直接测试输入——输出链的"基于方法"的评估，很少关注项目过程。评估将政策或项目视作"黑箱"，通过检查投入、产出或结果来确定项目的成功程度，但却不能解决关键的过程或连接投入和产出的因果机制。为了克服这一缺陷，1972 年，韦斯（Weiss）建议在进行评估时使用"项目模型"，这是"基于理论的评估"的最早渊源。1981 年陈惠泽和罗希明确提出了"基于理论的评估"（theory-based evaluation）模型。该模型强调以理论为基础来考察项目的效果以及在项目活动和效果之间起中介作用的机制，它不仅关注政策或项目有效性，还关注导致变化的因果机制和背景因素。21 世纪初，唐纳森（Donaldson）为以项目理论为核心的评估贴上了一个新的标签——"项目理论驱动的评估科学"。其基本原理是：

通过审查文件和以前的研究、与利益相关者交谈以及观察项目运行情况，评估人员与利益相关者共同建立项目理论；然后评估人员使用项目理论定义评估问题并确定其优先顺序；最后使用科学的方法来回答评估问题。"基于理论的评估"强调项目服务和干预过程中是否发生了项目理论预期变化的检验，是对项目运行过程"黑匣子"的破解。

5. 统计学、计量经济学、系统工程等其他学科理论与方法的引入

由于政策与政策效果的关系是一种因果关系，因此其他学科中有关因果推断的理论和方法就为政策或项目的评估提供了重要的资源，这突出地体现在统计学和计量经济学两个学科上。在统计学方面，20 世纪 70 年代以后，统计学的因果推断取得了巨大的进展。1974 年，鲁宾（Rubin）基于反事实的哲学框架提出关于观察性研究的潜在结果模型（又称作鲁宾因果模型）。20 世纪 90 年代，朱迪亚·珀尔（Judea Pearl）等提出了另一个非常重要的因果推断模型——因果网络图模型。统计学中的这些模型都为推动后实证主义评估的丰富和发展起到了重要作用。此外，计量经济学对政策或项目评估的影响也许比统计学更大。自 20 世纪 60 年代以来，计量经济学中的基于反事实的因果推断方法不断发展，出现了多种适用于对社会经济项目进行计量经济学评估的现代工具。1958 年，著名学者坎贝尔便提出了断点回归设计，之后 1978 年普林斯顿大学教授阿森菲尔特首次使用双重差分法进行项目评估（Ashenfelter, 1978）；1983 年罗森鲍姆等提出了倾向得分匹配的概念（Rosenbaum and Rubin, 1983）；1987 年在对美国执行死刑是否可以降低谋杀率的一项研究中，埃利希最早运用工具变量来解决评估中的内生变量和遗漏变量的问题（Ehrlich, 1975）；2003 年阿巴迪和加德亚萨瓦尔在评估西班牙巴斯克地区恐怖活动所产生的经济代价的过程中首次提出了合成控制法（Abadie and Gardeazabal, 2003）。从系统工程学的角度来看，其综合评价理论与方法也为政策或项目的评估提供了重要的理论和方法资源。20 世纪 60 年代以来产生和发展的模糊综合评价方法、层次分析法、数据包络分析法、人工神经网络评价法和灰色系统综合评价法等也被广泛地运用到政策与项目评估中。

以下对后实证主义评估理论家及其开发的模型进行了归纳，见表3.1。

表 3.1　后实证主义政策评估模型

主要理论家	评估模型	产生时间	突出特征
唐纳德·坎贝尔 托马斯·库克 威廉·沙迪什 罗伯特·博鲁克 彼得·罗希	随机对照试验 准实验	20 世纪 60 年代至 70 年代	1. 对于随机对照评估而言，评估者努力实现实验组与控制组的随机分派；精心设计实验程序以减少选择性偏误。实验过程中评估者严格控制其他因素以增加实验的内外部效度 2. 对于准实验而言，放松随机对照试验的实验条件，降低控制，但尽可能地遵循实验的逻辑和条件，最大限度地控制因素，进行实验处理。实验的结果与现实结合起来，现实性强
唐纳德·柯克帕特里克 杰克·菲利普斯 罗伯特·布林克霍夫	柯氏四层次模型 五层次评估模型 成功案例法	20 世纪 60 年代至 21 世纪初	1. 柯氏四层次模型对培训项目的效果进行四个层次评价：参与者反应、学习、行为和结果 2. 五层次评估模型在柯氏四级评估基础上增加了投资回报率评估 3. 成功案例法可以确认那些能将最好和最差员工区分开来的具体行为，并对培训的投资回报率进行评估

续表

主要理论家	评估模型	产生时间	突出特征
托马斯·O. 麦加里蒂 凯斯·R. 桑斯坦 艾丹·R. 维宁 戴维·L. 韦默	成本收益分析	20世纪80年代	将项目的成本和收益进行量化并以货币价值的形式进行衡量，并对项目的成本和收益进行比较
陈惠泽 彼得·罗希 斯图尔特·I. 唐纳森	基于理论的评估	20世纪80年代	是一种以项目理论为基础或指导的研究，并非单一的评估方法。更加关注政策或项目的作用机制，检验政策或项目干预是否与项目理论预期一致
唐纳德·鲁宾 朱迪亚·珀尔	潜在结果模型 因果网络图模型	20世纪70年代至90年代	1. 潜在结果模型强调对同一单位同时接受不同干预的比较而得出一个干预相对于另一个干预的因果关系，是项目评估的计量经济学研究进展的基础 2. 因果网络图模型是一种与图相关的统计模型，允许直观的因果解释
奥利·阿申费尔特 乔舒亚·D. 安格里斯特 艾伦·B. 克鲁格 艾萨克·埃利希 戴维·卡德 阿尔贝托·阿巴迪	断点回归 双重差分 倾向得分匹配 工具变量 合成控制	20世纪60年代至21世纪初	基于反事实框架，针对非实验数据而开发的计量经济学方法，可以估计政策或项目的处理效应
卢特菲·A. 扎德 托马斯·L. 萨蒂 亚伯拉罕·查恩斯 威廉·W. 库珀	层次分析 模糊综合分析 数据包络分析 人工神经网络法 灰色综合评价法	20世纪60年代至90年代	从系统工程学的角度来看，系统评价即首先测量系统的有关属性，并根据系统属性的相互关系综合出系统的总效用。可以将政策或项目视为一个系统，它具有多个属性（可以从多个标准或指标进行评价），因此，也需要对政策或项目做出整体性的评判。这五个模型均能从整体上评估政策或项目的总体情况

第二节 政策与项目结果测量方法

　　尽管自描述时代以来，"测量不再被当作评估的同义词，而是被重新定义为在提供服务时可以使用的众多工具之一"（施托克曼和梅耶，2012），但是测量仍然是评估的基础，特别是后实证主义评估的基础。例如，要评估扶贫政策是否提高了农民收入首先就需要对农民收入进行测量，评估乡村振兴政策就需要对政策实施后的乡村状况进行测量。特别地，政策与项目的结果或"结局"往往呈现多样性，例如，包括预期、非预期的结果，积极、消极的结果，直接、间接的结果。除此之外，还可能包括多方面的结果，例如，教育政策的结果可能包含结构方面的结果（课程安排）和行为方面的结果（教师行为），乡村振兴政策实施后的乡村状况就包含了乡村的产业、人才、文化、生态、组织等方面的状况。因而，在政策与项目评估中，除有时仅特别关注某种结局之外，一般都需要进行综合性的测量。鉴于测量在政策与项目评估中的基础性和一定程度的复杂性，本章在介绍后实证主义的典型模型和方法之前，专辟一节介绍政策与项目结果测量方法。

一、政策与项目结果测量方法概述

测量是按照某种规律，用数据来描述观察到的现象，即对事物做出量化描述。测量是对非量化事物的量化过程。政策与项目结果测量是依据一定的指标或指标体系，采用一定的工具对政策与项目的结果或结局进行量化描述。其中，指标或指标体系是政策与项目结果测量的依据。指标是指根据研究的对象和目的，能够确定地反映研究对象某一方面情况的特征依据。政策与项目的结果或结局往往是众多而复杂的，如果仅从单一指标上对政策与项目的结果进行测量不尽合理，因此往往需要将反映政策与项目的结果的多项指标加以汇集，形成指标体系进行测量。指标体系是一组既相互独立又相互关联、结构层次分明并能完整表达政策与项目的结果的指标，它由指标和指标权重构成。测量的工具则包括直接观察记录、问卷、量表、成绩测试等。以下重点介绍政策与项目评估指标体系的构建。

二、政策与项目评估指标体系的构建

（一）指标的设计与筛选

构建政策与项目评估指标体系首先要对指标进行设计和筛选。指标的设计和筛选要视具体的政策或项目而定。但是，一般说来在设计和筛选指标时，要考虑一定的依据、遵循一定原则和使用恰当的方法。

1. 指标设计与筛选的依据

可以依据以下方面来设计和筛选指标。①政策和项目的目标。政策和项目的目标是政策或项目所要达到的目的或决策者所追求的东西。因为政策或项目评估往往评估政策或项目是否达成了目标，因此需要围绕政策目标来筛选相关的指标。②项目理论或政策变化理论。项目理论或政策变化理论建立了输入、公共政策活动、输出、短期结果、中期结果和长期结果之间的因果链条，其对短期结果、中期结果和长期结果的预设可为指标筛选提供依据。③利益相关者的价值观。考虑利益相关者在政策中的损益和价值体系。④可能的非预期结果或间接结果。筛选这些方面的指标可以更全面地测量政策或项目的结果。⑤已有评估或研究提出的指标。⑥法律、法规、上级政策规定要考察的指标。⑦评估的目的与内容等。

2. 指标设计与筛选的原则

①指标应具有针对性，能很好地反映政策或项目的结果。②指标应具有全面性，能全面地反映政策或项目的结果。③指标应具有可测性，可以收集到相关的数据。④指标应具有简洁性，宜少不宜多、宜简不宜繁。⑤指标应具有独立性，各指标间应尽力不相互重叠。

3. 指标设计与筛选的方法

指标设计与筛选具有很大的主观随意性。虽然指标设计与筛选有经验确定法和数学方法两种，但多数研究中均采用经验确定法。在实际应用中，专家调研法是一种常用的方法，即向专家发函，征求其意见。评估人员可根据上述依据，在所涉及的调查表中列出一系列的指标，分别征询专家对所设计的指标的意见，然后汇总处理，确定出最终的指标（杜栋等，2005）。目前来说，作为一种改善的专家调研法，德尔菲法具有更好的效果，其通过匿名方式、反复多轮征询、对结果进行统计处理可以得到更为合理的指标。

需要注意的是，在政策与项目评估指标设计中，有时也可能需要设计一定的定性指标或"软指标"，例如，政策或项目的满意度，也需要进行科学设计。政策与项目评估指标并不意味着只是定量指标。另外，政策与项目评估的各个指标的性质和量纲可能不同，在最后的统计分析时，需要对评估指标做无量纲化处理。

（二）权重的确立

相对于某种测量目标来说，指标之间的相对重要性是不同的。指标之间的这种相对重要性的大小，可用权重来刻画。权重是指标体系中某指标重要程度的定量分配。显然，当政策或项目及指标都确定时，测量的结果就依赖于权重，即权重确定得合理与否，关系到测量结果的可信程度。因此，合理确定权重对政策与项目结果测量有着重要意义。权重确立的方法包括主观赋权法、客观赋权法和综合赋权法三类。

（1）主观赋权法。主观赋权法主要依据专家的知识经验，对各指标的重要程度进行比较，直接分配权重或构造出判断矩阵来计算权重，其认为权重的实质是指标对于目标相对重要程度的量化体现，主要包括德尔菲法、层次分析法、环比评分法、评委投票表决法（简化了的德尔菲法）等。

（2）客观赋权法。客观赋权法是基于一定的数学理论，在对指标实际数据进行定量分析的基础上确定指标权重的方法，可以保证权重的绝对客观性，主要包括熵权（值）法、主成分分析法、因子分析法、变异系数法等。

（3）综合赋权法。综合赋权法是基于主、客观赋权法各自的优势，将两者所得的权重进行综合集成，或根据一种权重对另一种权重进行部分修正。例如，将熵权法和层次分析法的优点相结合的熵权-层次分析法或者熵技术支持下的层次分析法；还可以将层次分析法与德尔菲法相结合或者将主成分分析和德尔菲法相结合确定各项指标的相对权重。

案例　乡村振兴成效评估指标体系的构建

一、资料来源

张挺，李闽榕，徐艳梅.2018.乡村振兴评价指标体系构建与实证研究.管理世界，34（8）：99-105.

二、背景与目的

党的十九大报告提出实施乡村振兴战略。实施乡村振兴战略是破解农业农村农民问题，促进农业发展、农村繁荣、农民增收的治本之策。构建科学、有效的乡村振兴成效评价指标体系有利于科学度量乡村振兴的进展，有利于总结发现乡村振兴战略实施中的实践经验和存在问题，并提出相应的对策和建议。乡村振兴成效评价指标体系包含评估指标的选取和权重的确立两个方面。

三、评价指标的选取

（1）评价指标选取原则：科学性原则、系统性原则、全面性原则、可比性原则和可操作性原则。

（2）评价指标选取过程。首先，通过理论分析法，根据国家农业现代化标准、国家建设小康社会指标体系、乡村建设指标体系研究成果和乡村建设实际情况构成预选指标集。其次，通过德尔菲法以专家打分的方式筛选指标，构建出包括 5 个二级指标，15 个三级指标，44 个四级指标的乡村振兴成效评价指标体系。

四、指标权重的确立

（1）方法：层次分析法和熵权法的融合。层次分析法是主观赋权方法而熵权法是客观赋权方法，两者各有利弊。为了同时减少专家判断的主观偏差和数据不完整或数据质量差所产生的客观偏差，将层次分析法和熵权法融合确定指标的权重。

（2）运用层次分析法计算权重。依照上述的评价指标体系，首先构造了 4 级层次结构模型，最上层为目标层乡村振兴指标，其次为准则层包含 5 个二级指标，再次为子准则层包含 15 个三级指标，最后为方案层包含 44 个四级指标。针对每一个层次，构建了判断矩阵，并采用 Saaty（萨蒂）提出的九标度法由专家进行对比判断。随后，基于专家给出的判断矩阵，计算出矩阵的最大特征值、特征向量，最终得出方案层到子准则层，子准则层到准则层，准则层到目标层的权重。并且所得到的计算结果均通过了一致性检验，说明专家对指标的对比判断满足一致性。

（3）运用熵权法计算权重。首先，运用熵权法计算指标权需要对数据进行标准化或归一化处理。由于所用数据的量纲不同，因此区分了正向、负向指标的标准化处理。其次，本文计算了每项指标的熵值。再次，根据每个指标的熵值，计算出冗余度。最后，某个指标的权重就等于该指标的冗余度与所有指标的冗余度之比。

（4）计算综合权重。采用等权重加权平均的方法将主客观权重进行相加，得出综合权重，即选用层次分析法和熵权法的均值作为综合权重。

五、乡村振兴成效评价指标体系

最终构建出乡村振兴成效评价指标体系（表 3.2）。

表 3.2 乡村振兴成效评价指标体系

一级指标	二级指标	权重	三级指标	权重	四级指标	权重
乡村振兴成效	产业兴旺	17.98	农村产业结构	5.99	特色产业产值占总产值比重	2.99
					非农产值占总产值比重	1.56
					非农产业从业人员占总劳动力比重	1.44
			农业科技水平	7.31	农业机械化综合水平	1.21
					每万人口农业科技人员数	2.71
					农业科技创新成果转化率	3.39
			农村市场化程度	4.68	农产品商品率	2.16
					农户信用贷款不良率	1.71
					农户参加经济合作组织比率	0.82

续表

一级指标	二级指标	权重	三级指标	权重	四级指标	权重
乡村振兴成效	生态宜居	27.01	自然环境宜居	3.59	环境污染综合指数	2.43
					村庄绿化覆盖率	1.16
			人工环境宜居	9.87	安全饮用水普及率	1.47
					旱厕改造率	1.86
					生活垃圾无害化处理率	2.03
					农村道路硬化率	1.03
					家庭信息化覆盖率	3.48
			社会环境宜居	13.56	每千人口专职教师数	3.53
					每千人口卫生技术人员数	3.31
					新型农村合作医疗参合率	2.15
					农村养老保险参保率	2.56
					农村人口平均预期寿命	2.02
	乡风文明	19.04	文化教育建设	7.21	学龄儿童净入学率	1.90
					农村人口平均受教育年限	1.81
					家庭文教支出占总支出比重	3.51
			公共文化发展	6.39	人均公共文化设施面积	2.12
					"星级文明户""文明家庭"所占比例	2.12
					党员乡贤在农村基层党组织中的比例	2.16
			优秀文化传承	5.45	保护发展地方优秀特色文化的农村财政投入比例	2.78
					地方优秀特色文化的市场转化率	2.67
	治理有效	14.48	乡村法治建设	7.05	万人刑事案件立案数	1.92
					每千户民事纠纷发生数	2.09
					每万人口平均信访量	3.04
			村民自治实践	4.08	选举等重大决策事项村民参与率	1.08
					村务公开率	0.60
					农村员大会等自治制度普及率	2.40
			发展均衡程度	3.36	农村基尼系数	1.45
					农村贫困人口发生率	1.91
	生活富裕	21.49	农民收入水平	8.59	农民人均纯收入	4.99
					农民人均纯收入实际增长率	1.87
					农村家庭恩格尔系数	1.73
			农民收入结构	6.76	工资性收入占总收入比重	2.56
					财产性收入占总收入比重	4.20
			农民生活质量	6.15	人均合格住房面积	2.20
					拥有私家车家庭占比	3.95

注：由于舍入修约，数据存在误差

第三节　后实证主义评估的主要模型与方法

第一节对后实证主义评估的含义、范式、产生发展及其相关的评估模型和方法进行了概括介绍，本节将具体介绍其中的经典评估模型、方法及其应用。基于相关模型在后实证主义评估中的地位及其实践应用的程度，本节选择随机对照试验、准实验、自然实验、基于理论的评估、成本收益分析方法加以介绍。

一、随机对照试验

（一）随机对照试验概述

1. 随机对照试验的概念

政策与项目评估不仅仅是测量政策与项目的结果，而且需要估计政策和项目的政策或项目的净影响。由于社会环境呈现出高度的错综复杂性以及政策行为的重叠（针对相同或相似的政策问题和目标群体，不同的机构和部门都制定并执行各自的政策或项目），环境的改变可能是由多种政策、项目或社会中的其他因素综合作用的结果，因此，如何将政策或项目的净影响估计出来是政策与项目评估的重要问题，也是困难的问题。

随机对照试验是一种实验研究设计，通过随机分配参与者到干预组和对照组，比较两组之间的差异，评估政策与项目的效果。除一般实验研究的三组要素（自变量或实验刺激、因变量，前测与后测，实验组或干预组和控制组或对照组）之外，随机对照试验特别要求将参与者（实验对象）在实验组和对照组之间随机分配。比如，通过抛硬币、抽签、随机数表或带有随机数发生器的计算机程序将实验对象随机地分配到实验组和对照组中。由于完全按照随机抽样的原理，依据概率论，此时各种干扰变量会以同样的方式对两组产生影响，因此选出的两组基本是完全相同的两个群体。也因此能够真正估计出政策或项目的净影响或因果效应。

2. 随机对照试验的逻辑

随机实验是帮助研究者建立反事实框架的有效模式。如果我们既知道在干预发生的情况下受益人的状况（事实），又知道假如干预没有发生时受益人的状况（反事实），那么我们就可以通过对比事实和反事实之间的差异来进行因果推断：造成事实和反事实之间差异的唯一因素就是政策或项目的实施，因此这个差异一定是由政策或项目导致的，是政策或项目的真正影响。其具体逻辑可用表 3.3 来说明。

表 3.3　随机对照试验的逻辑

		前测		后测
实验组	R	O_1	X	O_2
对照组	R	O_3		O_4

其中，R 表示随机分配；X 表示实验刺激；O 表示实验组对照组各自接受测试的结果。

此时，政策或项目的净效果＝随机实验组的差分－随机对照组的差分＝（O_2－O_1）－（O_4－O_3）。实验组后测与前测之差表示实验刺激、其他政策或项目、其他因素的综合作用的结果，而对照组后测与前测之差表示其他政策或项目、其他因素作用的结果。由于实验组和对照组是均衡的，因此，实验组的差分减去随机对照组的差分即为实验刺激（政策或项目）的净效果。当然，随机对照试验中的结果衡量可能受到机会或随机变动的影响，这种因机会或随机变动所产生的波动效果，称为随机效果，因此，还需要排除随机效果的影响（罗希等，2007）。现实中，往往采用 t 检验、方差分析和协方差分析等统计工具克服其影响。

3. 随机对照试验设计

随机对照试验具有多种设计类型，包括前测—后测控制组设计、后测控制组设计和所罗门设计（所罗门三组设计和所罗门四组设计）；还有单臂设计、多臂设计；也有"单盲设计"和"双盲设计"等。

（二）随机对照试验的操作程序

一般来说，运用随机对照试验进行政策或项目评估需要进行如下九个步骤，见表 3.4（Glennester and Takavarasha，2013）。

表 3.4　随机对照试验评估的操作程序

步骤	核心处理事项	评估者需要重点关注的问题
1	选择政策或项目	评估者到底应该评估什么政策或项目
2	充分理解问题的特定环境	开展评估的地点在哪里？这个地点的环境如何？如何选择评估的合作伙伴
3	评估设计	如何设计结果的测量指标、抽样方案、具体的实验设计、随机分配方案、数据收集方案、数据分析方案
4	随机分配	如何将样本中的试验对象分别随机分配到试验组和对照组中
5	前测	政策或项目实施前如何对试验组和对照组的实验对象进行测量
6	实施政策或项目	如何监测政策或项目按照预先的设计实施？如何监测项目实施中评估出现的风险
7	后测	政策或项目实施一段时间后或结束时如何对试验组和对照组的实验对象进行测量
8	数据分析	如何比较试验组和对照组的效果获得政策或项目的效果
9	获得结果并提出政策建议	政策或项目的效果是怎样的？结果有何政策含义

第一步为选择政策或项目。一方面，随机对照试验基本上用于分析"因果关系"，因此首先要确定"因"；另一方面，由于随机对照试验有其特定的适用范围或适用情形，并不是所有的政策或项目都适合用随机对照试验的方法来评估，因此应该选择合适的待评估的政策或项目。

第二步为充分理解问题的特定环境。这涉及开展评估的地点和评估的合作伙伴的选择问题。一方面，应注重对评估地点的选择以尽可能产生一般性的效果评估。为了体现出该政策或项目的一般效果或者出于推广的目的，评估地点的选择最好具有代表性，以避免一些特殊或不寻常的情况。另一方面，要顺利地开展随机实验评估，需要得到政策或项目中利益相关者的认同。比如，只有执行项目的高层的善意和承诺，才能更好地明确衡量哪些目标并集思广益地解决不可避免地出现的挑战；只有执行项目的中层和基层的合作，才能更好地设计评估方案或者减少评估的风险与威胁（如溢出效应、实验对象的不服从等）。

第三步为评估设计。这可以称为后面相关步骤的准备工作。首先是定义政策或项目效果及衡量问题。之前确定了"因"，现在需要明确"果"。项目效果包括哪些？运用什么指标来加以测量必须加以定义或确定。这不仅可以为前测、后测提供依据，也可以避免对数据进行过度解读，以及将随机波动归因为试验效果的错误。其次是抽样的问题。政策或项目的影响往往非常广泛，不可能对所有的政策对象进行实验，因此必须确定样本量以及抽样方法。再次要明确具体的实验设计，是采取经典的实验设计还是所罗门三组实验设计、所罗门四组实验设计？是单臂实验设计还是多臂实验设计等要予以明确。然后是随机分配方案的设计，这涉及随机分配单位（机构、地区、社区、群体、个体）的选择以及随机分配方法的选择。最后还要明确数据收集方案和数据分析方案，包括在前测和后测时，具体调查方法（如问卷、访谈等）的选择和数据分析方法（简单的比较、复杂的计量方法等）的选择。

第四步为随机分配。抽样结束后，应将样本中的试验对象分别随机分配到试验组和对照组中，并确保试验组和对照组在其特征和关键因素方面是相同的，它使我们相信试验组和对照组在除干预措施以外的其他关键因素上是等同的。这是随机对照试验优于其他评估方法的关键所在。

第五步是前测，也称为开展基线调查。对所有样本中的实验对象开展同样的调查来获取有关信息，包括主要结果变量及可能影响结果变量的控制变量信息。

第六步为实施政策或项目。对实验组样本实施政策或项目，对对照组样本则不实施政策或项目。在此阶段，也注意做好监测工作。一方面要监测政策或项目是否按照预先的设计来加以实施，另一方面应监测项目实施中评估出现的风险，因为实验过程中可能会出现干预对象不完全依从的现象，这些信息也要详细记录。

第七步为后测。当政策或项目实施到预先设计好的时长后，应对所有样本开展调查。调查内容通常与前测内容保持一致，即再次收集样本中的实验对象的结果变量和控制变量信息。根据政策或项目的不同性质，后测可以是一次调查，也可以是多次追踪调查。

第八步为数据分析。指对从实验中获得的数据进行比较、分析，并对政策或项目的影响进行推断。可以运用相对简单的方法（如简单的前测、后测比较）来分析，也可以采用复杂的方法（如相关的计量经济学方法）来分析。此外，如果我们使用分层或团体层次随机化、面临溢出等威胁，则必须运用适当的方法对政策或项目的影响进行调整。

最后一步为获得结果并提出政策建议。通过分析政策实施前和实施后结果变量的差异，可以获得有关政策或项目效果的结论。为了让评估结果促进决策的优化，还需要使用评估结果来提供有关政策或项目如何修正、推广或废止的建议。

（三）随机对照试验在政策与项目评估中的优点与局限

随机对照试验能够有效地揭示出政策、项目与政策结果之间的因果关系，估计出政策或项目的净影响，能产生高质量证据，已被评估界视为政策或项目评估的"黄金标准"。但在政策与项目评估中使用随机对照试验尚存在不少的局限。例如，适用性局限，并非所有的政策或项目都适合运用随机对照试验来进行评估，特别是一些宏观政策或国家层面的政策，因其全面实施而难以建立对照组。再例如，伦理局限，有目的性地给一组人提供项目和服务而给另一组人不提供，在伦理上可能不可行，如某些福利项目，对照组中的对象就会被人为地剥夺享受相关服务；而对一些强制性、惩戒性的项目，对照组中的对象就能违背这些强制性规定或逃避相关的政策命令，这些显然都是违背道德甚至法律的。再例如，过程控制局限，即使随机对照试验可以随机分配干预对象是否接受干预，它也存在一些影响评估信度和效度的风险或威胁，如部分依从、样本损耗等。另外，成本局限，由于政策或项目的效果需要较长的时间才能呈现其效果，因此，有效的随机对照试验评估往往需要较长的时间；由于操作步骤多、操作程序复杂，随机对照试验往往不是个别评估者能够实施的，而是需要较多的人力投入。

案例　运用随机对照试验评估美国 Head Start 项目

一、资料来源

Michael Puma, Stephen Bell, Ronna Cook, et al. 2012. Third Grade Follow-up to the Head Start Impact Study Final Report. https://files.eric.ed.gov/fulltext/ED539264.pdf[2023-03-07].

二、评估对象及其背景

Head Start 项目是美国联邦政府资助的早期儿童教育项目，自 1965 年开始实施。主要是为低收入家庭 3～5 岁的儿童提供教育服务（包括学前教育，医疗、牙科和心理保健，营养服务，帮助父母对孩子进行培养）。其背景是美国的一些贫困家庭对孩子的学前教育存在困难，于是对他们进行帮助，以"不输在起跑线"。2012 年预算为 85.5 亿美元。每年都有几十万名甚至近百万名的儿童接受该项服务。其具体目标是促进儿童的认知发展、社会情感发展、改善健康状况、提升育儿实践水平。

在 1998 年重新批准 Head Start 项目时，国会要求美国卫生与公众服务部（United States Department of Health and Human Services，HHS）在国家层面上评估 Head Start 对其服务的儿童的影响。该评估涉及几个主要问题：①Head Start 项目对低收入家庭儿童的发展和学习（尤其是入学准备的多个领域）的关键目标有什么影响？Head Start 项目对有助于儿童入学准备的父母做法有什么影响？②在什么情况下，Head Start 项目能够产生最大的影响？哪些服务对哪些儿童有效？哪些 Head Start 项目服务与影响最相关？美国卫生与公众服务部委托 Michael Puma 团队对该项目进行评估。

三、哲学与理论基础

这项评估有一个明确的目标，即产生因果结果，即目的是 Head Start 项目是否会为参与研究的儿童和家庭带来更好的发展和养育结果。随机对照试验由于能够准确地进行因果识别，因此可以实现这一目标。通过随机对照试验，可以将 Head Start 申请人随机分配到参与 Head Start 项目的实验组，或不参与该项目的对照组。这一方法确保了两组在进入项目时的可比性，因而以后的差异可以归因于 Head Start 项目。

四、评估方法

方法：随机对照试验。

（1）评估时间：自 2002 年秋至 2008 年春季。

（2）抽样：在美国 23 个州、383 个 Head Start 中心和 4667 名新入学儿童（年龄 3 岁和 4 岁）中随机选择。

（3）随机分配：儿童被随机分配到可以获得 Head Start 服务的实验组和一个可以接受由父母选择的社区内任何其他非 Head Start 服务的对照组。在每个选定的 Head Start 中心，项目工作人员在分发入学申请时向家长提供了有关研究的信息。家长被告知，2002～2003 年的入学程序将有所不同，一些关于入学的决定将采用类似彩票的程序。当地机构工作人员根据各自政策委员会批准的标准，实施了审查入学申请和筛选儿童进入 Head Start 的典型流程。最终实验组约为 2765 人，对照组约为 1902 人。

（4）前测：2002 年秋，运用与父母的访谈、儿童直接评估、教师或护理提供者对儿童的评估等方法收集两组在项目实施前的数据。

（5）后测：跟踪测量，每年测量一次，直到这些儿童小学三年级结束（2008 年春季）。运用与父母的访谈、儿童直接评估、教师或护理提供者对儿童的评估等方法收集两组在项目实施后的数据。

五、管理与预算

尽管尽了一切努力确保遵守随机分配原则，但一些分配至 Head Start 项目的儿童没有参加该项目（3 岁队列约占 15%，4 岁队列约占 20%）；而一些被分配到对照组的儿童在第一年就进入了该项目（3 岁儿童约占 17%，4 岁儿童约占 14%）。这些家庭被称为"不露面"和"越界"。报告中讨论了处理这些事件的统计程序。作者没有披露预算及其分配情况。

六、评估结果

Head Start 项目在儿童早期（学前阶段）有积极的影响，但是从幼儿园到小学三年级末，在认知、社会情感、健康和养育实践的四个领域中，项目对这些儿童几乎都没有什么影响。可以说，影响逐渐消失了。

除考察 Head Start 项目对参与该项目的儿童和家庭的平均影响外，该评估还考察了项目对不同群体的差异性影响。对于在 3 岁时参加项目的儿童来说，在三年级末，对于来自高风险家庭的儿童以及父母没有抑郁症状的儿童，项目对他们的认知发展产生了持续的积极影响。对于 4 岁时参加项目的儿童来说，项目对父母患有轻度抑郁症状、重度抑郁症状的儿童和父母为黑人的儿童在认知发展方面或社会情感发展或养育实践方面产生了有利的影响。

七、评估者的反思

此次运用随机对照试验评估 Head Start 项目具有几个特点。其一，许多运用随机对照试验评估项目都是针对小型示范项目或在少数实施地点（通常是参与者自愿参与评估的实施地点）进行的，而此次评估针对的是一项在全国范围内开展的项目，且该项目在许多地点实施。其二，较长时间的追踪。该项目考察了其对儿童从参与项目（3 岁或 4 岁）直至小学三年级末时的影响。其三，较好地克服了伦理问题。阻止家庭为孩子寻求替代性教育项目既不可行，也不道德。对照组儿童并不是被剥夺了参与其他项目的权利，对照组的儿童可以参加由他们父母选择的其他非父母照顾或非 Head Start 儿童照顾项目。但在未来还有一些问题值得研究，例如，从更长的时间看 Head Start 项目是否会有积极的结果有待研究，评估结果还未区分不同质量的 Head Start 服务对儿童的影响，项目对不同群体的差异性影响的原因有待探究等。

八、报告与利用

撰写报告并提交给美国卫生和公众服务部等相关部门，尚无有关部门利用的报道。

二、准实验

鉴于随机对照试验在政策与项目评估中的局限，一些学者提出并运用准实验进行政策与项目评估。

（一）准实验的含义

准实验是相对于真实验（随机对照试验）而言的，是指那种既不能直接操纵自变量又不能对研究中的额外变量做较严格控制的研究。它像随机对照试验一样，一般要比较不同的组或条件，但这种设计运用不可操纵的变量来确定要比较的组或条件。不可操纵的变量通常是被试变量（如性别）或时间变量（如处理前和处理后）。它和随机对照试验的主要区别在于：准实验中没有运用随机化程序进行被试选择和实验处理；也不能完全主动地操纵自变量。正如随机化是真实实验的关键，缺乏随机化是准实验的决定性特征。一般而言，准实验设计具有三个特点。①准实验研究中的自变量往往用被试变量。这些被试变量可能是自然形成的被试变量，如年龄、性别、种族等；可能是社会所形成的被试变量，如社会阶层、宗教信仰、居住区等；可能是因疾病及与之有关的被试变量，如残疾者、智障者、脑外伤者等；也可能是学习现状不同的群体或已形成的不同个性的群体等。②准实验研究者只能选择那些已具有了某种不同程度特征的被试。而不能像真实验那样从总体中随机选取被试或随机分组。③一般而言，不能从准实验研究结果中做出因果关系的结论，其主要原因是在研究的变量上缺乏严格控制，因而其内部效度较低。

（二）准实验设计

准实验设计具有七种基本类型：不等的前测后测比较设计、不等的后测比较设计、单组时间序列设计、多组时间序列设计、修补法实验设计、有前测后测的单组设计、仅有后测的单组设计。由于后面三种设计的效度相对比较低，下面重点介绍前四种设计类型。

1）不等的前测后测比较设计

不等的前测后测比较设计是指在这种设计中包括一个实验组和一个控制组，并且既有后测也有前测，但两组不是按随机化原则和等组法选择的对等组。由于不能采用随机化的原则来形成实验组和控制组，因此在干预前两组就存在某些差异，故称为不等的前测后测比较设计。其基本程序是：首先，两组被试在政策干预前都接受前测；其次，只对实验组进行政策干预；再次，施加政策干预后再同时对两个组进行后测；最后，来比较干预所带来的差异。如表 3.5 所示。

表 3.5　不等的前测后测比较设计

	前测		后测
实验组	O_1	X	O_2
控制组	O_3		O_4

该设计使用前测的目的是借助前测结果取得两个相等或存在某种差异的指标，以提供两个组在控制机体变量和因变量方面最初的相等或不相等的资料作为两个组间进行比较的基础，从而使研究者解决存在于所有非等组研究中的分组偏差问题（Cook and Campbell，1979）。这也是该设计的优点。

2）不等的后测比较设计

不等的后测比较设计是指在这种设计中包括一个实验组和一个控制组，施加干预之前不进行测量，施加干预之后只进行后测的实验设计。由于不能采用随机化的原则来形成实验组和控制组，因此在处理前两组就存在某些差异，称为不等的后测比较设计。不等的后测比较设计的基本程序是：首先，两组被试在处理前不接受前测；其次，只对实验组进行政策干预；最后，施加处理后再同时进行后测。如表 3.6 所示。

表 3.6　不等的后测比较设计

				后测
实验组	R		X	O_1
控制组	R			O_2

与不等的前测后测比较设计相比，这种设计减少了前测，操作相对简单，但值得注意的是该设计是在研究者发现干预前两组很相似，可明确地证明一组被试与另一组被试在本质上无差异，分组偏差的影响非常小的情况下采用的。

3）单组时间序列设计

单组时间序列设计是指对某个被试进行周期性的一系列测量，并在这一时间序列中的某一点上呈现实验干预变量，然后观察施加实验干预之后的一系列测量是否发生了非连续性变化，从而推断实验刺激是否产生效果的设计类型。单组时间序列设计的基本程序是：先对被试进行一系列的观测，接着引入实验干预事件，最后再进行第二个系列的观测。通过比较干预前和干预后的观测值来评估干预的影响。如表 3.7 所示。

表 3.7 单组时间序列设计

实验组	O_1 O_2 O_3 O_4 O_5 O_6 O_7 O_8 O_9 O_{10}

单组时间序列设计没有控制组，只对一个实验组进行周期性的一系列前测和后测，操作简单。其主要存在两个问题。一是由于无控制组，因而不能有效地识别和控制伴随实验干预发生的偶发事件的影响，也不能排除那些与实验干预同时出现的附加变量的影响。二是多次实施前测往往会降低或增加被试对实验干预的敏感性，从而影响实验干预后的测量数值。通过单组时间序列设计实验不能得到最后的、确定性的结论，如果想得到肯定的因果关系结论，应选用有控制组参加的实验设计。

4）多组时间序列设计

多组时间序列设计是指在单组时间序列的基础上，添加一个控制组，该控制组为尽可能和原实验组相似的准实验设计类型。多组时间序列设计的基本程序是：先分别对实验组和控制组被试进行一系列的观测，接着给实验组引入实验干预事件，最后再分别对两组进行第二个系列的观测（Cook and Campbell，1979）。通过比较实验组和控制组实验干预后的观测值来评估干预的影响。如表 3.8 所示。

表 3.8 多组时间序列设计

实验组	O_1 O_2 O_3 O_4 O_5 X O_6 O_7 O_8 O_9 O_{10}
控制组	O_1 O_2 O_3 O_4 O_5 $\quad$ O_6 O_7 O_8 O_9 O_{10}

多组时间序列设计的优点在于：在随机分配得到的相同或相近水平的实验组和控制组被试的基础上，进行实验干预，可以剔除除干预以外的其他因素的效应（如成熟、历史等其他因素）对被试的影响，从而进行因果识别。

三、自然实验

对于政策与项目评估而言，严格意义上的随机对照试验很难实现，即便准实验也操作不易。在大多数公共治理中，政策干预并非为了实验目的而发生，这制约了随机对照试验和准实验的使用。然而，在现实生活中，某些政策与项目的制定和实施产生了近似于实验的场景，如政府改革、政策创新、政策试点等。在这些情景中，政策或项目可能在一些地区、一些群体中实施，而在另一些地区或群体中未予实施。那么这些地区、群体就如同被"随机地"分组，因而近似地满足随机分配，这种情形被称为自然实验。20世纪 60 年代特别是 20 世纪 80 年代以来，一批学者陆续开发出一系列针对自然实验的计量经济方法，并广泛地运用于政策或项目评估中。其中，最为典型的方法包括双重差分法、倾向得分匹配、工具变量、断点回归、合成控制法五种。需要注意的是，由于自然实验现象只是近似地满足随机分配，因此在使用这些方法时需要充分地论证某个"自然"发生的情形中是否存在真实或近似的"随机分配"，否则相关计量经济方法将不能准确地估计政策或项目的效果。

（一）双重差分法

通过比较政策实施前后个体的差异性来评估政策效果是人们用来政策评估的惯常做法，然而，个体可能同时受到如时间、宏观经济和随机干扰等因素的影响，仅仅简单地比较政策前后的差异，不能纯粹反映政策效果，20 世纪 70 年代末，双重差分法得以出现。双重差分法（differences-in-differences，DID）是在实验法的逻辑基础上产生的，它遵循实验的逻辑，通过比较实验组和控制组在政策干预前后的差异，来得到政策干预的净效果，已经成为自然实验中具有基础性的评估方法。

双重差分的基本思路是：将全部的样本分为两组，一组是受到政策影响，即实验组；另一组是没有受到同一政策影响，即控制组。选取一个要考量的指标，根据政策实施前后（时间）进行第一次差分得到两组变化量，经过第一次差分可以消除个体不随时间变化的异质性；再对两组变化量进行第二次差分，以消除随时间变化的增量，最终得到政策实施的净效应。表 3.9 体现了双重差分法的基本思路。

表 3.9　双重差分法的思路

组别	政策实施前	政策实施后	差异
处理组	$a_0 + a_1$	$a_0 + a_1 + a_2 + a_3$	$a_2 + a_3$
对照组	a_1	$a_0 + a_2$	a_2
差异	a_1	$a_1 + a_3$	a_3（双重差分法）

政策评估的双重差分法必须满足两个关键的前提条件。一是满足平行趋势假设，即处理组和对照组在政策干预之前必须具有相同的发展趋势。平行趋势意味着，除"实验冲击"（政策冲击）外，无关因素对个体影响是相同的，在统计意义上处理组和对照组样本是同方差的。一般采用大样本随机抽样、异方差检验予以实现。二是满足随机性。在自然实验条件下，双重差分法通过随机化的方式消除那些不可观察的无关因素的影响，即对照组不受实验变相的任何影响。

双重差分法允许不可观测因素的存在，而且允许不可观测因素对个体是否接受干预的决策产生影响，从而放松了政策评估的条件，使得政策评估的应用更接近于经济现实，因而近年来应用广泛。尽管如此，双重差分法在现实中仍然存在局限性，主要体现在三个层面。一是双重差分法数据要求苛刻。双重差分法以面板数据模型为基础，不仅需要横截面单位的数据，还需要研究个体的时间序列数据，特别是政策实施前的数据，这对政策的评估者而言是一个巨大的挑战。二是个体时点效应未得到控制。如前所述，双重差分法要求很强的识别假设，它要求在政策实施前处理组和对照组具有相同的发展趋势，这一假设并没有考虑个体时点效应的影响。由于时点效应的影响，在项目实施前后处理组和对照组个体行为的结果变量并不平行，此时运用双重差分法就会出现系统性误差。三是未考虑个体所处的环境对个体的不同影响。双重差分法假定环境因素的冲击对处于相同环境中的个体会产生相同的影响。但实际中，处理组和对照组个体可能因为某些不可观测因素的影响，在面临相同的环境因素的冲击时会做出不同的反应，此时双重差分法的应用就会出现问题。

案例 基于双重差分法的"省直管县"政策效应评估

一、资料来源

肖建华,陈楠.2017.基于双重差分法的"省直管县"政策的效应分析:以江西省为例.财经理论与实践,38(3):97-103.

二、评估对象与背景

2005年中共十六届五中全会通过的《中共中央关于制定国民经济和社会发展第十一个五年规划的建议》中明确提出:"完善中央和省级政府的财政转移支付制度,理顺省级以下财政管理体制,有条件的地方可实行省级直接对县的管理体制"。省直管县财政体制是指在收入报解、财政结算、转移支付、资金调度、债务管理、项目申报、工作部署等财政管理各个方面或部分方面实行省对县直接管理,地级市财政只对省财政有结算关系,与行政辖区内的县没有财政结算关系。实施"省直管县"的目标在于充分调动县级发展经济的积极性,促进县域经济的快速发展;加大省级财政对县级的财政支持以及减少管理层次、提高管理效率。

2005年1月,江西省首先选择了21个国家扶贫开发工作重点县进行改革试点;2007年改革力度进一步加大,改革试点扩展至59个县(区、市);2009年江西省80个县(区、市)全部纳入改革试点范围。实施"省直管县"是否促进了县域经济的发展有待评估。

三、哲学与理论基础

"省直管县"改革形成了一种自然实验现象,可以近似地将实施了"省直管县"改革的县视为实验组,而将未实施"省直管县"改革的县视为对照组。双重差分法可以通过对比实行改革后实验组和对照组之间的差异,控制其他影响因变量的因素,达到评估"省直管县"改革效果的目的。其逻辑如表3.10所示。

表3.10 双重差分法的分析思路

$E(Yit \mid \text{Expe}_{it}、\text{Time}_{it})$	$\text{Time}_{it} = 0$	$\text{Time}_{it} = 1$	Δ
$\text{Expe}_{it} = 0$	β_0(对照组改革前)	$\beta_0 + \beta_2$(对照组改革后)	β_2
$\text{Expe}_{it} = 1$	$\beta_0 + \beta_1$(实验组改革前)	$\beta_0 + \beta_1 + \beta_2 + \beta_3$(实验组改革后)	$\beta_2 + \beta_3$
Δ	β_1	$\beta_1 + \beta_3$	β_3(政策效应)

由此可见,在控制了其他变量后,"省直管县"政策对社会经济的影响为β_3。

四、评估方法

1. 双重差分法

实验组:已实行"省直管县"政策的6个县(市)为实验组;对照组:从未实行"省直管县"政策的25个县(市)为对照组。

2. 双重差分模型

$$Y_{it} = \beta_0 + \beta_1\text{Expe}_{it} + \beta_2\text{Time}_{it} + \beta_3\text{Did}_{it} + \xi_{it} \quad (3.1)$$

其中,Expe_{it}表示所选样本是否为实行了"省直管县"政策的县,1为实行了,0为没有实行;Time_{it}表示"省直管县"政策改革的进程,1为实行的当年及以后年度,否则为0;Did_{it}表示上述两者的交互项,当两者同时为1时,该交互项为1,否则为0;Y_{it}为因变量,经济发展状况；β_0 为常数项；β_1、β_2、β_3 为相关变量的回归系数。

3. 适用性检验

（1）实验组的选择是否随机。为了验证实行"省直管县"政策的县（市）是否与其经济增长率有直接关系，即实验组的选择是否随机，选取 2010～2013 年未实行"省直管县"改革前的江西省各县（市）数据，将"是否为省直管县"作为被解释变量，将所选指标即各县（市）的经济增长率、每万人普通中小学在校人数、每千人医院及卫生机构床位数作为解释变量，运用 Logit（逻辑回归）估计方法分析两者是否存在相关关系，结果表明两者不存在相关关系，证明了随机性。

（2）实验组与对照组无显著差异（平行趋势检验）。为了验证所选实验组与对照组是否具有相似的特征，分别选取实验组和对照组改革前后各年 Yg、Perstu、Perbed 的相应指标值，然后绘制相应的曲线图，比较实验组与对照组的是否具有相同的趋势。作者根据图表发现，实验组与对照组的 Yg、Perbed、Perstu 有相同的趋势。为进一步验证对照组的选取具有科学性，作者对改革前实验组与对照组的实际地区生产总值增长率之间是否有显著性差异进行检验，证明了改革前实验组与对照组之间无显著差异。综上，实验组与对照组具有相似的特征，无显著性差异，满足双重差分法的条件。

4. 回归分析

在式（3.1）经典双重差分模型的基础上，选取地区人口增长率来控制劳动力因素对产出的影响（Pop_{it}）；选取全社会固定资产投资占生产总值的比重来控制投资增长对经济的影响（Inve_{it}）；选取第一产业产值占生产总值的比重来反映地区经济结构（Fir_{it}）；选取各县（市）2009 年地区生产总值来反映各个县（市）经济发展的初始情况（$\mathrm{Gdp2009}_{it}$），以更好地估计"省直管县"政策影响效果，将对影响经济增长的其他因素进行控制。综合考虑以上人口、投资、经济结构以及经济发展的初始情况，建立以下模型来反映各因素对经济增长的影响：

$$\mathrm{Yg}_{it} = \beta_0 + \beta_1 \mathrm{Expe}_{it} + \beta_2 \mathrm{Time}_{it} + \beta_3 \mathrm{Did}_{it} + \beta_4 \mathrm{Pop}_{it} + \beta_5 \mathrm{Inve}_{it} \\ + \beta_6 \mathrm{Fir}_{it} + \beta_7 \mathrm{Gdp2009}_{it} + \xi_{it} \tag{3.2}$$

所选取的数据来源于 2010～2015 年江西省统计年鉴、各县（市）政府工作报告及国民经济和社会发展统计公报。

五、管理与预算

作者没有披露预算及其分配情况。

六、评估结果

采用混合 OLS（ordinary least squares，普通最小二乘法）进行回归，结果表明，在控制了相关变量后，Did 的系数为-0.0079，在 5%的水平下是显著的，说明在控制了其他因素的影响后，省直管县与经济增长率之间呈负相关关系。

七、评估者的反思

就经济效应而言，"省直管县"政策对江西经济增长率的贡献为负，出现这种情况可能与"省直管县"体制改革中实际的目标过多、具体执行过程中资金用途改变等有关。双重差分法的使用要注意适用性检验，即实验组的选择是否随机、实验组与对照组无显著差异（平行趋势检验）。

八、报告与利用

评估报告以论文形式发表，尚无有关部门利用的报道。

（二）倾向得分匹配

倾向得分匹配（propensity score matching，PSM）的主要用途是均衡实验组与控制组之间的协变量（即一个独立解释变量，不为实验者所操纵，但仍影响实验结果）分布，以减少选择性偏倚。当一种处理方法无法完成随机化时，理想的路径是进行模拟随机化。倾向得分匹配方法吸收了这一思路，其基本思想是建立一个在可观察到的特征方面尽可能与处理组相似的反事实组或对照组，然后比较两组结果的平均差异，以获得政策和项目的处理效果。

倾向得分匹配的一个重要步骤是依据倾向得分对实验组和对照组进行匹配。倾向得分是指给定一组可观察到的协变量（x），将任意一个研究对象随机分配到对照组或者处理组的条件概率，即 $P(x) = \Pr(T = 1 \mid x)$。假如某个受试对象被分配到处理组的倾向得分 $E(x) = 0.3$，此时恰好有另外一个研究对象，虽然两个研究对象具有的某个或某些协变量是不同的，但如果其被分配到处理组的倾向得分也是 $E(y) = 0.3$，就认为两个研究对象拥有的多个协变量整体上分布是相同的。如果将倾向得分相同或相近的研究对象在处理组和对照组间进行匹配，则在总体上组间研究对象的全部协变量的分布可能是均衡的，换言之，抵消了对照组与处理组之间协变量的不均衡性对处理效应估计的干扰。

倾向得分匹配的方法有很多种，如最近邻匹配法、卡钳匹配法、卡尺或半径匹配、分层或层间匹配、核匹配与局部线性匹配等。其中最近邻匹配法是最简单且最常用的匹配方法，其从对照组中挑选一个倾向得分最符合处理组的某个试验对象，之后按照倾向评分值大小把两组观察对象进行排序，从处理组中顺次选出一个研究对象，从对照组中找寻倾向评分值与处理组对象最接近的对象作为配比个体。

倾向得分匹配同样要满足一些基本的假设。一是条件独立假设，即一旦控制了可观察的因素，干预与结果之间相互独立。二是共同支持假设，其保证对 X 取任何值，既有处理组的观察值又有对照组的观察值，这样才能够匹配和比较。

在估计处理效应方面，倾向得分匹配方法的处理效应可以表示为平均处理效应或对被处理对象的处理效果。表 3.11 总结了运用倾向得分匹配进行政策与项目评估的步骤。

表 3.11 运用倾向得分匹配进行政策与项目评估的步骤

步骤	评估者的任务
第一步，估计二元选择模型	解释个体是否参与政策或项目的行为，运用 Logistic（逻辑斯谛）回归或者 Probit（概率单位）回归
第二步，计算倾向得分	据选定的模型计算每一个试验对象的倾向得分，取值在 0 至 1 之间，表示试验对象被分配到试验组或对照组的概率
第三步，匹配	依据倾向得分，将个体在处理组和对照组之间进行匹配
第四步，检验	检查是否满足条件独立假设和共同支持假设
第五步，估计处理效应	比较结果变量的加权平均数（用每个观察值被匹配的次数作为权重）

与多元线性回归相比，倾向得分的匹配具有突出的优点。倾向得分匹配能够区分参与政策或项目的个体是否存在可比的对照组，避免用不好的或者不存在可比对照的区域来识别政策或项目效果。另外，在给每个参与政策或项目的个体构建反事实时，赋予那些跟参与政策或项目的个体近似但没有参加项目的个体更大的权重。但是，倾向得分匹配仍然存在局限性，主要体现在倾向得分匹配是建立在满足共同支持假设的条件之下进行的，如果处理组和对照组倾向得分没有重叠，则无法进行匹配；另外，倾向得分的匹配的应用是以存在大样本为基础的，如果在小样本的情况下，组间协变量的分布就很难达到平衡。

案例　运用倾向得分匹配法评估电商扶贫对贫困农户家庭收入的影响

一、资料来源

王方妍，蔡青文，温亚利. 2018. 电商扶贫对贫困农户家庭收入的影响分析：基于倾向得分匹配法的实证研究. 林业经济，40（11）：61-66，85.

二、评估对象及其背景

由于当时市场信息不对称、流通体系落后和地理位置偏僻等问题，贫困地区农户销售的特色农林产品常受制于当地有限的市场容量，无法与范围更大的市场对接而出现丰收而难卖的困境，进而影响其增收脱贫。随着"互联网+"的快速发展，电商扶贫于2015年被纳入精准扶贫十大工程之一。电子商务加速向贫困地区渗透，有效拉近较偏远贫困地区与市场之间的距离，提高了贫困农户的商品意识和市场意识，并推动当地特色农林产业的发展。当时，电商扶贫作为一种新型的扶贫方式，能否对扶贫工作产生有效的促进作用，有待进行评估。而宁夏固原地区当时作为我国最典型的精准扶贫示范区，已经引入电商扶贫模式，在一定程度上显示出了提高交易效率、促进特色农林产品市场化等效果，但贫困农户参与电商扶贫对家庭人均纯收入的影响还有待具体研究。

三、哲学与理论基础

贫困农户参与电商扶贫对家庭人均纯收入的影响可以视为一个自然实验问题，因为一部分贫困农户参与了电商扶贫，而另一部分贫困农户未参与电商扶贫。由于农户的参与行为是根据家庭条件等因素进行的自主选择，不是一个随机化的过程，而且也不能保证实验组和对照组的均衡性。倾向得分匹配法基于个体的倾向得分值（基于个体的可观察特征而进行某种选择的条件概率）进行匹配，谋求实验组和对照组的均衡性，可以有效解决样本自选择导致的估计偏差等问题。

四、评估方法

1. 数据收集：于2017年7~9月在宁夏固原地区开展农户问卷调查，调查区域覆盖固原地区一区四县的20个乡镇、40个调查村。共获取农户问卷361份，有效问卷352份。在352户农户家庭中，共有55户农户家庭参与了电商扶贫。

2. 模型建立：

$$\text{ATT} = \frac{1}{N}\sum_i D_i = 1(Y_{1i} - Y_{0i}) \tag{3.3}$$

其中，ATT表示参与电商扶贫的收入效应；N表示参与电商扶贫的家庭总数；$\sum_i D_i = 1$

表示仅对参与电商扶贫的家庭进行加总；Y_{1i} 表示参与电商扶贫的农户参与后的收入；Y_{0i} 表示参与电商扶贫的农户其没有参与的收入，用未参与组中与其倾向得分最相近的农户收入来替代。

3. 计算倾向得分值。以核心解释变量（农户是否参与电商扶贫）作为因变量，利用 Logit 模型筛选匹配变量，计算各个农户参与电商扶贫的倾向得分。

4. 匹配。根据倾向得分值从对照组中筛选特征条件相同或者相似的样本与实验组进行匹配（采用最近邻匹配法、半径匹配法、核匹配法），以获得与实验组趋于均衡可比的假设对照组。

5. 评估政策效应。将假设对照组与实验组进行对比得到样本平均处理效应。

6. 匹配的平衡性检验与敏感性分析。通过似然比检验、伪 R^2、标准偏差均值与中位数的值、B 值进行平衡性检验；采用 Rosenbaum 敏感性分析法进行敏感性分析。

五、管理与预算

作者没有披露预算及其分配情况。

六、评估结论

（1）是否为村干部、家庭最高受教育程度、现有林地面积、政策环境是否支持、是否有可用的网络设施对农户是否参与电商扶贫有显著影响。

（2）农户参与电商扶贫的收入效应，如表 3.12 所示。

表 3.12　农户参与电商扶贫的收入效应

因变量	匹配方法	处理组/控制组	处理组平均处理效应	标注差	t 值
人均纯收入	最近邻匹配法	53/297	0.304	0.159	1.92*
	核匹配法	53/297	0.273	0.151	1.81*
	半径匹配法	53/297	0.282	0.151	1.87*

*表示在10%置信水平上显著

核匹配法的处理组平均处理效应为 0.273，最近邻匹配法的处理组平均处理效应为 0.304，半径匹配法的处理组平均处理效应为 0.282，且均在 10% 的水平上显著。三种匹配方法结果和显著性比较相似。综合来看，经过匹配后的农户参与电商扶贫比未参与的家庭人均纯收入高近 28%。

（3）匹配样本的协变量比较平衡，通过了平衡性检验；敏感性分析表明该研究是不敏感且稳健的。

七、评估者的反思

估计出参与电商扶贫的农户比未参与的农户家庭人均纯收入高28%，比多元回归分析结果低 5%。倾向得分匹配法可以有效消除选择性偏差和内生性问题，评估结果相比多元回归分析更为准确。若能增加样本量，则评估结果更为可信。

八、报告与利用

评估报告以论文形式发表，尚无有关部门利用的报道。

（三）工具变量

在对自然实验的计量经济学分析中，尽管控制了许多变量，但由于非随机、处理组与对照组不均衡的原因，会出现仍有某个或某些变量未被考虑到的情况，即出现"遗漏变量"问题。遗漏变量主要有两种情形：遗漏变量与解释变量相关或者与解释变量无关。其中第二种情形可以不用处理，而第一种情形遗漏的变量与解释变量相关，则会出现内生性问题，导致参数估计的错误，影响因果推断，因此必须加以处理。要找到遗漏变量，最为常用的手段便是工具变量（instrumental variable，IV）法。

工具变量的基本思路是：寻找一个或多个工具变量，将其加入到回归模型中，从而进行更准确的因果推断。一个合格的工具变量应该同时满足以下两个条件：其一为相关性，即工具变量应该与解释变量相关；其二为外生性，即工具变量应该与扰动项不相关，或者寻找一个外生的、影响解释变量，但不直接影响被解释变量的变量。在对美国执行死刑是否可以降低谋杀率的一项研究中，艾萨克·埃利希（Isaac Ehrlich）选择了此项政策支出的滞后量、总的政府支出、人口、非白人比例等变量作为工具变量；邦托利拉（Bentolila）等在研究求职者使用社会关系对其工资的影响时，选择兄姊数目和联邦就业率作为工具变量。工具变量常常依据相关理论、经验或已有研究进行寻找。但需注意的是，从相关理论、经验或已有研究中寻找到的工具变量不一定是合格的工具变量，因此也需要进行检验。常见的检验方法包括两阶段最小二乘法、DWH（durbin-wu-hausman test）检验，如果包含两个或两个以上工具变量，可以使用过度识别方法进行检验。

工具变量法为解决因果关系研究中内生性的问题提供了一个很好的路径选择，进而有利于更准确地评估政策或项目的效果。但是，实践中工具变量法依然面临一些挑战，比如，工具变量的选择问题，在政策评估问题中，要找出满足条件的工具变量并不容易。在实践中，尤其是当纵向数据和政策实施前的数据可以获得时，研究者多使用因变量的滞后变量作为工具变量，但是，这同样会引发相关性，并不能从根本上解决问题。又如果个体对于政策的反应不同，只有当个体对政策反应的异质性并不影响参与决策政策时，工具变量才能识别平均处理效应、受处理的人群的平均处理效应，但这是一个很强的假定，有时研究者不得不假定非理性或者忽略研究对象的异质性。

<hr>

案例　运用工具变量法评估行业协会对企业履行社会责任的影响

一、资料来源

陈贵梧，胡辉华，陈林. 2017. 行业协会提高了企业社会责任表现吗？——来自中国民营企业调查的微观证据. 公共管理学报，14（4）：102-117，158.

二、评估对象及其背景

改革开放后，中央和各地政府逐步转变政府职能，推动政府职能向行业协会转移、委托和授权以及购买服务等一系列改革，行业协会得以迅速发展。据统计，行业协会从20世纪80年代不足1000个发展到2014年底的近7万个，每年以10%到15%的速度增长，成为各类社会团体中数量最多、增速最快的社会组织。一方面，政府希望行业协会通过理念倡导、制定行规行约、网络联合、加强供应链责任管理以及惩罚措施等手段来树立整个行业的生产守则，以规范和约束会员企业的行为，促使企业履行相应的社会责任。但另一方面，部分行业协会依托政府赋予的上述准行政职能非规范甚至非法地谋取自身利益，罔顾行业自律和企业社会责任，给社会造成严重的负面影响。中国的行业协会能否真正发挥行业自律、推动企业履行社会责任的作用？这是一个社会各界高度关注但尚未得到很好评估的问题。

三、哲学与理论基础

前述评估问题可以转化为：参加了行业协会的企业是否比未参加行业协会的民营企业能更好地履行社会责任？由此构成了一个自然实验：将参加行业协会的民营企业视为实验组，将未参加行业协会的民营企业视为对照组。但参加行业协会的民营企业和不参加行业协会的民营企业不是随机分配的，不能保证实验组和对照组的随机性或保证二者的均衡性。不随机分配、实验组和控制组不相同可能产生变量遗漏问题，进而产生内生性问题。找到遗漏变量，并解决相应的内生性问题最为常用的手段是工具变量法。

四、评估方法

1. 基准回归

（1）变量设置。被解释变量——民营企业的社会责任；核心解释变量——是否参加行业协会；控制变量——企业家特征变量（企业家的性别、年龄、教育程度、政治身份）、企业特征变量（企业年龄、企业规模、盈利能力、资产负债率、纳税额、出口行为以及研发投入、行业）与地域特征变量（市场竞争程度、企业所处的地区）。

（2）模型建立。最小二乘回归模型。

2. 使用工具变量

（1）寻找工具变量。寻找一个外生的、影响解释变量，但不直接影响被解释变量的变量。通常是根据理论逻辑、经验判断初步甄选工具变量，然后利用相应的检验统计量来判别工具变量是否满足上述条件。

第一个工具变量——"行业协会的普遍性"，即特定地区、特定行业企业加入行业协会的平均水平。其理由在于，对企业而言，尽管是否加入行业协会充分反映了其自愿选择，但也难免受到来自周边企业以及所在地区、行业外在压力的影响。一方面，如果行业协会的地区-行业平均值越高，那么企业加入行业协会的积极性也越高，意味着"行业协会的普遍性"与行业协会变量有着正向关系。另一方面，其他企业是否加入行业协会以及所在地区、行业加入行业协会的情况不对本企业的社会责任行为产生直接的影响。

第二个工具变量——"行业协会的制约因素"，即民营企业家对行业协会性质及其作用发挥的制约因素的看法。其理由在于，一方面，行业协会性质及其作用发挥的制约因素可能影响企业加入行业协会的意愿；另一方面，行业协会性质及其作用发挥的制约因素除通过行业协会这一途径外，并不会对企业社会责任产生影响，即该变量与企业社会责任变量无关。

（2）建立模型。加入两个工具变量，建立两阶段最小二乘回归模型。

（3）过度识别检验。由于使用了两个工具变量，采取过度识别检验来判断它们是否外生。结果显示，两个工具变量能够有效排除内生性的影响。

（4）稳健性检验。略。

3. 数据收集

数据主要来自中共中央统一战线工作部、中华全国工商业联合会、国家工商行政管理总局[1]、中国民营经济研究会私营企业研究课题组主持进行的"中国私营企业调查"。

五、管理与预算

作者没有披露预算及其分配情况。

六、评估结论

（1）基准回归结果表明，加入行业协会的企业比没有加入行业协会的企业的社会责任表现显著要高。

（2）使用工具变量后，与基准回归结果相比，行业协会的系数明显变大；与此同时，估计的方差也随之变大，加强了对"加入行业协会的企业比没有加入行业协会的企业具有更高的社会责任"这一假设的支持。

七、评估者的反思

评估所采用的两个工具变量能够有效排除内生性的影响，进而更为准确地评估了行业协会对企业社会责任的影响效应。但限于数据的可得性，除行业协会的性质外，未能深入分析行业协会哪一方面因素（如行业协会的历史渊源、组织结构、规模、资源及其治理机制等）对企业社会责任产生影响及其影响如何。此外，限于篇幅与紧扣核心议题的需要，本评估也并没有就企业社会责任的具体类型（如基本、中级和高级不同层次的企业社会责任，企业对内部、外部不同群体利益相关者承担的社会责任等）进行进一步的探讨。这些都是后续研究值得努力的方向。

八、报告与利用

评估报告以论文形式发表，尚无有关部门利用的报道。

（四）断点回归

断点回归（regression discontinuity，RD）是针对一种较为特殊的自然实验——"断点现象"提出的计量经济学方法。断点现象是指存在一个变量，如果该变量大于一个临界值（断点）时，个体接受处置，而在该变量小于临界值时，个体不接受处置。由此，可以将大于临界值的个体视为处理组，而小于临界值的个体视为控制组。在政策与项目评估中，如果政策或项目的实施使得因变量出现"跳跃"和"突变"（出现"断点"），则可将突变（断点）后的情形视为实验组，将突变（断点）前的情形视为对照组。

运用断点回归方法评估政策或项目时，一般应采取如下步骤。首先，判断是否存在"断点现象"。可以运用图形分析结合对断点左右的函数点的检验（如连续性回归检验或核密度函数检验）来判断是否存在"断点现象"。其次，检验实验组与对照组的随机性。由于此时形成的实验组与对照组不是随机分配的，因此，仍需要对实验组与对照组的

---

[1] 2018 年 3 月，根据第十三届全国人民代表大会第一次会议批准的国务院机构改革方案，将国家工商行政管理总局的职责整合，组建中华人民共和国国家市场监督管理总局。

随机性进行检验。比如，需要判断是否满足以下条件：控制变量在临界处不应存在跳跃，处置的关键变量的条件密度是连续的，临界值取其他值时结果变量不应存在跳跃，不同的叶宽下加控制变量和不加控制变量模型的结论不会产生显著的变化等。检验的方法包括局部线性回归、图形分析、回归分析等。最后，运用相应模型进行因果效应估计。

断点回归是自然实验方法中揭示因果效应最有效的方法之一，它不需要对多个混淆变量控制，而是考虑一个个体是否接受某个自变量的影响，不用考虑太过复杂。但是，实践过程中断点回归方法也面临诸多挑战。其一，在使用断点回归时，如果其他协变量也存在着"中断"的情况，则不清楚是由其他变量还是我们所关心的强制变量所导致的。其二，非混淆假设条件严格。断点回归方法假设研究对象是同质的或近似同质的，即控制组的个体若放在实验组与放置在实验组的个体产生的效应是一样的，但在实际中很难保证，如若产生异质性反应，则估计结果是有偏的。其三，断点回归衡量的是在临界值附近的局部平均效应，不是一个整体的平均效应，因此很难推广到整体研究中。

案例 运用断点回归法评估环境垂直管理体制对空气质量的影响

一、资料来源

彭铭刚. 2018. 环境垂直管理体制对改善空气质量的因果效应评估. 统计与决策，34（22）：56-60.

二、评估对象及其背景

长期以来，地方环境恶化与治理困境成为中国社会经济发展道路上最为严峻的挑战之一。2016 年 7 月中央全面深化改革领导小组[①]通过了《关于省以下环保机构监测监察执法垂直管理制度改革试点工作的指导意见》，对环境治理提出新的制度改革。"垂改"主要有以下几方面的举措。一是市、县环保部门职能上收。市、县两级环保部门的环境监察职能将由省级环保部门统一行使，通过向市或跨市县区域派驻等形式实施环境监察。现有的市级环境监测机构将调整为省级环保部门驻市环境监测机构，由省级环保部门直接管理，人员和工作经费均由省级承担。二是取消属地管理。市级环保局将改变之前的属地管理，实行以省级环保厅（局）为主的双重管理，虽然仍为市级政府工作部门，但主要领导均由省级环保厅（局）提名、审批和任免。而县级环保局将直接调整为市级环保局的派出分局，由市级环保局直接管理，其人财物及领导班子成员均由市级环保局直管。三是强化地方政府的环境保护责任。要进一步强化地方各级党委和政府环境保护主体责任、党委和政府主要领导成员主要责任，完善领导干部目标责任考核制度，把生态环境质量状况作为党政领导班子考核评价的重要内容。简言之，垂直管理制度改革之后，环境监测执法将呈现省级部门权力扩大、市县执法重心下移、人事任免权力调整、地方环保责任增强等重大变化。作为"底盘性"的基础性改革，环保"垂改"究竟有哪些益处？"垂改"是否带来环境质量的提升？这些问题都需要对环保"垂改"进行评估。

三、哲学与理论基础

"垂改"效果的评估，单差法（比较"垂改"前后空气质量的变化）无法区分约谈

---

① 2018 年 3 月中共中央根据《深化党和国家机构改革方案》将原中央全面深化改革领导小组改组为中国共产党中央全面深化改革委员会。

与其他政策的效果，也不能剥离地方空气质量变化的固有趋势，其评价结论可能会误读政策效果。在自然实验中，如果出现"断点现象"——政策或干预的实施（或某个解释变量）使得因变量出现"跳跃"和"突变"（出现"断点"）时，可以运用断点回归方法来评估政策对因变量的影响。将突变（断点）后的情形视为实验组，将突变（断点）前的情形视为对照组。在满足实验组和对照组的随机性或二者的均衡性的条件下，可以运用局部线性回归、最小二乘法等来评估政策对因变量的影响。

四、评估方法

1. 案例选择

重庆市于 2016 年底开始进行"垂改"，其中重庆市 S 区于 2017 年 3 月 23 日开展权限交接。选择该区的环保"垂改"为案例来评估"垂改"对空气质量（AQI、$PM_{2.5}$、PM_{10}、SO_2、CO、NO_2 和 O_3）的影响。

2. 断点的估计

在进行断点回归之前，绘制 S 区 AQI（air quality index，空气质量指数）与四种污染物浓度在断点附近的散点图及其拟合曲线。三阶式函数较好地拟合了"垂改"前后 60 天的变化。从该图可以得知，AQI、$PM_{2.5}$、PM_{10}、SO_2、CO、NO_2 和 O_3 在"垂改"附近出现了明显的断点。

3. 模型建立

设定断点方程：$\gamma_t = \beta_0 + \beta_1 D_t + \beta_2 Z_k + \beta_3 f(Z_k) + \beta_{23} Z_k \times f(Z_k) + \eta X_t + \xi_t$ （3.4）

其中，γ_t 表示 S 区在时间 t 的 AQI 以及其他空气污染物 $PM_{2.5}$、PM_{10}、SO_2、CO、NO_2 和 O_3 的日均观测浓度；D_t 表示是否"垂改"的哑变量，即设"垂改"断点日期之前为控制组，之后为处理组，此日期后空气质量才收到了环保"垂改"的处理效果；Z_k 表示距离"垂改"后的第 k 天，称为驱动变量，即距离环保"垂改"断点的天数；$f(Z_k)$ 表示 Z_k 的一个多项式函数；$Z_k \times f(Z_k)$ 表示交乘项，以捕捉处理效应可能存在时间效应，如短期效应改善空气质量的成效会比长期效应更显著；ηX_t 表示一组影响空气质量的气候变量向量和控制变量，气候变量包括平均气温、湿度、是否有雨、平均风速和全市大气压强，同时还控制是否法定假日、月份哑变量、月度火力发电量以及月度黑色金属产量。

4. 数据收集与分析

搜集了环境保护部[①]提供的国控监测点 AQI 以及六种空气污染物 $PM_{2.5}$、PM_{10}、SO_2、CO、NO_2 和 O_3 的日均观测浓度，时间为 2016 年 2 月 1 日至 2018 年 2 月 28 日。数据涵盖不同的季节变化和月份。天气历史数据来自中国天气网、weather underground 以及环境云大数据开放平台，其中包括平均气温、湿度、是否下雨、平均风速、大气压强。法定假日哑变量的衡量根据国务院办公厅发布 2016 年、2017 年、2018 年节假日安排通知和历史真实假期数据。月度火力发电量与月度黑色金属产量的数据来自国家统计局分省月度数据。基于这些数据进行统计分析，获得 S 区的"垂改"对 AQI 和六种空气污染物浓度的断点效应。

---

① 2018 年 3 月，原环境保护部被改组为生态环境部。

5. 检验

（1）带宽敏感性检验。

（2）虚拟断点时间检验。

（3）安慰剂检验。

进行以上三种检验，结果表明实证结果具有良好的稳健性。

五、管理与预算

作者没有披露预算及其分配情况。

六、评估结论

S 区的"垂改"效应在 AQI 以及 $PM_{2.5}$、PM_{10}、SO_2 和 CO 等空气质量与污染物中呈现显著的结果（均通过 10% 水平显著），且系数均为负，这意味着环保"垂改"对改善当地空气质量有显著促进作用；但"垂改"对于 NO_2 和 O_3 排放的治理作用并不显著，这也反映了环保"垂改"对于地方空气质量改善具有一定的局限性。

七、评估者的反思

断点回归方法较好地评估了"垂改"的政策效应。选择"垂改"断点以及检验"实验组和对照组是否具有随机性或均衡性"是评估的前提，只有恰当地选择"垂改"断点并通过相应的检验，才能进行回归分析估计政策的效应。

八、报告与利用

评估报告以论文形式发表，尚无有关部门利用的报道。

（五）合成控制法

如前所述，自然实验由于非随机性问题，进行因果推论的关键在于找到合适的"控制组"，通过比较"实验组"和接受政策干预的"控制组"之间的差异，来判断评估政策或项目的效果。但是要找到合适的"控制组"并非易事。合成控制法（synthetic control method，SCM）正是为克服这一难题而出现的。其基本思路是：根据"反事实"框架，构造一个在其他各个方面与实验组个体特征相似，但未受到政策干预的虚拟对照个案，以此作为适当的"控制组"。比如，要考察仅在 A 市实施的某政策的效果，自然会想到将与之相近的 B 市作为控制地区；但 B 市毕竟与 A 市不完全相同。按照合成控制法的思路，可以选择其他城市（如 B 市、C 市、D 市）通过一定的权重合成一个与 A 市相似的控制组，进而通过比较合成的 A 市与真实的 A 市的某项或某些指标，来判断政策实施的效果。

一般来说，合成控制的操作步骤如下。首先，确定评估对象、确定条件变量和结果变量以及选择案例组成合成池。其次，合成一个与实验组相同的控制组。可以通过加权平均的方法，寻找一个权重向量，利用权重对其他没有实施政策的地区进行加权合成一个控制组。再次，进行检验。尽管通过合成的方法构造了一个控制组，但是此时实验组和控制组也不是随机分配的，仍然需要检验二者之间的随机性或均衡性。检验的方法包括安慰剂检验（检验效应是否只是由政策或项目造成）、排序检验（检验效应是否在统计上显著）等。最后，建立计量模型进行分析。

在相关的计量经济方法中，合成控制法相对新颖，其选择多个比较对象进行加权合成，明显优于仅用单个比较对象进行，同时，合成控制法依靠数据驱动，可避免在比较对象选择上存在人为的主观性和随意性。但需要注意的是，在合成控制研究中，由于潜在的控制地区通常数目不多，所以它不适合基于大样本理论进行统计推断。

案例 **运用合成控制法评估自由贸易试验区对地区经济发展的影响**

一、资料来源

黄启才. 2018. 自由贸易试验区设立对地区经济发展的促进效应：基于合成控制法研究. 福建论坛（人文社会科学版），（9）：53-62.

二、评估对象及其背景

自 2013 年 9 月在上海设立第一个自贸试验区以来，我国又相继于 2015 年 4 月在天津、广东和福建，2017 年 3 月在辽宁、浙江、河南、湖北、重庆、四川、陕西等省市共设立了 11 个自贸试验区，自贸试验区建设正进入一个全面探索的新阶段。党的十九大报告明确提出要"赋予自由贸易试验区更大改革自主权，探索建设自由贸易港"[①]，说明自贸试验区建设仍是我国当前及未来一段时间内进行全面深化改革的重要阵地。自贸试验区的设立对于推动经济转型升级、促进新一轮改革开放、打造经济增长新引擎具有重要战略意义。福建省是第二批试点之一，福建自贸试验区是否促进了当地的经济发展？这亟待开展评估。

三、哲学与理论基础

福建自贸试验区设立对福建经济发展的影响可以视为一个自然实验，即将福建省视为实验组，其他未进行自贸试验区试点的省市视为控制组。但面临的问题是：相关省市开展自贸试验区试点并不是一个随机分配的过程，因此不能保证实验组和对照组的随机性或保证二者的均衡性。合成控制法通过一些方法合成一个与实验组相同的控制组对政策进行评估，从而评估的准确性。

四、评估方法

1. 实验组与控制组

福建省为政策干预单元，比较组对象则是中国其他省级区域（不包括港澳台地区），其中，第一批政策试点的上海，以及同期政策试点的广东和天津不能作为比较对象。政策干预的开始时期选择为福建自贸试验区正式挂牌成立的 2015 年 4 月。由于第三批 7 个政策试点省市于 2017 年才正式成立，在福建自贸试验区政策试点时间之后，这不影响对福建的合成控制对象的构造，因此，第三批 7 个政策试点省市仍可作为福建的比较组对象。根据以上分析，在福建自贸试验区的政策评估模型中，政策干预对象只有 1 个，比较组对象有 27 个。

2. 模型建立

$$Y_{1t}^I = \alpha_{1t} D_{1t} + Y_{1t}^N, \quad D_{1t} = \begin{cases} 1, & t > T_0 \\ 0, & 其他 \end{cases} \quad (3.5)$$

---

① 《习近平：决胜全面建成小康社会 夺取新时代中国特色社会主义伟大胜利——在中国共产党第十九次全国代表大会上的报告》，https://www.gov.cn/zhuanti/2017-10/27/content_5234876.htm。

其中，Y_{1t}^I 表示有政策试点的个体 1 在时间 t 的结果变量值，且政策干预时段为 $[T_0+1,T]$；Y_{1t}^N 表示没有接受政策试点的个体 i 在时间 t 的结果变量值，其中 $i \in [2,28]$；α_{1t} 为政策干预效应，时变政策干预效应为（$\alpha_{1T_0+1},\cdots,\alpha_{1T}$）。

3. 变量设置与数据收集

（1）变量设置：被解释变量地区经济发展水平；解释变量为是否进行自贸试验区试点；控制变量为二、三产业占地区生产总值的比重、地方财政税收收入、社会消费品零售总额占 GDP 的比重、规模以上工业企业 R&D 经费以及每十万人口高校平均在校生数。

（2）数据收集：选用季度数据格式，具体为 2012 年第一季度至 2017 年第四季度 31 个省、自治区和直辖市的面板数据，数据来源于同花顺 IFIND 和中国统计数据库。

4. 合成对照组。合成方法：加权平均。对照组各对象的权重 $w=(w_2,\cdots,w_{J+1})$ = 处理之前实验对象各解释变量的平均值/其他对象相应解释变量的平均值。

5. 效应估计

$$\hat{\alpha}_{it} = Y_{1t}^I - Y_{1t}^N = Y_{1t}^I - \sum_{i=2}^{28} w_j^* \cdot Y_{jt}, t > T_0 \qquad (3.6)$$

6. 检验

安慰剂检验、排序检验。

五、管理与预算

作者没有披露预算及其分配情况。

六、评估结论

福建自贸试验区政策试点导致福建地区生产总值平均每季度多增加 574.79 亿元，季均经济溢出效应达到 9.84%（与无自贸试验区政策相比）。其中，在政策试点的第一年，对福建地区生产总值的溢出规模为 1444.04 亿元，经济溢出效应达到 6.84%；在政策试点的第二年，地区生产总值的溢出规模为 2572.51 亿元，经济溢出效应达到 11.20%；政策试点两年以后，对福建的经济溢出效应为 12.11%，自贸试验区政策的影响效应开始趋于平稳。

七、评估者的反思

本评估利用合成控制法，构造出一个政策试点前拟合最优的反事实对象（没有进行政策试点的福建）。通过比较真实福建与合成福建，试点地区的地区生产总值在自贸试验区改革前后出现了显著变化，且迭代安慰剂检验显示，同期内全国其他未试点省市地区生产总值未产生这样的显著差异，表明福建在经济增长上的差异完全是由自贸试验区政策所造成的。对自贸政策效应进行评估的实证结果显示，自贸试验区设立对地区经济增长一直具有正向溢出效应，与无自贸试验区政策相比，自贸试验区政策对福建的实际地区生产总值平均每季度多增加 574.79 亿元，季均经济溢出效应达到 9.84%，且溢出效应增速在政策试点两年达到最大。

在处理组非常独特，难以寻找到合适对照组的情况下，可以运用合成控制法利用众多对照组"合成"一个合适的对照组。但也需要注意合成控制法的一些局限：如当合成控制法中潜在的对照组个体数量较少，以及处理组个体属于异常点时，合成控制法会出现权重参数无解的情况，也即无法合成的情境。又如当面临大量对照组用于合成时，合成控制法可能会产生估计结果无效的问题。再如当结果变量波动较大或不稳定时（日度、月度等数据可能具有季节性波动），合成控制法难以测度真实的政策效果，因为为了匹配政策前的趋势通常会产生过拟合的问题。这些可以考虑运用机器学习来进行优化。

八、报告与利用

评估报告以论文形式发表，尚无有关部门利用的报道。

四、基于理论的评估

（一）基于理论的评估的意涵

陈惠泽认为，基于理论的评估是一种以项目理论为基础，把理论驱动、理论导向、理论锚定、理论支撑纳入项目管理过程的评估研究（Chen，1990）。唐纳森认为，基于理论的评估是系统地使用有关调查现象的实质性知识和科学方法来改进、产生知识和进行反馈，并确定社会、教育、卫生项目等评估对象的优点、价值和意义（Donaldson，2007）。其基本原理是：首先通过审查文件和以前的研究、与利益相关者交谈以及观察项目运行情况，评估人员与利益相关者共同建立项目理论；其次，评估人员使用项目理论定义评估问题并确定其优先顺序；最后使用科学的方法来回答评估问题。

基于理论的评估具有两个特点。其一，每个政策或项目都体现了一种行动理论，这种行动理论反映了政策或项目所解决的社会问题的性质以及它希望在这个问题上带来改变的方式。其二，政策评估者应该把这个理论展现出来，如果有必要的话，可以利用其他资源来进一步证明它，从而作为政策或项目评估的基础。基于理论的评估首先应在项目评估之前建立合理的、可辩护的项目运作理论。通过建立相关模型或概念框架，考虑与项目相关的假设、机制、因果过程或预期的、意外的后果。在建立了项目理论之后，评估者应依据这一项目理论决定收集什么类型的数据、如何收集数据和运用什么方法来分析数据等。

（二）项目理论的类型

基于理论的评估的核心是项目理论。与社会科学家普遍采用的理论一样，项目理论的大多数定义本质上主要是描述性或解释性的，或是一种驱使理论。最常见的是，项目理论被定义为一种逻辑和可信的模型，说明项目如何以及为什么会运行（Bickman，1987）。其包括规范理论、驱使理论、社会科学理论和利益相关者理论四种理论。

规范理论。规范是一般指导一个群体行为的规则和规章。它们是规定性的和强制性的，规定了人们在不同情况下应该和不应该如何行为。项目的规范性理论代表了项目的价值，决定了项目"应该是……"的结构。规范理论涉及价值判断，本质上是可评估的，并就如何更好地做某事或应该做什么扩展命题。它通常是隐式的、未经检查的，被项目开发人员和其他利益相关者视为理所当然。

驱使理论。最常见的驱使理论以经验为基础，提供干预和结果之间的因果关系的表象。其不仅考虑项目的预期影响，还考虑项目的非预期影响。它着重于理解干预和结果变量之间的因果关系的潜在机制（Chen，1989）。本质上，它与项目如何运作以及在什么条件下运作有关。

社会科学理论。政策或项目常常是跨学科的。菲茨吉本等特别强调可以运用社会学和心理学领域的相关理论作为项目理论发展的基础（Fitz-Gibbon and Morris，1992）。陈惠泽和罗希提倡用社会科学的方法来发展项目理论，他们认为评估者对关键利益相关者价值的不加批判的接受可能并不能反映项目的现实（Chen and Rossi，1981）。

利益相关者理论。大多数社会项目都和利益相关者的认知、假设和与利益相关者有关的默认理论相联系。相关理论家主张从利益相关者的假设、认知和心照不宣的理论中梳理出项目理论。陈惠泽和罗希认为，在基于理论的评估中，利益相关者的理论有可能成为最常被采用的理论（Chen and Rossi，1989）。参与式行动研究常常被用来阐释利益相关者理论，该理论是为了响应人们对研究和政策议程强加于地方或社区团体的看法。这是一种非传统的研究形式，研究参与者在构建他们的社会现实中扮演积极的角色，并进而批判性地反思现实，以期改进。

（三）基于理论的评估模型

基于理论的评估常常使用一种基于理论的评估模型。该模型通常包括了将输入、政策活动和输出松散结合而形成的项目过程理论和涵盖短期结果（有时称为短期、近端或直接的结果）、中期结果（有时称为内侧的结果）和长期结果（有时称为远端结果或影响）的项目影响的理论（Donaldson，2007），如图 3.1 所示。

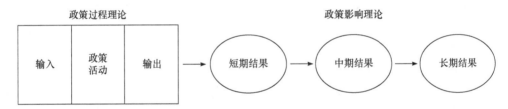

图 3.1　基于理论的政策评估模型

其中，输入包括实施项目所必需的各种类型的资源（如人力、物力和财力）。政策活动是为了达到预期目的而采取的行动（如开展培训和提供服务）。输出则是一项行动的直接结果（如培训的次数和接受培训或接受服务的人数）。结果是直接或间接由于输入、活动和输出而发生的预期变化。短期结果通常表现为知识、技能、能力和其他特征的变化（如安全性行为知识的增加）。中期结果通常被归类为行为改变（如增加避孕套的使用）。而这些行为的改变被认为最终会产生长期结果，如减轻、减少或预防特定的社会问题或满足项目目标人群的需求（如降低艾滋病的发病率）。基于该模型，评估人员即可定义评估问题并确定其优先顺序，最后使用科学的方法来回答评估问题。

案例　加纳《石油收入管理法》关键条款的影响评估

一、资料来源

Edjekumhene I, Voors M, Lujala P, et al. 2019. Impacts of Key Provisions in Ghana's Petroleum Revenue Management Act. https://doi.org/10.23846/TW8IE94.[2023-03-02]

二、评估对象及其背景

2007 年 7~8 月，加纳近海发现了大量商业石油和天然气储量。历史中存在这样一种现象：资源丰富的国家其社会经济发展不佳，即"资源诅咒"现象。"资源诅咒悖论"的核心是治理不力或治理不善以及系统性腐败。鉴于加纳在管理黄金和木材等其他自然资源收入方面的失败历史，加纳全国范围内几乎一致认为，加纳新发现的财富带来的意外收入需要明智管理。正是在这种背景下，加纳议会颁布了《2011 年石油收入管理法》（简称《石油收入管理法》），以负责任、透明的方式为加纳公民的利益提供石油收入的收集、分配和管理框架。《石油收入管理法》的两项关键规定是建立公共利益和问责委员会（The Public Interest and Accountability Committee，PIAC）和年度预算拨款金额（The Annual Budget Funding Amount，ABFA）。这两项关键规定的建立是基于社会问责制的概念，包括了一系列透明度和问责制举措，如公民对公共和/或私营部门业绩的监测和监督、以用户为中心的公共信息获取/传播系统、公众投诉和申诉补偿机制以及参与实际的资源分配决策（如参与性预算编制）。其中，公共利益和问责委员会的核心任务是信息传播和促进公民参与，即通过举行由地区议会成员、地区单元委员会代表和其他地方利益相关者参加的地区层面的会议、建立为公民提供信息和参与机会的地区层面的信息和通信技术平台以及两者同时进行等办法，向公众提供及时可靠的石油和天然气收入信息，以增加透明度、增加公民发言权、增加知情对话进而有效监督和追究政府责任，以此纠正自然资源收入管理不善的现象、打击腐败、促进政府效率和社会经济发展。

公共利益和问责委员会自成立以来在多大程度上履行了这一核心任务，取得了怎样的成效？亟待开展评估。

三、哲学与理论基础

可以运用随机对照试验方法评估公共利益和问责委员会信息传播和促进参与工作的有效性。可以在 2×2 析因设计中进行三次干预：处理 1——举行由地区议会成员、地方单元委员会代表和其他地方利益相关者参加的地区层面的会议；处理 2——建立为公民提供信息和参与机会的地区层面信息和通信技术平台；处理 3——同时举行地区层面的会议和建立地区层面信息和通信技术平台。然而，在进行随机对照试验之前，一个基础性工作是建构项目理论。

"基于理论的评估"是 20 世纪 80 年代出现的一种评估方法。之前的评估直接测量输入—输出以评估政策或项目效果，但很少关注政策或项目过程。不能破解项目效果如何产生的"黑匣子"。"基于理论的评估"以项目理论为核心的评估方法，首先建构项目理论或政策变化理论，然后评估人员使用项目理论定义评估问题以及其他的评估设计，最后使用科学的方法来回答评估问题。任何一个政策或项目都有其项目理论，其解释了项目设计者如何期望项目达到其目标的理论和设想，或者说提供了政策与结果的假设。

四、加纳《石油收入管理法》关键条款的项目理论

（1）建构方法：通过审查文件和以前的研究、与利益相关者交谈以及观察项目运行情况等建立项目理论。

（2）核心逻辑。支持社会问责干预的阐释性假设可以总结如下。随着更多的政府信息向广大公众开放，民间社会和公众将有更多的信息追究领导人的责任，从而减少腐败，

加强政府合法性。越来越负责任的领导人将邀请公众参与治理过程，使他们能够根据公民需求调整应对措施。最终，随着信息共享变得更加广泛，政府流程和政府与公民联系的透明度提高，政府将能够更好地做出理性决策，从而形成不断改善发展成果的良性循环。因此，通过提供信息和透明度，可以提高认识，公众或相关机构能增强权能和表达声音，从而改善问责制，并最终取得更好的发展成果。评估团队构建的变化理论试图调查从提高透明度（通过提供可靠信息）到意识，再到赋权、权利感，以及最终导致态度和行为变化之间的因果链。变化理论基于这样一个总体假设，即使石油收入收集、分配和管理方面的信息更加透明，使公民、政府和其他利益相关者能够利用这些信息追究政府的责任。公共利益和问责委员会信息传播与促进参与活动将带来短期成果（透明度）、中期成果（如参与和问责），并最终带来长期成果（社会和发展收益）。

（3）项目理论图示，如图 3.2 所示。

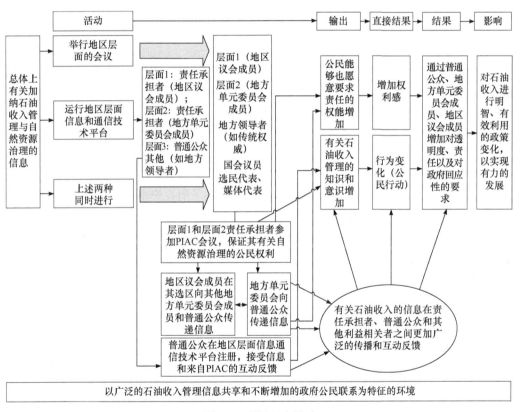

图 3.2 项目理论图示

五、成本收益分析

（一）成本收益分析的含义、类型与准则

成本收益分析（cost-benefit analysis，CBA）是对政策或项目的全部成本和收益进行货币化的转换和比较后，以此评估政策或项目的质量和效果的一种评估方法。成本收益分析具有四种类型：事前成本收益分析（在政策实施之前进行）、事中成本收益分析（在政策实施过程中进行）、事后成本收益分析（在政策实施结束时进行）和比较成本收益分析（将事前成本收益分析与同一政策的事后和事中成本收益分析进行比较）。以下主要从事后成本收益分析的角度来介绍该方法。

　　成本收益分析的准则或理论基础是"卡尔多-希克斯准则"。它不同于"帕累托最优准则"，作为一种理想的资源配置方式，"帕累托最优准则"要求不使任何人变好而不使至少一个其他人变坏。然而，在现实世界中，几乎不可能存在不损失任何一人福利的情形。因而卡尔多和希克斯对其进行了补充和完善，提出了"卡尔多-希克斯准则"，即只要社会净收益为正，便可认为该政策的效果最大限度地增进了社会福利，至于损失的承受方，则通过其他方式实现补偿。

　　（二）成本收益分析的一般流程与主要方法

　　在政策和项目评估中使用成本收益分析包括六个基本步骤，每一个步骤都涉及相应的方法。

　　（1）识别、确定成本和收益。应立足全体居民的角度，识别政策或项目的各种成本和收益。政策的成本和收益具有多样性，如直接的或间接的成本收益、有形或无形的成本收益；内部或外部的成本收益、最终或中间的成本收益等。列举成本和收益时，应考虑产出和福利的实际增长，谨防收益的重复计算，还有谨防列入由生产者和消费者的行为造成的虚假成本与收益，尽管总体福利未变化，但其中有些人的福利会受损。

　　（2）确定、分类影响类别，选择测量指标。成本收益分析要求对政策中涉及的成本和收益进行计算。在此之前，需要对政策所有的影响（潜在影响）进行分类，并确定每种影响类别的衡量指标，这是对成本和收益的统一性进行操作，因为只有在同一测量标准下才有可比性。一般情况下，测量指标包括金钱、时间等。必须理解政策涉及的不同主体对潜在影响的因果关系分析存在的不同立场和观点，准确地对潜在影响进行分类；测量指标的选择，需要考虑数据的可用性和获取的难易程度。

　　（3）货币化所有影响。评估人员接下来必须测量并货币化每个影响，例如，货币化所节省的生命和时间、货币化避免的事故危害等，货币化一般以美元来表示价值。需要注意的是，政策和项目的成本收益通常不能直接用市场价格来衡量，因此应正确地测量并货币化相关的成本和收益。例如，在完全竞争市场条件下，可以计算市场价格。但在一些情形下，市场价格不存在或者市场价格不能准确地反映相关的成本和收益或者政策与项目本身也可以改变市场价格，此时要估计物品或服务的影子价格或以其他方法（如消费者剩余）来估计成本或收益。影子价格是指当社会经济处于某种最优状态时，能够反映资源稀缺程度、市场供求关系和社会劳动的消耗的价格，它能够使资源配置往最优化的方向发展。当政策或项目改变了市场价格时，可以通过计算消费者剩余来估计政策或项目的收益。同时，可以将消费者剩余理解为消费者的净收益，其是消费者为得到某一物品或服务而产生的支付意愿与实际支付之间的差距，意味着消费者感知到在交易中他们获得了额外的福利。每个消费者的消费者剩余的总和便是这项物品或服务给社会产生的总的福利。政策或项目提供的公共物品或服务的收益便可以通过消费者剩余来加以衡量。

（4）通过贴现获取成本和收益的现值。每一个政策的实施都是跨越了过去、现在和将来的时间，在不同的时间，同一项影响的成本和收益的价值也是不同的。因此在进行成本收益分析时需要进行贴现。确定贴现率有两种观点，一种是基于私人部门收益率的贴现率，另一种是社会贴现率。由于社会、家庭和市场效率的因素，通常认为社会贴现率小于私人贴现率。政府部门一般采用市场利率、消费利率和最优增长率法来确定贴现率。正是通过贴现的方法将不同时间产生的成本和收益折算成现值，使它们能够在同一个时间点上进行计算。

（5）得出政策效果，评估政策绩效。有两个指标可以得出政策效果，一是净现值，二是收益成本比率。净现值=总收益现值-总成本现值。如果净现值大于等于零，则收益大于或等于成本，政策具有有效性；如果净现值小于零，则收益小于成本，政策无效。另一种指标是收益成本比率，收益成本比率=总收益现值/总成本现值，如果收益成本比率不小于1，则表示政策具有有效性；否则，政策无效。

（6）进行敏感性分析。敏感性分析主要解决成本和收益中难以判断的不确定性问题。前述步骤中，货币化影响、选择贴现率和影子价格都可能存在很大的不确定性。敏感性分析通过选取不确定性因素，测算某一不确定因素的变动对成本收益分析结果的影响程度（Pradhan and Jamison，2019）。如果相关不确定因素变动小而影响大，表明该相关因素的敏感性强，应当审视成本收益分析的过程；反之，则表明敏感性小。在实践中，因为政策的影响可能在不同时间会出现不同的变化，可行的敏感性分析应该专注于最重要的不确定因素的分析。

（三）成本收益分析的难点：影子价格的估算

以下是估算影子价格的一些常用方法，见表 3.13。

表 3.13　影子价格的主要估算方法

情形	主要方法
完全竞争市场	计算市场价格获得影子价格
不完全竞争市场	对市场价格进行调整
没有市场价格（如时间、生命、健康等）	根据经济行为判断或条件价值评估

第一种是在完全竞争市场中，通过计算市场价格获得影子价格。按照市场竞争理论，在完全自由竞争的市场中，供求关系的自发调节可以使资源得到合理配置，从而形成均衡价格。此时按影子价格计算的要素价值就等于按市场价格计算的要素价值，即影子价格就等于市场价格。

第二种是在不完全竞争市场中，影子价格利用市场价格进行调整。市场存在信息不对称、外部性，经济人是有限理性的，或者存在自然的或政策性垄断，此时处于非完全竞争市场的环境中，由于不同的生产要素或参数的存在，影子价格通常只能反映某一个组织对资源的利用效率。因此，在非完全竞争市场中，影子价格不能直接用市场价格来衡量，而是应该利用市场价格来灵活调整和确定影子价格。比如，在垄断的情形下，垄断价格就不是真正的影子价格。如果在政策实施中需要向垄断商采购商品时，如何确定该商品的社会成本？此时需要考虑政府采购是增加了垄断商的产量还是挤占了私人消费。对于增加了垄断商的产量部分，按边际生产成本计算，而挤占私人消费部分，则按市场价格计算。

第三种是在没有市场价格的情形中。一些物品或服务（如时间、生命、健康、休闲、污染等）是没有市场定价的。这种物品或服务在一些涉及减少犯罪的政策、卫生政策、社会政策中较为常见。要估计这些物品或服务的影子价格，可以分为两种情形。第一种情形是当物品和服务存在替代物或人们的行为可以观察时，可以根据经济行为推断影子价格，常用的方法包括市场类推方法、权衡方法、中间物品法、资产估价法、享乐定价法、旅行成本法、防御性支出法等。比如，政府提供的许多物品也是由私营部门提供的，估算这些物品的影子价格，可以运用市场类推方法，利用私营部门提供的类似商品的数据，可以获得整个需求曲线的估计值。又如要估算生命的影子价格，就可以在工资和发生致命事故的风险之间进行权衡。再如估算政府降低烟雾水平的政策的收益，便可以运用防御性支出法。防御性支出是指在政府实施这个政策之前，公众应对烟雾的行动（如雇用某人定期清洁窗户）的成本。由于降低烟雾水平的政策的实施，公众减少了防御性开支。减少的防御性开支便是政府降低烟雾水平的政策的收益（Boardman et al.，2010）。第二种情形是当物品和服务不存在替代物或人们的行为不可观察时，常常运用条件价值评估（contingent valuation）法来估计。该方法通过假定一个特定的情景，来询问和调查个体的最大支付意愿或最小接收意愿，从而估算物品或服务的价值。

案例　评估就业服务团的成本和收益

一、资料来源

Long D A，Thornton C V D，Mallar C D. 1981. Evaluating the benefits and costs of the job corps. Journal of Policy Analysis and Management, 1(1)：55-76.

二、评估对象与背景

就业服务团（Job Corps）是美国联邦政府根据 1964 年《经济机会法》创立的青年教育救助项目。其目的是通过教育救助，为 16～24 岁的美国弱势青年（申请者必须符合低收入标准；申请者面临着一个或多个就业障碍，如需要额外的职业技术培训、教育、咨询以及相关的救助来完成正常的学业或实现就业；申请者是辍学者、离家出走者、寄养儿童、无家可归者等；未成年申请者必须征得家长或监护人的同意；带有孩子的申请者必须有一个儿童保健计划）提供基础教育（基础的扫盲教育、高中文凭教育等）、职业技能培训（如面向汽车行业、建筑业、厨艺、健康产业、信息技术等的技能培训）和生活技能辅导（如交际技能、治理和领导能力锻炼项目等）；并通过提供住宿等综合性的服务，改变他们的生活环境，帮助他们成为责任心更强、就业能力更高、社会贡献更大的公民。每年职业团的录取人数大约为 6 万人。

三、哲学与理论基础

只有通过对项目的成本收益分析，才能更清晰地知道项目的效果，也才能为决策者提供更有用的信息。社会项目的成本收益分析应明确考虑到这两个重要的项目特征：项目的效率（即项目是否增加或减少了社会可获得的商品和服务的净值）、项目的分配效应（即项目是否增加了参与者的机会）。

四、评估方法

1. 建立成本收益分析框架（表 3.14）

表 3.14　就业服务团的成本收益框架

要素	角度			数据来源
	社会	参加项目的人员	社会中的其他人	
收益				
1. 参加项目的人员的产出				
项目进行中的产出	+	+	+	S，P
增加的项目完成后的产出	+	+	0	I，P
项目结束后获得的收入而增加的税收支付	0	—	+	I，P
因偏好工作而不是福利而增加的效用	+	+	+	N
2. 减少对转移项目的依赖				
减少转移支付	0	—	+	I，P
减少行政成本	+	0	+	I，P
3. 减少刑事司法系统的成本				
减少个人伤害和财产损害	+	0	+	I，P
减少财产偷盗	+	—	+	I，P
减少心理成本	+	+	+	N
4. 减少药物滥用和酗酒				
减少药物滥用治疗成本	+	0	+	I，P
减少药物酗酒处理成本	+	0	+	I，P
因减少药物滥用和酗酒而增加的效用	+	+	+	N
5. 减少利用或其他的服务				
降低除就业服务团之外的培训和教育项目的成本	+	0	+	I，P
降低公共服务就业的净成本	+	0	+	I，P
降低培训补贴	0	—	+	I，P
6. 其他收益				
增加了源于再分配的效用	+	+	+	N
增加了源于参加项目的人员的福利改进的效用	+	+	+	N
成本				

续表

要素	角度			数据来源
	社会	参加项目的人员	社会中的其他人	
1. 项目运行支出				
服务中心的运行支出（除去转移给参加项目的人员的支出）	—	0	—	A
转移给参加项目的人员的支出	0	+	—	A
中央行政成本	—	0	—	A, S
2. 项目期间参加项目人员劳动力的机会成本				
放弃的产出	—	—	0	I, P
放弃的税收支付	0	+	—	I, P
3. 除了参加项目人员劳动力没有预算的支出				
资源成本	—	0	—	S, P
转移给参加项目的人员的支出	0	+	—	S, P

注：+ 表示有净收益；—表示净成本；0 表示无收益无成本

从社会参加项目的人员，社会中的其他人三个角度来估算成本和收益

S——特别研究；I——访谈数据；P——已出版的数据来源；A——就业服务团会计系统；N——没有测量

2. 估计收益

（1）随机对照试验：以参加服务团的人员作为实验组和从未参加过服务团的类似青年作为对照组进行随机对照试验。时间为 1977 年至 1979 年。基准年——1977 年；5100 名青年的基线和随访数据；1979 年进行第二次调查。

（2）项目中产出：根据 11 个就业服务中心随机选择的工作项目和工作经验项目的案例研究（共 22 个）估算。假设这些工作由替代供应商来提供，其价格如何。由此估计出每个服务团成员每个任务日的影子价格：22 美元。

（3）增加的项目结束后的产出：服务团人员的薪酬总额与如果他们没有参加该项目雇主应支付给他们的金额之间的差额（通过随机对照试验估算）。

（4）增加的税收支付：23%的产出。

（5）减少犯罪的收益：减少的犯罪及人次的估计（通过随机对照试验估算）。每次减少犯罪所带来收益的影子价格如表 3.15 所示。

表 3.15　每次减少犯罪所带来收益的影子价格（也即每次犯罪的成本）

罪名	刑事司法成本/美元	个人伤害和财产损失成本/美元	未找回的赃物/美元	总成本/美元
谋杀	24 767	100 538	0	125 305
严重暴行	2 732	489	0	3 221
抢劫	12 087	569	738	13 394

续表

罪名	刑事司法成本/美元	个人伤害和财产损失成本/美元	未找回的赃物/美元	总成本/美元
入室盗窃	5 895	537	3 564	9 996
室外与汽车盗窃	2 618	408	1 951	4 977
吸毒	2 590	0	0	2 590
其他个人犯罪	756	94	0	850
其他混合犯罪	919	0	0	919
未具体说明的犯罪	2 048	171	536	2 755

3. 估计成本

（1）就业服务中心的运营支出、向服务团人员转移资源的运营支出：项目会计系统。

（2）劳工部的管理成本：管理和预算局数据。

（3）机会成本：比较组的收入。

（4）资源的成本：根据在 13 个就业服务中心进行的特别研究估算。

4. 社会贴现率的确定

社会贴现率取 5%。

五、管理与预算

作者没有披露预算及其分配情况。

六、评估结果

净现值：2271 美元，即每个参加服务团的成员可以产生 2271 美元的社会净收益。

收益成本比：1.45，即每投入 1 美元可以产生 1.45 美元的收益。

七、评估者的反思

对于社会项目的效益成本评估具有四个特点：第一，如果要进行全面的项目评估，分析中必须包括尽可能多的重要项目影响；第二，由于再分配收入或经济机会是许多社会项目的一个重要目标，因此必须通过分析来检验分配效果；第三，在一个全面的项目评估中，一个明确的会计框架是必不可少的；第四，估计一个项目的收益和成本的现值，如就业服务团，需要许多假设和近似值。因此，应进行敏感性分析，以检验结论的稳健性。

八、报告与利用

评估报告以论文形式发表，尚无有关部门利用的报道。

本章小结

自 20 世纪 60 年代以来，后实证主义评估逐渐形成、发展和深化。它以"后实证主义范式"为哲学基础，秉持"价值中立"和"技术性"的精神，主张重视评估活动的技术化、理性化，强调主要运用随机对照试验、准实验、自然实验、成本收益分析等量化分析方法，谋求对政策或项目进行准确的评估。

在政策或项目评估理论和方法的发展中，后实证主义评估是具有开创性的，它是政策评估领域中最早形成的一个理论流派。后实证主义范式与方法流派强调定量设计和定量数据对政策进行评估，开创了一条科学的路径。

但是，后实证主义评估仍存在着一些问题。一方面，在社会科学领域一味地追求"工具理性"而排斥"价值"和"信仰"的做法是非常可怕的，后实证主义评估虽然不排斥质性方法的使用，但主要还是运用定量方法追求效率和评估结果的客观性，于是项目或政策中的价值往往被忽视甚至扭曲，这会导致人们对政策评估本身的质疑。另一方面，后实证主义政策评估所开发出的方法在社会现实中操作性往往不强，尤其是随机对照试验方法，不仅随机化要求的条件非常高，而且实验本身还存在成本过高和伦理问题。后实证主义评估因此也导致了诸多批评，同时也催生了政策或项目评估中其他范式、模型和方法。

☑ 关键术语

后实证主义评估；后实证主义范式；随机对照试验，准实验，自然实验；双重差分法，倾向得分匹配，工具变量法，断点回归法，合成控制法；基于理论的评估；成本收益分析

☑ 复习思考题

1. 后实证主义范式包括哪些假设？
2. 后实证主义评估的产生发展历程是怎样的？
3. 如何设计政策与项目评估指标体系？
4. 运用随机对照试验进行政策与项目评估的步骤是怎样的？
5. 运用随机对照试验进行政策与项目评估有何优缺点？
6. 运用双重差分法、倾向得分匹配、工具变量法、断点回归法、合成控制法进行政策与项目评估各需要满足哪些条件？
7. 运用双重差分法、倾向得分匹配、工具变量法、断点回归法、合成控制法进行政策与项目评估各有何优缺点？
8. 如何建立项目理论？
9. 运用成本收益分析进行政策与项目评估的步骤是怎样的？
10. 运用成本收益分析进行政策与项目评估时，如何估计影子价格？
11. 如何评价后实证主义评估？

第四章
建构主义评估

后实证主义评估流派秉持"价值中立"和"技术理性"的精神，强调评估活动的技术化、理性化，无疑开创了一条科学的路径，但其因忽视价值因素和利益相关者、不能揭示出相关的深度事实和复杂细节等弊端也使得他们招致"缺乏适用性"的批评。自 20 世纪 60 年代末开始，评估人员意识到，评估科学必须考虑对评估产生影响的价值、政治和社会环境。在这样的背景下，建构主义评估应运而生。建构主义评估以建构主义范式为哲学基础，重视评估者和利益相关者的价值并承认他们的价值对于评估过程和结果有着重要影响，主张运用定性的、自然的方法，理解和洞察政策或项目的结果。本章将对建构主义评估的范式、评估模型和评估方法进行介绍。

第一节　建构主义评估的含义与范式

一、建构主义政策评估的含义

美国著名评估学者梅尔滕斯认为，建构主义评估（constructivist evaluation）以建构主义范式为基础，强调评估者和参与者通过有意义的互动和对话来建构评估结果，主要侧重于通过定性方法识别多个价值和观点，可能使用混合方法，但定性方法占主导地位（Mertens and Wilson，2019）。而阿尔金等则在他们的"评估树"上将其命名为"价值分支"（Alkin，2013），政策或项目的评估就是对政策或项目做出价值判断。瑞典学者维当将其称为"对话浪潮"，即评估应该是民主的，应该由普通人通过讨论或商议来进行（Vedung，2010）。综合考察各种观点，本书认为，建构主义评估以建构主义为哲学基础，重视评估者和利益相关者的价值并承认他们的价值对于评估过程和结果有着重要影响，主张运用定性的、自然的方法，获得政策或项目多方面的信息，揭示深度事实和复杂细节，提供对政策或项目结果的更好的理解和洞察。

以下将从五个方面来理解建构主义评估的含义。一是以建构主义范式为哲学基础。建构主义认为现实是社会建构的现实，个体的建构经过互动、对话可以形成更完善的共同建构。因此，对政策或项目的理解是利益相关者通过有意义的对话和反思而形成的共识或共同建构。二是反对价值中立，将价值置于重要地位。评估者的价值观不可避免地会影响评估过程和评估结果，不仅如此，利益相关者的价值也很重要，评估要回应利益相关者的价值，利益相关者的价值也会影响评估过程和评估结果，甚至对政策或项目的理解就是利益相关者基于他们的价值观而形成的个体建构经由对话和反思而形成的共同建构。三是强调利益相关者在评估中的地位。评估不能仅仅反映评估者和委托人的利益，也要重视其他利益相关者的利益。四是主张运用定性方法，如鉴赏评价、自然主义评价、解释学评价、叙事评价、民族志、口述史、符号互动和现象学等方法（Mertens and Wilson，2019）。五是评估的目的在于获得政策或项目的多方面的信息（如不仅仅是与政策或项目目标相关的信息），揭示政策或项目的深度事实和复杂细节，提供对政策或项目结果的更好的理解和洞察。

二、建构主义范式

建构主义评估理论依赖于"建构主义范式"的信念体系（古贝和林肯，2008）。意大利著名哲学家维科常被当代建构主义者尊奉为建构主义的先驱，他认为人类对世界的反应不是幼稚无知和野蛮的，而是本能的、独特的、"富有诗意"的。18世纪末，伊曼纽尔·康德（Immanuel Kant）的思想也具有浓厚的建构主义色彩。康德认为，我们人类利用大脑内部的过程来创造知识，通过自身体验来处理和理解我们所经历的事物。由此，我们创造出一种超越了内在认知，并与外部刺激建立互动的现实。后来，康德的思想影响了威廉·狄尔泰（Wilhelm Dilthey）。狄尔泰撰写了一些文章来论述自然科学和人文科学的区别，因学科属性和目标具有较大的差异，不宜使用统一的标准来解决不同的学科问题。相较于康德致力于提供科学的解释而言，狄尔泰重视对社会现象意义的理解。他更强调在特定历史背景下考察生活经验的重要性。施万特（Schwandt）也对此做了进一步的补充，他认为建构主义者试图从有经验的人的角度达到对意义的理解，然而，人们本身可能没有完全理解该经历。

与建构主义范式相关的另一条重要的哲学思想是埃德蒙·胡塞尔（Edmund Husserl）的思想，他受到狄尔泰等的影响，为哲学、心理学和现象学运动的开始做出了重要贡献。胡塞尔的思想与建构主义范式之间的紧密联系体现于他的作品中。

20世纪初，随着科学的日益狭隘，面对现代的剧烈动荡和不幸，科学无法解决人类关于主体性、存在的意义和面对未来自由塑造的最深层问题。胡塞尔意识到越来越多幻灭的迹象和危险。将主观性和价值观排除在科学之外，甚至使得人文科学也无法解决人类面临的最紧迫和最关键的问题。科学世界是一个创造性的、人类建构的世界，而不是独立现实的镜子。为了应对科学哲学中的这种危机，追求真理的标准已经从对"现实"的参照转向道德的、社会建立的和实践的价值观。

胡塞尔对研究意识相关概念的阐释，有助于人们更好地理解人类的经验和行为。这导致了持有哲学立场的研究人员将重点转移到参与者的角度来理解研究问题。研究不是只为了描述"真实"的事物，而是将事物理解为某种方式。由于我们的"知识"本身就是结构，因此随着可用信息和复杂程度的提高，它会不断发生变化，从而不断地进行解构和重构（Lincoln and Guba，2013）。

如第一章所述，任何一种范式都是包含了本体论、认识论、方法论和价值论四个方面的哲学假设，建构主义范式也不例外。古贝和林肯（2008）在《第四代评估》一书中，对建构主义范式和后实证主义范式进行了比较（表4.1），并对"建构主义范式"作为连贯的信念体系给予了更充分的讨论。结合以上论述，以下介绍建构主义范式的四个假设。

表 4.1　建构主义范式和后实证主义范式的比较

哲学假设	后实证主义范式	建构主义范式
本体论	在观察者兴趣之外只存在唯一的现实，这个现实依据不变的自然法则起作用，多以因果关系的形式出现	存在着复合的、不受任何自然法则或因果关系控制的社会建构现实
	"真理"是一系列与现实同形的陈述	"真理"被定义为最完善、最成熟并被一致认同的建构
认识论	二元客观主义认识论，即观察者可以使被研究的现象外在化，并与其保持一定的距离（"主体—客体二元主义"）	一元主观主义，即调查者和调查因素的确定方式在于调查结果是探究过程的直接产物
方法论	干涉主义方法论，即认为可以排除某些混淆性因素，从而使调查集中于真理以及解释自然的本质和运行方式的问题上，进而增强预测和控制的能力	解释学方法论，即涉及持续辩证的重述、分析、批评、再重述、再分析等，以显示出关于同一情形的共同建构
价值论	价值中立，即避免研究者价值的影响，应严格以客观、中立的态度进行观察和分析；而且，利益相关者的价值观也是被排除的	研究人员的价值观会影响研究过程和研究结果，也要重视和关注利益相关者的价值观

（一）本体论

在人文科学中，现实是被人们定义的对象和主要内容，它们的存在依托于那些正在思考如何定义他们的人心中。这个过程又是个人通过反思他们的经历，在他们的互动中来构建的，所以它们既不"真正"存在，也不是唯一的存在。也就是说，只有在某些人授予这种存在可能性的情况下，事实才具有了本体论的地位（Lincoln and Guba，2013）。相应地，在建构主义评估中，评估者否认客观事实的存在，宣称有多少人就会有多少被建构出来的事实，存在多种社会建构的现实。许多持定性研究观点的评估人员对这种本体论假设提出了更加学理化的表达，他们把现实解释为存在于多种心理结构中，这些心理结构"是以社会和经验为基础的，是符合逻辑且具体的，其形式和内容依赖于持有这些心理结构的人"（Guba，1990）。这一过程由评估参与者之间的互动对话来搭建，又可以称为阐释过程。总的来说，建构主义评估者通过评估参与者之间的互动和反思来揭示现实，才会意识到现实的意义（Schwandt，2000）。

（二）认识论

建构主义评估者的认识论假设已经反映在本体论假设中了。如前文所述，建构主义的本体论假设认为不同的评估相关主体通过互相对话和反思，从而构建了现实。而建构主义评估的认识论假设认为研究者和参与者通过有意义的对话和反思来创造知识（Lincoln and Guba，2005）。持建构主义立场的认识论要求与参与者进行密切的、长期的人际交往，以促进他们对"生活体验"的建构和表达。建构主义者认为现实是社会建构的，因此，评估者和参与者之间的动态互动是捕捉和描述"生活体验"的核心。从认识论上说，建构主义否定了主客体二元主义的可能性，因为观察者与被观察者对于问题的认识会发生相互作用，他们之间的关系也是与个人或特定的环境高度相关。建构出来的"现实"取决于他们之间发生的联系或互动，存在于生成"现实"的时间或空间框架中。例如，建构主义评估者利用他们先前的经验和知识、政治和社会地位、性别、种族、阶级、性取向、国籍和文化价值观等来解释问题或回应周围的环境，在进行这样有意义的对话和反思后，再进一步创造出知识。

（三）方法论

解释学或辩证主义是建构主义评估的基本方法论前提。为了能够构建现实并揭示隐含意义，建构主义评估者需要与参与者进行长期的互动、对话和交流。因此，与建构主义范式最常联系在一起的方法来自定性研究方法的传统。建构主义评估者的方法包括使用诠释学对话、访谈、观察、文献或民族志等（Mertens，2015）。评估者需要长期沉浸在社区的日常活动中，以便有足够的机会与参与者进行反思性对话。但建构主义者并不局限于定性数据收集。既不反对定量方法，也不反对在适当的时候混合使用定性和定量方法。因此，适用于建构主义的方法论必须是一种深入涉及评估者思想和意义的研究方法。一般需要两个过程：第一，必须揭露各种评估参与者所拥有的知识构造，这最好通过一种方法来实现，在该方法中，通过让评估参与者平等地与评估人员一起工作，共享双方都认为至关重要的问题，才能找到评估工作的意义。其中，采用众所周知的诠释学解释或相关的解释方法似乎是最合适的。第二，在某些情况下，必须比较个人所拥有的各种知识结构，而这一问题的解决也有赖于辩证对话似的论证方法（Lincoln and Guba，2013）。

（四）价值论

建构主义评估者认为评估人员不可能消除自身价值观的影响，相反，这些应该被有意识地视为评估过程的一个组成部分。因此，他们强调评估人员需要对评估工作的两个方面进行反思：一是评估人员有没有认识到自身价值观的重要作用；二是评估人员的价值观是如何影响评估过程和评估结果的。除关注评估人员自身的价值观以外，建构主义评估者还关注其他利益相关者的价值观。因为每个政策的利益相关者实际上都是一个具有多重利益关系的嵌合体。评估者和其他利益相关者用自身的知识、观念和行动在共同创造一个共享的现实，他们的各种价值体系都变得透明，而且必须被发现。只有所有的利益相关者的价值发挥其作用，才可以为评估工作提供真实有效的信息（Lincoln and Guba，2013）。可以说，价值观的重要性在建构主义评估中得到了充分的肯定。

第二节　建构主义评估的产生与发展

要全面地理解建构主义评估，还需要把握其产生与发展的历程，以及其所开发的评估模型和方法。以下对建构主义评估的产生发展历程及其开发的评估模型和方法进行概要介绍。

一、建构主义评估产生的背景

（一）现实背景

建构主义评估的产生与 20 世纪 60 年代中期在美国开展的"伟大社会运动"及其扩展密切相关。如第三章所述，1965 年，美国总统约翰逊提出了建设"伟大社会"的施政纲领，国会通过了包括"向贫困宣战""保障民权"以及教育等方面的多项立法，在保障民权、反贫困、教育、医疗卫生、环境、劳动就业、消费者保护等领域提供了大量的政策和项目。在 20 世纪 60 年代末期甚至 20 世纪 70 年代初期，相关的政策和项目仍在不断地创建和拓展。例如，1968 年美国国会就批准了《开放住房法案》《双语教育法案》《健康家禽产品法案》等；同时，一些以往的政策和项目也不断地拓展，如对社会保障做了显著的修正，扩大了覆盖面，"对有子女的家庭补助计划"的平均支付水平比以往大大提高。即便在尼克松和福特总统的任期内，"伟大社会"计划仍在不断地扩展。这些不断创建和扩展的政策、项目进一步增加了对评估的需求，也使得评估学者意识到，不但应该提升评估的科学性，而且应该根据有效性原则建立一个能够长远发展的评估方法体系。

（二）理论背景

就理论上来看，建构主义评估的产生首先源于对后实证主义评估的批判。尽管 20 世纪 60 年代初中期盛行的后实证主义评估理论和方法改善了评估实践，取得了一些成绩，然而，人们也逐渐认识到这一流派的理论和方法存在着诸多的问题和弊端。比如，有学者认为，定量方法特别是实验设计在实践中会遭遇成本过高、种族差异、代际冲突等伦理方面的挑战，导致操作上的困难；还有学者认为，这些方法会产生不幸的后果，例如，古贝和林肯（2008）认为，对这种实验方法的过度依赖产生了"因素的前后关联""不可抗拒的特定权威""封闭了评估的其他途径""减少了评估者的责任"等问题。还有学者认为，这种理论和方法忽视了价值因素而无法产生真正客观的结果。他们认为，对于评估者本身而言，在进行评估工作时永远无法将自身的情感和价值观排除在外。而且，人们更有可能对知识创造出来的现实，或者说对意义赋予的现实采取更积极的回应和行动（Lincoln and Guba，2013）。显然，在无法摆脱人类主观特性的情况下，后实证主义评估无法产生真正客观的结果。著名评估学者艾斯纳甚至提出拒绝"技术科学主义"的观点。当然，还有的学者也指出运用定量方法进行评估也存在固有的弊端，即它虽然能够提供一个精确的结果，但不能揭示出相关的深度事实和复杂细节，不能提供对政策或项目结果的更深刻的理解和洞察。因此，就连拥有数学和物理学士学位、统计和测量硕士学位以及统计学博士学位并在 20 世纪 60 年代初、中期开展后实证主义评估实践的古贝也开始质疑这一流派的立场（Lincoln and Guba，2013）。

其次，建构主义评估的产生也与之前或当时一些相关哲学、理论和观点的传播相关。首先是建构主义哲学及其相关理论的发展。如前所述，自 18 世纪以来，建构主义思想便在不断发展和传播，并广泛渗透于西方哲学、经济学、社会学、政治学等领域。其次是长期以来在人类学和社会学中存在的定性研究传统。定性研究强调研究者运用其经验、敏感度以及有关的技术，以有效地洞察研究对象的行为和动机以及他们可能带来的影响等。定性方法可为评估提供重要的基础，正如豪斯指出的那样："定性方法被认为过于主观，但如果不同的群体想要不同的东西，那么收集项目内部和周围人们的观点似乎是有意义的。有助于获得参与者意见的定性方法开始流行。在一些评估者的领导下，定性方法学得到了拥护，并发展为一种实践，并最终成为研究的基础。"（House，1990）当然，从更广泛的意义上说，建构主义评估还受到了文学理论、批判理论和身份政治的深刻理论潮流的影响。

总的来说，自 20 世纪 60 年代末期开始，政策评估研究人员为了适应评估实践的更大需求和评估理论进一步发展的要求，开启了建构主义评估理论的探究旅程。

二、建构主义政策评估理论的初创

20 世纪 60 年代末期和 20 世纪 70 年代初期是建构主义评估理论的初创时期。迈克尔·斯克里文和罗伯特·斯泰克起到了奠基性的作用。

首先，他们都率先并坚定地确立了价值在评估中的重要作用。著名评估学者沙迪什认为，斯克里文是"第一位也是唯一一位对价值拥有明确的和一般的理论的主要评估理论家"（Shadish et al.，1990）。1967 年斯克里文发表了《评估方法论》一文，宣称缺少价值的评估不能称为评估。他认为，评估人员的工作就是对评估对象（政策或项目）做出价值判断，评估者在评估中的作用类似于为《消费者报告》进行研究，评估者在研究中确定做出判断的适当标准，然后将这些判断呈现给所有人看。进一步地，他认为这种价值判断应基于有关评估对象的质量和有效性的可观察数据，并要求将多个结果判断综合成一个单一的价值陈述（"好"或"坏"）。而评估者最大的失败在于仅仅向决策者提供信息，而不是判断出哪些信息是好的，哪些信息是坏的，最终却将判断信息优劣的责任推卸给非专业人士。斯克里文的思想推动了人们将价值作为评估的核心特征的认识。而斯泰克也强调了价值的重要性。1967 年，斯泰克的论文《教育评估的面貌》暗示了主观主义思维。在文中，他主张采用一种响应性方法，把案例研究作为手段，以捕捉问题、人际关系和评估对象的复杂性，并判断评估对象的价值。当谈到评估人员应该如何得出结论时，他认为"最终由评估人员决定，这意味着判断取决于评估人员的价值观和个性"（Alkin，2013）。斯泰克对评估的主观主义概念化和方法也对其他人的思维产生了重要影响。

其次，他们提出了需要在评估中关注利益相关者及其价值。如前所述，在后实证主义评估者那里，不仅要求排除评估者的价值，而且也忽视了利益相关者及其价值。斯泰克也许是最早提出要在评估中关注利益相关者及其价值的。他认为，由于存在多种现实，需要在评估中体现利益相关者的观点，并且利益相关者的观点是评估中不可或缺的元素。评估者除了做出评估结论，其工作还包括"听取评估参与者的请求，进行深思熟虑，有时通过谈判、协商，最终判断和决定出评估参与者的利益是什么"。而且，"无论评估参与者在价值观上达成什么共识……都应该被发现。评估者不应该建立一个不存在的共识"（Stake，1975）。除此之外，他还对"利益相关者"提出了更广泛的定义。一些人认为，利益相关者仅仅是项目资助者和管理者。然而，斯泰克认为，"客户、用户、读者或其他外部人士，都需要坚持他们的理由，利用他们掌握的新数据做出自己的价值判断。"（Stake and Abma，2005）也就是说，斯泰克将评估工作中利益相关者的范围从项目资助者和管理者拓展到了更多的评估参与者。林肯和古贝后来评价说，"斯泰克超越了项目资助者和管理者，提出利益相关者需要更广泛的定义，为这一发展（建构主义评估）提供了一个决定性的时刻"（Lincoln and Guba，2013）。

三、建构主义评估理论的发展和演变

在 20 世纪 60 年代末期和 20 世纪 70 年代初期，在迈克尔·斯克里文和罗伯特·斯泰克等学者的奠基性努力下，坚定地确立了价值在评估中的重要作用，逐渐认同价值主张的合法性、普遍（合理）主张的性质以及建构主义观点。随后，一批学者继续沿着这些思想不断对相关理论和方法进行推进。在著名评估学者阿尔金看来，以上思想又对建构主义评估产生了一分为二的影响。一种被称为"客观主义影响"，另一种被称为"主观主义影响"（Alkin，2013）。相应地，建构主义评估就分成了客观主义和主观主义两个分支流派或两种基本观点。其中，主观主义认为价值判断应该基于"公开可见的"事实。由于人们的行为受主观因素支配，人类行为具有"主观意义"的独特特征，任何"忽视意义和目的"的科学都不是社会科学。主观主义的建构主义评估不仅反映了价值和使用之间的关系，而且更关心作为个体的利益相关者对评估结果的使用。相对而言，客观主义的思维更偏向后实证主义评估的思想。简要地说，在建构主义评估内部，虽然评估者都将"价值"置于最重要的地位，但相对来说，主观主义者将"使用"放在第二位，而客观主义者将"方法"置于第二位。

（一）客观主义的建构主义评估

斯克里文的工作更偏向于"客观主义"。因为斯克里文认为，评估者的工作就是对被评估对象做出价值判断，而这种价值判断应该基于评估对象本身的质量和有效的可观察数据。换言之，评估者不仅要对被评估对象做出价值判断，而且要做出客观的价值判断（Scriven，1993）。斯克里文在数学、符号逻辑学和自然哲学方面的训练有助于为他的系统、客观的评估方法的论证提供信息。除了前述的奠基性工作，斯克里文对建构主义评估的发展也做出了重要的贡献。

斯克里文对建构主义评估发展的贡献首先体现在提出了"消费者导向的评估"。传统上，对政策或项目的评估是一种只关注实现开发者的目标而不是满足消费者需求的思想。斯克里文认为，这种方法可能是无效的，因为开发者的目标可能是不道德的、不现实的，也可能对消费者的评估需求来说是不具有代表性的。在 1969 年，他便提出"评估者应是一个明智的消费者代理"。之后，他进一步明确了他的思想：评估者不仅要判断目标是否达成，还要判断所达成的目标是否对消费者（如教育活动的参与者或受教育者）的利益有所贡献，也就是说要注意从消费者的角度来确认政策或项目的价值，而不仅仅从目标的角度。或者说，无论什么目标，评估人员都必须确定产出结果，并从消费者需求的角度评估这些结果的价值。为了实现这一理念，他在随后的若干年陆续提出了若干实用的方法，主要包括三方面。其一，基于对本质的理解、项目的功能属性、实施背景

以及客户和预期受益人的需求，制定用于评估特定项目或在竞争项目之间开展比较的相关标准。为了更好地制定标准，斯克里文还制定了评估清单。其二，确定了评估的四个主要活动：打分、排序、定级和分配。其三，提出获得正确结论（最终融合）的方法。在获得评估结论之时，总是需要判断，然而，评估人员可能存在偏见而不能获得正确的结论，从而导致消费者对评估的不信任。斯克里文认为，最终融合需要考虑评估客户的需求、可用数据的限制和可用事实的配置并寻找一个合适的决策规则。

斯克里文对建构主义评估发展的另一个重要贡献则是他提出了"无目标评估"的思想和方法。与之前广为传播的有目标评估相反，20 世纪 70 年代初，斯克里文提出了一个反对性的建议：评估者应有意地对项目的既定目标保持未知，并寻找所有项目的效果而不考虑开发者的目的。无目标评估人员很有可能揭露出意料之外的效果，这些效果也许会由于有目标评估人员对既定目标的过分关注而错过。斯克里文指出，无目标评估用于寻找所有的效果，然后，可以转换到有目标评估来确保评估能够准确地确定项目是否实现了目标，或者两种评估可以由不同的评估人员同时开展。无目标评估的优势在于，和有目标评估相比，它较少受到干扰，较少地倾向于社会的、感知的和认知的偏见，更具有专业挑战性，在涉及大范围的价值时也更加公平（斯塔弗尔比姆和柯林，2019）。当然，无目标评估也有利于其主张的"消费者导向"，因为无目标评估提供了重要的补充信息，拓展了评估信息来源，尤其有利于发现非预期效果，因而更能满足消费者的需求。

（二）主观主义的建构主义评估

与斯克里文的客观主义评估不同的是，一批学者支持相对主义或主观主义的哲学，也就是说，人类活动不像物质世界中的活动，现实是一个持续的、动态的过程，真理总是相对于某个特定的参照系，评估并不是单纯地做出价值判断，而必须在理解评估信息的"主观意义"的背景下进行。

1. 斯泰克：从表象评估到回应性评估

1967 年，斯泰克在提出评估的主观主义思维和批判目标达成评估的基础上，提出了表象评估的观点。他建议评估人员从高度集中的、定量的、预定式的评估方法（主要是评估目标实现程度）转向更加定性的方法（主要是持续性、互动地评估全部项目方所感兴趣的问题）。表象评估要求评估项目的丰富性、复杂性和重要性，即待评项目的全部表象，用以提供回答不同客户的多类信息。其核心是前情、处理和结果三个要素，前情要求了解项目的相关背景信息；处理要求持续地与利益相关者接触和互动；结果要求考察对所有利益相关者的影响（包括预期和非预期的影响、短期的与长期的影响），并且评估人员应避免给出最终的、总结性的结论，而是分析和反映对评估目的有利益相关的多数人的评判。

1975 年，在表象评估的基础上，他正式提出了回应性评估的概念，并在以后的研究中不断丰富，最终发展成了一种著名的评估模型——回应性评估。这种评估模型针对所有利益相关者来说是非常重要的事项，持续地加以关注和组织数据收集以响应他们临时的兴趣与关注点，使用大量的主观和客观的方法，与利益相关者进行持续的互动以确认他们的关注点并为其提供及时的反馈，运用不同的评判结果来报告评估结论。其基本特点如下。其一，立足于对全部利益相关者关注的问题做出回应和反馈。如果评估更直接地定向于政策活动而不仅仅是政策目标，如果评估回应利益相关者对信息的要求或兴趣与关注点并且如果在报告项目的成功和失败时引用利益相关者不同的价值观，那么，这种评估是"回应的"（Korzenik，1977）。其二，强调与利益相关者的持续互动。不仅在评估的议题的创设上，而且在数据的收集和分析以及对评估结果的解释上，都需要与利益相关者进行互动。其三，在数据的收集和分析方法上，强调方法是自然的，即观察自然发生的项目和人们自然的行为。在技术上，主张采用案例研究、表现性目标、立意抽样、观察、对抗式听证会、表现性报告和讲故事，为利益相关者提供与项目相关的经验（斯塔弗尔比姆和柯林，2019）。当然，斯泰克也指出，为了更好地回应项目方的兴趣、关注点和喜好，所有的评估都应该是适应性的，即除了选择回应性评估方法，预定式评估、泰勒式评估在某些情况下也是可以选择的。而且，这些方法中，他对案例研究进行了特别强调，他认为，案例研究是捕捉评估对象的问题、个人关系和复杂性的手段，是体现利益相关者的信念和价值观以及报告评估结果的有益方法。在20世纪90年代他还对案例研究方法进行了深入探索。显然，斯泰克关于表象评估与回应性评估的概念和方法推动了主观主义的建构主义评估的发展。

2. 艾斯纳：将艺术思想引入评估

另一位被定位为主观主义的建构主义政策评估理论家是艾斯纳。艾斯纳毕业于芝加哥大学设计学院，他融贯了精湛的艺术思想，在学术界形成了卓越的艺术思想体系。艾斯纳认为价值在评估中的作用很重要，例如，他认为评估工作不仅需要对数据（或观察结果）做出最终判断，还要对调查问题和评估的重点做出判断。不仅如此，艾斯纳还充分地汲取了自身的专业知识，将艺术思想融入评估，提出了"鉴识评估模型"。该模型的两个核心概念是"鉴赏"（connoisseurship）和"评论"（criticism）。艾斯纳认为鉴赏是欣赏的艺术，是对事物、政策或项目的了解和认知；评论是揭示的艺术，是可以用他人能够理解的语言来呈现他们所了解和认知的东西，并使他人能够"重新看到"事物、政策或项目。假如要对葡萄酒进行评价，葡萄酒评酒专家或爱好者能够通过"鉴赏"知晓葡萄酒的香气、余味和微妙之处，而他们能够用普通语言将难以描述的微妙之处或复杂方面表述出来，如此就可以对该葡萄酒的质量提供详细、准确、可信的判断，经过评酒专家或爱好者良好的、生动的表达也可以帮助受众理解该葡萄酒的质量。政策或项目评估也是如此，经过评估人员的"鉴赏"和"评论"，也可以很好地描述、阐明并表达一个特定政策或项目的本质、特点、优点和缺点。但需注意的是，此时评估人员需具备专家的资质和能力，应在特定的评估领域具有渊博的知识、丰富的经验、敏感性、隐性知识以及描述和交流的能力。其不仅必须能够借鉴和利用广泛的经验与信息，还必须能够将经验和理解置于更广泛的背景下，并与个人的价值观和承担的义务联系起来。艾斯纳认为，"鉴识评估模型"明确了传统评估中使用的代表形式（定量、数字化）之外的代表形式（感知与呈现）的重要性；它承认了这样一个事实，即关于世界的知识是由人类发明的结构介导的，这些结构不是被动的，它们在塑造评估人员的想法和思考方式方面发挥着重要作用；它也代表着这样一种努力，即利用艺术和人文学科作为社会科学的合作伙伴来促进我们对政策或项目过程和效果的理解（Eisner，2004）。显然，艾斯纳的努力拓展了主观主义的建构主义评估的理论和方法。

　　3. 主观主义的建构主义评估的成熟

　　美国评估学者古贝最初本是后实证主义评估的支持者和实践者，然而，到 20 世纪 60 年代中后期，他开始质疑和批判这一立场。在 20 世纪 70 年代中期，在斯克里文、斯泰克、艾斯纳的影响下，古贝开始致力于寻找一种克服和矫正实验方法之弊端的方法。古贝对新方法的开发可以分为两个阶段。第一个阶段是自然主义方法或自然主义范式的研究。1978 年，他的专著《走向教育评估中的自然主义探究方法论》指出了实验方法论的缺陷，并展示了自然主义调查的特点。他认为自然主义调查与斯泰克、艾斯纳等的方法具有契合性。1981 年，他与林肯合著的《有效评估》对前述的观点进行了显著的深化和延伸。在该书中，他们明确地提出了"范式"的概念，以实验为主的方法基于"科学范式"，而他们所运用的方法的基础是"自然主义范式"。并且，他们还从现实、研究者与研究对象的关系和"真理"的性质等假设对两种范式进行了对比。1985 年，林肯和古贝所著的《自然主义调查》更深入地讨论了两种范式及其假设问题，也对自然主义范式有了更充分的认识。虽然此书首次出现了对"建构现实"概念的讨论，但是"建构主义"一词并没有成为一个重要的术语（Schwandt，2013）。第二个阶段则是明确地提出建构主义范式及以此范式为基础的评估模型——第四代评估。1989 年他与林肯出版《第四代评估》一书，对后实证主义范式进行了根本性、全面性、彻底性的批判，全面地揭示了建构主义范式的思想，并对"第四代评估"的过程、方法论特点、实施步骤、质量评估进行了系统的阐述。至此，古贝和林肯明确建立起了一种具有强大竞争力、具有替代性的建构主义评估理论和方法。这不仅意味着主观主义的建构主义评估的成熟，也意味着整个建构主义评估的成熟。

　　以下对建构主义评估理论家及他们提出的评估模型进行归纳，参见表 4.2。

表 4.2　建构主义评估的主要模型

理论家	评估模型	产生时间	突出特征
斯克里文	消费者导向评估	20 世纪 60 年代末	评估不应仅仅实现政策或项目开发者的目标，还要判断政策或项目是否满足消费者的需求。有利于解决目标达成评估的错误和障碍，强调了对消费者利益的满足
斯克里文	无目标评估（goal-free evaluation）	20 世纪 70 年代初	不告诉政策评估者具体的政策目标，评估者基于访谈和观察等典型数据收集策略从参与者那里收集有关政策结果的数据。有利于避免评估者仅仅评估被政策制定者认为重要的目标的偏误，也有利于识别政策的意外后果
帕莱特、汉密尔顿、斯泰克、伊恩·肖、罗伯特·殷	案例研究（case study）	20 世纪 70 年代初	强调评估者选择一个或几个样本为对象，系统地收集相关的数据和资料，进行深入的研究，以揭示隐藏的意义和复杂性。有利于体现利益相关者的信念和价值观，促进评估者沉浸在政策背景时达到更深的理解程度，其甚至可以产生有因果关系的认知，并有利于报告评估结果，帮助利益相关者理解项目，做出自己的判断
艾斯纳	鉴识评估（connoisseurship evaluation）	20 世纪 70 年代初	政策评估者类似于艺术专家，评估过程类似于艺术批评，鉴赏是对政策活动的特质、细节的感觉和体悟，而批评则是把感觉、体悟到的特质和细节用适当的语言形式揭示出来，最终运用一定的标准来判断政策活动的意义和影响。将艺术教育思想引入评估领域，为建构主义评估提供了更丰富的知识和方法养料

续表

理论家	评估模型	产生时间	突出特征
斯泰克	回应性评估（responsive evaluation）	20世纪70年代中期	对所有利益相关者来说是非常重要的事项，持续地加以关注和组织数据收集以响应他们临时的兴趣与关注点，使用大量的主观和客观的方法，与利益相关者进行持续的互动以确认他们的关注点并为其提供及时的反馈，是一种多元的、灵活的、互动的、全面的、主观的评估方法
古贝、林肯	"第四代评估"（fourth generation evaluation）	20世纪80年代末	政策或项目的结果是不同利益相关者进行互动、对话而达成的某种共识或形成的更完善的建构。建立在明确的建构主义范式的基础上，是一种最能体现建构主义思想的评估模型

第三节 建构主义评估的经典模型与方法

如前所述，建构主义评估的理论家开发出了众多的评估模型或方法，其中，"第四代评估"、案例研究和无目标评估的影响最为巨大，得到了大量的应用，因此，本节选择对这三种经典模型或方法进行介绍。

一、"第四代评估"

"第四代评估"是古贝和林肯在《第四代评估》一书中提出的评估模型。以下对该方法的含义与基础、过程、方法论以及具体步骤进行介绍。

（一）"第四代评估"的含义与基础

1. "第四代评估"的含义

古贝和林肯将他们开发的方法称为"第四代评估"，之所以称为"第四代"，是他们认为这种方法超越了已经出现过的仅注重测量、描述与判断的前三代方法，将评估上升到一个新的高度。由于其明确地以建构主义为哲学基础，斯塔弗尔比姆等直接将其称为"建构主义评估"（斯塔弗尔比姆和柯林，2019）。

对于"第四代评估"的含义，古贝和林肯并没有对其做出明确的界定。但他们明确提出了"第四代评估"的六个显著特点。其一，评估的最后产出并不是对政策或项目的某种"真实"状态进行描述，而是提出有意义的解释。评估结果并非终极意义上的"事实"，而是由包括评估者以及相关利益相关者通过互动而创造的一种结果抑或一个或多个建构。其二，个体的建构受到其价值观的影响，而现代社会具有多元的价值观，哪些价值观应得到考量和如何协调不同的价值观是最重要的问题，因此，"价值中立"是不起作用的。其三，由于利益相关者彼此之间构成了特定的环境的一部分或者共处特定的环境，在此特定环境之下利益相关者交换概念会产生共识或形成共同的建构。其四，评估可以以各种形式（例如，仅由评估者和委托者决定评估设计和实施过程、评估者和委托者有选择地公布评估结果等）给予或剥夺利益相关者的权力。因此，评估需要给予利益相关者能力和权力。其五，评估必须与评估结果的使用联系起来，因此，这需要关注利益相关者提出的问题和争论，反映他们的价值观。其六，倡导全面的积极参与，要求利益相关者和其他相关人在评估中处于平等地位，所有人都有权分享彼此的理解，并努力形成一种公认的、符合常理的、信息量更大的、成熟的共同建构（古贝和林肯，2008）。通过对这些显著特点的解读，结合建构主义的思想，可以将"第四代评估"的基本含义归纳为：尊重并揭示出各个利益相关者对政策或项目的个人建构，并建立一定的协商议程，促进利益相关者之间进行对话、交流、评论和回应，最终形成更为完善的对政策或项目的共同建构，以此获得对政策或项目有意义的解释和洞察。

2. "第四代评估"的基础

古贝和林肯（2008）指出了"第四代评估"的基础或依赖的因素。

（1）回应式聚焦。回应式聚焦要求尊重并尽可能让利益相关者平等地参与到评估中。古贝和林肯认为，利益相关者包括评估活动的代理人（评估活动的要求者、评估工作的实施者和评估结果的使用者）、评估的受益者（他们是运用了评估项目而获益的人）、评估的受害者（他们是由于评估受到消极影响的人）。评估不能仅仅反映评估者和委托人的利益与价值观，所有利益相关者都有权公开讨论自己的主张、焦虑和争议，并且可以要求获得答复。因此应激励利益相关者积极参与评估过程并赋予其权力，甚至视利益相关者为评估的主体，积极参与并贡献自身的情境知识，提出他们的主张、关切和议题。除了参与问题的提出，他们还参与参与者的选择、评估的实施和结果的解释。在此过程中，还应注意识别"受害者"或"沉默的声音"。在评估的过程中，应平等地对待不同的价值观，让利益相关者成为平等的合作者。

（2）建构主义方法论。强调运用解释学辩证循环方法对焦点元素进行持续辩证的重述、分析、批评、再重述、再分析等，以获得对同一情境的共同建构。或者说，主张所有参与评估的利益相关者基于对政策或项目的认识，通过不断的协商、对话和交流，形成对政策或项目的共识或共同建构。共同建构的途径是协商，即利益相关者不断互动、交流、对话、回应、评论，最后形成公认的、一致看法的过程。评估者应为利益相关者探讨彼此的信念、价值观和看法所需的对话安排机会或建立协商议程，让利益相关者以乐观的心态提出自己的建构，并接纳、反思和修正自己与他人的建构，从而推动共识或更完善的共同建构的形成。

（二）"第四代评估"的一般过程

从一般的意义上看，"第四代评估"遵循"解释辩证过程"。"解释"可以理解为"理解事物的意义或者把意义呈现出来"，而"辩证"则类似于辩论，指的是两个或两个以上的人因为持有不同观点，希望通过合理的讨论来获得真正的知识。因此，评估的过程在性质上是解释性的，又体现出"辩证"特点，即在评估中要求各种个体建构进行协商、对话，并进行比较和对比，将产生于同一背景的建构观点尽可能引向结合，以期获得黑格尔哲学意义上的高度综合或更完善的共同建构。

如何实现这一"解释辩证过程"？古贝和林肯介绍了实现这一过程的一种途径，如图4.1所示（古贝和林肯，2008）。

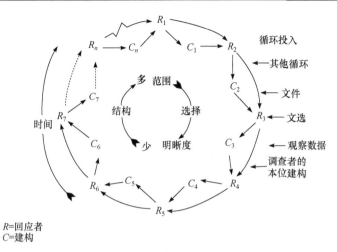

图 4.1 "第四代评估"的解释辩证过程

R_1 是一个初始回应者，该回应者参与开放式的调查后决定在初始位建构，内容可以是任何考察中或评估中的问题，此为调查核心。回应者需要提出他建构的核心，用自己的表述方式描述和评论关于主张、焦虑和争议的观察，以及对评估客体的看法。R_1 提出的一些建构观点在经过调查者的分析以后形成初始的 R_1 建构模式，以 C_1 标记。在调查分析过程中，C_1 形成之前的数据分析是在数据收集以后完成的。

接着，回应者需要提名另一个回应者 R_2，但 C_1 又是在接触 R_2 之前完成的。R_2 在鉴别 R_1 的建构之后，尽可能提出自己不同的观点。R_2 与 R_1 一样，接受调查采访享有同样的言论自由，在 R_2 参与到采访中时，来自 R_1 的调查核心又被引入这一过程，R_2 需要对此做出评论。产生的结果不仅是 R_2 的信息，还产生了关于 R_1 的投入与建构的评论。在调查者接触 R_3 之前，又完成了一项分析因而产生 C_2，这是一个基于 R_1 和 R_2 且更加完善和复杂的建构。这就是回应性评估寻求的联合建构的开始。

参与循环的信息不只局限于回应者和调查者本身带来的信息，还可以从文件、文选和观察数据中获得。文件是支持建构（包括既存建构相关的或其他建构）的信息。文选指引入相关的文献节选，用于证实或反驳一个或多个建构。而观察数据是与既存建构相关的，如引入实践中检验建构的数据、引入以供评论的访谈资料等。此外，调查者自身的建构可以被引入加以评论。随着新的回应者不断加入，信息量不断扩大，但这一过程即使是重复进行，也不会无限循环。最终，直到信息不再必要或者可以分为两种以上且在某种程度上依旧冲突的建构时，这一过程即可停止。

（三）"第四代评估"的调查方法论

"第四代评估"方法基于建构主义的调查方法论，参见图 4.2（古贝和林肯，2008）。古贝和林肯认为这一调查方法论的核心内容可以用"四个前提条件""四个要素""一个结果""两个特点"来概括。

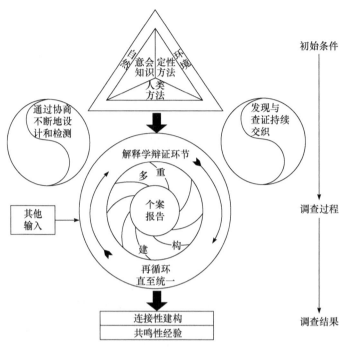

图 4.2 "第四代评估"的调查方法论

四个前提条件指开始调查要具备的条件。其一，要求研究在自然环境下进行，这不同于实验室中的控制。其二，不能预设问题，可以没有预先规划进入情景，使用人类学方法逐渐识别突出的事物。其三，由于人类最擅长直接使用感官（如观察和访谈）收集信息，因此主张使用定性方法，但不排斥定量方法。其四，使用意会知识去识别显著事物或需要被考察的事物。而四个要素则指在解释辩证过程中涉及的四个要素，包括：其一，使用"目的抽样"来筛选回应者；其二，数据收集和数据分析是持续相互作用的；其三，当回答者被接二连三地要求评论并评判已展开的建构时，将出现关于共识的连接性建构；其四，重复再重复解释学环节，直到统一或形成更完善的建构。一个结果则指解释辩证过程的综合重复的最终结果。这个最终结果是形成个案报告。最后，整个调查过程会体现出两个明显的特点。其一，调查过程和结果是通过评估者和回答者之间的协商来持续地塑造和验证的，例如，对回答者提名的方法、资料的收集等都需要评估者和回答者之间的协商；评估结果也需要评估者和回答者共同判断。其二，发现和查证也是不断互动的过程，这不同于后实证主义范式，发现（研究假设的提出）和检验是分离的，在建构主义调查中，一旦确认任何一条信息，就会开始查证和检查，而一旦开始检查，就开始了重新的建构。总之，建构主义调查方法是往复的、互动的、辩证的，有时很直观，多数情况下是开放的。

（四）实施"第四代评估"的具体步骤

依据解释学辩证过程和建构主义调查方法论，"第四代评估"的实施包括以下 12个具体步骤，参见表 4.3。

表 4.3 "第四代评估"的操作步骤

步骤	主要任务
1. 订立协议	与评估资助者或评估结果使用者签订协议
2. 组织评估	选择/训练评估者团队；制定许可安排；制定后勤安排；估计本地政治因素
3. 识别利益相关者	鉴定利益相关者，鉴定评估的推动者、受益者和受害者；继续搜索策略；估定交易和制裁；使"条件"协议公式化
4. 发展组织内部的连接性建构	建立解释学循环；"做出"循环；塑造潜在的连接性建构；检查可信性，以形成每一方的共识，发展利益相关群体的共同建构，具体集中在利益相关者的主张、焦虑和争议上
5. 以新信息增进理解，扩大共识	再次做出循环过程——使用记录的信息访问、观察以及文献文集的相互作用；评估者非位的建构
6. 查明已解决的主张、焦虑和争议	识别多数利益相关者一致决定的主张、焦虑和争议，将这些主张、焦虑和争议作为个案报告材料
7. 把未解决的项目按优先次序排序	决定分享的优先排序过程；按优先顺序提交项目；检查可信性，以确定优先协商的问题
8. 收集信息/增加熟练程度	收集与尚未解决的主张、焦虑和争议相关的信息，训练谈判代表可通过这些方法：使用更进一步的解释学循环、收集现存的信息、使用新的或现有的工具、进行特别的研究
9. 准备协商方案	定义并阐明那些未解决的项目；阐明竞争建构；说明、支持、反驳这些项目；提供一定熟练程度的项目；检验议程
10. 进行谈判	实施协商，选择利益相关方代表，针对不同意见建立诠释圈，通过协商建立共同建构，检验信度，决定应采取的行动
11. 报告	把达成的共识以及行动计划统合成报告：个案报告和利益相关者组织报告
12. 再循环	再循环整个过程

以上的 12 个步骤尽管看上去是依序排列的，但在实际情景下，这些步骤会出现合并或简化，也会出现循环和跳跃情况，不存在线性的先后关系，因此不要求每一个步骤严格地承接上一步。其中，核心的步骤通常是以下四个阶段。其一，识别利益相关者，并要求他们提出各自的主张、焦虑和争议。主张是利益相关者提出有利于评估对象的方案；焦虑是利益相关者提出的不利于评估对象的方案；争议是理智的人不一定都赞同某种事情的状态。其二，由其他群体对该利益相关者群体的主张、焦虑和争议进行回应，可以评论、批驳，也可以是赞同和支持。在这个阶段，许多原有的主张、焦虑和争议将被解决。其三，在上一阶段尚未解决的主张、焦虑和争议又成了评估者收集信息中的先导组织者，围绕这些主张、焦虑和争议进一步收集信息。其四，利益相关者在评估者的引导下利用收集到的信息进行谈判、协商，力求尽可能地达成共识。而那些再次未解决的问题将会成为下一次评估的核心（古贝和林肯，2008）。

案例　舞蹈学院学生伤害预防项目的第四代评估

一、资料来源

Abma T A. 2005. Responsive evaluation: Its meaning and special contribution to health promotion. Evaluation and Program Planning, 28：279-289.

二、评估对象及其背景

舞蹈学院密集的训练课程和表演常常导致学生的身体受到伤害。阿姆斯特丹舞蹈学院开发了一个项目，专门预防学生的伤害。包括：要求学生接受体检和提供处理不健康状况的建议；为学生提供定期咨询；开设伤害预防课程和开展不健康饮食习惯的对话；为舞蹈教师提供培训。学校和项目的协调员希望了解该项目的效果并希望获得信息来进一步优化该项目，因此邀请 Tineke A. Abma 团队对该项目进行评估。

三、哲学与理论基础

前三代评估存在一些缺点。第一，存在一种"管理偏见"：决策者的目标和意图被视为评估的标准。第二，在利益相关的情况下，忽略了利益相关者对政策或项目的观点，且利益相关者之间没有对话。"第四代评估"认为，评估不应仅考虑决策者的目标和意图，还应包括尽可能多的利益相关者（如决策者、执行者、目标群体或其他群体）的广泛观点和价值。"第四代评估"的本质是"协商"，促进利益相关者之间进行对话、交流、评论和回应，最终形成更为完善的对政策或项目效果的共同建构，以此获得对政策或项目有意义的解释和洞察。

四、评估方法

1. 确定了三组利益相关者：学生、教师和医学专家

2. 调查的三种方式

其一，参与观察：一名评估员每周在学校工作三到四天，参加定期课程、特殊身体意识课程、咨询时间以及音乐会和学生表演。过了一段时间，学生自发地接近她，谈论他们的经历。

其二，访谈：对两名学生、两名教师和两名医学专家进行对话式访谈。

其三，核心方式为讲故事工作坊（storytelling workshops）：在学生组和教师组中各举办一系列讲故事工作坊，与会者被邀请对报告中的故事片段做出回应。①分成两组：学生组和教师组；②每组人数：6 个人左右；③每组时间：1～2 小时；④过程：以学生组为例。评估者进行简短说明，分发学生约翰和项目协调人玛格特的故事片段（从访谈中得来）；邀请参与者进行回应。

以下是讲故事工作坊中的对话片段。

四个回答涉及学生和教师之间的交流，我们决定先讨论这个话题。塔玛拉在她的回应中说，老师和学生并没有真正的交流。当我们邀请她解释她的意思时，她说老师不了解学生的个人情况，尤其是年长的老师经常采取威权的方式。

她的一个同学回答说："你不应该寄望老师对你的关注，事情不应该太容易，否则你会觉得老师会接受你的任何东西。"

塔玛拉回答说，她明白需要保持一定的距离，但她认为老师对学生没有个人兴趣，因此很失望。

对话开始发展，谈论他们与老师相处的方式，以及他们是否会提出受伤的问题或谈论他们受伤的问题。第三个学生说："这是非常私人的。也许她（指向坐在她对面的人

的方向）很容易提出受伤的事，或者坦白地谈论疼痛的事，但这对我来说可能非常不同。这要视情况而定。"

琳达不同意："你现在在一所艺术高等学校学习，你应对自己负责。"但其他学生说，他们也认识到相关的担心，即如果他们开始谈论伤害和困难的话，老师和同学会负面地看待他们。

然后谈话转到了约翰的故事。雷切尔说，她理解他的叙述和因为受伤而不能练习时的感受。她讲述了她刚刚经历的痛苦经历。在故事的结尾，珍妮丝回应说，她可以想象雷切尔的担忧，因为她可能不得不再次离开课堂。她和大家分享了她在练习压力下的挣扎："我做了我应该做的每件事，尽管我知道这对我不好，但我不想停止，因为我担心他们会认为我不来是因为我不想学习。"

托尼解释说："你总是在考虑错过几周是否会导致成绩不佳，或者最终能否获得学位。"

五、管理与预算

作者没有披露预算及其分配情况。

六、评估结果

该项目在一定程度上有效。但是还没有考虑到伤害预防的复杂性。伤害预防不仅仅是身体问题或医学问题，而且与学生的心理（学生学习压力、职业追求等产生的恐惧与不确定）、社会互动和排斥（无处诉说）以及组织文化（教师不承担伤害预防责任、学校缺少预防文化）有关。

七、评估者的反思

在这个特定的例子中，"第四代评估"方法被证明是有益的。该方法揭示了学校预防学生伤害的复杂性。它表明，伤害预防不仅需要关于伤害风险的医学知识，还与人的愿望和恐惧、社会互动和排斥以及组织文化有关。只有考虑到这种复杂情况，伤害预防才有效。除此之外，评估为那些以前声音未被听到的人（在本案例中是学生）提供了发言权。评估也增进了各方之间的相互了解，例如，学生的加入激发了教师重新思考他们的教学实践。学生也向老师学习，在读过一个老师的故事后，学生开始意识到老师有时很难观察到他们受伤或早期的受伤信号。评估也遇到了挑战。①实施"第四代评估"要求评估者愿意放弃对评估过程的部分控制，对模糊性形成容忍度。除通常的分析能力外，评估人员还需要额外的人际交往、沟通和协商技巧。此外，评估人员还必须愿意放弃专家的角色，并采用解释者、促进者、教育者和苏格拉底式指导者的角色。②在学校开展"第四代评估"条件并非最佳。学校的特点是师生关系不对称，而"第四代评估"需要一定的权力平衡，使所有利益相关者在评估过程中都有公平的机会。

八、报告与利用

评估报告被分发给学校和其他对报告感兴趣的人。该报告还提交给了学校的董事会，并为他们之间的合作会议奠定了基础。学院院长预计，该报告将在决定学校董事会应遵循的议程方面发挥重要作用。

二、案例研究

20 世纪 70 年代，案例研究被斯泰克、帕莱特、汉密尔顿、伊恩·肖等引入政策或项目评估中。20 世纪 90 年代，斯泰克和罗伯特·殷等又对案例研究评估进行了深入的研究。目前，案例研究已成为一种典型的评估方法，美国评估协会曾将案例研究排在八种最优秀的评估设计与方法中的第五位（Stufflebeam and Shinkfield，2007），斯塔弗尔比姆等也将其归为九种 21 世纪最佳评估方法之一（斯塔弗尔比姆和柯林，2019）。

（一）案例研究的含义与特征

1. 案例研究的含义

案例研究指研究者选择一个或几个场景为对象，系统地收集数据和资料，进行深入的研究，用以探讨某一现象在实际生活环境下的状况。对于政策与项目评估中的案例研究，一些学者也给出他们的理解。帕莱特等认为，案例研究是评估者以社会人类学家的角色沉浸于政策或项目当中，通过观察、参与持续的对话等定性方法，呈现和报告日常现实，以加深对政策或项目的理解（Parlett and Hamilton，1972）。斯塔弗尔比姆认为，案例研究需对处于自然环境中的案例进行严密观察和细致记录，并且要尽可能全面地对案例进行分析和描述；研究者要收集并审核相关的文档，采访主要当事人和案例具有深刻见解的人，收集相关图像证据，还要审查案例的背景、目标、计划、资源、独特特征、价值、值得关注的行动和操作、业绩、挫折、需求与问题等；最后，研究者需要准备并提供一份关于案例的深入报告，包含描述性和评判性的信息、不同利益相关者群体和专家的观点以及总结性的结论等。

2. 案例研究的特征

（1）案例研究的一个显著特点是对案例进行深入的、不干涉的测试，以及发布一份有说服力的、启发性的报告。"不干涉性"（即任何情况下评估人员都不能操控项目或者项目的组成部分）是其本质。

（2）注重背景。案例研究在了解和回答"发生了什么""为什么会发生"问题的时候，背景环境是不可忽略的重要因素，它将实例及其环境作为整体加以广泛描述和分析，案例研究不可能脱离背景而存在。

（3）有赖于利用和整合来自多种来源证据的信息。证据可能包含访谈、文件、田野调查、档案记录、参与式观察和实物。案例研究评估将这些多种来源的资料进行三角化转换，以便确认、证实评估发现。

（4）案例研究包含了单案例研究和多案例研究。单案例研究结果的类化过程，有赖于理论假设（分析的类化）的发展、检验及复制，而不是抽样推论至总体的概念（统计的类化）。多案例研究中，案例选择的可能理由是某些案例呈现对立的情形，故被选为研究的个案。

（二）案例研究在政策与项目评估中的作用

（1）探索。当政策或项目运行、目标和结果存在很大的不确定性时，直接采用大型的案例研究一般不够成熟，此时先进行探索型的案例研究可为大型的案例研究制定评估问题、评估标准、评估方案和分析策略提供基础，或者说为后续更周密、更深入的评估提供方向。

（2）对特定的对象进行考察。最常见的是对受到特定关注的事项进行考察，比如，决策者有时需要了解政策或项目特定部分的效果，以及对特定人群的影响或了解政策或项目运行中出现的异常、罕见情形；另一种可能的情况是希望通过考察一个实例来推断政策或项目的整体情况。此时可用关键案例法来进行评估（U.S.General Accounting Office，1990）。

（3）描述、展示、阐释或说明。有时需要向知之甚少的公众或利益相关者展示、说明政策或项目的效果，此时可以选择典型或具有代表性的案例并对这个或这些案例进行评估，来展示、说明或者辅助说明政策或项目的效果。

（4）对政策与项目的实施过程进行评估。由于案例研究具有捕捉复杂性和多变性因素的特征，因而是对政策或项目实施过程进行评估的常规方式。借助项目实施期间的田野工作，案例研究评估可以追溯到项目的实施过程。案例研究评估从揭示项目的复杂性开始，关注实施项目的个人、团体或组织，围绕实施过程中"如何"等问题展开调查，可以深入了解、跟踪政策或项目实施中的优势与问题，可以提供有效的形成性反馈。

（5）对政策与项目的实施结果进行评估。案例研究有助于调查政策或项目的有效性及成败原因。通过个案研究或者多案例研究结果的汇总和综合，可以揭示政策或项目的结果。除此之外，案例研究有助于对结果进行解释。殷在一项教育评价中发现了父母不会充分协助子女在家中完成任务这一结果，一种解释是因工作、家务繁忙导致分配给帮助子女完成任务的时间和精力不足。然而，这种解释还不足以说明真正的问题，因此，需要通过案例研究发现另一种解释（Yin，2011）。而且，案例研究还可用于解释政策与结果之间的联系。虽然实验法可以对项目的有效性进行因果识别，但其不能解释项目产生结果的过程或机制，而案例研究可以弥补这一不足。

（三）案例研究与建构主义评估的契合性

林肯和古贝指出，在以下三个方面，案例研究符合建构主义范式的信念。

（1）案例研究方法反映了建构主义的哲学内涵。在本体论方面，案例研究尊重多种现实。从认识论上说，案例研究清晰地识别价值观，呈现多元价值观。在方法论方面，案例研究是一个通过解释学、辩证法详述、收集和解释信息的过程。

（2）案例研究反映话语模式的转变，使其适合于建构主义范式。体现在：案例研究从讲述"事物的实际情况"到通过一个或多个一致建构的现实进行意义创造；从一般性到局部的理解；从知识的积累到语境意义的生成；从评估者到所有参与评估的人员，共同参与重建一个"现实"。

（3）建构主义评估的报告最有效的形式是案例研究（尤其是个案研究）。文本和数字是评估调查报告的典型形式。而案例研究可以包含多种多样的文本和数字形式。例如，案例研究为评估者提供了理解、解读外部政治、经济、文化和社会环境因素的详细描述。案例研究对建构主义评估者而言，可能是保持建构主义者道德责任的唯一格式。也就是说，当评估中遇到共识困境时，案例研究方法使评估者能够充分识别不同的声音，加深对利益相关者的理解（Lincoln and Guba，2013）。

（四）运用案例研究进行政策与项目评估的流程

一个完整的案例研究过程包括界定评估问题、设计研究方案、收集资料、分析资料、撰写评估报告五个步骤。

（1）界定评估问题。这一步涉及这样几个问题：明确评估对象，明确评估目的，界定评估问题以及明确是否要采用案例研究。评估的目的是指评估是出于探索，对特定的对象进行考察、描述、展示、阐释或说明，还是出于对政策与项目的实施过程进行评估、对政策与项目的实施结果进行评估。评估问题是指待评估的具体问题，例如，水质改善项目是否改善了水质等。另外，此时需要通过对比其他评估方法，明确是否适合采用案例研究。

（2）设计研究方案。在界定评估问题以后，就要对案例研究进行设计。此时的核心步骤是明确案例研究类型和进行案例选择。基于不同的分类标准，案例研究可以为多种类型。如按案例个数划分，分为单案例研究、多案例研究和大样本跨案例研究；按研究目的划分，可分为描述性案例研究、解释性案例研究和探索性案例研究；按分析单位划分，可分为整体性案例研究和嵌入性案例研究。因此，应依据评估目的和问题等选择合适的案例研究类型。案例选择是研究设计阶段要考虑的非常重要的要素，也是案例研究关键。案例选择方法包括典型案例、多变案例、极端案例、反常案例、影响性案例、关键案例、路径案例、最大相似案例、最大相异案例等（吉尔林，2017）。案例选择需要考虑评估目的、问题和案例研究类型等因素。例如，对特定的对象进行评估，可以选择关键案例；描述、展示、阐释或说明的目的通常需要选择典型的或具有代表性的案例；对政策与项目的实施过程进行评估可以根据客户需要选择典型的、差异的、代表性的、绩效最佳的、绩效最差的案例。对于政策与项目的实施结果进行评估可以考虑在一系列选定的样本点开展案例研究或者在能获取尽可能多的特定理解性信息的样本点开展案例研究。

（3）收集资料。文件、档案记录、访谈、直接观察、参与式观察和实物证据是案例研究的六种证据来源。收集这六种资料要把握好四种原则：一是从多种渠道获得资料，不宜只采用单一渠道收集和使用资料，应该灵活调整、组合不同来源的资料收集方法，并且运用多种策略收集证据，相互印证，形成"证据三角形"（Yardley，2009）；二是不同形式的资料最终积累到案例研究的资料库中；三是对证据链保持敏感性；四是谨慎使用如媒体这类的电子数据资源。其中，案例研究特别强调将大量的时间和注意力用于调查和访谈。访谈是案例研究最常见，也是最重要的信息来源之一。

（4）分析资料。资料分析应遵循一套严谨的步骤，包括在资料收集过程中同步记录、资料的编码、资料的归纳分析、研究成果检验、形成结论等。为了得出科学、有效的分析结果，评估者还可以采取模式匹配、解释构建、时序分析、逻辑模型和案例交叉综合等重要的资料分析方法。

（5）撰写评估报告。将案例研究结果以评估报告的方式呈现出来。其内容包含描述性信息和评判性的信息、不同利益相关者群体和专家的观点、总结性的结论以及改进政策与项目的建议等。报告要能为委托方、利益相关者和其他受众提供一个深刻的、证据充分的阐述。

一、资料来源

Barela E. 2008. Title I achieving schools study. American Journal of Evaluation, 29（4）：531-533.

二、评估对象及其背景

Title I 成绩学校项目是随着美国 1965 年《中小学教育法》的通过而颁布的，要求联邦每年向地方教育机关提供财政援助，用于满足低收入家庭等处境不利儿童的教育需要。这些援助将用于实施基于标准的系统性改革，同时允许适应当地条件。2002 年签署生效的《不让一个孩子掉队法案》提出了对该项目更加明确、具体的评估要求。在加州洛杉矶联合学区，大约 70%的洛杉矶联合学区学校获得了 Title I 资金。这些资金被以各种方式用于补充学校的核心课程（包括雇用更多合格的教师和辅助专业人员，为教师提供更多的专业发展机会，提高家长的参与度，以及在放学后提供心理干预）以及实施这些核心课程。然而，在补充学校核心课程方面，该校区很少有学校能够始终如一地实现《不让一个孩子掉队法案》规定的年度责任目标；同时由于《不让一个孩子掉队法案》要求学校对其英语为第二语言的学生和残疾学生的表现负责，该学区学校也很难实施这些课程。按照《不让一个孩子掉队法案》规定的年度进度标准(adequate yearly progress, AYP)，这些获得了 Title I 资金的学校被区分为 Title I 学习成就奖（academic achievement award, AAA）获得学校和观察名单（watch list, WL）学校。前者为高成就学校，后者为改进状态学校。评估旨在向洛杉矶联合学区决策者提供两个方面的信息：一是高成就的 Title I 小学如何利用其资源来补充其核心课程；二是高成就的 Title I 小学是如何实施其核心课程的。通过了解这些信息，希望学区决策者能够制定旨在支持洛杉矶联合学区所有 Title I 小学的政策。

三、哲学与理论基础

案例研究沉浸在项目的背景中，可以了解政策或项目的日常运行，从而有助于揭示隐藏的意义和复杂性。为了回应学校内部和学校之间的多样性，并捕捉基于本地变化的项目实施，Barela 选择了案例研究方法。

四、评估方法

1. 案例选择

2004～2005 年加州洛杉矶联合学区 Title I 学习成就奖（AAA）获得学校共 43 所，获得观察名单（WL）学校共 138 所。Barela 最终选择了 8 所 AAA 小学和 4 所 WL 学校，共计 12 所学校作为案例。以上样本学校的学生总人数从 400 至 950 人不等；所有样本学校的贫困率从 68%到 97%不等；社会经济弱势学生的比例从 63%到 96%不等；英语为第二语言的学生的比例从 34%到 85%不等。

2. 数据收集

数据收集在 2006 年 2 月至 6 月之间进行，方法如下。其一，观察。团队总共观察了 66 名随机选择的教师（AAA 学校 43 名和 WL 学校 23 名）131 天的教学实践，以及 66 次全校职业发展、家长、心理干预等方面的会议。其二，访谈。团队访谈了 61 名教师和 37 名行政人员（如校长、助理校长和 Title I 协调员）。其三，文献审查。接受 Title I 资金的学校必须每年根据学生成绩数据制订行动计划，以解决任何薄弱的成绩领域，预算保证和理由必须与这些行动计划联系起来。评估者审查了每个样本学校制订的学生成绩行动计划。

3. 数据分析

从资金使用重点、课程教学与工作环境对样本中的 AAA 学校和 WL 学校进行了比较分析。

五、管理与预算

评估前，学区决策者想决定哪些学校将被纳入评估，但 Barela 坚持学校选择的保密性，因此决策者没有参与学校选择，也不知道最终选择哪些学校。预算资金为 150 000 美元。

六、评估结论

（1）AAA 和 WL 学校的资助重点不同。AAA 级学校更有可能将其 Title I 资金用于教师工资以及辅助专业人员工资。这些教师和辅助专业人员在课堂内外为学生（特别是以英语为第二语言的学生和残疾学生）提供了个性化和差异化的教学。而 WL 学校则将其 Title I 资金重点用于学校卫生专业人员。尽管这些专业人员提供了宝贵的服务，但他们并没有为学生提供个性化和差异化的指导。

（2）课程教学不同。AAA 学校为满足学生的需求有可能调整课程而非照本宣科，也更倾向于鼓励学生进行学术讨论。在 WL 学校中，大多数观察到的教学包括点名和回答问题、照本宣科，没有考虑更广泛的教学目标。

（3）工作环境差异很大。在 AAA 学校，管理人员和教师保持着积极和建设性的关系。教师更有可能相互合作来制定提高学生成绩的策略。大部分 WL 学校不存在这种环境，行政人员和教师经常意见相左，管理者也不鼓励教师合作，教师也不倾向于相互合作。

七、评估者的反思

用案例研究来评估 Title I 成绩学校项目是明智的。一方面，通过案例研究，了解了在 AAA 学校项目是如何开展的以及为什么进展顺利，从而明晰了高成就学校的最佳实践。另一方面，也明晰了 AAA 和 WL 学校的差异。但作者在评估中也遭遇了一定的障碍，其中最重要的障碍是来自学校工作人员的抵制。通常当学校人员听到"评估"这个词时，他们会想到人事评估。这是一场不间断的斗争。尽管作者保证在评估中进行保密，但抵制仍然在一定程度上存在。

八、报告与利用

Barela 与主要利益相关者共享每月备忘录，并及时答复他们的任何问题。评估的许多部分被主要报纸报道。作者还向主要利益相关者发送没有建议的报告，以便他们可以与她合作以共同构建建议。最后，作者撰写了评估报告并向主要利益相关者发送，主要利益相关者希望将该报告视为一份内部文件，用于为 Title I 学校创建一个最佳实践清单。

三、无目标评估方法

自泰勒在 20 世纪 40 年代发展基于目标的方法以来，基于目标的评估一直是评估实践的主要方法。在这种方法中，评估者的作用仅仅是测试项目的绩效是否达到明确的目标。一些学者认为这种方法范式隐含地避免了对项目产生任何影响的观察，而有些影响，即便是负面的，也可能对项目本身有促进的价值（Mark et al., 2004）。到了 20 世纪 60 年代中期，斯克里文和斯泰克等学者开始推动评估活动超越简单的目标达成，并提出了无目标评估方法。

（一）无目标评估的含义与特点

斯克里文认为，无目标评估指评估者有意远离政策既定的（或隐含的）目标，通过观察和衡量所有的实际结果，并根据政策的正面和负面影响，或者是对消费者的影响来加以判断政策的真实结果和问题所在。其具有如下两个特点。

（1）无目标评估最终是面向消费者的。在无目标评估中，虽然有管理者的风格存在，但力量平衡从管理权转移到了消费者，因为无目标评估者仅仅检查消费者的需求和结果，并根据消费者的实际可观察到的结果来判断程序。在理想情况下，无目标评估是社会正义的工具，因为它迫使评估人员和评估客户牢记该项目存在的原因是满足消费者的需求。

（2）无目标评估作为一种通用模型，其应用领域也十分广泛，它可以与任何其他评估模型结合使用，只要该模型不指示目标方向即可。它也可以用作独立的评估方法对基于目标的评估进行补充或与之相结合。但只有在这两种情况下，不应使用无目标评估：一是当项目无法适应或者涉及的主体不愿意接受评估模型的无目标性质时；二是具有计划目标的经验被评估者认为是"没有目标"时。

（二）无目标评估的原则与主要流程

1. 实施无目标评估的原则

无目标评估是确定价值的过程，评估者保持部分或完全独立于项目设计、生产或实施的目标。在实施无目标评估时，应遵循以下四项原则：一是在不参考目标和目的的情况下，确定要检查的相关影响；二是确定在没有目的和目标提示的情况下发生了什么；三是确定发生的事情是否可以从逻辑上归因于项目或干预措施；四是确定影响的积极程度、消极程度或中性程度。可见，无目标评估的第一原则就是避免目标设定，目标导向不仅可能使评估人员受蒙蔽，而且可能严重影响评估的管理人员和其他利益相关者。在无目标评估中，由于评估模型旨在最大限度地提高这种评估的独立性，因此评估者对陈述目标的无知是必不可少的。斯克里文用类比的方法以便观察政策的所有附带效果。从这些原则推断，无目标评估者可以消除基于目标评估的盲目行为，最终目的是确定可以归因于政策的内容。

2. 实施无目标评估的主要流程

无目标评估方法操作的指导清单（表 4.4）说明了实施无目标评估的主要流程（Youker，2013）。

表 4.4 无目标评估方法操作的指导清单

要做的	1. 识别并使用掩护者（即确保没有目标或基于目标的信息传达给无目标评估者的中介）
	2. 将所有官方报告提交给掩护者，并让掩护者参与整个评估过程，以防止潜在的混合
	3. 对所有设计政策目标的书面材料进行掩藏，之后才将其他书面材料交给评估员
	4. 告知所有项目人员无目标的性质和无目标评估的参数，确保他们理解不要传达目标或与目标相关的信息
	5. 如果项目人员开始谈论面向目标的信息，则阻止他们
	6. 搜索潜在的影响（部分通过需求评估），并将其作为衡量标准的基础
	7. 识别并选择合理的工具（即合理且有充分使用理由的工具）来衡量绩效和实际效果
	8. 衡量绩效、实际效果和经验，按原样观察项目
	9. 将项目效果和体验的实际信息与预先确定的需求进行比较，以评估项目对消费者需求的影响
	10. 归纳积极、消极和中性影响的概况
不做的	1. 就目标与项目人员沟通
	2. 试图找到明确的目标

在实施无目标评估时，对以下事项要予以特别注意。

（1）无目标评估的掩护人员的指定。无目标评估的方法要求规定，公正的人应充当掩护者（即未分配给无目标评估设计和数据收集的人），如行政助理、第三方或评估客户。因此，首要任务之一是让无目标评估人员和评估客户指定一个或多个掩护人员。在评估的早期阶段协助无目标评估者的个人，是评估者和偏见来源之间的关键缓冲，而无目标评估者则试图采用调查的策略来发现不实际的影响。掩护人员的作用是与评估客户围绕政策进行初次会面，以忽略无目标评估者的所有目标导向的公报和文件。但是，掩护人员的存在不能使过程变得万无一失。无目标评估人员可能会在评估的早期就确定该政策更为明显的一般目的，或者评估者可能会通过合作组织来推断该政策的总体任务或目标。根据斯克里文的说法，这两种情况都不会严重威胁评估的无目标特性，因为该政策明确指出的目的和目标并不那么公然。此外，即使在有人不经意间告诉评估者目标或客观的情况下，评估者也不一定会相信它。在整个评估过程中，评估的无目标性可能会受到威胁，有些威胁要严重得多。值得牢记的是，无目标评估的目的是将注意力从目标上移开，以便评估人员识别出是否是既定的目标。通过多重掩护，培训评估人员和政策的相关者进行评估前的准备，将评估人员与目标隔离。这对评估的无目标性不构成任何威胁。

（2）进行无目标评估有两个必须解决的问题。第一个问题是基于如何向客户和利益相关者解释这种鲜为人知的，有时是有争议的评估方法；第二个问题涉及评估者。首先，所有评估都需要寻求该政策的利益相关者的认同；然而，无目标评估的稀有性，其方法的独特性以及对政策既定目标的无视，意味着需要更多的预评估时间和精力来解释无目标评估的理论和方法学，以及协调诸如掩护之类的方法学要求。其次，无目标评估者经常面临两个明显的问题：应该收集什么数据？应该重视什么？斯克里文对这些问题的回答是进行需求评估，以调查该项目顾客的需求，然后将这些相关需求与对该项目当前和过去的绩效进行衡量和观察的比较，以达到这些目标。换句话说，评估者应该重视顾客需求的满足。在无目标评估和综合阶段，都根据项目能满足"需求"的程度来证明自己的观点。需求是指社会和个人假定的成本，通过需求评估来确定。因为需求评估如果不能直接反映利益相关者的意见，就会妨碍评估结果在决策中的潜在用途（Shadish et al.，1990）。因此，在实践中，一些无目标评估者绕过了需求评估。

📝 本章小结

　　自 20 世纪 60 年代末以来，在斯克里文、斯泰克、艾斯纳、古贝、林肯等学者的推动下，逐渐形成了建构主义评估流派。这一流派以"建构主义范式"为哲学基础，重视评估者和利益相关者的价值并承认他们的价值对于评估过程和结果有着重要影响，强调利益相关者在评估中的地位，主张运用定性的方法，获得政策或项目多方面的信息，揭示深度事实和复杂细节，提供对政策或项目结果的更好的理解和洞察。他们先后开发出了消费者导向评估、无目标评估、案例研究、鉴识评估、回应性评估和"第四代评估"等模型或方法。

　　首先，建构主义评估开创了一条基于"价值"的路径。他们坚持"没有价值判断就没有评估"的理念，可以说是对后实证主义偏执的"价值中立"的一种矫正。其次，建构主义评估为政策评估提供了一种更加开放、民主的视角。相对于以往评估中评估主体和评估标准单一、沟通欠缺等不足，建构主义评估要求扩大评估参与主体，对利益相关者进行赋权，并充分听取各种意见和建议，推动政策与项目评估的民主化进程。最后，建构主义评估主张运用定性的方法获得政策或项目多方面的信息，考量了人的行为、社会和其他文化因素，捕捉到政策或项目的内在复杂性，提供了更全面、更具洞察力的理解。

　　但是也要看到，建构主义评估仍然存在一些局限性。第一，从操作角度来看其还存在一些困难和障碍。例如，如何让利益相关者积极地参与到评估并让他们有效地互动？评估人员如何扮演协调者、解释者、教育者、促进者、苏格拉底式的指导者等角色？这些都需要足够的能力和技巧。第二，虽然建构主义评估可以提供更多的深度事实和复杂细节，提供更具洞察力的理解，但是相对于后实证主义评估，其评估的精确性显得颇为不足。第三，如同后实证主义评估一样，都没有重视评估结果的使用。这些局限都需要在未来得到进一步的研究和解决。

☑ 关键术语

　　建构主义评估；建构主义范式；消费者导向评估；无目标评估；案例研究；鉴识评估；回应性评估；"第四代评估"

📝 复习思考题

1. 建构主义范式包括哪些假设?
2. 建构主义评估的产生发展历程是怎样的?
3. "第四代评估"有何特点?
4. "第四代评估"的一般过程是怎样的?
5. 案例研究在政策与项目评估中有何作用?
6. 运用案例研究开展政策与项目评估的步骤是怎样的?
7. 如何进行无目标评估?
8. 如何评价建构主义评估?

第五章
变革性评估

尽管以往的评估范式、模型与方法都为政策评估的理论与实践做出了重大贡献，然而，这些评估范式、模型与方法都有一定的局限性，即他们较少聚焦于权力不平等的问题，在评估中忽视了那些因种族/民族、残疾、移民身份、政治冲突、性取向、贫困、性别、年龄或许多其他特征而遭受歧视和压迫的群体。20 世纪 90 年代以来，变革性评估开始着眼于这些受压迫和歧视的群体，其聚焦于权力不平等问题，通过混合评估方法对原有的特权结构提出疑问，发现边缘化群体的需求，改善其受歧视和压迫的现状，促进个人和社会的转型。本章将介绍变革性评估的范式、模型与方法。

第一节　变革性评估的意涵和范式

一、变革性评估的基本内涵

在变革性评估（transformative evaluation）的提出者梅尔滕斯看来，变革性政策评估以 "变革性范式" 为基础，主要聚焦于边缘化群体的观点，并通过混合方法质疑系统的权力结构，以促进社会正义和人权（Mertens and Wilson，2012）。结合梅尔滕斯以及其他学者的观点，我们认为变革性评估是一种聚焦于因歧视和压迫而处于边缘化的群体，通过混合化的方法对原有的特权结构提出疑问和发现这些边缘化群体的需求，从而改善其受歧视和压迫的现状、促进个人和社会的转型的评估理论和方法。

对变革性评估的含义可以从以下几个方面进行理解。其一，变革性评估的一个重要方面是有意识地将一般被排除在主流社会之外的广泛人群包括在内，它主要针对遭受歧视和压迫的人，包括（但不限于）因种族/民族、残疾、移民身份、政治冲突、取向、贫困、性别、年龄或众多其他特征而处于边缘化的群体。因此，其评估对象主要针对那些涉及类似群体的政策或项目。其二，变革性评估以变革性范式为基础。变革范式通过有意识地将对多样性的相关方面的识别及它们与歧视和压迫的伴生关系包含在评估工作中，扩展了民主和响应性探调策略的思想。其三，变革性评估强调不是单一的定性或定量的评估，而是运用定性和定量相结合的混合方法，以更加全面地了解边缘化群体的现状，也能更加准确地对数据进行处理和分析。其四，变革性评估的目的在于通过评估做出相应的行动策略以帮助边缘化群体发生变革，改善他们受压迫受歧视的现状，促进社会正义。

二、变革性范式

变革性评估的哲学基础在于"变革性范式"。而"变革性范式"可以说是一把"形而上学之伞"（Mertens，2009），汇集了许多哲学思想和理论或者以这些哲学思想和理论为基础。其汇集的哲学思想和理论包括批判理论、女权主义理论、批判种族理论、后殖民主义理论、土著理论、酷儿理论、参与性理论、包容性理论、基于人权的理论、民主理论和文化响应理论等。这些思想的共同点在于都关注权力问题和以促进人权和社会正义的名义解决不公平问题。

作为一种范式，变革性范式也有其自身的价值论、本体论、认识论和方法论假设。

（一）价值论假设

梅尔滕斯指出变革性范式的价值论假设基于以下六个基本原则：促进人权、促进社会正义、解决不平等问题、文化方面尊重的重要性、承认群体的力量和韧性以及互惠（Mertens and Wilson，2012）。

变革性范式牢牢植根于人权议程（Mertens，2009）。《世界人权宣言》的基础是，承认人类所有成员的固有尊严以及平等和不可剥夺的权利，包括生命权、自由、人身安全、法律平等保护、行动自由、与未来配偶自由和在完全同意的情况下结婚、财产所有权、思想和宗教信仰自由、见解和言论自由、和平集会、参与治理、在公正和良好的工作条件下工作以及获得教育。而且，人人有权享有这些权利，不分种族、肤色、性别、语言、宗教、政治或其他见解、国籍或社会出身、财产、出生或其他身份（Mertens，2009）。但现实中，歧视和压迫是普遍存在的，并非所有人都享有《世界人权宣言》中所载的权利。因此，评估者有道德责任去理解他们评估的群体，以挑战允许现状继续的社会进程，或者说，评估者应关注不平等的权力分配和由此产生的被压迫群体受到的压迫，评估的预设目标也是将评估的过程和结果与社会正义议程的促进明确地联系起来，使参与者能够改变现状并从持续的压迫中解放出来。因此，变革性范式最基本的价值论假设就是旨在通过评估维护人权、促进社会正义和解决不平等问题。

为指导涉及参与者的研究，科学领域强调"尊重"的道德准则。比如，美国国家保护生物医学和行为研究人类受试者委员会发布的《贝尔蒙报告》指出应"尊重和礼貌地对待人，包括那些不自主的人（例如，小孩和有精神发育迟滞或衰老的人）。"这一道德准则同样适用于变革性范式。但与其他范式不同的是，变革范式更多地强调"从不同群体和不同文化群体的互动文化规范来批判性地审视尊重"。基于变革性范式开展的评估往往面临着一种特殊的复杂性：针对的是文化复杂的群体。这些群体往往是低发生率的，占据人口较小的比重，他们的文化往往不易理解；而且，低发生率群体本身也是异质的，比如，失聪的人在其他许多方面（性别、种族/民族、家庭语言、沟通偏好）可能都是不同的。因此，他们往往是文化复杂或多样的群体。因此，只有采取文化上适当的策略才能尊重他们的安全、尊严、自我价值以及增强对他们的理解。为确保识别、准确解释和尊重多样性，人们应更加意识到需要将文化能力原则作为道德准则的一个突出维度。文化能力要求评估者了解自己的基于文化的假设、他们对评估中具有文化差异的参与者和利益相关者的世界观的理解以及在与不同文化群体合作时使用适当的评估策略和技能。特别地，这种道德假设要求评估者积极主动地确定评估的群体中存在的文化信仰和规范，并与群体成员互动，征求他们对这些规范和信仰如何影响他们生活的理解并了解这些规范对支持追求人权或维持压迫制度的影响（American Evaluation Association，2004）。在实践中，评估者要思考进入群体的机制，让群体的不同成员担任评估者，组成代表主导和非主导文化群体的评估者小组或组成代表多样性适当层面的咨询机构。

变革性范式的另一个道德原则是承认群体的力量和韧性。以往的研究采取的是一种缺陷视角（deficit perspectives），即只关注群体中的问题而忽略其力量，仅将一个群体定义为一个具有障碍的"问题"。比如，针对少数民族妇女的研究，研究人员往往只关注她们的沟通缺陷和文化缺陷，而忽视了社会背景和这些群体的力量和韧性。变革性范式认为，缺陷视角会导致评估作为推动社会转型的工具的失败。变革性范式应关注群体的有用的方面、积极的方面、学习力、恢复力和抵抗行为，相信在迎接解决看似顽固的问题的挑战的群体中经常被忽视的力量。比如，对青年的研究不能将他们视为需要解决的问题，而应尊重他们，看到他们的独特精力和专业知识并开发、利用他们独特精力和专业知识的流程，如此方可导致有意义的结果和青年的转型。

最后，变革性范式强调"互惠"的重要性。研究人员需要证明所使用的研究方法能使他们和参与者之间建立起信任感和互助关系（Mertens，2009）。

（二）本体论假设

首先，变革性范式明确承认现实是多面的并且是社会建构的。现实是多样的、多重的，个体由于具有不同的价值观和生活经历对现实有着不同的建构和看法。其次，虽然与建构主义范式都持"建构"的观点，但变革性范式与建构主义范式不同的是，它特别强调权力（如定义权、解释权和贴标签的权力等）的影响，承认权力在决定什么是真实以及接受不同的现实感知的后果方面有着重要的影响。"与建构主义范式关于现实反映文化相对性的本体论假设不同，变革范式基于权力不平等和不同的现实观点的后果来质疑现实观点"（Mertens and Wilson，2012）。在变革性范式看来，人与人、群体与群体之间存在权力的差异，它"包含一种刻意的意识，即某些个人占据更大权力的位置，而具有其他特征的个人可能更容易被排除在决策之外"（Mertens，2009）。为什么会产生权力差异呢？变革性范式认为，残疾、性别、性观念、宗教、种族/族裔、民族出身、政党、收入水平、年龄、语言、移民或难民身份等特征导致了权力的差异。权力差异会产生怎样的后果呢？权力的差异影响了个体的价值观和生活经历，而且，与权力相关的特定特征决定了哪个观点的现实被接受为"真实"。例如，具有正常听力的人和聋人存在权力的差异，从具有正常听力的人的价值观出发，耳聋就是一种缺陷，需要以可能的方式"修复"；当聋人能够为自己定义现实时，可能耳聋并不是缺陷，基于他们的语言和文化，存在着一个不同的"真相"。然而，现实中，具有正常听力的人往往具有为聋人定义现实的权力，具有正常听力的人的观点被接受为"真实"。这可能导致从具有正常听力者的角度产生的意义并不能抓住聋人生活的任何"真相"。总之，变革性范式倾向于将真理置于压迫、不公正和边缘化的特定历史、经济、种族和社会基础结构中，依据权力关系和在社会、文化和历史背景下形成的现实观才能最好地理解现实。

（三）认识论假设

变革性范式的认识论描述了知识的性质以及为了获得准确的知识评估者与利益相关者之间的关系。一方面，对于知识的本质，变革性认识论假设认为，知识既不是绝对的，也不是相对的。知识在社会和历史上都处于复杂的文化背景中，它是在权力和特权的背景下构建的，其结果与赋予特权的知识观点有关。另一方面，为了在这种背景下理解知识、获得准确和有效的知识，评估者与群体成员之间需要建立互动联系，二者之间需要密切的合作。其中，对文化的理解和建立信任被认为是最重要的。当评估人员试图进入不反映其自身背景的文化群体时，他们需要通过阅读有关资料和咨询群体成员，然后使用适当的进入策略。除此之外，还需要注意有效沟通和语言的使用问题，如果评估者和群体之间存在语言差异，则应以群体的语言为准。如有必要，评估人员可使用口译员，然而，与使用口译员相关的挑战需要严格审查。评估的重点、目的、设计、实施和利用应通过评估者和群体成员之间的合作过程来制定。

古贝和林肯认为这种认识论立场具有互动性和主观性（Guba and Lincoln，2005）。认识论立场具有"互动性"，是因为评估者和参与者之间相互作用，以便对已知事物达成共同的理解；认识论立场具有"主观性"，是因为评估者认识到了他们自己和参与者的价值观，并期望他们对社会正义和人权的承诺将影响评估过程和结果。

（四）方法论假设

方法论假设涉及进行评估的适当方法问题。总的来说，方法决策要基于上述三个假设，确定能够实现以下目的的方法：最有助于利用过程和结果加强社会正义、确定支持现状的系统性力量和允许变革发生的系统性力量、承认评估者和利益相关者之间需要一种批判性和反思性的关系。基于这种考量，没有单一的方法与变革性范式相关联，它涉及多种方法和技术。

首先，定性方法至关重要。不仅因为对话式方法是评估人员与群体成员之间建立对话的一个要点，还可以通过观察、访谈和焦点小组的方法从群体成员处获取信息，从他们的"声音"中获得特殊群体对相关的问题的观点。然而，要开展与前面的假设相符的研究和实现上述目的，也可采用定量和混合方法。实验、准实验、因果比较、相关分析、问卷调查等定量方法可以描述某些现象和揭示某些关系。混合方法设计可以用来处理群体的信息需求，因此变革性评估更倾向于或经常地使用混合方法。

其次，尽管可以选择多种方法，但是由于基于变革性范式开展的评估往往面临着一种特殊的多样性和复杂性，因此，还需要根据这些多样性和复杂性灵活地选择和调整方法。如前所述，变革性评估的对象主要涉及种族主义、性别歧视、性取向差异以及残疾人等多个特殊群体，他们与社会大多数人存在巨大的差异；不仅如此，各个群体内部也是异质的。而且，影响这些群体的背景因素和历史因素特别是与歧视和压迫有关的因素也很复杂。因此，除具备较强的文化能力以揭示和回应多样性的相关方面之外，也需要灵活地选择和调整方法来确定相关的维度。

最后，要注意群体的参与。如前所述，变革性范式的认识论假设认为，评估者与群体成员之间需要建立密切的互动合作联系。这种互动合作除要注重进入、沟通和语言问题外，还需要注重群体的参与。参与的形式包括：参与群体需求的确定，使群体成员可以考虑并适应他们自己的信息需求；或者评估者可以通过倾听群体成员关于他们对方法论的看法而获取信息；或者群体本身可以与评估者一起担任领导角色，决定评估调查如何进行。

第二节 变革性评估的产生与发展

为了更全面地理解变革性评估，本节对变革性评估的产生与发展进行介绍，并概述变革性评估的主要模型和方法。

一、变革性评估产生的背景

（一）现实背景

尽管人类社会不断地发展，但总有一些人因种族/民族、残疾、移民身份、政治冲突、性取向、贫困、性别、年龄或许多其他特征而被边缘化和受到社会排斥。各种大小媒体几乎在不断地报道他们的不公平和不协调的生活和经历：少数族裔的贫困生活，就业中的性别歧视，残疾人缺乏帮助，土著语言被摧毁等。即使到了 20 世纪八九十年代，相关问题仍然持续存在。适合移民的孩子的教育模式应该是什么？与以英语为母语的孩子一样的教育是否忽略了他们的特殊需求？干旱、供应商暴利、艾滋病造成的生产力下降以及持续不断的冲突，使索马里、埃塞俄比亚和津巴布韦的人民时刻面临着饥饿的风险。

尽管自 20 世纪 40 年代以来，联合国先后发布了《人权宣言》《消除一切形式种族歧视国际公约》《残疾人权利宣言》《消除对妇女一切形式歧视公约》《儿童权利公约》等一系列宣言和公约，呼吁人们关注并采取行动解决不公平问题；尽管一些国际组织也提醒人们关注边缘化群体，呼吁公共政策能够确保所有人享有公民权利、努力消除差异和增强公平。但是，社会的不公平和不协调等问题仍然没有得到解决，一些人仍然难以获得资源，一些人生活质量仍然较低，一些人仍然"生活在一个基于固有特征将特权分配给某些人而拒绝给其他人的世界中"（Mertens，2009）。某种意义上，这些不平等可能比以往更大。那些被推向社会边缘的人们以及他们获得文化上适当的服务存在不公平的例子产生了对变革性评估的强烈需求。

（二）理论背景

从理论上看，尽管后实证主义评估、建构主义评估和实用主义评估为政策评估的理论、方法以及实践做出了重大贡献。然而，这些评估理论都没有或极少聚焦于权利不平等的问题。

在后实证主义的中立和客观的评估思维中，弱势群体在政策评估的过程中没有发声的渠道，政策评估者往往不能关注到这些边缘化群体的真实诉求。随机对照试验以及其他定量方法在评估针对文化复杂群体的干预措施的有效性方面存在挑战。虽然建构主义评估强调平等、多元、互动，然而，在基于利益相关者和自然主义的评估方法中所反映的原则，并没有考虑评估如何促进社会正义或公平的实质性问题，也不能确保在评估过程以及评估结果和建议的形成过程中"听到"那些边缘化群体的沉默的声音。除此之外，以往的评估还存在一个共同的缺陷，即即便有针对弱势群体的政策或项目的评估，采取的也是一种缺陷视角。他们只关注群体中的问题而忽略其力量，仅将边缘化群体定义为具有障碍的"问题"，这就导致评估作为推动个人和社会转型的工具的失败。

由此，无论从现实上还是理论上来看，都迫切需要一种关注那些在现实中被推到社会边缘的群体并将他们的声音带入评估世界进而实现他们的个人转型和社会转型的评估理论。

二、变革性评估的产生与发展历程

（一）变革性评估的开创

从对"范式"的研究来看，1990 年古贝在《范式对话》一书中，提出了影响评估的四种范式：实证主义、后实证主义、建构主义和批判理论。批判理论强调通过提高参与者的意识来促进转变。但是古贝并没有探索基于批判理论的评估理论。拉瑟认识到以往评估的缺陷，提出了一种被称为"解放"的调查方法，这种方法谋求将评估与消除不公平以及对社会正义的实质性追求相结合（Lather，1992）。这种努力使评估向"公平"迈出了有益的一步。

几乎在同时代的实证性评估研究中，一些学者也开始将目光投向弱势群体。非裔美国学者希利亚德（Hilliard）提出了"非洲中心主义"观点，并基于这个观点研究了黑人学生在学校中受到的歧视。1997 年，索洛萨诺（Solórzano）描述了批判种族理论的作用，认为批判种族理论提供了一个框架，用于调查和揭示使种族主义的犯罪和压迫现状得以继续的系统性因素。1998 年，库森（Cousins）等提出了面向变革的参与式评估方法，明确承认在授予或拒绝获得资源和机会方面的权力问题，它邀请因与压迫和歧视有关的多样性而被拒绝进入的群体成员参与评估，并建立适当的支持机制，以实现社会变革。

基于以上学者对范式的研究和对弱势群体的实证评估，梅尔滕斯认为，需要提出一种新的范式以涵盖相关针对弱势群体、谋求社会公正的评估思维和观点。1998 年，她提出了一种新的范式——"解放主义"。作为一种总括性术语，"解放主义"涵盖了少数种族权利、残疾人权利和女权主义者的观点（Mertens，1998）。她将"解放主义"与后实证主义、建构主义和实用主义并列并呼吁开展基于"解放主义"的评估研究。这意味着变革性评估理论的开创。

（二）变革性评估的拓展

自梅尔滕斯提出"解放主义范式"后，在接下来的几年中，一批学者陆续提出了一些评估模型并进行了评估实践。

一是在评估模型方面。1999 年，豪斯等提出了一种与民主相关的评估理论——"协商民主方法"。该方法要求在评估中遵循包容、对话和协商的基本原则。"包容"是指考虑利益相关者的所有相关利益；"对话"是指评估者和利益相关者之间进行对话的过程，以确定他们的兴趣、观点和想法；"协商"是指评估者和利益相关者反思所面临的问题，以确定偏好和价值观。将这些原则贯彻到整个评估过程中，通过民主的评估，评估者能够看到隐藏的背景方面。其后，里安（Ryan）还提出了第四条原则——相互问责，认为社会变革的到来是因为包括决策者在内的所有利益相关者都要承担责任，如果政策的初衷和结果之间出现差异，那么方向的改变是有必要的。波文等提出了基于女权主义的评估理论（Sielbeck-Bowen et al.，2002）。女权主义理论有许多变体，包括自由主义、文化主义、激进主义、后现代主义和多种族女权主义。自由派女权主义者争取男女平等待遇。文化女权主义者认为，男女平等待遇不会纠正不平等现象，因为性别歧视社会的遗留问题导致了男女资源和机会的巨大差异。文化女权主义者通过认识到人际关系和交流叙事方法的重要性，致力于纠正对女性的工作实践和社会贡献的贬低。激进的女权主义者关注的是基于性别歧视的压迫，这种压迫表现为男性对女性的统治。后现代女权主义者质疑男女二元范畴，主张解构性别角色以纠正男性对女性的征服。这些传统类别被重新定义，以确认可能的性别角色的全部范围。多种族的女权主义者从种族和性别的角度来识别这种交叉导致的不平等，也将自己与土著和后殖民理论家联系起来（Hopkins and Koss，2005）。基于女权主义的评估是一种对于性别不平等的性质和后果的深刻的兴趣，提供了一种考察和理解社会问题和阐明性别不平等以及妇女的利益、关切和观点的动力的方法，并关注政治和积极的议程，维护妇女的社会权益，促进社会公平正义。

二是在评估实践方面。摩西（Moses）等评估了为低收入和非裔美国学生开设代数课的举措；邱（Chiu）评估了为少数民族妇女提供乳腺癌筛查的服务；托马斯（Thomas）研究了非洲裔美国学生教育的人才发展模式；布莱索（Bledsoe）评估了为非裔美国人和拉丁美洲学生提供的城市扫盲服务。总之，这段时间学者提出了一些评估模型，并将"解放主义"融入了更多的边缘化群体，拓展了变革性评估的理论和方法。

（三）变革性评估的深化

进入 2005 年以后，变革性评估理论进一步深化，其主要表现是：一方面正式提出了"变革性范式"，另一方面陆续开发出了一些新的评估模型。

2005 年，由于希望强调参与评估的人员的主观能动作用，梅尔滕斯将"解放范式"的名称改为"变革性范式"。这一名称的改变意味着评估者与边缘化群体之间的关系不再是解放与被解放的关系，而是为了个人和社会的转型而共同努力（Mertens，2015）。

新的评估模型也陆续被提出。塞贡提出了基于人权的评估方法。他认为，在人权办法范围内，评估应侧重于最弱势群体，以确定公共政策是否旨在确保所有人都享有其公民权利，是否消除了差距并加强了公平，以及是否采取了民主方法以让每个人都参与影响其利益的决策过程（Segone，2006）。从国际发展的角度来看，对于一些国际发展项目可以采用伙伴国家领导的评估。因为由捐助机构或其顾问进行的评估没有在接受捐赠的国家灌输项目的主人翁意识，因此合作伙伴国家可以领导评估，决定评估内容、评估方式以及如何解释和使用结果，从而增强他们对项目和评估结果的拥有感。胡德等将斯泰克的响应性评估理念扩展到社会正义中，形成了一种"文化响应性评估"模型。该模型认为在有色人种和/或贫困社区内进行的评估需要充分考虑文化背景，才能使评估具有价值。其基本前提是：评估人员应使用响应性的、尊重的、道德的和对边缘化群体有益的方法和途径。评估人员应意识到文化滤镜对其进行合格的评估的能力的影响，也要注意到与群体分享显著特征（如肤色）的价值，同时承认这些特征本身并不使得评估人员具有进行文化回应性评估的资格（Hood et al.，2015）。一些谋求满足毛利人、非洲茨瓦纳人、美洲印第安人、加拿大第一民族人、澳大拉西亚人和其他土著群体的需求的学者开发了面向土著的评估理论。他们认为，土著人民在许多方面受到过殖民者的压迫，例如，毛利人（和许多其他土著民族一样）的土地被白人定居者掠夺，由此造成了土著人民和白人定居者之间的信任缺乏，也对非土著评估人员与他们之间的关系产生了负面影响。这些情况导致许多土著群体通过创建他们自己的、在他们的群体中开展评估研究的"授权调查事项"，开发出让他们参与的非殖民化评估方法。例如，毛利人提出了他们的授权调查事项，规定系统的评估将"为毛利人、由毛利人和与毛利人一起"进行（Cram，2009）。梅尔滕斯和沙利文（Sullivan）等提出了面向残疾人的评估理论。跟随其他民权团体的脚步，残疾人要求更多地控制自己的生活以及更多地控制与他们相关的政策的评估。面向残疾人的评估理论的一个主要方面是将身体缺陷（基于生物学条件）与残疾（对残疾的压迫性社会反应）分开。这将"问题"定位于对人的身体缺陷的社会反应而非个人反应。如果社会做出适当的反应，那么就不会有残疾。另外，开展针对残疾人评估要注意残疾群体的多样性，因为不同形式的身体缺陷不仅需要不同的方法和手段，而且还产生了不同的亚文化。这种多样性的一个明显例子来自许多聋人群体成员的观点，他们并不认为自己是残疾人，相反，他们将自己视为语言和文化上的少数群体，需要与"听力优越者"的压迫做斗争。而且，还要注意沟通的方式，比如对聋人服务的评估要具备手语的技能。一些学者也开发出了面向 LGBTQ(lesbian, gay, bisexual, transgender and queer，女同性恋者、男同性恋者、双性向者、跨性别者与酷儿）群体的评估方法。该方法在评估中特别关注性别和性认同问题，质疑社会上普遍存在的同性恋偏见，即对性取向少数群体的歧视。在评估时，也存在许多需要注意的问题：虽然以性取向为基础的歧视和压迫形式存在共同点，但在每个群体内部和群体之间也存在独特性和多样性；由于"身份公开"本身所带来的耻辱感，评估者可能难以识别他们。因此，在评估时，评估人员需要保护他们的个人身份，并确保揭露歧视性的做法，以建立一个更加公正的社会。在对西北太平洋地区 LGBTQ 人群遭受性侵犯后的援助服务及其群体具体需求的评估中，托达尔等认真保护利益相关者所需的隐私和保密性，以使他们感到足够自信和舒适，能够在需要时表达他们的观点并分享他们的信念（Todahl et al.，2009）。

表 5.1 归纳了变革性评估的主要模型。

表 5.1　变革性评估的主要模型

评估模型	主要理论家	产生时间	基本观点
基于批判种族理论的评估（critical race theory）	希利亚德 索洛萨诺 托马斯	20世纪90年代末	通过基于种族或民族歧视的镜头来审视种族主义对为有色群体提供服务的影响。需要注意种族主义的性质和表现，很多时候种族主义是一种隐性结构，以不太明显的形式出现；要认识到种族是一种社会建构；不能采取色盲和缺陷的观点，注意自己身份（种族）的敏感性，要保持与群体的互动，将讲故事和叙述作为考查服务中种族和种族主义的有效途径
变革性参与式评估（transformative participatory evaluation）	库森 惠特莫尔	20世纪90年代末	变革性参与式评估与实践参与评估（见第八章）存在相似之处，但变革性参与式评估试图将边缘化的人包括在内，以解决他们面临的权力不平等问题，旨在促进与增进社会正义直接相关的行动。培养实施变革性参与式评估所需的关系需要额外的时间和资源。评估人员需要能够保持灵活性和响应性，以便项目中所需的改变来自参与者。需要在使用变革性参与方法方面进行能力建设，以便利益相关者能够理解这一过程并参与其中。还可以用这种方法来影响可能需要的政策变化，以实现预期的结果
协商民主评估（deliberative democratic evaluation）	豪斯 豪 里安	20世纪90年代末	希望评估成为一种民主实践；考虑所有的观点、价值观和兴趣，希望结论更加合理；希望参与者更多地接受和使用评估结果。遵循四项原则：包括所有相关的利益相关者的观点、价值观和利益；评估人员和利益相关者之间进行广泛的对话，以便他们彼此充分了解；与各方共同商议以达成结论；通过基于收集和审查多个数据来源的公共讨论过程，重新分配或平衡权力关系
基于女权主义的评估（feminist evaluation）	鲍恩 惠特莫尔 霍普金斯	21世纪初	基于女权主义的评估的中心焦点是导致社会不公正的性别不平等，每项评估都应着眼于扭转性别不平等。评估者要认识到，基于性别的歧视或不平等是系统性和结构性的，评估过程可能对参与评估的人员产生显著的负面或正面影响。评估者必须认识和探讨待评估问题的独特条件和特征；批判性的自我反省是必要的。多种评估方法都可以运用到评估中，要根据具体情况选择恰当的方法。重视从经验基础中产生的变革性知识
基于残疾人权利的评估（disability-rights-based evaluation）	梅尔滕斯 沙利文	21世纪初	针对残疾人的评估，首先要将身体缺陷（基于生物学条件）与残疾（对残疾的压迫性社会反应）分开，应考虑残疾人的世界观，学会通过残疾人的眼睛来解释特定的文化场景。其次要注意残疾人的多样性，不仅需要了解与不同类型的残疾相关的维度，还需要了解他们的语言、性别和其他与背景相关的特征。最后，为确保残疾人的参与得到支持，需要提供适当的便利，如对聋人服务的评估要具备手语的技能
面向土著的评估（indigenous evaluation）	克拉姆 巴蒂斯特 奇利萨	21世纪初	面向土著群体的评估要认识到土著往往具有更强大的外来者的殖民和压迫经历，他们的文化和传统常常遭到诋毁。要认识到土著的多样性，他们不仅在其部落/族裔群体归属方面，而且在许多其他方面（如性别、经济地位和残疾方面）都有很大的差异。评估中关系至关重要，需要长期的关系、信任以及互惠感。要充分吸纳土著的参与；尊重、承认和重视土著文化的内在价值，响应土著群体成员提出的需求，围绕土著群体的资产和资源设计并实施评估
伙伴国家领导的评估（country-led evaluation）	塞贡 科哈特	21世纪初	在国际发展评估中，由于由援助机构或其顾问进行的评估没有在受援助国家灌输项目的主人翁意识，因此合作伙伴国家可以领导评估，由他们决定评估内容、评估方式以及如何解释和使用结果，从而增强他们对项目和评估结果的拥有感

续表

评估模型	主要理论家	产生时间	基本观点
文化响应评估 （culturally responsive evaluation）	胡德 霍普森 弗赖尔森	21世纪初	认为在有色人种和/或贫困群体内进行的评估需要充分考虑文化背景，应使用响应性的、尊重的、道德的和对边缘化群体有益的方法和途径。具有以下特点：要充分认识待评估的群体的多样性的各个方面（如种族/民族、收入、语言等），依据这些方面确定评估的重点。评估人员的选择也要考察他们的背景和专业知识是否与多样性的相关维度相匹配。运用项目管理层、执行者和参与者提供的信息来定义政策或项目，并明确政策或项目的基本假设。对于评估方法以及可能的解释如何响应群体的需求要进行积极的讨论。数据收集时，所用的方法要适合相关的群体并根据具体情况进行调整。数据分析时要对文化背景保持敏感、使用适当的分类、与利益相关方进行讨论并再次明确假设。结果报告需要描述背景和文化因素、方法调整情况、替代的解释以及支持性证据，还要描述结果如何用于持续的项目改进

第三节　变革性评估的经典模型与方法

第二节概述了变革性评估的模型和方法。其中，基于批判种族理论的评估、协商民主评估以及基于残疾人权利的评估具有较强的代表性。因此，本节对基于批判种族理论的评估、协商民主评估、基于残疾人权利的评估进行重点介绍。

一、基于批判种族理论的评估

批判种族理论源于 20 世纪五六十年代美国民权运动的兴起。当时有色人种族群自我认同意识加速觉醒，以黑人为代表的有色人种，不但争取法律文本形式上的平等权利，更渴望在社会生活中实现真正平等。在此过程中，要求尊重少数族群文化的"多元文化主义"适时兴起。如此，传统以白人为中心的族裔问题研究模式显得不合时宜，以推翻白人中心主义根基、重建美国族裔研究范式的"批判种族理论"随之兴起。批判种族理论自 20 世纪 70 年代末在美国法学界出现，在 80 年代后期获得迅速发展，并在 20 世纪 80 年代末期开始运用于政策评估中，之后逐渐成为一种具有代表性的变革性评估方法。

（一）基于批判种族理论的评估的含义

1. 批判种族理论的含义与基本观点

批判种族理论借鉴并扩展了通常被称为批判性理论的广泛的文献基础。批判理论是一种试图理解社会的压迫性方面，以产生社会和个人转型的理论。由此，批判种族理论是发展理论、观念、方法和策略，以解释种族和种族主义在社会中的作用并致力于消除种族主义，作为消除性别、阶级和性取向等其他从属形式的更大目标的一部分（Solórzano and Yosso，2001）。

索罗赞洛等认为，批判种族理论具有如下五个基本观点。

（1）种族和种族主义的中心地位及其与其他从属形式的交叉性。种族主义是一种基于种族、文化、行为习惯和肤色用来压迫非洲裔美国人、拉丁美洲人、亚洲人、太平洋裔美国人、美洲印第安人和其他人的剥削和权力的体系。批判种族理论基于这样一个前提：种族和种族主义是难以摆脱的、永久性的，是制定和解释法律的个人经验的中心因素，而不是边缘因素。虽然种族和种族主义是批判种族分析的中心，但也将其视为与其他形式的从属关系（如性别和阶级歧视）的交叉点。批判种族理论学者拒绝忽略作为压迫的基础的阶级和种族之间的差异，他们认为，仅仅阶级压迫是不能解释种族压迫的。也可以进一步认为，阶级和种族压迫不能解释性别压迫。只有通过种族、性别和阶级的交叉点，才能找到相关压迫问题的理论、观念、方法和策略上的答案。

（2）对主流意识形态的挑战。批判种族理论挑战了社会系统及其机构对客观性、精英管理、色盲（color-blindness）、种族中立和机会平等的传统主张。批判种族理论家认为，这些传统主张是美国社会中占主导地位群体的私利、权力和特权的伪装。除挑战研究种族和种族主义的方式外，批判种族理论还试图拼凑出一个知识分子身份和一种政治实践，这种政治实践既采取左派对种族话语的干预的形式，也采取种族对左派话语的干预。

（3）对社会正义的承诺。批判种族理论致力于社会正义，并对种族、性别和阶级压迫做出解放的或变革的反应。

（4）经验知识的中心性。批判种族理论认识到有色人种的经验知识对于理解、分析社会领域中的种族从属关系是合法的、适当的、关键的。事实上，批判性种族研究将这一知识视为一种优势，并通过包括讲故事、家族史、传记、情景、寓言、线索、编年史和叙事等方法，明确地使用了有色人种的生活经验。

（5）跨学科视角。批判种族理论挑战了大多数研究的非历史主义和单一学科视野，坚持将种族和种族主义放在历史和当代背景下分析社会中的种族和种族主义。为了更好地理解社会中的种族主义、性别歧视和阶级歧视，批判种族理论利用了跨学科（包括种族研究、妇女研究、社会学、历史、法律和其他领域）的知识基础（Solórzano and Yosso，2001）。

2. 基于批判种族理论的评估的含义

托马斯认为，批判种族理论对评估人员产生了重要的影响，这种影响是要求评估人员在评估中"解决不平等的权力关系，倡导社会正义，挑战占主导地位的霸权范式，并为非殖民化的知识生产开辟新的空间"（Thomas，2009）。也有学者指出，基于批判种族理论的评估是通过基于种族或民族歧视的镜头来审视种族主义对为有色群体提供服务的影响。借鉴这些学者的观点，可以认为，基于批判种族理论的评估是指运用批判种族理论的理论、原则、观点、方法对涉及处于弱势地位的少数族裔的政策、项目和服务进行分析，描述这些政策、项目和服务的效果，揭示使种族主义的压迫得以继续的社会系统性方面，并提出消除种族主义的策略，从而谋求社会的公平。

这一含义界定了基于批判种族理论的评估应该做什么、为什么做以及如何做。评估者应该做什么？——评估者的工作重点是解决多种形式的种族主义及其与性别歧视、阶级歧视和其他从属形式的交叉。评估者为什么要这样做？——评估者评估的目的是挑战现状，推动实现社会公正的目标。评估者如何做？——评估者通过倾听和阅读有色群体的经历来评估，并以跨学科的方式来处理评估。

（二）基于批判种族理论的评估的方法

批判种族理论强调经验知识的中心性、种族主义与其他从属形式的交叉性等观点导致了它主张将讲故事、反故事讲述、家族史、传记、情景、寓言、线索、编年史、叙事、案例研究以及多维交错等方法运用到政策或项目评估中。

（1）反故事讲述（counter-storytelling）。批判种族理论将讲故事、发出声音或命名自己的现实作为研究的关键要素和实现种族解放的重要工具。其中，特别主张运用反故事讲述方法。反故事讲述是一种讲述那些不常被讲述的经历（即社会边缘的经历）的方法以及一种分析和质疑当权者和其故事为主流话语的自然组成部分的故事（多数派故事）的工具。例如，虽然叙事可以支持多数派的故事，但反叙事或反故事讲述就其本质而言，则挑战多数派的故事或占主导地位的种族中的人在讨论种族时所带来的一堆预先假设、感知到的智慧和共同的文化理解。讲故事在非裔美国人、美洲土著人等中有着丰富而持续的传统，受压迫群体也本能地知道故事是他们自身生存和解放的重要工具。这些反故事可以起到多种理论和方法方面的作用。①允许边缘化的参与者发言或公开自己的故事。②允许边缘化的参与者反思自己的生活经历。③通过让理论和实践具有人性化和熟悉的面孔，在社会边缘的人中营造共同体。④可以通过提供一个理解和改变既定信仰体系的环境来挑战那些处于社会中心的人的感知智慧，可以颠覆白人社会建构的主导故事或现实。通过提供主叙事的另一种选择，反故事对叙事的真实性和"客观性"提出了质疑。⑤可以向社会边缘的人们打开新的窗口，展示他们生活之外的可能性，并证明他们并不是唯一处于这种地位的人。⑥可以告诉其他人，通过结合故事和现实的元素，可以构建另一个比故事或现实更丰富的世界。或者说，讲故事也可以带来变革和授权，与他人分享自己的故事可以提高个人对共同经历的意识，并打开社会行动的可能性。要而言之，通过反故事讲述，评估者可以观察有色群体的（经常被误解的）社会文化实践、更深入地了解他们是如何受到压迫的，同时也利用他们的个人能动性来抵制他们的社会条件。索罗赞洛等认为，可以通过以下四个来源发展反故事：从研究过程本身获得的数据、相关主题的现有文献、评估者自己的专业经验和评估者自己的个人经历（Solórzano and Yosso，2001）。

（2）案例研究方法。案例研究是用于探索一个有界限的封闭系统的多方面策略，可以收集定量数据，也可以收集定性数据。案例研究方法适合作为捕捉批判种族理论叙事和故事的手段。"浓厚的描述"和访谈可以用来说明制度性的和隐蔽的种族主义。评估者可以通过访谈来构建叙事，这些叙事可以被用于法律案例中以记录官员中的种族偏见或歧视性的政策和做法。帕克等提供了一个将案例研究方法与批判种族理论相结合的例子。他们引用了一个民权案件，在该案中，犹他州的纳瓦霍人起诉学区的歧视性教育政策。该歧视性教育政策的做法包括追踪、基于种族的虚拟双校制运营以及不提供双语服务。案例研究方法允许使用专家证人证词和个人叙述来确定学区的歧视意图（Parker and Lynn，2002）。一般来说，运用案例研究方法对涉及种族或种族主义的政策进行评估时，首先需要确定案例的边界，包括选择地点、人员、潜在干预以及案例研究的时间段。关于地点、人员、评估者和群体成员的参与程度以及其他方面的决定都是作为团队过程的一部分来决定的。评估问题和目的可作为该过程的一部分与群体成员共同制定。接下来，需要制定数据收集方法和工具的决策。通常情况下，案例研究包括访谈/调查、观察、文件审查、收集法案案件资料。如果是在教育环境中，则可以包括学习评估。

（3）多维交错方法。批判种族理论认为，很多群体属性并非单一，而是具有多重身份，如黑人同性恋女性。他们在生活经历中，遭遇多重歧视与压迫。面对这种情形，传统的分类与分析方法难以进行有效的阐释。多数情形下，少数群体在遭遇歧视诉诸法律时，无法证明自己遭受歧视的真正原因。这是多重身份所遇到的困境之一。而且，很多群体内部也存在多元诉求，甚至在同质性非常强的群体内，由于经济、政治、宗教、性取向的不同，其成员的态度也有差异。例如，对同化的态度在不同群体之间以及同一群体内部也呈现出差异，甚至截然相反的态度。具有民族主义倾向的有色人种认为有色群体应拥抱母国文化，排斥同化。很多黑人也觉得生活在黑人聚居区更感舒适。而中上层黑人更倾向于逃离聚居区，努力融入白人社会。这部分黑人宣称他们试图打破黑白人之间的壁垒，为包括黑人在内的有色人种争取平等利益。有色人种内部关于同化与否的争论，与民族主义有着剪不断的牵连。很多拉美民族主义者认为拉美裔在美国正在遭受内部殖民，拉美人应该团结起来，坚决予以反抗。民族主义者倾向于将自我族群描述为一个国家内的民族，并竭力争取率先满足本民族的需求，而后才是整体国家利益。与之相反，无论是在黑人还是拉美人中，皆存在一种忘却过往历史的极端态度，试图根除自己的文化根基而向白人靠拢。因此，只有通过不同视角，才能摆脱理解交错性个体的困境，帮助形成一种公正看待种族或种族主义的框架，从而避免将人类的体验简单化和片面化。因此，在对涉及种族或种族主义的政策或项目进行评估时，要运用多维交错的方法——以种族、社会性别、阶级、国家来源、性取向等的互动后果来进行分析（伍斌，2015）。

二、协商民主评估

（一）协商民主评估的含义与原则

1. 协商民主评估的含义

协商民主评估通过扩大利益相关者的参与范围，包含相关利益相关者的观点和利益，并与利益相关者进行对话和共同商议结果，以得出（相对）公正的评估结论，从而使评估成为一种民主实践。这一含义包括以下几个方面的含义。

（1）协商民主评估以协商民主理论为基础。协商民主理论强调发展政治实践和制度，以缓解公民之间的权力失衡，从而允许他们自由、平等地参与。满足这一理想的实践和制度的一个必要特征是，程序旨在让参与者参与真正的审议以及为促进共同利益的目标所激励。

（2）包容、对话和协商是协商民主评估的关键、方法要求或原则。"纳入"是指考虑利益相关者的所有相关利益；"对话"是指评估者和利益相关者之间进行对话的过程，以确定他们的兴趣、观点和想法；"审议"是指评估者和利益相关者反思所面临的问题，以确定偏好和价值观。

（3）通过包容、对话和协商，由于考虑了一系列观点、价值观和兴趣，评估者能够看到没有这种方法可能仍然隐藏的背景方面；而且，结论可能由评估者共同构建，而不是完全由评估者做出，因此评估结果可以是"客观的"，即相对公正或相对没有偏见。

（4）由于得出了更好的结论，可能让利益相关者更多地接受和使用评估结果，让评估成为一种面临政治性的、充满价值观的民主实践。

2. 协商民主评估的原则

包容、对话和协商是协商民主评估的三个基本原则。

包容是协商民主评估最基本的原则。评估者只向最有权势的人提供评估，或将评估卖给出价最高的人使用，从而使评估偏向于特定的有权势的利益是不对的。真正的民主协商需要以所有利益相关者群体的利益为中心，并代表所有相关方的利益，如果不考虑有关的利益，某些声音被排除在外则只是一个虚假的协商。而且，民主还要求在这些利益之间存在某种权力平衡，否则导致有权势的人可能主导讨论，而没有权势的人可能没有得到充分的代表。如此不能进行适当的协商。

对话是协商民主评估的第二个原则。虽然进行了包容和纳入，但是确定和权衡利益是极其复杂和不确定的，并且经常引起争议。其中的一个原因在于：当任由个人和团体自行决定时，他们并不总是能够确定自己的真正利益。而发现真正的利益则是对话的主要任务。评估人员不能自动假定各方的利益是什么，最好通过对话让各种利益相关者参与进来。通过对话，利益相关者可能会改变他们对自己真正利益的看法或发现他们可能会发现自己的利益与开始时不同，由此他们确定自己的真正的利益。因此，对话可以澄清利益相关者的观点和自我理解。当然，批判性的对话除了澄清利益相关者的观点和自我理解，也要对这些观点和自我理解进行理性审视。

协商是协商民主评估的第三个原则。澄清和审视了利益相关者的观点和自我理解并不能产生评估结论，因此还需要进行协商。协商是一种由证据驱动的认知活动，利益相关者和评估者共同参与其中，并从中得出最合理的结论。利益相关者和评估者对问题、价值和发现进行认真、合理的讨论，努力获得真实的评估结果。

包容、对话和协商的原则以复杂的方式重叠和交叉。例如，协商的质量与对话的质量是分不开的，而对话的质量反过来又影响到是否实现了包容。总的来说，包容、对话和协商这三个原则无法明确区分和独立应用——它们相互影响、相互强化。尽管如此，将它们彼此区分开来，对评估如何开展提供了一些指导。如果符合包容和对话原则，但协商原则不符合，则虽然所有相关的利益可能（暂时）得到代表，但这些利益得不到充分考虑，就会导致错误的结论。如果满足了包容和协商原则，但缺少对话原则，则可能会歪曲利益和立场，导致基于虚假利益的不真实评估，并由最有权力的人主导。最后，如果对话和协商原则得到满足，但并非所有利益相关者都包括在内，那么评估可能会被指控偏向特定利益，这是一种固有的不民主的结果（House and Howe，2000）。

除此之外，里安还补充了第四条原则：相互问责。该原则认为民主问责制旨在通过基于收集和审查多个数据来源的公共讨论过程，重新分配或平衡权力关系。它强调包括决策者在内的所有利益相关者都要承担责任。如果政策的初衷和结果之间出现差异，那么某些改变或调整是有必要的（Ryan，2005）。

（二）协商民主评估的实施步骤

豪斯等开发了一个协商民主评估的清单（表 5.2），包含了协商民主评估的实施步骤。这一步骤仍然是围绕协商民主评估的三个原则来展开的，可以分为包容、对话和协商三个阶段（House and Howe，2000）。

表 5.2　协商民主评估清单

阶段	需解决的问题	具体问题
包容阶段	评估代表谁的利益	明确项目和评估中涉及的利益
		从项目的历史中识别相关利益
		考虑从文化背景中产生的重要利益
	所有主要利益相关者都被代表了吗	确定那些没有被代表的利益
		寻找代表缺失观点的方法
		寻找隐藏的承诺
	是否应该排除某些利益相关者	评论排除某些利益相关者的原因
		考虑代表是否准确地代表了他们的群体
		明确评估人员在构建评估中的角色
对话阶段	权力不平衡会扭曲或阻碍对话吗	从参与者的角度检查相关情况
		考虑参与者是否会在这种情况下乐于提供信息
		考虑一些人是否会施加太大的影响
	是否有控制权力失衡的程序	不要偏袒派系
		如果有必要的话拆分激烈的派系
		平衡过度的自利
	利益相关者以何种方式参与	预先确保对规则和程序的承诺
		围绕特定问题仔细组织交流
		构建适合参与者特征的讨论会
	参与的真实性如何	不要仅仅组织象征性的互动
		解决提出的问题
		确保所有利益相关者的意见都得到表达
	互动有多密切	平衡参与中的深度与广度
		鼓励接受其他人的观点
		坚持公民话语权
协商阶段	有反思性的协商吗	组织协商的资源
		明确参与者的角色
		让专业知识在相关方面发挥关键作用
	协商的范围有多广	审查主要标准
		说明所有信息
		介绍利益相关者忽略的重要问题
	协商的充分性如何	将所有数据连贯地组合在一起
		考虑各种可能性并择优
		在此背景下得出最佳结论

第一步：包容。在评估开始时，要纳入所有相关方的利益。这通常意味着应将所有与所评估的政策或项目有重大利害关系的人的观点和利益包括进去。但是，并非每个利益相关者都能参与其中，因此，评估人员必须选择不同利益相关者群体的代表。在此过程中，评估人员需要注意的是，由于有时重要群体（如那些没有权力或发言权的群体，即穷人、无权者和少数群体）会被排除在外，评估人员应考虑是否有利益相关者被排除在外并尽可能地选择出代表这些利益的代表。

第二步：对话。对话开始时，首先要考虑在利益相关者之间是否存在严重的权力失衡？如果特定利益过于强大，就会威胁到评估结果的公正性。如果存在权力失衡，评估者要具有控制失衡的程序和能力。正如教师必须负责为课堂上的有效讨论创造条件一样，评估者也必须为成功的数据收集、对话和讨论创造条件。需要注意的是，控制权力失衡必须在评估者的权限范围之内。同时，评估人员要把控利益相关者参与对话的情况。例如，如何把控利益相关者团体代表的参与程度？如何设计方便、时间耗费少、能保证利益相关者团体代表认真参与的参与方式？如何保证利益相关者团体代表对话的真实性和真诚性？另外，还要注意利益相关者团体代表参与的内容和环节。

第三步：协商。利益相关者和评估者对问题、价值和发现进行认真、合理的讨论。需要注意的是，评估人员不能因为时间紧迫就组织简单、匆忙的协商；还要注意协商的广泛性，对多方面的结果进行充分考虑并注意结论与数据的匹配性。

（三）实施协商民主评估的注意事项

为了更有效地实施协商民主评估，豪斯还提出了有关协商民主评估的值得关注的 10 个要点或注意事项。

（1）文化可接受性。协商民主评估只能应用于民主的环境中。作为民主进程的一部分，为了挑战强者的影响力，协商是重要的。

（2）文化多样性。文化在群体内部并不统一。评估人员需要意识到群体内的多样性。

（3）忠实的代表。不可能让所有利益相关者都参与协商过程。因此，评估人员需要从利益相关者群体中选择代表，以使所有利益相关者都相信他们的代表具有合法性。

（4）真实的流程。民主进程必须是真实的，因为不允许预先的结论占上风。

（5）精心安排的互动：评估者需要进行周密的安排来控制利益相关者之间互动的性质，以防止一个群体对另一个群体的支配。

（6）聚焦于问题。构建互动的一种方法是让参与者专注于需要注意的特定问题，以及专注于需要用来说明这些问题的证据类型的讨论。

（7）规则和原则。美国评估协会制定的《评估人员指导原则》适用于协商民主评估。

（8）合作。评估人员在协商评估中的作用是合作，而不是屈服。如果利益相关者提出了不合理的要求，那么评估者就不应该为了平息事情而屈服。相反，评估者需要参考原则、指南、法院或其他合法机构来证实其立场，以保持平衡的观点并关注突出的问题。

（9）权力平衡。权力差异是大多数评估环境中固有的。评估人员需要了解权力差异的来源并做出相应安排，确保那些权力较弱的人不会受到恐吓或沉默。

（10）对自我利益的限制。评估人员需要将更大的利益置于个人的自身利益之上。

案例 运用协商民主评估方法监测评估丹佛双语项目

一、资料来源

House E R. 2004. Democracy and evaluation. www.informat.org/publications/ernest-r-house.html[2023-05-10].

二、评估对象及其背景

在美国科罗拉多州丹佛市有一个大型的西班牙语社区，其主要是因拉丁美洲移民（如墨西哥的移民）而形成的。它的学校系统受到法院的命令，为那些不懂英语的移民学生提供西班牙语教学，直到这些学生达到足够的英语熟练水平以参加常规课程。学区开发了一个名为英语语言习得的双语课程项目，然后由西班牙裔教育者大会和美国司法部审查并接受。法院指定豪斯（House）监督该项目的实施。随着拉丁裔人口的增加，拉丁美洲移民和盎格鲁商业界、非洲裔美国人之间产生了敌意，盎格鲁商业界、非洲裔美国人认为拉丁美洲移民对经济适用房和入门工作构成了威胁。就双语课程项目而言，项目中的利益相关群体就是否应对西班牙语进行全面的文化维护、孩子是立即学习英语还是先学西班牙语再学英语不断争论；因学校开展双语项目可能导致其所在学校的部分老师被西班牙语教师取代，也对是否该开展该项目产生激烈冲突；另外，一些新移民遵循独特的文化传统，例如，带孩子离开学校一个月去参加墨西哥的节日，也影响项目的开展。利益各方情绪高涨甚至向法院提出了诉讼。如何监测、评估该项目的效果并能够解决或缓和冲突成为一个重要的问题。

三、哲学和理论基础

待评估的项目涉及移民群体，其中的一些人很贫穷且没有受过教育。他们是主流社会之外的或者遭受歧视或压迫的群体。而且项目中的各利益相关群体冲突激烈。豪斯团队认为，评估应纳入民主过程，为利益相关者提供发言权；评估应成为沟通、协商和共同理解的一种方式，不仅能够评估政策或项目的效果，还能够解决或缓和冲突。协商民主评估为监测评估该项目提供了基础和方法。

四、评估方法

1. 利益相关者

豪斯团队将多年来一直在美国的拉美裔/拉丁裔家庭和新近移来的移民（主要来自墨西哥）区分开。许多教师和行政人员来自"老"拉丁裔/拉丁裔家庭；这给了他们与新移民的共同语言，但也使他们与那群人区别开来，因为许多新移民都很贫穷，没有受过教育。在学区的 70 000 名学生中，有 15 000 名需要西班牙语教学。因此，利益相关者是学生及其家庭，学校系统中的教育者以及法院案件中的当事人。

2. 评估指标与清单

根据学区的数据管理系统，团队制定了项目成功的量化绩效指标，与所有各方讨论了指标，直到每个人都接受它们作为项目进展的指标。团队根据项目的关键要素构建了一份清单，以评估每所学校，向所有各方提交了清单，并使用他们的建议对其进行了修改。

评估中，由于代表拉丁裔的律师怀疑学区迫使学校过早地将学生转入英语课程，所以豪斯密切关注学生转学英语时的熟练程度以及用于评估他们的程序。美国司法部的律师担心学生会接受劣质教材，因此，团队评估了西班牙语与英语教材，以确保质量相似。团队发现很多学校都没有让父母明白一些选择（如孩子是立即学习英语还是先学西班牙语再学英语），因此，团队研究了这些选择是否以他们能够理解的方式呈现给每所学校的家长。

3. 样本选择

因为法院下令监督每所学校，样本学校不需要选择。

4. 资料收集

（1）文献法。跟进相关利益团体使用传统研究方法提供的信息。

（2）调查。豪斯在社区中遇见了相关的利益团体，包括最激进的团体——那些强烈反对双语课程的团体以及需要彻底的双语学校的团体。House倾听并回答了他们的担忧，也将他们的想法包括在调查中。

（3）观察：豪斯聘请了两名退休的学校校长运用清单观察并评估了各个学校。由于他们是前校长，因此学区信任他们。由于他们是拉美裔并且支持双语教学，因此也得到了支持双语教学的拉美裔的信任。

（4）协商会议。豪斯没有直接与这些利益相关者互动；相反，他以一个协商会议的形式与他们的代表进行了互动，每年与他们会面两次。该协商会议包括法院案件双方的律师。豪斯曾考虑过向公众开放会议，但后来决定不采用这样的会议，因为他害怕他们在会议中大喊大叫。在协商会议中，豪斯分享其在评估方面取得的进展；鼓励学区利益相关群体代表对他们不支持的评估提出疑问；并面对面地讨论了分歧。协商会议持续了5年。

五、管理和预算

没有关于预算的具体信息。

六、评估结论

自评估开始5年，该项目几乎全部实施。产生激烈冲突的问题似乎在学区被解决了。对立的团体可以在一个房间里相遇而不会互相侮辱，他们可以理性地管理他们的事情，冲突与开始时的情况完全不同。

七、评估者的反思

丹佛双语项目评估涉及该项目的政治方面，它涉及最关注该项目的那些人的观点、价值观和利益所产生的具体问题。对参与者的合法性依赖于公平、包容和公开的协商程序，关键利益相关者之间的面对面会议至关重要。此外，评估者的行动的透明度也很关键，如果没有利益相关者理解评估者在做什么，信任可能不会发生变化。

八、报告和利用

豪斯每年向主审法官提交三次书面报告，并向利益相关方提交了所有的调查。但考虑到可能加剧局势以及利益相关方不主张其与媒体交谈，因此，除书面报告之外，豪斯没有公开向媒体发表评论。

三、基于残疾人权利的评估

梅尔滕斯等开发出了基于残疾人权利的评估方法。

（一）含义与特殊性

1. 基于残疾人权利的评估的含义

综合相关学者的观点，基于残疾人权利的评估是运用相关评估方法来审视为残疾人提供的服务的有效性。具体来说，这种评估通过坚持变革范式下的假设和残疾人权利理论，基于残疾人的特殊性，运用特定方法全面地了解残疾人的真实生活体验，分析向残疾人提供的服务的有效性，坚持不懈地努力改善这些体验和服务，从而以社会正义的名义支持社会变革。

2. 基于残疾人权利的评估的特殊性

（1）残疾人的特点。根据世界卫生组织估计，占世界人口的 15%（约 10 亿人）患有残疾，其中 80% 居住在发展中国家生活条件欠佳的地区。残疾人可能被视为一种负担，他们有时被隐藏或安置在某些机构中，被排除在社区生活、教育和就业之外。由于歧视、身体障碍或相对隐形，他们可能更容易被社会服务和发展组织忽视。残疾人有时受到歧视和压迫，使他们教育水平低、失业率高，在经济、社会和政治上可能无能为力。尽管一些国家给予残疾人以平等公民的身份并给予相应的社会保障和政府服务，但是由于某些原因仍然使他们成为弱势群体。例如，由于缺乏对手语的认识、缺乏双语教育、手语口译服务有限以及对聋人状况普遍缺乏认识和知识，大多数聋人可能无法接触社会的大部分人群（Wilson and Winiarczyk，2014）。

（2）残疾人往往与主流文化存在文化差异。残疾人往往具有自己独特的语言和文化以及一套价值观、习俗、态度以及与正常人不同的经历。例如，许多残疾人认为，即使他们有残疾，他们的生活质量也很高，他们最严重的困难不是因为他们的医疗状况，而是因为他们可能受到社会压迫，被排除在主流社会之外。即使是具有非常严重损伤（如严重脊髓损伤）的个体也持有此种看法（Munger and Mertens，2011）。另一个明显例子来自许多聋人群体成员的观点，他们并不认为自己是残疾人。相反，他们将自己视为语言和文化上的少数群体，需要与"听力优越者"（那些因为有听力而自认为比聋人优越的人）的压迫做斗争（Harris et al.，2009）。

（3）文化多样性。残疾人存在很大的异质性。首先，残疾人存在不同形式的身体或心理缺陷，例如，肢体、语言、听力、精神、智力或多重缺损。其次，残疾人具有不同的背景特征，如性别、种族、经济状况等。一些群体除了这些一般的背景特征，还在许多方面存在不同。例如，聋人不仅具有性别、种族、经济状况等的全部多样性，而且增加了与听力损失的水平和类型、父母的听力状况、获得听觉增强技术的机会和能力、基于手势或语音的语言使用等相关的复杂层次。最后，不同形式的身体缺陷及其相关背景还会产生不同的亚文化，在不同的亚文化中残疾具有不同的含义。

（4）互动沟通障碍。残疾人或多或少地具有某种身体或心理缺陷，这导致在评估中产生一些互动沟通障碍。例如，与聋人的交流往往很困难，他们需要依赖懂手语的人。

评估者自学手语显然不容易，由于一些国家缺乏对口译员的正式培训，获得合格和/或认证的手语口译员的机会非常有限。又如，评估者由于不知晓残疾人的礼仪规则（如引起注意）、习俗和与规范，也会导致互动和沟通的不恰当和不顺畅。有研究表明，因为身体的某一部分缺陷而被作为特殊的评估对象会给某些残疾人带来心理创伤；聋人在交流批评、反馈或想法时比听力正常的同龄人更直接；与聋人的眼神交流在文化上是非常适当和必要的。如果不能化解这些障碍，评估人员可能会错过、误解或曲解评估结果，或者在与参与者交流评估目标或问题时遇到挑战。

（二）对涉及残疾人的政策或项目进行评估的传统方法及其弊端

20 世纪 90 年代末之前，已有一些模式和方法对涉及残疾人的政策或项目进行评估，但是它们都存在一定的弊端（Harris et al.，2009）。

（1）慈善模式（病理学导向的模式）。这种模式将残疾人视为具有精神、感官或身体残疾的无能为力的、需要慈善组织予以怜悯、施舍和援助的人。一些组织还通过统计测量，计算了残疾人对社会其他部分造成的经济"负担"和"损失"，例如，使用定量的伤残调整生命年（disability-adjusted life year）来确定残疾人的生命价值。

（2）医学模式（治疗导向的模式）。该模式侧重于治疗身体和精神上有差异的人，以满足专业人士视为"正常"的标准。这种评估常基于后实证主义范式。对于聋人来说，评估由听力学家、教育工作者、保健提供者、救援人员和其他专业人员从医学角度来进行，耳朵是专业人士关注的焦点，产前听力筛查和听力学测试被用来测量听力损失的程度。聋人的听力被视为"受损"而需要修复，人工耳蜗植入被认为是"治愈"损伤的有希望的尝试。对耳部损伤的关注否定了聋人作为一个能够完全满意地用手语交流并生活在自己的聋人文化中的人的存在。在医学模式中，评估往往是定量的，不包括作为残疾人世界的一部分的正义、权力和歧视问题。

（3）康复模式（功能导向模式）。技术进步（如新的假肢、新的医疗程序）改善了他们的康复。评估关注理疗和职业培训等方法对残疾人身体功能的改善。在这个模型中，研究再次趋向于定量，并遵循医学科学模型，而不考虑残疾人的文化动态。一些聋人领袖认为，这种模式试图压制和消灭手语和聋人文化。

尽管上述模式和方法通常旨在通过减少或改善疾病或损伤来改善残疾人的生活，但是他们的做法普遍缺乏对残疾人的尊重，评估的议程通常由非残疾专业人员设计，他们经常假设知道残疾人想要什么和需要什么，并且倾向于将他们感兴趣的人群（多发性硬化症患者、脑瘫患者）视为单一类型的人。最终，传统的对涉及残疾人的政策或项目的评估"经常通过强化残疾作为个人异常行为而不是社会政治问题的概念，使压迫循环永久化"（Munger and Mertens，2011）。

（三）基于残疾人权利的评估的原则、策略与方法

总的来看，基于残疾人权利的评估遵循变革范式的相关假设，也以残疾人权利理论为基础。沙利文等学者发展了残疾人权利理论。跟随其他民权团体的脚步，残疾人要求更多地控制自己的生活以及更多地控制对他们进行的评估。他们创造了一个短语"不要

做关于我们的决定"（nothing about us without us）。残疾人权利理论的一个主要方面是将身体缺陷（基于生物学条件）与残疾（对残疾的压迫性社会反应）分开，将"问题"定位于对残疾人的身体缺陷的社会反应而非定位于残疾人。在残疾人权利理论看来，如果社会做出适当的反应，那么就不会有残疾（Sullivan，2009）。依据变革范式的假设和残疾人权利理论，基于残疾人权利的评估具有以下原则、策略与方法。

1. 基本原则

（1）避免特权和偏见。基于残疾人权利的评估，首先要明确意义和知识建构的权威在于残疾人成员而非评估人员。评估设计、评估实施和评估结果的解释都由评估人员来做出，显然是赋予了评估人员以特权。评估人员从正常人的视角做出的判断并不能理解残疾问题和反映残疾人的声音。在未经审查的情况下，从正常人的视角或"听力优越者"的视角做出的判断可能会被视为特别危险。

（2）采取优势视角而非缺陷视角。作为评估人员，很容易只关注群体中的问题。然而，这种关注忽略了群体的优势和恢复力。评估人员应该意识到群体的优势，并确保这些优势与群体成员所经历的挑战一起被揭示出来。

（3）识别相关群体的文化规范和信仰，并揭示他们的不同观点。由于残疾人具有自己独特的语言、文化以及价值观、习俗、态度以及与正常人不同的经历，因此，评估人员需要确定评估所在的残疾人中存在的文化规范和信仰，并理解支持追求人权的规范或维持压迫制度的规范的含义。为了包含各种信仰和规范，评估人员还需要了解与评估中的这些群体相关的其他群体的文化规范。另外，尊重和承认多样性也是基于残疾人权利的评估的关键。不同的亚群体有着不同的对"现实"的观点。因此，评估人员需要揭示现实的不同观点，并揭示维持压迫性制度和有可能促进人权的制度的现实观点。

（4）参与、互动与信任关系。基于残疾人权利的评估认为，用最有权势者的话来描述最没有权势者的观点会导致评估无法解决最没有权势者的最重要的问题。与变革性范式相适应，基于残疾人权利的评估强调不同残疾人群的参与，要认识到在整个评估中参与者声音的重要性，并提供适当的支持，以便所有利益相关群体都能参与评估决策和实施。此外，要认识与残疾人相关的复杂性，就需要与残疾人群进行协商并在他们的文化中以可信赖的方式进行互动，因此，基于残疾人权利的评估还强调与残疾人群的互动和信任关系。

（5）克服交流互动障碍。肢体残疾者和盲人在行动上有很大障碍，哑人存在语言的障碍，脑瘫患者存在运动和姿势障碍，同时可能伴有不同程度的听觉、言语行为障碍及智力障碍。有些残疾人可能具有自卑、无助、焦虑、缺乏归属感等人格障碍。另外，残疾人可能还具有某些特殊的习俗、规范、礼仪规则或禁忌。因此，在与残疾人的交流互动中，不仅在氛围上、态度上、支持条件上（如方便乘坐轮椅的残疾人行动）、语言上而且在沟通对话的技巧上都需要做好充分的准备和建立相应的条件，以克服这些障碍。

（6）考虑评估结果如何能用来促进群体的变化。评估结果要被用来改善残疾人的生活体验、制定、批评和完善相关政策，并倡导支持政策或项目变化的行动。要注意与相关残疾人共享信息，采取合适的方式传递信息，并让他们有权参与设计自己的未来并在有意义的地方采取行动。

2. 具体策略和方法

（1）进入策略。当评估人员试图进入不反映其自身背景的文化群体时，他们需要了解和准备接触残疾人的适当策略。例如，可以通过查阅相关资料和咨询相关群体的成员获得适当的策略。不以母语或家庭文化工作的评估人员可能没有足够的时间来学习手语或其他沟通技能，因此，他们可能需要使用其他策略，例如，建立反映群体文化的研究团队，并与重要的群体看门人建立良好关系。

（2）建立互动信任关系。采取的抽样的方法尽可能地包含各个亚群体的代表。在评估的任何阶段都尽可能地与残疾人进行互动。要创造温暖友好的环境，并通过遵守协议、分享信息、诚实、承认错误、保密、提供和分享反馈、避免流言蜚语、公开和建设性地谈论想法以及尊重人们的知识、技能、能力和判断等方式获得残疾人参与者的信任，让他们讲出自己的故事。

（3）研究方法选择。研究方法应该对不同的残疾人参与者和问题做出反应并捕捉背景的复杂性。基于残疾人权利的评估并不要求使用任何特定方法。评估人员在开始计划时需要定性方法和对话，以确定他们工作的文化背景，定量数据也有助于对不同的残疾人和问题做出反应。然而，有时使用混合方法也是适宜的，因为文化响应非常重要。混合方法有利于捕捉背景的复杂性，并为在评估中适当地与不同的残疾人接触提供多元化的途径，允许在研究过程中包含不同的声音。

（4）数据收集与分析方法。基于残疾人权利的评估的数据收集与分析方法往往具有多样性。在数据收集方面，根据不同的问题、不同的残疾人等使用不同的数据收集策略。已有文献、相关文件、统计数据、问卷调查、观察、深度访谈、焦点小组访谈、日记研究、关键线人等都是可用的方法，特别是随着互联网技术的发展，在线问卷调查、在线访谈、在线焦点小组访谈也得到了越来越多的使用。一些统计数据提供了为残疾人服务的各种服务和机构的质量和数量数据，人口调查、医院、国家数据登记处和国际数据集可以提供有关残疾人的数量、类型、身心受损程度、治疗、康复的数据。从残疾人中关键线人那里可以引出关于他们如何从个人关系和与他人的日常互动中获得意义的个人叙述。焦点小组访谈往往受到基于残疾人权利的评估人员的青睐。焦点小组的互动性促进了对话，使残疾人能够讨论复杂的问题，从而使残疾人自己更清楚地了解自己的生活，也有助于评估人员记录他们对相关问题的观点、想法和回应。除此之外，焦点小组还可以让残疾人参与者在访谈之外继续讨论这个话题，并鼓励残疾人参与者观察和向其他参与者学习，从而能够为变革性评估过程做出贡献。而某些有沟通困难的残疾人参与者通常能够通过书面日记提供比个人访谈更丰富的数据，因此请他们提供书面日记也是一种资料收集策略。需要注意的是，由于残疾人的隐私问题，在数据收集时，要注意获得被调查的残疾人的知情同意，并注意数据的保密性或匿名性。在数据分析方法方面，根据收集的数据类型采取相应的定量、定性和混合分析方法。需要注意的是，由于正常人的立场可能不恰当地解释残疾人参与者的经验，因此要注意努力消除任何偏见。

案例　加劳德特大学耳聋教育教师培养项目评估

一、资料来源

Mertens D M, Harris R, Holmes H, et al. 2007. Project SUCCESS summative evaluation report. Washington, DC: Gallaudet University.

其中，Mertens 是一位项目评估教授，拥有多年在聋人群体中评估项目的经验。Holmes 和 Harris 都是博士生，他们都是聋人；他们使用美国手语，认为自己在文化上是聋人。Brandt 也是一名耳聋博士生，但她植入了耳蜗，这使她在大多数情况下都能听和说。

二、评估对象及其背景

加劳德特大学教育系获得了美国教育部的 7 年拨款，用于制定和实施一项教师培养项目。该项目旨在：①增加教师候选人队伍的多样性；②培养具有教育残疾学生技能的教师。该项目强调对聋人/听力障碍和/或代表性不足群体的研究生的积极招募和指导。每年要招收十名学生。整个项目中强调技术、协作技能、评估、行动研究和家长咨询技能。其中，该项目对未来教师和他们将要教的孩子的高期望和标准将通过对卓越和创新的承诺得到提升和效仿，并在毕业一年后为参加这一创新项目的毕业生提供辅导和夏季研讨会，以增加初任教师的保留率。该项目取得了哪些成效（如招募策略的有效性、支持服务的效果、课程提供的效果、基于现场的体验效果、毕业生在为耳聋和听力困难学生授课方面准备的充分性如何等）？在构建对所发生的事情和未来选择的可能性的理解的过程中有意义地让不同群体参与的机制方面存在哪些问题?有哪些歧视和压迫问题？这些都有待于评估。

三、哲学与理论基础

适合运用基于残疾人权利的评估方法来进行评估。这意味着要意识到多样性的相关层面，这些层面与听力困难群体在权利、资源和机会获得方面的差异有关。为此，需要确保评估团队能够代表预期的利益相关者群体，并能够以利益相关者的第一语言进行有效沟通。

四、评估方法

1. 评估设计。变革性的周期性混合方法设计，其允许早期数据收集结果为过程中的每个后续步骤提供信息。

2. 利益相关者和参与者。除资助机构外，利益相关者还包括负责教师培养项目的大学教师和行政人员；教师候选人进行实地实习的合作学校的工作人员；项目实施期间的教师候选人；以及这些教师候选人所教的学生。

3. 数据收集。

评估团队制订了一项评估工作计划，其中列出了评估问题和与每个问题相关的数据收集策略。

（1）文件审查：数据收集始于一系列文件审查，包括提交给美国教育部的计划、对计划的要求以及该项目与资助机构共同提交的 6 年年度报告。

（2）观察：在为所有项目毕业生举行的为期 3 天的反思研讨会期间进行为期 2 天的观察。

（3）第一次访谈：根据观察结果，评估人员提出了访谈问题，并在第三天使用这些问题来调查相关要点。Mertens 和人工耳蜗使用者（Brandt）访谈了可以听说的毕业生和听力困难毕业生；两位文化聋人评估者（Holmes 和 Harris）访谈了使用美国手语的聋人参与者。这些访谈的结果用于两个目的：深入调查毕业生的成功和挑战，并制定了一项发送给所有未能参加研讨会的毕业生的在线问卷调查。

（4）问卷调查：针对所有未能参加研讨会的毕业生进行在线问卷调查。

（5）第二次访谈：基于上述观察、第一次访谈和问卷调查的结果，对大学教职员工和合作学校工作人员进行访谈。

五、管理和预算

评估预算为 5000 美元。

六、评估结论

略

七、评估者的反思

评估采用了一种周期性评估设计，其中前一步的数据收集为后一步的数据收集提供信息。文件的阅读使人们意识到该项目的预期目的和潜在的挑战领域。这些观察导致了访谈问题的发展。这些文件、观察结果和访谈被用于开发在线问卷调查。这些先前数据收集和分析的结果被用来为员工和教师制定访谈问题。

成立了一个能够回应多样性的评估团队，其中包括教授、两名文化上失聪的美国手语用户和一名失聪的耳蜗植入用户。团队讨论了评估的重点，并与项目主管和其他利益相关者分享。

评估团队基于可行性、准确性、适当性和实用性评价了评估的质量。数据收集的方法与之前为项目毕业生安排的活动交织在一起。来自不同来源的发现之间的重叠支持了这些发现的准确性。评估人员编制了一份计划，该计划在数据收集的每个阶段都得到了加劳德特大学机构审查委员会的批准。此外，评估团队的组成也解决了有效沟通的问题。整个项目过程中以及评估结束时都使用了评估结果。

八、报告和利用

团队成员共同撰写了评估报告，并在美国和加拿大的教师培养项目专业会议上发表了演讲。

评估结果被用来为教职员工提供有关面向残疾学生的教师培养的优势和持续关注的问题的信息。评估使该校教育系认识到，毕业生需要持续的支持以应对他们在课堂上遇到的复杂挑战。该系建立了一个在线辅导系统，该系统最初只有参与多重残疾项目的学生才能使用。然而，基于评估结果，所有刚毕业的学生都可以加入在线辅导系统。教师培养项目主管也向有关部门提交了该评估报告，以满足资金需求。

📝 本章小结

变革性评估以"变革性范式"为基础，主要聚焦于边缘化群体的观点，采用基于种族批判理论的评估、变革性参与式评估、协商民主评估、文化响应评估、基于残疾人权利的评估、面向土著的评估、基于女权主义的评估、伙伴国家领导的评估等评估模型，并通过混合方法质疑系统的权力结构，以促进社会正义和人权。

变革性评估有着其独特的进步性和优点。首先，变革性评估弥补了以往的评估忽略边缘化群体的"声音"这一缺陷。其次，变革性评估以"变革性范式"为基础，开发出多种评估模型，并提供了多种方法选择，契合了弱势群体的特点以及对与弱势群体相关的政策和项目进行评估的复杂性，可以说寻找到了一条有针对性的评估路径。最后，变革性评估强调在评估中帮助和引导受压迫的边缘化群体改变现状，在评估中实现自我变革，对于促进社会的公平正义有着深远的影响。

但是，变革性评估也存在着一些尚未解决的问题。其一，变革性评估开发的一些评估模型的精致性有待加强。比如，有的模型虽然提出了某种理论观点，但缺乏明确的操作步骤；有的模型虽然提出了一些设想，但是实施中可能还存在一些障碍影响评估结论的准确性。其二，适用性有待加强。变革性评估对评估人员的能力要求很高。在评估中，评估人员需要进行大量的背景调查，具备足够的文化能力以及有效的技巧。然而很多评估者都缺乏这些技能。因此，变革性评估仍然需要不断地发展和完善。

☑ 关键术语

变革性评估；变革性范式；基于种族批判理论的评估；协商民主评估；基于残疾人权利的评估；伙伴国家领导的评估；文化响应评估；面向土著的评估；基于女权主义的评估；变革性参与式评估

✎ 复习思考题

1. 变革性范式包括哪些假设？
2. 变革性评估的产生发展历程是怎样的？
3. 批判种族理论具有哪些基本观点？
4. 基于批判种族理论的评估的方法有哪些？
5. 协商民主评估的基本原则有哪些？
6. 如何实施协商民主评估？
7. 基于残疾人权利的评估有何特殊性？
8. 基于残疾人权利的评估具有哪些原则？
9. 如何评价变革性评估？

第六章
大数据政策评估

    21世纪初人类社会进入大数据时代。在这个新的时代，如何利用新的机遇进行理论和方法的创新，成为政策与项目评估正在经历的重大命题。自2011年，一些学者开始探索如何运用大数据对政策与项目进行评估。大数据政策评估以数据密集型科学发现范式为基础，利用大数据源及其相关的技术和方法对政策与项目进行评估。本章对大数据政策评估的范式、模型和方法进行介绍。

第一节　大数据政策评估的含义与范式

一、大数据政策评估

（一）大数据及其关键技术

1. 大数据的含义与特征

    学界对大数据还没有一个公认的定义。研究机构高德纳从应用价值角度指出，大数据是需要新处理模式才能具有更强的决策力、洞察发现力和流程优化能力来适应海量、高增长率和多样化的信息资产。麦肯锡咨询公司则认为"大数据是一种规模大到在获取、存储、管理、分析方面大大超出了传统数据库软件工具能力范围的数据集合"（Manyika et al.，2011）。而学者杰克逊则提出了一个更为综合的界定："大数据是一个总括性的术语，指的是我们在使用数字设备时不断生成的大量且不断增加的数字数据，以及分析大型复杂数据集的新技术和方法"（Jackson，2015）。在该定义中，大数据并非仅指数据本身，而是数据和大数据方法、技术的综合。本书采用杰克逊的界定。

    舍恩伯格等认为，大数据具有4V特点。volume表示大数据的数据体量巨大，数据集合的规模不断扩大；velocity指数据增长速度快，数据移动速度快，数据处理速度也快，具有时效性；variety表示大数据的数据类型繁多；value表示大数据的数据价值密度低，即虽然大数据的体量巨大，但其中包含的有价值的数据并不多。

2. 大数据的来源与类型

    大数据具有多种来源。从数据生成的角度，大数据具有以下三种来源。一是对现实世界的测量，即通过感知设备获得数据。这类数据包括机器产生的海量数据，如应用服务器日志、传感器数据（天气、水、智能电网等）、科学仪器产生的数据、摄像头监控数据、医疗影像数据、RFID（radio frequency identification，射频识别技术）和二维码或条形码扫描数据。二是人类的记录。外部信息通过人类大脑的识别变成计算机可以识别的信息，由人类录入计算机形成数据。这类数据包括关系型数据库中的数据和数据仓库中的数据，如企业中企业资源计划系统、客户关系系统等产生的数据。另一类是人类用户在使用信息系统过程中记录的行为，包括微博、微信、电子商务在线日志、呼叫中心评论、留言或者电话投诉等。三是计算机生成。计算机通过现实世界模拟等程序生成数据，例如，通过计算机动态模拟城市交通，生成噪声、流量等信息。从数据渠道的角度，大数据具有以下获取渠道。一是政府数据来源，主要指国家平台（如全国信用信息共享平台、全国公共资源交易平台、全国投资项目在线审批监管平台等）、各职能部门平台（如公安、人社、税务、市场监管、民政、教育等）和各地方政府平台。二是企业数据来源，指企业生产经营全生命周期各类数据（如工商登记注册、就业招聘、投融资、专利软著等）。三是个人数据来源，主要指自然人工作生活中产生的各类行为数据（如移动位置、出行、教育、消费、通信等）。四是互联网数据来源，指互联网上公开信息（如新闻、微博、微信、学术智库、电商评论、房产等）。五是物联网数据来源，指从智能硬件设备中获取数据资源（如可穿戴设备、车辆、智能家居、工业控制等）。六是国际数据来源。包括世界各国的基本概况、经济产业、政策法规、规划计划、项目工程、投资贸易、科研机构、企业组织、旅游及文化交流、社会舆情等各方面的信息（王建冬等，2019）。从不同的角度可以对大数据进行分类。从大数据的存在形态来看，可以分为文本数据、数字数据、声音数据（音频文件和音乐）、图像数据（照片和图形）、视频数据（结合音频和视觉）。从数据的结构化程度来看，大数据可被分为结构化、半结构化和非结构化数据。

3. 大数据关键技术

大数据技术是一系列使用非传统工具来对大量数据进行处理从而获得分析结果的数据处理技术，其关键技术包括大数据采集、大数据预处理、大数据存储及管理、大数据分析及挖掘、大数据可视化等方面的技术。表 6.1 对大数据处理相关环节及其关键技术进行了归纳。

表 6.1　大数据处理相关环节及关键技术

环节	主要任务	关键技术
大数据采集	通过各种方式获得各种类型的海量数据	传感器、日志文件、网络爬虫、API 数据接口导入、众包
大数据预处理	完成对已采集数据的辨析、抽取、清洗、填补、平滑、合并、规格化以及检查一致性等操作	数据清洗（遗漏数据处理技术、噪声数据处理技术、不一致数据处理技术）、数据集成、数据转换、数据削减（数据立方合计、维数消减、数据压缩、数据块消减）
大数据存储及管理	运用存储器把采集到的数据存储起来，建立相应的数据库并进行管理和调用	分布式文件系统、NoSQL 数据库系统、数据仓库系统
大数据分析	运用各种方法对大数据进行分析，以获得有价值的、深入的信息	依据大数据存在形态：文本分析方法（文本检索、文本摘要、词法与句法分析、文本分类与聚类、语篇分析、语义分析、信息抽取、情感分析、序列标注、机器翻译）；图像分析方法（图像内容检索、光学字符识别、人脸识别、卫星遥感影像分析、表情识别）；音频分析方法（音频分类、音频流分割、音频内容检索）；视频分析方法（运动目标识别、运动图像抽取等）

续表

环节	主要任务	关键技术
大数据分析	运用各种方法对大数据进行分析，以获得有价值的、深入的信息	依据分析方法的层次：基本分析方法（对比分析、趋势分析、显著性差异分析、分组分析、结构分析、综合评价分析、漏斗分析等）；高级分析方法（时间序列分析、相关分析、回归分析、判别分析、主成分分析、因子分析和多维尺度分析等）；数据挖掘（机器学习、专家系统和模式识别等）
大数据可视化	将大数据分析结果以各种视觉表现形式直观地展现给用户	高维数据可视化、网络数据可视化、层次结构数据可视化、时空数据可视化、文本数据可视化等

（二）大数据政策评估的含义

诸多学者认为，大数据政策评估是将大数据的理论、方法、技术与政策评估相结合或者说是"大数据+政策评估"。在这些学者看来，大数据和政策评估虽然存在若干差异，但是大数据和政策评估也存在着若干共同点或互补性。其一，二者都是以数据为基础的。大数据自不待言，而政策评估的实质也是以数据为原材料。其二，关于数据的处理过程都是一致的，都经过数据的收集和分析等步骤。其三，在具体的数据收集和分析的方法上，也存在若干共同点。例如，两者都试图找出影响政策绩效的因素，都试图预测政策未来的运作情况，都将建模应用于大型数据的分析，都试图监测行为变化；使用的数据类型和数据分析方法存在许多重叠，都强调人的维度的重要性以及都关心分析结果的传播和利用。因此，大数据政策评估就是在这些共同点的基础上，将大数据提供的多数据源、新的算法和技术整合进政策评估当中，形成新的政策评估理论和方法。因此，我们认为，大数据政策评估（big data-based policy evaluation）指在大数据时代下充分利用大数据及其相关的技术和方法，对政策或项目进行评估的行为。

二、大数据政策评估的范式

从哲学上看，大数据政策评估以数据密集型科学发现范式为哲学基础。2007 年 1 月，图灵奖得主格雷发表了题为《e-science：科学方法的一次革命》的演讲，敏锐地指出科学的发展正在进入数据密集型科学发现范式——科学史上的"第四范式"。在他看来，人类科学研究活动已经经历了三种不同范式的演变过程。"第一范式"即经验范式，包括人类最早期对自然现象的生活体验和初步观察阶段，也包括人类后来制造了仪器设备进行受控实验阶段，其核心特征是对有限的客观现象进行观察、总结、提炼，用归纳法找出其中的规律。"第二范式"即理论范式，出现于后来的理论科学阶段，其以模型和归纳为核心特征，强调主要通过演绎法，凭借科学家的智慧构建理论大厦。"第三范式"又称计算范式，出现于 20 世纪中期以来的计算科学阶段。面对过于复杂的现象，归纳法和演绎法都难以满足科学研究的需求，人们开始利用计算机的强大功能对复杂现象进行建模和预测。然而，随着近年来人类采集数据量的爆炸式增长，传统的计算科学范式已经越来越无力驾驭海量的数据了，很明显，海量的数据已经突破了"第三范式"的处理极限，无法被研究者有效利用。因此，"第四范式"即数据密集型科学发现范式已经来临，并成为大数据时代科学研究的哲学基础。数据密集型科学发现范式的基本观点是：科学工作者不再用全部精力与物质世界打交道，而是直接挖掘反映物理实在的大数据或数据世界，从而发现数据里面所隐藏的各种秘密，找到数据规律并挖掘出所隐含的自然或社会规律。数据密集型科学发现范式也有其本体论假设、认识论假设、方法论假设和价值论假设。

（一）本体论假设

数据密集型科学发现范式认为，随着大数据的兴起，数据被赋予世界本体的意义。数据化的趋势，就是把自然界中的万事万物以及万事万物的关系都转化为可计算的数据，不但人的情感、情绪等心理活动和外部行为可以数据化，而且人与人的关系也可以数据化，甚至整个世界的万事万物都可以数据化。世界的一切关系皆可用数据表征，万物皆由比特构成，世界就是一个数据化的世界，世界的本质就是数据，数据世界已经构成了一个独立的客观世界。

（二）认识论假设

大数据革命也引发了认识论革命，具体地说，它引起了知识来源革命、知识本质改变、知识内容革命、知识观念革命以及知识主体的改变。在大数据时代，大数据是人们获得知识的源泉。不仅如此，认识方式的变革也由此产生，例如，大数据诉诸对数据的全样本分析来认识世界、获取知识，避免了以往理论反思与小样本分析的片面性和非代表性弊端；知识获取形态从简单的归纳转变为"大数据归纳法"以及对于数据的挖掘、处理和分析；大数据通过海量数据来发现事物之间的相关关系，只需要知道"是什么"，而不需要追寻"为什么"，知识从分析世界的因果关系转变为分析数据间的相关关系，并利用数据之间的相关关系来解释现象和预测未来（舍恩伯格和库克耶，2013）；人们只需对数据进行分析，而不必对数据显示的内容进行假设和检验，也不用赋予数据意义就能获得知识；而且，知识的不确定性取代知识的确定性，知识观念由真信念转变为可靠性。

（三）方法论假设

数据密集型科学发现范式也有其方法论假设。首先在思维方法上，大数据对传统的机械还原论进行了深入批判，提出了整体、多样、关联、动态、开放、平等的大数据思维。大数据提出了数据化的整体论，实现了还原论与整体论的融贯；承认复杂的多样性，突出了科学知识的语境性和地方性；强调事物的关联性，认为事实的存在比因果关系更重要。这些新思维具有复杂性思维特征。其次这些思维也得到了技术上的实现，即通过事物的数据化，实现定性定量的综合集成，数据挖掘成为科学发现、知识产生的新工具。

（四）价值论假设

数据密集型科学发现范式认为，大数据时代的来临让数据从记录符号变成了有价值的资源，数据从符号价值逐渐延伸到具有认知、经济、政治等诸多价值的财富。同时，数据的使用也可能存在诸多的道德问题。数据是财富，但并不意味着数据没有风险，更不意味着数据获取和分析就一定是道德的。在大数据时代，人们时刻被暴露在"第三只眼"的监视之下，网络购物平台监视着我们的购物习惯，搜索引擎监视着我们的网页浏览习惯，移动电话公司掌握着我们所有通话和短信记录，社交媒体则储存着我们的交往秘密，而随处可见的各种监控则让人无处藏身。因此大数据技术带来了个人隐私保护的隐忧，也带来了对个别组织的数据滥用或垄断的担心，甚至可能侵犯人类神圣的自由意志。数据密集型科学发现范式认为，在科学研究中，应在坚守人的主体地位、维护人的尊严的前提下，关注大数据技术应用可能带来的社会隐忧和对社会的冲击，重新审视生命的意义，维护人类的尊严。

第二节　大数据政策评估的产生与发展

一、大数据政策评估产生与发展的概况

按照拉蒂纳姆等的研究，自 2005 年以来，便有了创新性地使用大数据衡量和评估发展成果的测量研究，2009 年有学者开始使用大数据进行评估（Rathinam et al., 2021）。而拉蒂纳姆等和赫杰隆德等的研究均发现，从 2011 年开始，关于大数据与评估的文章呈现出蓬勃发展的趋势或开始大幅增加（Højlund et al., 2017）。总的来看，自 2011 年至今，大数据政策评估大致经历了如下三个阶段。

第一阶段（2011 年至 2013 年）：初步引入阶段。由于大数据的方法和技术日益对人们的日常生活、企业管理和政府治理产生影响，一些学者开始思考和探索如何将大数据的方法和技术运用到政策或项目评估中。例如，一些学者开始使用大数据来监测和评估上市后的药物监管过程以及在暴乱危机期间如何运用大数据评估局势。然而，这一时期的评估是零星的、少量的；而且大数据方法、技术和评估的联系还很不紧密。

第二阶段（2014 年至 2015 年）：理论探索阶段。要将大数据与政策或项目融合，必须突破相关的理论问题，例如，数据科学与政策评估有何异同？二者能否结合？大数据方法和技术为政策评估带来哪些新的理念？将大数据整合进政策或项目评估有哪些可能性？将大数据整合进政策或项目评估需要哪些条件或者会遭遇哪些障碍等。在此期间，一批学者较为集中地探索这些理论问题。例如，班伯格探索了大数据分析与评估实践的互补性（Bamberger, 2016）；辛特勒等提出了大数据为政策评估带来的新理念（Schintler and Kulkarni, 2014）；杰克逊提出一个将大数据应用于评估的框架（Jackson, 2015），班伯格等探索了大数据在政策或项目评估各阶段的多种潜在应用，并分析了将大数据应用于政策或项目评估可能存在的问题或挑战（Bamberger, 2016）。对这些理论问题的探索不仅深化了前一阶段的研究，而且为运用大数据方法进行实证评估奠定了理论基础。

第三阶段（2016 年至今）：操作运用阶段。自 2016 年末以来，由于相关理论问题的突破以及评估者对大数据的方法和技术的了解越来越多，运用大数据方法进行的实证评估也越来越多。从数据类型来看，评估较多地使用了社交媒体数据、卫星图像和遥感

数据、手机数据以及网络搜索数据；从政策领域来看，相关评估涉及教育、就业、环境、经济发展、城市发展、卫生以及疫情应对等方面的政策和项目。从使用大数据的评估者来看，各国人员不断增加，而且一些国际组织和评估机构也日益投身于其中，例如，联合国"全球脉动"（Global Pulse）计划、国际影响评估基金、世界银行、全球环境基金（Global Environment Facility，GEF）、阿卜杜勒·拉蒂夫·贾米尔贫困行动实验室（The Abdul Latif Jameel Poverty Action Lab，J-PAL）等。

二、大数据政策评估的理念

（一）低成本高效益评估理念

如何尽可能多地收集有效的数据并进行科学分析一直是评估者的追求，但评估数据的收集与分析是昂贵的，一是费用上的昂贵，二是时间上的昂贵。大数据增加了新的数据源，将传统政策评估使用的"小数据"转变为"大数据"，极大地增加了评估的原材料。大数据存储、管理和分析的方法使得整合不同数据源和查找以前无法检测到的模式的能力也大大增加。因此大数据及其技术和方法提供了低成本高效益的机会。

（二）参与式评估理念

由于受到评估场地条件、评估成本、评估方式（要求直接参与）的制约，传统的政策评估中利益相关者、公众参与的人员数量有限、机会较少，而且缺乏有效的对话和互动。大数据时代为解决这些问题提供了可能性条件。首先，大数据时代的政策评估不一定需要评估主体在集中的场地直接参与评估，信息技术和互联网技术给公众（不分种群、不分层级、无论老幼）以发声的平台，公众可以通过多种方式参与到评估中。其次，大数据时代的政策评估基于大数据的处理技术，可以收集和分析无数相关主体的数据实现评估，所以评估主体的数量可以大大超过传统时期，甚至实现全主体的广泛参与。最后，大数据技术特别是社交媒体的广泛应用确保了人们之间的交互性，不仅为利益相关者、公众参与到评估中提供了机会，而且还允许利益相关者之间、评估人员与利益相关者之间、利益相关者与公众之间进行对话（Agostino and Arnaboldi，2017）。Twitter、Facebook、微博、论坛作为喜闻乐见的交互阵地，可以允许利益相关者、公众进行交流、评论和回应，在一定程度上有利于形成对政策或项目效果的"建构"。

（三）全面性评估理念

传统的政策评估都是内容十分有限的评估，大数据时代提供了对公共政策内容全方位评估的可能性。小数据时代的数据总量较小，类型较简单，数据获取渠道较少，手段、技术较落后，这导致缺乏可供参考的数据，所以存在对评估对象的认知不全面、不透彻的问题。而在大数据时代，我们可以分析更多的数据，有时甚至是所有数据，而非仅仅依赖于随机抽样得到的样本数据，大数据会让我们看到样本数据不能揭示的细节信息。所以，相较而言，小数据时代政策评估的内容较为狭窄；而在大数据时代，将能够对公共政策进行更为全面的评估（陈家刚，2019）。

（四）快速性评估理念

大数据可以快速提供大量数据，许多数据可以近乎实时地交付并不断更新，这将提升政策评估的速度。传统的政策评估数据收集较为缓慢，这使得如果想了解某个阶段的情况，就需要滞后很多时间，难以及时监测政策执行和行为变化的过程。但是大数据拥有传输的高速性，信息抓取能力、储存能力和传播速度的极大提高使得大数据评估可以提供实时的数据，也就意味着时效性，这有助于评估者及时观察政策执行过程和行为变化过程并快速完成评估。例如，如果想了解某项政策对当地经济发展的促进作用，在假设不考虑其他因素影响的情况下，只需要追踪当地的商品交易量、监测居民电表和网络数据流量变化情况等就可以进行客观推算，这相对于通过抽样设计、实地走访调查的传统评估来说，速度将大大提升。

（五）持续性评估理念

由于可以快速、实时地获取数据以及瞬时或近瞬时数据处理，政策评估不会只在政策执行过程结束时进行，而是能够在政策周期的任何阶段发生，实现持续的评估。首先，在政策出台之前，通过收集网络民情、舆情，搜索引擎热词、时政热点关注度以及相关的评论可以发现公众对即将出台的政策态度，加上大数据的强大预测功能，有利于开展事前评估。其次，在政策执行时，大数据的实时性有利于开展事中评估，可以加强对政策的跟踪、实时掌握政策执行给施政对象带来的变化。最后，大数据还可以通过对政策结果的科学测量和对因果推断的改善，优化事后评估。因此，大数据时代的政策评估不再局限于对政策执行的效果的评估，而是包括了对需求、过程、结果和影响等的连续的、持续的评估。

（六）包容式评估理念

对于一些在政策中处于弱势地位、难以发出自己声音、处于危机状态中、容易被排斥的群体，大数据技术还使评估者更容易对其进行识别和交流，倾听他们的声音，提升政策评估的包容性。传统评估中，出于技术和交流的困难，像残障人士、地震中的灾民、新冠疫情中的被隔离人员等特殊群体可能很难发出自己的声音或者评估者很难与其进行交流。而在大数据时代，互联网技术、通信技术等可以省略沟通场地、不需要问答式的正面沟通，使得评估者将所有的相关群体都纳入评估中来，让评估更具有包容性。

三、大数据运用于政策评估中的潜在可能性

一般来说，政策评估包括确立背景和利益相关者、评估设计、评估数据收集、评估数据分析以及评估结果传播和利用等五个环节。这五个环节均具有将大数据运用于其中的潜在可能性（Bamberger，2016）。

（一）将大数据整合进政策背景和利益相关者的识别中

政策评估的首要环节是要把握被评估政策的背景和识别政策利益相关者。政策的背景包括与当地环境（时间和地点等）、政策问题的历史及其建议的解决方案等相关的变量。背景变量影响评估的问题、评估的类型、数据分析以及评估结果传播、利用的决策。由于政策评估是评估政策对利益相关者的影响，并且评估过程中与利益相关者的充分互动是获得准确评估结果的重要要求，因此也需要首先识别利益相关者。几种大数据技术将被整合进这一环节中：一是通过遥感分析来明确政策的空间状况。二是运用社会媒体数据分析和网络查询来把握政策问题的历史及其建议的解决方案等相关的变量。三是通过社会媒体数据分析和手机调查来获取利益相关者的信息，从而识别利益相关者。由此，将大大提升背景识别和利益相关者识别的清晰性、完整性。

（二）将大数据整合进评估设计中

在识别了政策背景和利益相关者之后，评估者应针对政策的特征、背景和评估的问题选择适当的评估设计。至少有七种应该被考虑的评估设计，无论何种评估设计，大数据都可以被成功地整合进其中，并提高设计的质量。

（1）实验与准实验设计。这些设计通过比较实验组（实施政策的组）和比较组（不实施政策的组）的预期结果变量随时间的变化（通常在政策启动和政策完成之间），来获得政策结果。这类设计的关键在于为两组创造出相同的对象。大数据可以通过来自各种数据源的数据（如传感器数据、社交媒体数据、移动电话数据、电子交易数据、网络搜索与浏览数据）进行分析比较，对实验组对象和控制组对象进行较为精确的匹配。而且，还可以将这些数据与传统数据（统计数据、访谈、问卷调查等）结合起来，使用倾向差分匹配技术来进一步加强匹配。

（2）统计设计。此类设计经常在国家层面（在控制宏观层面的指标的同时，通过与其他类似国家的指标进行比较），使用计量经济技术评估全国性政策的影响。此时充分运用大数据的多样性和集成性，寻找更多的或更有价值的可比较指标，提升评估的精度。

（3）基于理论的设计。这类设计运用逻辑模型描述政策如何达成其结果以及达成这些结果的随机链。模型还可以包括可能影响结果的背景因素。通过比较预期结果与观察到的结果，评估政策的有效性。此时，充分运用大数据集，可以提供更广泛的背景因素数据，还可以提供关于实施指标和行为变化的实时反馈，最终可以在连续反馈的基础上不断地测试和更新政策变化的理论。

（4）案例研究。此类设计以个案为分析单位，其基本思路是通过比较已接受政策和未接受政策的案例或根据政策受益人案例研究的样本进行推断来评估政策效果。近年来定性比较分析（qualitative comparative analysis，QCA）被越来越多地运用到该类设计中，其采用50个或更少的样本个案，首先为每个个案准备矩阵，其次进行分析，以确定哪些因素与结果的实现相关，哪些因素对结果的实现没有贡献。最后，充分运用大数据集，对相关案例进行深入分析，可以增加每个案例的样本量或矩阵中包含的变量数量。

（5）参与式设计。这类设计试图通过不同类型的小组协商或深入观察来收集受政策影响的社区和团体的观点，并根据受影响人群的意见和观点评估政策效果。参与式方法通常在相对较小的规模上进行。此时，如果嵌入"参与式跟踪"的大数据方法，此类设计将被极大地改良。"参与式跟踪"的大数据方法将平板电脑等尖端技术与参与性流程（如基于社区的问卷生成）相结合，以生成与所有利益相关者相关的政策绩效实时图像，同时，加上数据可视化系统，还可以使数据在识字能力有限的环境中真正实现民主化，可以形成大规模群体的、参与式的、真实的政策反馈回路。

（6）评论和综合。系统评论（如荟萃分析）是对特定主题的、达到可接受的严格方法标准的所有评估进行评论，并综合结果。平均结果对政策结果的平均影响大小提供了对政策潜在影响范围的估计。综合评估（如叙事合成、现实主义者合成）既可用于对不同背景下特定政策的效果进行更宏观的评估，也可用于通过帮助确定影响结果的因素范围来指导新评估的设计。此时，可以使用具有定制的关键字序列的数据搜索机制来覆盖学术数据库和在线门户网站，增加拟审查和综合的文献量。大数据技术也可以增加分析中包含的变量数量和在综合大量研究时协助进行相关的分析。

（7）混合方法设计。政策评估界越来越认识到混合方法设计的重要性，这种方法设计既能捕获政策的定量方面，又能捕获政策的定性方面。即使不总是使用混合方法设计，也始终将其视为设计选择。大数据旨在管理大型和复杂的数据集，涉及多个来源数据的整合，既允许收集、分析定量数据，也允许收集、分析非结构化文本材料、声音和视频材料等定性数据。大数据通常与混合方法技术相结合，或通过混合方法技术进行验证。目前大数据已经开发出分析不同类型/数据集组合的技术，如数据挖掘、机器学习和自然语言分析等技术。此时引入这些方法或技术，将提升政策评估混合方法设计的质量。

（三）将大数据整合进评估数据收集中

数据是评估的原材料，只有充分的数据，才能提供证据证明政策如何改变了其所服务的人的生活。因此数据收集是政策评估的一个重要组成部分。大数据可以被成功地整合进抽样、评估数据采集、评估数据集成、数据收集的质量控制等多个环节中。

（1）抽样。卫星图像和全球定位系统（global positioning system，GPS）地图可以提供总目标人口的图像，这些图像可以覆盖实际抽样的人口，以确定是否存在重要差异。电话公司保留其客户的详细信息，这可用于确保选择的电话用户样本代表所有电话用户，还可以确定一个电话用户样本与总人口的匹配程度，由此降低样本选择偏差。

（2）评估数据采集。首先，整合大数据技术。通过收集来自多个来源和多种格式数据，如通过系统日志采集、网络数据采集、特定系统接口以及大数据采集平台等技术可以采集海量的线上行为数据和内容数据，从而实现评估数据的规模化和多样性。其次，利用大数据技术识别政策意外效果。大数据能对政策实施过程的一系列关键指标的变化和对更广泛的背景因素的影响提供实时或快速的反馈，以发现意想不到的结果。另外，通过分析社交媒体数据而获得的在线变化理论可以提供用于识别、跟踪和更新意外结果的有用框架。再次，整合大数据收集难以接近的群体的数据。大数据提供了利用新的数据源联系这些群体的新方式，例如，通过电话或社交媒体让在特定社区中声音被淹没的某些群体更自由地说话，身处于高风险地区的人们有时可以发送有关这些地区情况的视频和音频记录，卫星也可以跟踪那些本来很难找到或联系到的群体。然后，利用大数据技术收集政策实施和行为变化过程的数据。大数据通常可以提供实时和连续的数据，这有利于观察政策实施的过程。各种大数据和通信技术资源可以获取行为变化的信息，例如，移动设备可以捕获会议、工作团队和社区生活的不同方面的视频和音频记录，社交媒体也是一个繁荣、富有的信息来源，社交网络分析工具也可以分析人们行为的变化。最后，运用大数据技术加强定性数据的收集。智能手机等可以收集高质量的音频和视频数据，提升定性数据的数量和质量。

（3）评估数据集成。对于多个来源和多种格式数据的集成，传统政策评估无能为力。此时，运用模式集成、数据复制、综合性集成以及其他大数据技术可以将这些数据较为便捷地加以集成。

（4）数据收集的质量控制。在数据收集中，除运用传统的培训、职业道德、抽查、人工审核等手段外，广泛使用信息与通信技术软件。例如，GPS 可以确保被选取的家庭正在接受采访，当使用随机抽样时，移动设备可以确保使用适当的选择程序。如此，可以在收集过程的所有阶段控制数据质量。

（四）将大数据整合进评估数据分析中

只有对评估数据进行科学分析，才能得出准确的评估结果。评估数据分析可以被视为一个神秘的由专业统计学家对定量数据进行分析的过程，或是一个神秘的由那些有足够的智慧和洞察力的人观察在定性数据中出现的模式的过程。数据挖掘、数据可视化等基本分析工具和预测建模、文本分析等高级分析工具为分析太大和太复杂的数据集提供了强大的手段。另外，用于分析和解释定性数据的软件正在迅速改进，这将帮助消除某些报告偏差或主观解释。此时，应及时地将这些工具和软件整合进数据分析环节中，这无疑将大大提升评估数据的分析能力，破除数据分析的"神秘性"。

（五）将大数据整合进评估结果的传播和利用中

政策评估是为了向科学地配置资源，修正或终结政策提供依据，因此，其最终目的是传播和利用。大数据通过社交媒体和通信技术提供了更多的传播渠道，并且数据可视化有助于清晰、有效地传播与沟通评估结果，而社交媒体的交互性为确保多个利益相关者的参与对评估结果的反馈提供了便利。所以在该环节中，应运用这些技术对传统的手段进行补充、加强或者替代，从而促进政策评估结果的传播和利用，提升基于证据的政策制定能力。

四、影响大数据在政策评估中运用的因素

尽管大数据运用于政策评估中存在诸多的潜在可能性，但需要注意的是，并不是所有的情况都适合运用大数据进行政策评估，大数据在政策评估中的适用性受到以下五个因素的影响（Bamberger，2016）。

（一）方法需求

大数据虽然有其突出的优势，但传统的评估方法也有其不可忽视的优点。传统的评估方法拥有对背后主观动机的敏锐洞察力，可能评估的结果一样，但是却是出于不同的原因。人是最复杂的生物，只有运用社会学的方法，通过实实在在的调研访谈才能揭示数据背后的鲜活现实，所以如果传统的评估设计已经被认为是充分的，那么就不必再采用新的方法进行评估。而如果传统评估设计在方法上存在薄弱之处，那么大数据方法就具有高适用性。

（二）测量指标的属性

用来评估政策的指标的属性（如指标数据的可获得性、指标的结构效度）等影响大数据方法的适用性。例如，使用诸如气候变化、城市增长、交通模式等容易测量的（和现成的）物理测量方法的指标来评估政策时，大数据方法具有高适用性。反之，运用诸如对妇女的暴力、家庭暴力和难以获得数字数据的社区组织等社会和行为指标来评估时，大数据方法适用性低。另外，使用高结构效度的指标（指标被收集是为了与评估相关的目的）适合运用大数据方法，而使用构造有效性较低的指标（为不同目的生成的代理指标和代理有效性没有明确验证）则不大适合使用大数据方法。

（三）政策属性

大的、复杂的政策更适合使用大数据方法，而小的、简单的政策则不适合使用。对于在最初的概念验证之后将继续运行的政策，适合运用大数据方法，因为政策的继续运行，使得预测成为可能。而对于唯一的目的是测试理论的实验性政策，则不适合运用大数据方法。另外，对具有相对较长的持续时间和可生成（实时）时间序列数据的政策，使用大数据方法进行评估是合适的选择。相反，对持续时间较短且时间序列数据无法生成或不相关的政策，则不适合使用大数据方法进行评估。

（四）潜在变量和变化理论

如果政策中有大量可能影响政策结果的潜在变量，以及该政策没有关于如何达成结果的明确理论，此时运用大数据方法适用性高。反之，如果某项政策具有基于现有数据的简单模型可清楚说明的变化理论，则此时运用大数据方法适用性低。

（五）隐私和安全因素

大数据的应用最大的问题在于信息安全和个人隐私权利极易受到侵犯，当预计政策评估中没有数据隐私和安全方面的问题时，可以将大数据方法整合进评估中。而如果政策评估中存在数据隐私和安全方面的风险，则不宜使用大数据方法。

五、大数据在政策评估中的具体运用

大数据政策评估的关键是要能够将大数据运用到实际的政策评估中。从现有研究来看，目前运用大数据进行政策评估主要体现在两类应用上。一是运用大数据对政策的结果进行测量。这涉及建立与政策结果相关的指标，并运用大数据及其方法和技术对指标进行测量。例如，在评估扶贫政策的结果时，就需要建立"贫困程度"这一指标，并可以运用手机数据来测量该指标。二是运用大数据方法特别是机器学习方法改善政策评估中的因果推断。研究表明，机器学习可以更好地识别和控制混淆因素、帮助更好地构建对照组、更好地识别异质性因果效应以及检验因果关系的外部有效性，从而可以更好地识别政策与政策后果的因果关系（郭峰和陶旭辉，2023）。

从数据的类型上看，各种类型的大数据都可以运用到实际的政策评估中。但从目前来看，对社交媒体数据、卫星数据、手机数据、网络搜索数据等四种数据的运用较为典型。另外，由于一项政策的效果具有多样性，涉及的利益群体也具有多样性，运用综合数据（结合多种类型的数据或多源异构数据）对政策或项目的评估越来越多。

第三节　大数据政策评估的主要模型与方法

如第二节所述，目前运用大数据进行政策评估主要体现在两类应用上。一是运用大数据对政策的结果进行测量。其中，以社交媒体数据、卫星数据、手机数据、网络搜索数据等四种数据的运用较为典型。二是运用大数据方法特别是机器学习方法改善政策评估中的因果推断。另外，运用综合数据对政策或项目进行评估也是一个重要趋势。因此，本节首先介绍运用社交媒体数据、卫星数据、手机数据、网络搜索数据对政策与项目结果进行测量的方法，其次介绍运用机器学习方法改善因果推断的方法，最后简要介绍运用综合数据对政策或项目进行评估的方法。

一、运用大数据测量政策结果

（一）运用社交媒体数据测量政策结果

1. 社交媒体数据与可能的测量指标

社交媒体数据是大数据的一个特殊类别，被定义为一系列以社交互动为中心的在线工具所产生的大量用户数据。社交媒体包括各种各样的平台，如 Facebook、Twitter、微博等社交网络，YouTube、抖音等视频和图片共享平台以及维基百科或博客之类的维基网站。尽管在社交媒体这一总括术语下已知的工具种类繁多，但它们都具有用户主动实时生成内容的共同特征。对于政策或项目评估而言，社交媒体数据具有三个显著的优势：一是民主性，许多公众都可以使用或访问社交媒体，并可以自主地发表对政策或项目的评论意见；二是实时性，社交媒体数据是实时生成的，公众也可以全天候地提供评论和意见，这提高了事件信息的创建、传播和评论的速度；三是互动性，允许政策制定者、执行者与公众进行对话（Agostino and Arnaboldi，2017）。由于具备这些优势，因此社交媒体数据特别适合收集公众的意见，进而有利于衡量政策或项目的有效性。

从一般意义上说，社交媒体数据包含以用户为中心、以关系为中心、以内容为中心等三个方面的数据，并且都具有多种潜在的挖掘价值。从用户数据方面上看，社交媒体中的用户可分为博主、关注对象和粉丝，可以进行发布、关注、转发（retweet，RT）、提及（@）、回复和评论操作，并且同一个用户可以参与多个社交网络的互动。因此，可以从以用户为中心的数据中识别用户身份、分析用户互动形成的社群的特征和行为规律以及用户影响力计算。从关系数据方面看，社交媒体用户之间存在关注关系、传播关系和互惠关系。从这些数据中，可以挖掘用户关系的强度、用户对信息的转发和采纳规律，以及用户的集体联合影响力。从内容数据方面看，社交媒体中用户交互的内容不仅有文本信息，还会包含大量的地理位置、图像和视频等多媒体信息，并且在这些信息中还会包含情感信息。从这些数据中，可以挖掘用户的移动趋势、挖掘话题事件及其动态演变、提取公众的情绪和意见。因此，从理论上说，社交媒体数据也为政策或项目结果的测量提供了大量有价值的信息。

当前评估界主要从以下几个角度来建构测量的指标。其一，公众对政策或项目的关注度。由于公众在特定时间内发帖或评论的数量反映了公众对政策或项目的兴趣，因而可以体现公众对政策或项目的关注度。其二，公众对政策的态度或满意度。社交媒体允许公众对政策或项目发表具有特征性的意见和观点，因此可以从中挖掘公众对相关政策或项目的支持或满意程度。常用的指标包括情绪得分、情感强度、平均情绪值或负面情绪值等。其三，公众讨论的主题。可以从公众的对政策或项目的讨论中识别特定的主题，还可以从海量的在线评论中推导出公众对政策或项目的主要关注点、重要事件。公众态度分析和公众讨论主题分析的结合可以帮助找出公众对相关问题满意或不满意的决定因素。

2. 相关的测量方法

要运用社交媒体数据对上述指标进行测量，需要独特的数据收集与分析方法。从数据收集来看，常用的社交媒体数据收集方法包括通过社交媒体平台公开的应用程序编程接口（application programming interface，API）或运用网络爬虫。大部分社交媒体平台都开放自己的 API，评估人员需要先获取平台的 API 密钥，再连接到 API 并下载数据。网络爬虫则是一种按照一定的规则自动地抓取网络信息的程序或者脚本。

从数据分析来看，首先，对于关注度指标，可以通过两个具体指标来衡量，即绝对帖子量和标准化帖子量。绝对帖子量是消息的绝对数量，反映了社交媒体中对政策或项目讨论的绝对强度。然而，在分析发帖行为的空间分布时，一个区域内相关的帖子量不仅受该区域相关话题的突出影响，还受到人口规模、互联网普及率和社交媒体流行度等因素影响。为了消除这些因素的影响，可以建构一个标准化的指标——标准化帖子量，将一个区域内相关的帖子量数除以该区域的"发帖强度背景"以更好地衡量公众关注度并用于比较（Kirilenko and Stepchenkova，2014）。其次，对于公众满意度，可以运用情感分析（sentiment analysis，SA）方法。其旨在利用句子中带有感情色彩的词进行赋值和归类，进而判别出该文本的情感倾向。情感分析方法可以分为基于情感词典的情感分析方法、基于传统机器学习的情感分析方法和基于深度学习的情感分析方法三种。同时也应根据具体的数据情况、技术的掌握情况对以上方法进行选择。最后，在话题事件挖掘方面，可以采用一些话题模型识别文本中的潜在主题。典型的话题模型包括向量空间模型、图模型、概率模型。另外，可以根据评估的具体情况对这些模型进行选择，以识别公众对政策或项目开展讨论的主题。

案例　运用社交媒体数据评估秘鲁响应计划的绩效

一、资料来源

Ramos-Sandoval R. 2021.Peruvian citizens reaction to reactiva Perú program: a twitter sentiment analysis approach.https://doi.org/10.1007/978-3-030-76228-5_2.

二、评估对象及其背景

秘鲁响应计划（Reactiva Perú Program）是秘鲁政府为应对 2019 年新型冠状病毒引起的经济危机而实施的一项计划。由于新型冠状病毒疫情，2020 年 3 月秘鲁总统马丁·比斯卡拉（Martin Vizcarra）宣布全国进入紧急状态。在采取的措施中，政府下令封锁全国，使全国的许多活动陷入瘫痪。为了应对这一措施的经济影响，秘鲁政府提出了"秘鲁响应计划"。该计划的目的是向难以向工人和供应商及时付款的公司提供贷款，以确保这些公司能够继续运营。秘鲁中央储备银行称，该计划的第一阶段在 2020 年 6 月份执行了 300 亿索尔（约合 85 亿美元），向 51 440 家微型和小型企业（占公司总数的 70%）提供了资金，另外也向中型公司（占公司总数的 26%）、大型公司（占公司总数的 4%）提供了支持。为了能够迅速查明需要改进的领域，并能够在国家紧急状态的框架内及时向秘鲁的有关企业提供财政资助，确保计划最大限度地发挥效力，需要对该计划进行评估。

三、哲学与理论基础

评估学者通常使用问卷调查来衡量对冲突的大型基础设施项目的公众意见。然而，传统的调查方法被认为是昂贵、耗时和侵入性的。推特（Twitter）等社交媒体的蓬勃发展，凸显了收集和评估民意的新机会。这些社交媒体平台中的用户生成内容提供了具有社会重要性的各种主题的大量数据，可以反映他们对公共政策的态度和意见。截至 2020 年 1 月，秘鲁有 2400 万名互联网用户，而来自推特的用户有 124 万人，推特成为公众围绕新闻、政治、商业和娱乐进行辩论的重要场所。因此，推特代表了一个工具性平台，可以捕捉用户对秘鲁响应计划的反应、想法和情绪。

四、评估方法

（1）获取数据集。第一步是获得发布在推特上有关秘鲁响应计划的推文。通过在推特上下载，评估学者提取了 2020 年 4 月 6 日至 2020 年 6 月 12 日之间发布的推文，共计5000 条，这些推文均以西班牙语发布。

（2）预处理数据集。由于推文的非结构化性质，需要减少文本中的噪声，以提高情感分类的性能和准确性，另外也需要将单词转换为向量。使用自然语言处理技术进行处理。例如，标记化——将文本分解为单词和符号；去除停用词——删除给定语言中不具有重要意义的常用词；词干分析——将单词转换为词根。预处理后，从数据集中分出一部分作为训练文本。

（3）极性分类。使用机器学习方法进行极性分类。具体来说，使用朴素贝叶斯技术，这是一种有监督的机器学习方法，允许自动建立分类模型。经过训练，该模型的准确率达到 80.47%，在分类方面表现出最佳性能。

五、管理与预算

没有披露预算及其分配情况。

六、评估结论

（1）公众关注度的不稳定性。通过对 2020 年 4 月 6 日至 2020 年 6 月 12 日之间公众每天发布的推文数量进行绘图，可以发现，公众发布的推文数量在一些日子里较多，而在另一些日子中较少，呈不规则分布，说明公众对秘鲁响应计划的关注并不稳定。

（2）公众对秘鲁响应计划的关注点。通过对推文中提到的最常见单词的频率排序以及词云图绘制，可以发现公众对秘鲁响应计划重点关注的方面或话题，包括秘鲁重启、金融支持、贷款数量、多方利益等。

（3）公众对秘鲁响应计划的态度。朴素贝叶斯方法预测的结果表明，在 2020 年 4 月 6 日至 2020 年 6 月 12 日期间，公众对该计划的消极情绪占 85.49%，积极情绪占 14.51%，消极情绪大大超过积极情绪，说明公众对该计划主要持负面态度。评估人员对推文样本内容和推文发布数量趋势的分析结果表明，负面态度居多可能与资金分配的公正性和封锁措施有关。

七、评估者的反思

评估人员将以上评估结果与一家调查公司于 2020 年 5 月 26 日和 6 月 27 日运用传统调查方法得出的结果进行了比较，发现二者具有一致性。该评估表明运用社交媒体数据进行政策评估具有较强的可行性，并获得了较高的准确率，社交媒体数据可能成为决策者获取公民对公共政策实施的反应的另一种信息来源。但评估人员认为，该评估尚存以下局限性：一是社交媒体中的用户群体可能无法代表全体公民和政策的对象，未来仍须进一步努力尽量减少社交媒体数据收集中的偏差。二是评估没有关注用户所处的位置，因此基于位置的相关比较分析没有开展。

（二）运用卫星遥感数据测量政策结果

1. 卫星遥感数据与可能的测量指标

卫星遥感数据指利用卫星采用光学或微波等观测方法获取及加工处理形成的遥感影像数据。随着卫星遥感技术的发展，遥感数据空间分辨率、时间分辨率、光谱分辨率和辐射分辨率越来越高，数据类型越来越丰富，数据量也越来越大，遥感数据已经具有了明显的大数据特征。目前全球卫星数量已经超过了一千颗，而且单个数据中心的数据量达到了 TB（terabyte，太字节）级，国家级的数据量也已达到了 PB（petabyte，千万亿字节）级，如 NASA（National Aeronautics and Space Administration，美国航空航天局）地球观测数据与信息系统每天接收到的数据量以 4 TB 的速度增长。遥感观测的传感器种类包括全色、多光谱、高光谱、红外、合成孔径雷达（synthetic aperture radar，SAR）、激光雷达（lidar）等，因此数据类型多样。

各种遥感数据反映了地物的不同属性，从遥感数据中可以挖掘出军事目标信息、环境状况信息、水文信息、气象信息、农作物长势以及产量信息、森林信息、城市要素信息、城市变迁要素信息、城市环境要素、交通信息等，这些属性信息对科学研究及人们日常生活具有极高的价值。从一般的角度看，遥感大数据的应用领域非常广泛，可应用于农业、工业、灾害应急、生态环境等各个方面。例如，通过监测森林覆盖及其变化、江河湖泊水质状况与变化、从多时相 SAR 数据中发现地表下沉情况来优化生态环境保护；通过遥感数据分析旱情、火灾形势、地形的变化改善应急管理；又如遥感卫星夜间获得的地表可见光和近红外亮度可以用来表征城镇范围、GDP 分布、人口分布、城市入住率等社会经济要素，因此遥感影像还可以为推进城镇化、促进经济发展、优化建筑资源利用等提供信息；从高光谱遥感数据还可以提取农作物类别、农作物长势等信息，因此卫星遥感数据还有利于农业的发展。

从政策或项目评估的角度看，目前学者常从以下几个方面来建构评估的指标。其一，经济发展水平。由于夜间灯光强度反映了室外和部分室内灯光的使用情况，更普遍的是，晚上几乎所有商品的消费都需要灯光。随着收入的增加，无论是在消费活动还是在许多投资活动中，人均光照使用量也随之增加（Vernon et al.，2012）。因此，在政策或项目评估中，夜间灯光的增长为 GDP 增长的衡量提供了一个非常有用的代理。其二，森林砍伐率。森林砍伐意味着某些树木被清除，并被牧场、农田或种植园所取代，因此森林砍伐涉及生物量的燃烧和植被颜色的明显暂时或长期变化，由此，在政策或项目评估中，可以根据卫星平台上成像光谱仪衍生的火灾发生率和植被颜色变化数据构建毁林指标来测量森林砍伐率（Hammer et al.，2010）。其三，空气污染程度。利用卫星搭载设备对气溶胶光学厚度（aerosol optical depth，AOD）进行测定，由于气溶胶粒子通过吸收散射能够对光线产生消减作用，因此利用其这一特点就可以对颗粒污染物的地面指标（如 $PM_{2.5}$ 污染物地表浓度）进行测量。除此之外，还可以从相关的光谱仪上获取的数据测量 NO_2 水平、扬尘源指数等。

2. 相关的测量方法

对于卫星遥感数据采集的专业人员而言，遥感卫星原始数据获取主要通过数据接收和记录两个步骤来完成。而对于评估人员而言，则往往是向相关机构（如数据中心）申请下载服务获得相关的卫星遥感数据集。目前一些国家陆续制定了卫星遥感数据发布和共享政策，建立了卫星遥感数据对外公布、提供查找、检查、索取以及其他数据管理的服务机制。评估人员可以通过相关的数据访问接口进行免费或有偿的下载。

对于卫星遥感数据的分析，可以通过数学建模与统计建模来进行。虽然理论上我们认为夜间灯光强度可以表示经济发展水平，但事实上二者的确切关系如何还有待验证和精确刻画。因此需要建立相关统计模型、估计模型参数并进行检验。例如，建立夜间灯光增长与 GDP 增长的统计模型、气溶胶光学厚度与 $PM_{2.5}$ 污染物地表浓度的数学模型。例如，探索夜间灯光增长与 GDP 增长的关系可以建立如下回归模型：

$$Y_{it} = \alpha L_{it} + \beta C_{it} + \eta_i + k_i + \mu_{it}$$

其中，Y_{it} 表示 GDP 增长率；L 表示卫星观察到的灯光亮度增长率，可用灯光密度（灯光灰度总值/土地面积）几何增长率表示；η 表示不可观察的地区效应；k 表示时间效应；μ 表示误差项；C 表示一系列其他替代或控制变量集合，如电力消费、城市化水平、资本、劳动力、产业结构等；i 和 t 分别表示地区和年份。通过回归分析特别是面板数据赋予的一系列回归分析可以确认卫星遥感数据和测量指标关系。如果二者的关系得到确认，就可以运用相关数据（如夜间灯光增长）来代理经济发展水平。

案例 **运用夜间灯光数据评估中国对中亚地区援助的效果**

一、资料来源

李熙，巩钰. 2023. 夜间灯光遥感视角下的中国对中亚地区援助效果评估. 武汉大学学报（信息科学版），48(12)：1-11.

二、评估对象及其背景

中亚地区由哈萨克斯坦、吉尔吉斯斯坦、乌兹别克斯坦、土库曼斯坦以及塔吉克斯坦共 5 个国家组成，简称中亚五国。五国在发展过程中存在较大区域发展不均衡问题。从 1992 年开通的中国—哈萨克斯坦跨境铁路开始，中国向中亚地区提供了多项援助，包括公路建设和修复项目、石油管道项目以及水电站项目等，以帮助改善中亚地区的区域经济发展不均衡问题。2012 年至 2019 年间，中国对中亚五国的援助效果如何？是否改善了这些国家的区域发展不平衡？这些问题亟待开展评估。

三、哲学与理论基础

目前全球卫星数量已经超过了一千颗。遥感数据中包含军事目标信息、水文信息、气象信息、森林信息、生态信息、农作物长势以及产量信息、城市要素信息、交通信息等多种信息。夜光遥感通过夜间连续对地观测，记录真实的人类夜间活动，可以反映地区总体经济状况以及区域发展不平衡。

四、评估方法

1. 构建评估指标及对指标进行测量。

（1）指标：夜光均衡指数。通过夜间灯光的不均衡程度可以反映区域经济发展的不均衡程度。

（2）测量公式：

$$\text{NLEI}_{irt} = \frac{\sum_{k=1}^{N}\sum_{j=1}^{N}\left|R_{kt} - R_{jt}\right|}{2N \times \sum_{k=1}^{N} R_{kt}}$$

其中，NLEI_{irt} 表示国家 i 的行政区划 r 在时间 t 的夜光均衡指数；R_{jt} 表示第 j 个像元 t 年的夜光辐亮度值；R_{kt} 表示第 k 个像元 t 年的夜光辐亮度值；N 表示该行政区划 r 内的像元总数目。

（3）数据收集

美国 NPP（National Polar-orbiting Partnership，国家极地轨道伙伴关系）对地观测卫星（每 4 小时经过赤道一次）搭载的可见光红外成像辐射仪对全球范围内的夜间可见光和红外光进行每日测量。基于该辐射仪，美国国家航空航天局开发了一套新的夜光数据产品——黑色大理石（VNP46）。该产品包括每日月光校正后夜光数据、月度月光校正后夜光数据以及年度月光校正后夜光数据。

（4）数据预处理。针对夜光影像，进行的数据预处理包括格式转化、影像拼接与裁剪、去除油气井干扰、质量筛选和等面积投影。

2. 估计中国援助对中亚五国区域发展不平衡的影响

（1）方法：回归分析

（2）回归模型：

$$\text{NLEI}_{irt} = \beta\text{ChnAid}_{rt} + \gamma X_{irt} + \mu_{ir} + \varepsilon_{irt}$$

其中，NLEI_{irt} 表示国家 i 的行政区划 r 在 t 年的夜光均衡指数；β，γ 表示模型的变量回归系数；ChnAid_{rt} 表示援助虚拟变量；X_{irt} 表示控制变量，包括人口数量和 CO_2 排放量；μ_{ir} 表示针对不同行政区划的固定效应；ε_{irt} 表示随机误差项。

假设中亚地区夜光均衡程度由中国援助、区域人口、CO_2 排放等因素决定。

相关数据来源于全球行政区划数据库、美国橡树岭国家实验室、世界银行、世界钢铁组织、美国威廉与玛丽学院发布的中国援助数据。部分援助数据借助 Google Earth（谷歌地球）进行地理编码。

五、管理与预算

没有披露预算及其分配情况。

六、评估结论

1. 夜光均衡指数。2012 年至 2019 年 8 年中亚全部一级行政区划的平均夜光均衡指数为 0.54。中亚地区各国家的区域差异较大，塔吉克斯坦、吉尔吉斯斯坦、乌兹别克斯坦、土库曼斯坦和哈萨克斯坦的平均夜光均衡指数分别为 0.40、0.42、0.49、0.62 和 0.68。

2. 中国对中亚五国的援助对五国区域发展不平衡的影响。中国对中亚地区的援助可以显著促进当地经济发展均衡化。一个地区接受中国援助后，夜光均衡指数减小约 0.01。工业类型、能源类型和交通基建三种类型的中国援助均可以促进当地经济活动的扩散，能源类的援助在促进地区均衡化方面产生的正向效果更积极。

七、评估者的反思

本评估说明卫星遥感数据（本评估具体为夜间灯光数据）对政策与项目评估具有重要价值。大数据可以更方便地测量某些政策后果，可以测量某些过去不能测量的后果，因而有利于政策与项目评估的创新。未来的评估可以结合多源遥感数据以及众源地理信息数据，从而更加全面、客观地评估援助项目产生的社会经济影响。

八、报告与利用

以论文形式发表，目前尚无有关部门利用的报道。

（三）运用手机数据测量政策结果

1. 手机数据与可能的测量指标

手机数据包含如下四类数据。其一，呼叫详细记录（call detail records，CDRs），其主要在用户进行电话通话或短信时记录，它描述了呼叫接续的全过程，如用户之间的通话频率和时长。其二，手机信令数据。为确保通信服务质量，通信基站需要获得手机终端位置所记录的一类数据。手机终端为满足用户通信和上网的需求，会向邻近通信基站发出请求连接至基站，同时记录下用户接入基站的时间戳，以及基站的地区区域码和基站号等，从而产生手机信令数据。其三，手机传感器数据。智能手机通常配备了多个功能强大的传感器，包括 GPS、加速计、重力传感器、气压计、光传感器、陀螺仪和指南针等。这些传感器会记录和产生各种类型的数据。其四，手机社交网络数据。其主要指手机中装载的社交网络应用程序（如微博、Twitter 等）产生的数据。鉴于之前已对运用社交媒体数据测量政策或项目结果的方法进行了介绍，故此仅介绍前三类数据在政策或项目评估中的应用。

手机数据具有以下特点：一是用户持有率高、大样本、覆盖范围广，能广泛地调查相关政策对象；二是非自愿数据，用户被动提供信息无法干预调查结果；三是具有动态实时性和连续性，能准确、实时地反映政策对象的相关情况，而且还可以在连续时间区段内识别政策对象的状态。从整个社会科学研究而言，手机数据已经有了相对广泛的运用。例如，手机数据能够记录用户带时间戳的一系列位置轨迹的特点，能够有效追溯个体出行方式、出行目的等出行信息，能够深入分析人口迁徙、通勤模式、判断城市中公园以及道路障碍的位置，从而为疫情防控、交通规划、交通管控、城市功能区识别、旅游政策提供依据。手机中的位置数据、出行方式、出行轨迹等数据，可以用于推算人口分布、常住人口数量、城市人群密度以及识别老年人群、受灾人群等，可以为城市治理、灾害应急管理等提供信息。除此之外，由于手机中的相关数据（如旅行距离、社交网络情况、打电话次数等）还蕴含着用户的经济水平信息，因此还可以用来预测个人、地区的经济发展水平，为相关的经济政策提供依据。

目前评估界主要从以下几个方面来建构测量的指标。其一，经济发展水平。如前所述，手机中的相关数据还蕴含着用户的经济水平信息，因此可以用来测量人口或地区的经济状况、贫困程度。这有利于测量经济政策或扶贫政策的结果。其二，人口迁移。由于基站与通话地点之间的差异表明呼叫者的移动情况，因此可以测量人口的移动情况，当这些数据进行汇总时，可以在区域或全国层次上揭示人口的迁移状况（UN Global Pulse，2015）。这有利于评估经济政策、农业政策、灾害应急决策等的结果。其三，交通和出行模式。手机数据中包括出行开始地点、出行结束地点、日期、时间和出行次数等，就地理位置而言，可以挖掘人们的空间（城市内、城市之间）流动模式；就日期、时间而言，可以分析人们早晚高峰或特定时间的出行模式，甚至基于从一个位置移动到另一个位置所需的时间还可以推测人们出行运用的交通方式（Fina et al.，2021）。这些有利于测量交通规划、旅游政策等的结果。

2. 相关的测量方法

从数据收集来看，可以从移动手机网络中的各种来源收集数据。这些数据通常分为两类：一类包括移动应用程序供应商直接从手机传感器收集的应用程序级数据；另一类数据是传统上由内容服务提供商和移动运营商收集的网络级数据，包括大量的各种移动服务内容以及关于其系统和客户的时空移动宽带数据。对于评估人员而言，在遵守有关规定和获得应用程序运营商、移动运营商的授权和许可的前提下，可以在相关平台提取或下载经过加密处理后的手机数据。在确保隐私得到保护和知情同意的情况下，评估人员也可以从相关志愿者处收集数据。

从数据分析来看，要对相关指标进行测量，需要从原始数据中提取特征并将其转换为适合机器学习模型的格式，然后使用数学模型来拟合数据并预测结果。常常涉及两个关键的步骤：一是特征工程和建模。特征工程是指从原始数据中提取特征并将其转换为适合机器学习模型的格式。索托等为了估算每个基站覆盖区域的经济水平，从手机数据中提取了 279 种特征，包括 69 个行为特征、192 个社交网络特征和 18 个移动特征。并运用特征选择技术，选择出与经济水平最相关的 10 个特征（Soto et al.，2011）。史密斯等基于通话详细记录，提取了与贫困水平相关的 4 个特征（Smith et al.，2013）。从所有的信息中，提取、选择出有意义、对模型有帮助的特征，可以避免将所有特征都导入模型去训练的情况，以提高学习者的学习性能，或者在建模中更精确地捕获潜在解释的后验分布。二是建立模型。模型可分为两类，即描述性模型和预测性模型。描述性模型旨在说明数据之间的依赖性或关系，而预测性模型则基于从标记数据中学习的函数进行预测。从已有研究来看，两种建立模型的方式都得到了一定程度的使用。其中，描述方法包括聚类或分割、主成分分析和概率图模型等；预测方法包括回归和分类。

案例　运用手机数据评估中国农村宅基地整理对农民生活方式的影响

一、资料来源

Liu L, Gao X S, Zhuang J X, et al. 2020. Evaluating the lifestyle impact of China's rural housing land consolidation with locational big data: a study of Chengdu. Land Use Policy, 96: 104623.

二、评估对象及其背景

在中国的城市化进程中，随着大量农村人口向城镇的流动和迁移，大量空置、废弃的农村宅基地产生，导致了"村庄空心化"，浪费了大量宝贵的土地资源。自 21 世纪初以来，中国各地广泛实施了农村住房宅基地整理。2005 年我国出台了一项正式的政策，称为"城镇建设用地增加与农村建设用地减少相挂钩"。这项政策继续促进农村地区建设用地的复垦，同时要求只有在相同数量或更多的土地被农村储备并从农村购买的情况下，才允许城市地区新增建设用地。2005 年，成都被选为"城乡建设用地增减挂钩"试点城市之一，截至 2020 年实施了 450 个"城镇建设用地增加与农村建设用地减少相挂钩"项目，范围覆盖 787 个村庄。在这些项目的实施中，政府往往推动农民从分散的村庄搬迁到新的定居点（通常规划得更好，有商业和公共设施，包括学校、诊所、便利店等），并将节省下来的土地进行整理用于城镇建设。农村住房宅基地整理产生的经济影响比较容易评估，但农民在这个过程中是否得到了足够的福利特别是对农民生活方式的影响缺乏充分的评估。

三、哲学与理论基础

移动电话在当代世界的广泛使用为收集大量个人跟踪信息提供了强大的数据来源。这些数据覆盖范围很广，即特定地区的所有手机用户均可以收集，另外，手机数据还具有精细的时空粒度特性，因此对于收集人们的行为和生活模式信息提供了良好的数据源。在政策评估中，也可以根据手机数据制定合适的指标来测量人们的日常活动模式。

四、评估方法

（1）区域选择。成都是中国主要的农业区之一，也是土地政策的主要试验场。该市农村手机用户比例达到 83%，手机信号覆盖率达到 95%。

（2）手机数据收集。从移动电话服务提供商——中国联通公司获得手机追踪数据。

（3）指标构建与测量。农村居民的日常生活方式以日常活动模式为代表。在日常活动模式的指标中，将活动的数量、空间范围和空间多样性作为关键指标。由于使用的手机数据是通过网格（一平方公里）聚合的，因此活动模式也通过网格来衡量，即网格中所有农民进行的活动的数量、空间范围和空间多样性。活动数量被测量为网格的农民每天进行的活动的平均数量。空间多样性被测量为网格的农民访问的不同活动地点的数量除以网格的人口。活动地点的空间范围运用未加权的标准距离进行测量，具体考察三种活动的空间范围：总体活动的空间范围、工作活动的空间范围、非工作活动的空间范围。

对于数据记录中的每个手机用户，如果在整个研究期间，用户在 21：00 至 7：00 之间停留的时间最长，并且用户在那里出现的时间超过三天，则网格单元被识别为家。作为隐私保护的一项措施，只获得了网格之间每小时流动量加上流动者家庭网格的总和，而不是单个用户的移动轨迹。此外，为了进一步保护隐私，删除了少于 5 的计数，即如果在某个小时内居住在网格 A 中并从网格 B 移动到网格 C 的人数少于 5 人，则会在数据集中省略这些移动记录。在整个研究期间（一周），共发现 198 万农村居民流动。

（4）影响估计方法。理想情况下，为了评估政策影响，应该收集并比较村庄合并前后的追踪数据。然而，因为联通只保存一年的历史数据，而宅基地整理项目平均需要三到四年的时间，所以，前后比较不可行。因此，应该选择使用横断面数据，并使用"因果图"来确定政策影响。一是建立宅基地整理对农民活动模式影响的因果图；二是建立被解释变量为农民活动模式，解释变量为宅基地整理政策或项目、住房用地过度使用的程度、村庄空置程度、土地利用、人口统计学变量、农民工作类型、到达各种目的地可达性以及控制变量为农民赚钱手段、到中心城市的距离、地形的回归模型。

五、管理与预算

没有披露预算及其使用信息。

六、评估结论

宅基地整理导致农民的工作活动距离增加了 371 米，非工作活动的距离缩短了 529 米。综合效果为所有类型的日常活动的移动距离减少了 300 米。也即宅基地整理延长了农民的家园和农田之间的距离，但新定居点规划了必要的商业和公共设施，使得农民在大多数情况下不必前往城镇，减少了非工作活动的距离。综合来看，就所有类型的日常活动的移动距离而言，设备齐全的新定居点的好处大于坏处。因此，评估结果表明，成都市宅基地整理总体上不会损害农村居民的日常生活。

七、评估者的反思

与传统的旅行调查相比，使用手机数据进行评估的成本较低。评估结果为宅基地整理对农民生活影响的争论提供了量化证据。未来的评估可以扩大空间覆盖范围，并得出更具普遍性的结论。除了日常生活方面，还有对农民情感和收入的影响需要关注和评估。

八、报告与利用

以论文形式发表，目前尚无有关部门利用的报道。

（四）运用网络搜索数据测量政策结果

1. 网络搜索数据与可能的测量指标

网络搜索数据是指用户利用搜索引擎对互联网上的信息进行搜索而产生的数据。用户通过使用不同搜索引擎和社交平台（如通过谷歌、论坛、电商平台等）来实现信息查询和交互，而搜索引擎和社交平台则会将用户的搜索行为记录下来，从而形成庞大的数据沉淀。用户访问搜索引擎的基本操作包括：提交查询、浏览结果页面和在结果页面中点击相关的网页。这些行为都被记录在搜索引擎的用户日志中。搜索引擎日志记录了用户与系统交互的整个过程，虽然不同搜索引擎的日志记录格式略有不同，但一般都包括用户的访问时间、用户的 IP 地址、输入的查询词、用户所点击的 URL（uniform resource locator，统一资源定位系统）、点击的时间以及点击 URL 的序号等。为了利用这些数据并为用户提供帮助，自 2006 年以来，诸多搜索引擎公司、电商平台、社交平台都推出了基于搜索日志分析的应用产品，如谷歌趋势、微软零售搜索趋势、Twitter 趋势等。其中，谷歌趋势是最早出现的应用产品，它通过分析谷歌全球数以十亿计的搜索结果，告诉用户某一搜索关键词在各个时期下被谷歌搜索的频率和相关统计数据。谷歌趋势中的每一关键词的趋势记录图形显示分为搜索量和新闻引用量两部分，用户可直观地看到每一关键词在全球的搜索量和相关新闻的引用情况的变化走势，并有详细的城市、国家、地区、语言柱状图显示。

目前评估界主要从以下几个方面来建构测量指标。其一，政策关注度。通过了解与政策相关的特定关键词在搜索引擎上的搜索规模与变化，可以获得网民或公众对特定政策的关注度及其特征、变化趋势。其二，经济影响。由于网络搜寻关键词与大量经济指标间存在相关性，因此，还有一些研究运用网络搜索数据来测量商品需求量、商品价格、消费者信心、游客量、商品销量、企业破产数量等，这有利于测量经济政策的结果。例如，通过网络搜索数据估计企业破产数量，由于有严重财务问题的公司的员工会产生更多的对"失业救济"和类似条款的查询，因此可以通过网络搜索数据估计企业破产状况（Willemsen and Leeuw，2017）。其三，传染病的活动水平。传染病出现期间，由于每天有许多人将传染病关键词、自己的健康症状输入到谷歌搜索框中，因此运用网络搜索数据可以测量传染病的活动水平。一个著名的例子是谷歌流感趋势（Google flu trends，GFTs），它提供了对流感发病率的实时估计。也有研究表明，在谷歌上的关键词搜索与美国部分地区的新冠疫情暴发之间发现了强烈的相关性。其四，数字版权侵犯。版权警报系统或者谷歌等搜索引擎会记录用户对盗版内容的搜索、点击、阅读、观看和传播情况，因此这些搜索数据可以衡量数字版权侵权状况（Leeuw，2017）。

2. 相关的测量方法

从数据收集来看，可以通过以下两种途径来收集网络搜索数据。其一，通过搜索引擎日志收集数据。用户进行搜索时，首先进行查询，然后从搜索引擎返回的结果中筛选自己需要的信息，并点击相应的网址。用户和搜索引擎交互的这些信息都会被搜索引擎服务器记录下来，例如，其不仅将用户访问信息记录到日志文件中，还会对用户信息进行记录。用户每点击一个网址记录一次。于是，在搜索引擎服务器端形成了搜索引擎日志。对于搜索引擎公司而言，这就完成了相关数据的收集。而对于评估者而言，需要相关搜索引擎公司的许可才能获得搜索引擎日志。出于商业目的和保护用户隐私的目的，搜索引擎日志往往是不公开的，仅有少数搜索引擎开放搜索引擎日志。其二，通过相关应用产品采集数据。如前所述，目前已经有不少的机构都推出了基于搜索日志分析的应用产品，如谷歌趋势、微软零售搜索趋势等。在这些平台上进行检索即可获得某一搜索关键词各个时期被搜索的频率和相关统计数据。

从数据分析来看，也可以通过以下两种方法来对相关指标进行测量。其一，可以运用查询串长度和频次分析、URL 点击深度和频次分析、用户使用高级检索情况分析等方法分析用户的行为。其二，建模。网络搜索数据与测量指标之间可能存在一定关联性，但是否存在关联性以及如何关联需要通过建立模型来加以分析、检验，然后才能运用于测量或代理。此时建模方法与手机数据的建模方法相似。一方面，甄别出具有良好预测性能的关键词作为预测变量，另一方面，以测量指标作为被预测变量建立模型。

案例　运用网络搜索数据评估美国 2009 年 SCHIP 香烟税上调政策

一、资料来源

Ayers J W, Ribislk, Brownstein J S. 2011. Using search query surveillance to monitor tax avoidance and smoking cessation following the United States' 2009 "SCHIP" cigarette tax increase. PLoS ONE, https://doi. org/10.1371/journal. pone. 0016777.

二、评估对象及其背景

通过提高消费税提高香烟价格，可能是最有效的烟草控制措施。因为更高的价格可以提高戒烟率，防止吸烟尝试，并减少持续吸烟者的吸烟量。2009 年 4 月 1 日，根据国会对国家儿童健康保险计划（State Children's Health Insurance Program，SCHIP）的重新授权，美国联邦香烟消费税从每包 0.39 美元提高到 1.01 美元。但是，吸烟者的避税行为会破坏香烟税的有效性。在价格上涨的情况下，吸烟者会寻找互联网香烟供应商（他们在免税区、低税管辖区或印度主权保留地销售香烟，其价格低于实体零售商）来购买香烟。那么，2009 年 SCHIP 香烟税上调政策是否导致了更多的避税行为以及是否增加了戒烟行为？这些问题亟待评估。

三、哲学与理论基础

吸烟者可以利用网络避税或戒烟。吸烟者会寻找互联网香烟供应商购买香烟以避税，而健康倡导者则利用网络来促进戒烟，吸烟者也通过网络寻求戒烟信息和帮助。因此，网络搜索数据中具有较为丰富的戒烟和避税信息。因此可以通过在线搜索引擎数据查询戒烟和避税信息，并评估 SCHIP 香烟税对避税或戒烟的影响。

四、评估方法

（1）数据来源。吸烟者会在谷歌搜索中进行相关查询，例如，通过"戒烟""便宜的香烟"（试图逃避香烟税）等搜索词进行搜索。谷歌搜索洞察（www.Google.com/Insights/Search/）汇集了相关数据。

（2）地点选择。评估者选择了纽约州和佛罗里达州。纽约州在 SCHIP 税征收之前进行了增税，在 2008 年 6 月 3 日将税收从 1.50 美元增至 2.75 美元；佛罗里达州在征收 SCHIP 税之后进行了增税，于 2009 年 7 月 1 日将税收从 0.34 美元增至 1.34 美元。选择这两个州的目的是分析与 SCHIP 税之前或之后发生的州特定增税相关的趋势。

（3）数据标准化。由于人口规模和互联网访问的差异，使用"绝对搜索量"会使测量产生偏差。故使用谷歌搜索洞察生成的"相对搜索量"（retrieval status value，RSV）指标。设定最高搜索比例周（RSV=100），较小的值表明其他比例与最高比例相比如何。例如，如果在最高搜索比例的一周内，每 1 000 000 次搜索中有 400 次与戒烟相关，则 RSV=100。再过一周，如果每 1 000 000 次搜索中有 200 次与戒烟相关，则 RSV=50，对其解释为最高搜索比例的 50%。

（4）比较分析。比较纽约州增税期间、增税之后、增税之前的 RSV 平均值；比较佛罗里达州增税期间、增税之后、增税之前的 RSV 平均值；比较纽约州和佛罗里达州的增税影响趋势；比较各税收叠加与单一税收的影响。

（5）准实验设计。由于搜索量的变化不一定是 SCHIP 香烟税导致的（可能有其他政策或其他因素的影响），因此对 SCHIP 香烟税征收前后美国境内搜索行为的比较可能会有偏差。为了控制这种偏差，评估者选择了一个对照国家——加拿大进行比较。加拿大在评估期内没有采取类似的香烟税收措施。

五、管理与预算

没有披露预算及使用情况。

六、评估结论

1. 准实验设计表明：SCHIP 香烟税会导致戒烟搜索立即增加 11.8%；但在税后的几个月里，戒烟搜索量迅速减少。在增税期间和增税后的几个月内，避税搜索量分别增加了 27.9% 和 5.3%，这表明避税是一种更明显和持久的反应。

2. 纽约州和佛罗里达州比较分析表明，纽约州和佛罗里达州的增税影响趋势相似。

3. 各税收叠加与单一税收的影响比较分析表明，各税收之间存在着强有力的互动过程，当 SCHIP 香烟税紧随佛罗里达州的税收之后时，它促进了更多的戒烟和避税搜索。

七、评估者的反思

本评估展示了实时、免费的网络搜索数据对政策评估的潜在价值，网络搜索数据可以较好地衡量吸烟的相关行为。然而，了解网络搜索数据的局限性对未来的评估至关重要。例如，进行网络搜索的吸烟者可能不是所有吸烟者的代表；网络搜索可能只是表明吸烟者的戒烟和避税的观念而非实际行为，因此，网络搜索与实际行为的相关性并不完美。

八、报告与利用

以论文形式发表，目前尚无有关部门利用的报道。

二、运用机器学习改善因果推断

（一）机器学习概述

机器学习（machine learning）是对研究问题进行模型假设，利用计算机从训练数据中学习得到模型参数，并最终对数据进行预测和分析的一种大数据技术。机器学习的一般步骤如下。首先，明确场景，如垃圾邮件过滤、流行病暴发预测、新闻推荐、人脸识别等。其次，进行数据收集与预处理。再次，建立模型。这涉及算法选择、将数据分为训练集和测试集、使用训练集的数据来训练模型、使用测试集数据验证模型等过程。然后，模型评价，即对模型的成熟度进行评估。最后，模型部署，即将模型运用到实际场景中。机器学习的常见算法包括监督学习（如决策树、随机森林、支持向量机等分类算法，逻辑回归、线性回归等回归算法）、无监督学习（如 K-means 等聚类算法、协同过滤等推荐算法）、半监督学习（半监督支持向量机等算法）、强化学习（蒙特卡洛、时序差分等算法）等。

（二）运用机器学习改善因果推断的方法

如前所述，随机对照试验、双重差分、倾向得分匹配、工具变量、断点回归、合成控制等政策因果识别经典方法，已经在政策与项目评估中得到较为广泛的应用。但这些方法本身还面临着一些问题，加上在全新的、非结构化的、高维度的、高频率的大数据背景下，可能还会出现一些新问题。机器学习凭借其自身优势可以改善和优化以上因果推断方法。

（1）更好地识别和控制混淆因素。传统方法选择控制变量主要依据理论分析或理论直觉，但这会产生被人为操纵的弊端。机器学习提出了一些改进思路。例如，Belloni（贝洛尼）等提出一种称为 "post-double selection" 的数据驱动的机器学习策略：通过 Lasso（拉索）等附带正则项的机器学习算法，经过交叉验证等方法，识别出一组对结果变量有解释力的变量，进而重新将结果变量对这些挑选出的特征变量进行普通的线性回归。因果图对哪些控制变量应该被控制、哪些变量不应该被控制提供了一套行之有效的准则。另外，还可以利用 Lasso 等的正则化方法来更好地挑选工具变量。

（2）更好地构建对照组。传统方法都是通过针对处理组构造合适的对照组，进而实现反事实结果估计和因果效应识别的思路。但这些方法又各有苛刻的适用条件。机器学习有利于拓宽这些方法的适用边界。例如，双重差分法的前提就是处理组和对照组要具有平行性趋势。但在某些情况下，处理组和对照组在处理政策前可能并非同样的线性趋势，而一旦变量间是非线性的关系，使用传统的线性回归来进行双重差分法的估计就会存在问题。此时将线性回归改为机器学习中的梯度提升树就会提升双重差分法的精度。又如采用贝叶斯加性回归树算法可以改善倾向得分匹配等匹配方法。再如，在合成控制法中，运用 Lasso、ElasticNet 等机器学习算法可以合成一个更好的对照组。

（3）更好地识别异质性因果效应。传统的异质性因果推断的做法是将交互项逐个加入，或者一次性将交互项放入模型中，但这可能会导致耗费大量精力、遗漏变量以及增加推断错误的概率的问题。Post-Lasso 算法、回归树算法、因果森林有助于更好地识别异质性因果效应。

（4）更好地检验因果关系的外部有效性。在传统方法中，一般都缺乏结论是否能够外推的考察，很少验证模型对评估问题和情形的适用性。机器学习方法有很多特别的做法，如训练集和测试集的划分、交叉验证等，可以提高传统因果识别的外推能力（郭峰和陶旭辉，2023）。

三、运用综合数据评估政策与项目

（一）综合数据的含义与意义

综合数据意指将多种来源、多种类型的数据进行汇集而形成的综合性数据。例如，将社交媒体数据、卫星遥感数据、手机数据、网络搜索数据、常规调查（问卷、访谈等）、行政数据等加以综合。综合数据的意义有两方面。一是可以避免数据的割裂性。数据的割裂导致无法勾勒用户或政策、项目全貌，因此综合数据可以避免对政策、项目认识的片面性。二是可以有效提升数据的内涵价值。不同来源、不同类型数据的融合，具有互补性和完整性，有利于新规律或新价值的发现。可以说，综合数据才是真正意义上的大数据。

从数据的交互程度来看，数据的综合可以分为数据组合、数据整合和数据聚合三个层次。数据组合由各种数据的简单组合形成，其产生的是"物理反应"，数据属性本质没有改变。数据整合由多种数据共同存在才能够实现产品价值，其产生的是"化学反应"，有价值出现。数据聚合则是由多种数据聚合孵化产生出新的产品或新的模式，其产生的是"核反应"。这三个层次由低到高，逐步实现数据之间的深度交互。从目前评估界的运用来看，研究主要涉及的是数据组合层次。例如，全球环境基金将卫星图像和遥感数据、常规调查和二次数据相结合评估了其资助的保护森林覆盖和红树林沼泽地项目的影响（Global Environment Facility，2015）。尼尔森等设计了如何运用多个相关部门的行政数据、定性访谈、文献综述、谷歌地图数据对儿童寄养、无家可归儿童收容、青少年母亲生育服务项目进行评估（Nielsen et al.，2017）。虽然运用手机数据可以研究公众的出行模式从而为交通规划提供信息，但是与道路网络数据、交通监控数据、交通统计数据、家庭调查数据等结合，则能够更好地识别公众的出行行为。

（二）综合数据的收集与预处理

综合数据的收集可以采用相应的收集方法收集数据。与单一数据的收集相比，由于是不同来源、不同类型、不同格式、不同形态数据的汇聚，综合数据收集面临着一个很大的困难，即数据的预处理。在最简单的层面上，需要将相同来源、相同类型或格式的数据进行合并。而从更复杂的角度来看，不同来源的数据格式不一，且存在质量问题，因此需要采取更复杂的数据集成和数据融合。而这些都需要通过实体与关联抽取、模式匹配、实体对齐和实体融合等方法来实现，同时，需要在法律基础、合并可能以不同方式构建的各种数据库的技术、使用各种软件等方面进行大量工作，这往往是一项艰巨而昂贵的任务。从目前评估界的实践来看，数据的合并和预处理尚处于简单的层面上。

（三）常用的数据分析方法

由于评估界往往只是对各种数据的简单组合，因此，对数据的分析也主要采用混合方法来进行（见第七章）。基本思路如下。一方面，依据数据的来源和类型，选择相应的方法来进行分析。例如，行政数据需要运用定量数据分析方法进行分析，而定性访谈数据将被系统地编码并在 NVIVO 软件中进行分析，而手机数据则可能需要运用机器学习的方法进行分析。另一方面，运用三角测量方法对前述的各种类型数据的分析结果进行相互印证、相互支撑，进而获得更可靠、更全面的结论。例如，在全球环境基金对保护森林覆盖和红树林沼泽地项目的评估中，针对卫星图像和遥感数据、常规调查和二次数据，采用相应的定量、定性和空间方法对数据进行了分析，然后通过对不同类型数据的分析结果的三角测量，确定了全球环境基金对生物多样性保护的贡献程度及其与更大的社会生态系统的相互作用的方向和模式（Global Environment Facility，2015）。

📝 本章小结

大数据政策评估以数据密集型科学发现范式为哲学基础，将大数据提供的多数据源、新的方法和技术整合进政策与项目评估当中，形成了新的评估理念和方法（如运用大数据对政策与项目结果进行测量、运用机器学习方法改善因果推断、运用综合数据对政策或项目进行评估），并不断加强在评估实践中的运用。

毫无疑问，大数据政策评估是政策与项目评估在新的时代进行的一次重大创新。它有利于提升政策与项目评估的成本效益性、参与性、全面性、快速性、持续性和包容性，也有助于解决以往政策评估中面临的一些难题，为提升政策评估的信度、效度、充分性和可靠性均做出了重要的贡献。

然而，大数据政策评估是一种正在发展中的评估理论，仍存在不少的局限。例如，需要进一步思考评估领域大数据革命的基本原理，如从理论转向数据驱动的知识生产、从因果关系到相关性的转变、从干净数据到混乱数据的转变、从小样本到总体的转变等对评估到底意味着什么？只有很好地回答这些问题，才能更好地厘清大数据政策评估的理论逻辑。又如，还需要进一步思考大数据在政策评估中还有哪些潜在的应用，相关的潜力还应该被更充分地挖掘。再如，目前在实际评估中的运用总体偏少。因此，未来还需要不断地研究、开发和改进。

✅ 关键术语

大数据；大数据政策评估；数据密集型科学发现范式；社交媒体数据，卫星遥感数据，手机数据，网络搜索数据；综合数据；机器学习

✍ **复习思考题**

1. 数据密集型科学发现范式包括哪些假设?

2. 大数据政策评估具有哪些新的理念?

3. 大数据运用于政策评估中有哪些潜在可能性?

4. 影响大数据在政策评估中运用的因素有哪些?

5. 运用社交媒体数据可以测量哪些指标? 如何测量?

6. 运用卫星遥感数据可以测量哪些指标? 如何测量?

7. 运用手机数据可以测量哪些指标? 如何测量?

8. 运用网络搜索数据可以测量哪些指标? 如何测量?

9. 运用机器学习可以在哪些方面改善政策评估中的因果推断?

10. 如何运用综合数据对政策和项目进行评估?

11. 如何评价大数据政策评估?

第七章
批判复合主义评估

后实证主义评估、建构主义评估、变革性评估与大数据政策评估都是基于某种范式、研究取向或知识形式去开发相应理论的，并在随后的时间内按照各自的逻辑去发展。这种"单一理论开发"方式推动了评估理论和实践的发展，然而，评估往往是复杂的，没有一种单一的理论或范式能够完全解决复杂性的所有方面。而且随着多种单一范式的产生或发展，评估理论会出现一种"理论分化"、"理论丛林"甚至"范式战争"的局面，进而使得评估者对理论缺乏基本认同，也使得实践者无所适从。如何结合和整合多种范式、学科、价值观、方法论、立场、种族观点和视角来进行政策与项目评估便成了重要的理论问题和现实问题。为回应这一问题，20 世纪 80 年代中期以来，批判复合主义评估得以产生并不断发展。其以批判复合主义范式为哲学基础，探索调和、协调和整合多种范式、方法论、方法等，对政策与项目评估具有重要意义。本章将介绍批判复合主义评估的范式、模型和方法。

第一节　批判复合主义评估的含义与范式

一、批判复合主义评估的含义

在政策评估文献中，目前没有明确界定"批判复合主义评估"（critical multiplism evaluation）的定义。但根据相关学者的观点，批判复合主义评估具有如下两个基本特点。其一，以批判复合主义范式为哲学基础。认同多元操作主义、多重方法研究、多重分析综合、多变量分析、利益相关者的多重分析、多角度分析以及多媒介交流的指导方针和规则。其二，其目的是调和多种范式或方法的分歧，试图整合多种范式及其相应方法，以避免持续的争论和提升政策评估的效用。基于此，可将批判复合主义评估界定为：以批判复合主义范式为哲学基础，主张多元操作主义、多重方法研究、多重分析综合、多变量分析、利益相关者的多重分析、多角度分析以及多媒介交流，谋求整合不同评估范式和评估方法，以提升评估的可信性和洞察力。

二、批判复合主义范式

"批判复合主义"一词最早由美国评估学者库克提出。1985 年，其在《后实证批判复合主义》一文中明确提出"批判复合主义"的概念和基本观点（Cook，1985）。其后，在其与霍茨（Houts）和沙迪什等的不断努力下，进一步发展和丰富了该范式。

从更深层次看，批判复合主义的出现是源于对已有理论的批判和对批判现实主义（critical realism）的吸收。以往在社会科学中称霸的实证主义元理论被其追随者证明在逻辑上是站不住脚的，甚至不能严格地公式化，从各种观点来看，它在认识论上是不可靠的，它不是物理学等高级科学结构的准确描述，而且它在重建科学的经验历史方面严重不足。除此以外，在评估中，还存在某种隐性实证主义者，他们相信评估方法可以对项目中的真实情况给出明确的答案，他们对科学抱有天真的假设：科学几乎是无误的，总是在进步，每分配一美元就会产生不断增加的回报，并成功地自我监控和自我纠正，这显然高度理想化了。而建构主义、自然主义探究、解释学、实用主义、后现代主义等"每个都在自己的地盘上立了桩，或多或少大胆地宣称自己是王位的第一顺位继承人，但没有一个获得了广泛的学术认可……它们都有重大的问题"（Shadish，1993）。总的来看，由于人类知识和行动有限的必然特征，所有的科学方法都是不完美的；而包含了相应方法的以上理论或范式的狭隘性，更是加剧了"失败"的严重性。而批判现实主义为库克等提供了思想资源，"我是一个批判现实主义者……这意味着我相信外面有一个真实的世界，但是没有完美的方式进入这个真实的世界，所以我们所有的知识主张都是天生不完美的，尽管有些比其他的更不完美。当你从这个角度出发时，你需要做的是对这个世界进行三角测量（triangulate），而不是声称你已经对它进行了评估。你需要对你使用的方法、收集信息的人、收集信息的时间等进行多样化"（Mark et al.，2018）。

批判复合主义范式具有以下本体论、认识论、价值论和方法论假设。

（一）本体论假设

由于批判复合主义者以批判现实主义为基础，因此对世界和对现实的认识与批判现实主义保持一致。他们都认为存在一个真实的世界，世界是客观存在的。

（二）认识论假设

批判复合主义者认为，虽然存在一个真实的世界，但是人类不可能以其不完美的感官和智力能力真正地感知现实世界。因此，关于现实的主张必须受到尽可能广泛的批判性检验（如学者的批判）以尽可能接近地理解现实。对于真理而言，他们认为真理最终是不可知的，因为它不能宣称有任何绝对权威的基础来建立科学知识，因此，知识主张是适度的，并被视为有根据的主张，因为它们代表了人类现象的既定规律或概率，而不是支配行为的普遍规律。如果科学知识主张得到客观证据的支持，并且其论点可信、连贯和一致，那么科学知识主张获得了正当性。正当性为现象的存在和性质提供了很好的证据。如果一项知识主张被认为既符合已知的现实（在近似意义上），又是行动的良好基础，那么它就获得了正当性。而且，他们还将科学知识等同于理论，理论被解释为一个模型或一个巨大的渔网，其中包含了结构或变量之间复杂的、相互作用的关系。关系被认为是复杂的、多元的和互动的。

（三）价值论假设

批判复合主义者认为，被视为"存在"的现实或多或少可以被客观化以供研究，客观性的概念仍然是所有研究的基础，但他们也认识到科学中价值观和主观性的重要性。

批判复合主义者认识到，所有研究都是社会性的，必然带有价值。价值依赖受到批判复合主义的欢迎，他们认识到个人激情和智力承诺既能推动探究，又能保护知识主张不被过早放弃。尽管客观性的概念仍然是支撑所有探究的规范性理想，但人们认识到，任何给定的概念或多或少都是客观的，也或多或少都是主观的。这一认识使研究人员能够从各种不同的角度进入：相互进行富有成效的讨论、批评和评估，这是批评复合主义的标志（Eisner and Peshkin，1990）。事实上，客观性可能被视为科学家相互批评的社会结果。

主观性的重要性在批判复合主义中得到了承认。批判复合主义者不是把人等同于无生命的物体，而是在人所处的背景中研究他们。此外，他们还认识到许多主观观点（批评就是一个例子）结合起来形成了更客观的观点。在某种意义上，偏见的来源部分被中和，因为主观观点结合起来形成了更客观的观点。在定性访谈中，主观经验被重视，并有助于在更抽象、更不客观的层面上识别现象。然而，通过研究和识别，这些现象在一定程度上变得客观化了。要而言之，在批判复合主义者看来，科学研究中既有事实成分，也有价值成分，"价值中立"的观点是不正确的。

（四）方法论假设

首先，可以从"批判"和"复合"的概念来理解他们的方法论假设。在批判复合主义者看来，"批判"是指理性的、经验性的、因而具有内在社会性的努力，以确定为研究一种现象而选择的方法和理论选项中存在的假设和偏见。批判的概念隐含着"认识到没有一种正确或完美的科学方法"，因为所有方法都有局限性。同样，从这些方法得出的理论也有其固有的局限性。因此，批判复合主义者主张将不完美的方法和理论组合在一起，尽量减少持续的偏见。"偏见"是指一种"遗漏或疏忽的错误，它使我们的知识在某些貌似合理的方面是错误的或误导性的，或者没有某些看似需要的知识"（Shadish，1993）。而"复合"则指研究问题通常可以从多个角度来处理，而且没有一种方法是公认的最佳方法。因此，应使用多个视角来定义研究目标、选择研究问题、选择研究方法、分析数据并解释结果。方法（即定性和定量方法）是基于所述研究问题和知识主张，通过建立不同角度的对应关系和制定研究问题的方式来选择的。"复合"的一个假设是研究人员了解不同研究方法的优缺点。选择合理的选项，以补充迄今为止进行的研究中观察到的局限性，从而确保从广泛的角度对研究问题进行彻底检查（Cook，1985）。研究问题、研究设计、数据分析和实质性解释都应该从各种各样的理论角度进行公开审查，包括公开的对立的观点（Houts et al.，1986）。

其次，还可以通过"批判"和"复合"的措施来理解他们的方法论假设。这些措施主要如下。第一，多元操作主义。运用多维方法对政策的组成部分及其变量进行分析或者从多维角度运用两种或两种以上的方法对同一对象进行分析。它避免了由于单一的操作而带来的片面性。第二，多重方法研究。运用多种方法来考察政策过程及其结果（如同时使用组织机构的文件、调查问卷和民族志式的访谈）或从两种或两种以上的机构获取数据对同一个对象进行多维分析。它反对使用不切实际的单一量化分析，而是把量化分析与定性观察有机地整合在一起。第三，多重分析综合。对政策和项目的分析材料进行综合和批判性评估或通过对政策在不同情况下对不同人群所形成的影响结果进行考察。多重分析综合被认为是研究的综合、整体研究的回顾及中介分析，这对那些只强调政策相关知识共性的单一的、权威的分析提出了挑战。第四，多变量分析。对政策模型中所包含的多个变量进行分析或通过系统的检验、剔除或综合那些可能对政策结果构成影响的政策之外的变量。第五，利益相关者的多重分析。对多种政策利益相关者的解释性建构和观点进行调查。通过对现实（自然主义的）政策环境下存在的问题及其解决方法在因果和伦理方面的表现形式进行多维观察，能够大大增加知识观点的合理性。第六，多角度分析。通过从多种角度（伦理、政治、组织、经济、社会、文化、心理、技术等）对政策或项目进行分析并加以综合。通过对问题及其解决方法的表现形式进行多维观察，提高知识观点的合理性。第七，多媒介交流。评估人员所使用的多种交流媒介在证实知识与评估结果的使用方面起着非常重要的作用。灵活运用学术文章、著作、专题性文章、政策备忘录、执行情况总结、新闻稿、报纸上公开发表的文章、会议、电话交谈、座谈会、情况汇报和听证等媒介以及灵活使用专业语言和普遍语言，才能加强知识的政策相关性和促进政策制定者和利益相关者对结果的使用（邓恩，2002）。除此以外，还应注重多理论和多框架解释，即使用多种理论和价值框架来解释研究问题和结论；设计基于多个相互关联研究的研究方案；运用多个分析员检查重要数据集的可取性等。

第二节　批判复合主义评估的产生与发展

本节将介绍批判复合主义评估的产生发展历程，并概述批判复合主义评估的主要模型、框架和方法。

一、批判复合主义评估产生的背景

（一）现实背景

从现实上看，20世纪70年代和80年代西方国家政策和项目评估日益产业化和学术化。如第一章所述，随着各国政府及相关部门的政策和项目的更新和增长，对评估的需求日益增长，由此形成了一个巨大的评估任务委托市场。对评估人员、第三方评估以及政府内部的评估也在增加，"评估"成为一个新兴产业。20世纪70年代，政策评估也成为西方社会科学界的一个重要学术领域，在20世纪80年代，政策评估已经成为美国社会科学中最有活力的前沿阵地。各个不同专业特别是政治学科和经济学科的大学毕业生，蜂拥进入政策研究领域。在此过程中，分析和评估的字眼成为集合那些与政府项目和行为有关的专业管理者与专家的图腾（费希尔，2003）。而且，随着20世纪70年代末期"新公共管理"运动的出现和推进，作为提高绩效、实现责任、提高客户满意度和优化政策的手段，评估得到了越来越多的运用。总的来说，从现实来看，政策和项目评估在 20 世纪 70 年代和 80 年代赢得了新的、更重要的地位。

另外，由于科技快速的发展、信息技术的普及、全球化、市场化等原因，社会变得日益复杂，评估人员工作的环境和他们要评估的政策或项目也更加复杂了。班伯格指出了评估者遭遇的五个复杂性来源。一是环境更加复杂。评估是在由影响干预进程的历史、经济、政治、社会文化、行政、生态和法律因素构成的环境下进行的，系统相互联系并且以不同的速率发生变化。二是评估对象的复杂化。政策和项目在产生、规模、范围、设计和它们期望影响的层次等方面各有不同。三是人的因素导致复杂性增加。在许多政策或项目中，都有大量的行动者参与，而这些行动者对于问题的性质、解决方案的选择均有不同的价值观和假设。四是揭示因果关系的复杂化。评估者不仅要回答政策或项目是否有效，也需要回答政策或项目为什么有效或无效，然而，原因和结果并不必然是一种线性过程。五是一些约束增加了复杂性。评估是在各种约束（包括时间、资源、接近利益相关者的机会、对评估的接受程度等）中进行的，这些约束使评估受到限制（Bamberger et al.，2016）。面对日益增加的复杂性，许多评估者认识到，单一的评估范式和方法显得有些力不从心了。

（二）理论背景

从理论的角度来看，存在着两种理论推动力。一种是 20 世纪 70 年代和 80 年代的"范式战争"。虽然到 20 世纪 70 年代和 80 年代，后实证主义评估和建构主义评估都得到了不同程度的发展，但是由于缺乏共同的哲学基础和对各自方法的坚持，出现了旷日持久的"范式战争"。在这场战争中，有的是针对定量方法和定性方法的争议，"辩论者用排他性的术语定义了这个问题，要么将定量方法贬为恐龙的地位，要么哀叹定性方法为数字文盲"（Hedrick，1994）。有的则是较为深层次的主张的冲突，例如，事实与价值、逻辑与直观、主观与客观等之间的辩论。而更深层次的则是范式之间的争论，"令人惊讶的是看到多个范式，如相扑选手，试图将对方推出搏击场"（Datta，1994）。尽管可以对这种争论做出积极的解释：这可能是一个领域处于令人兴奋的智力发展时期的标志，但其无疑具有强大的消极影响：它不仅使潜在客户甚至评估者面临方法选择的迷茫，也使评估领域面临不和谐的局面，影响了理论的一致性，更关键的是，由于特定范式或方法的不可避免的局限性，偏执于某种范式或方法将影响评估的效用。虽然 20 世纪 70 年代和 80 年代政策评估赢得了新的、更重要的地位，但是由于"范式战争"、缺少协调导致其实际作用越来越受到质疑。

另一种理论推动力来自社会科学中混合方法的发展。混合方法的历史可以追溯到 19 世纪初，到 20 世纪 80 年代末期和 20 世纪 90 年代初期它成为"一个独特的和具有自我意识的策略"，并在之后发展迅速（Mertens，2018）。例如，2003 年，塔沙克科里（Tashakkori）等出版了《社会和行为研究中的混合方法手册》；2007 年，《混合方法研究杂志》得以创刊。关于混合方法的研讨会的会议也经常举行，资助机构也加强了对混合方法研究的支持；接受混合方法评估的学者不断增多，学科领域也在不断扩大。相应地，对混合方法的研究也在不断深入和拓展，这体现在两个方面：一是从混合方法的技术问题走向哲学基础的研究；二是从混合方法的研究走向"混合研究"，即所涉及的不仅仅是研究方法，而且包括探索方法、数据、方法论、学科、价值观或伦理原则、理论、调查模式、范式、视角、哲学和分析层次（如微观、中观、宏观和元）的混合和组合。这些也为批判复合主义评估的发展起到了重要的推断作用。

二、批判复合主义评估产生与发展的历程

批判复合主义评估的发展经历了两个阶段：一是 20 世纪八九十年代应对"范式战争"的努力，二是 20 世纪初期至今的辩证多元评估阶段。

（一）应对"范式战争"阶段

应对"范式战争"采取了两条路径或者说在两个领域几乎同时展开：一个是政策评估领域，另一个是政策分析领域。

1. 政策评估领域

（1）最初的尝试（20 世纪 80 年代中期前）。在政策评估领域中，20 世纪 70 年初期谋求整合定量方法和定性方法的努力便已经开始了。1973 年，西贝尔（Sieber）就讨论了实地研究和测量方法的整合；1981 年，路易斯（Louis）提出一些整合定量和定性方法的途径，并在实地评估中进行了试用。

（2）批判复合主义的提出（20 世纪 80 年代中期）。早期的评估者虽然提出了一些整合定量方法和定性方法的可能性和做法，然而这些都只是一些尝试或者技术性的，并没有提供整合的理论基础、方法论或者战略。因为正如库恩所指出的那样，科学家从包括了关于适当的问题类型和被偏好的方法类型的建议的范式中学习。每种范式都有自己特定的信仰、哲学基础和特定的方法而排斥了其他的信仰、哲学基础和其他的方法，于是各种范式都具有一定的局限性和狭隘性，因而必然会因遗漏和过失等错误而产生有偏见的研究。因此，评估领域更迫切的需求之一就是制定战略，以发现所有科学方法中不可避免地存在的遗漏和过失偏见，并确保它们在评估中不会朝着同一方向运行而得出有偏见的结论。基于批判现实主义和测量中的多重操作主义观念，库克和沙迪什等在 20 世纪 80 年代中期提出了一种的新的战略——批判复合主义。批判复合主义的观点在本章第一节已有所描述，在此不再赘述。简而言之，作为一种新的战略，批判复合主义主张评估人员以最小化恒定偏见（constant biases）的方式将不完美的方法和理论组合在一起（Cook，1985）。由此，批判复合主义的提出和发展就为定量评估者和定性评估者提供了一个都可以接受的共同理论基础和统一的方法论或战略。这为"让我们超越当前许多关于范式的毫无结果的辩论提供了一种方式"（Shadish，1993）。

（3）混合方法的引入（20 世纪 80 年代中期至 20 世纪 80 年代末期）。尽管批判复合主义的提出和发展为定量评估者和定性评估者提供了一个共同的理论基础和方法论，然而评估到底如何结合定量方法和定性方法还需要进一步探索。一些学者开始将社会科学研究中的混合方法引入政策与项目评估中。1989 年，格林等提出了规划和实施混合方法评估的概念框架。在该概念框架中，他们认为混合方法评估具有五个目的：三角测量、

互补、发展、触发和扩展。三角测量寻求不同方法结果的收敛性、佐证性和一致性；互补寻求一种方法的结果对另一种方法的结果的细化、增强、说明和澄清；而发展则寻求使用一种方法的结果来帮助发展另一种方法或为另一种方法提供信息；触发寻求发现悖论和矛盾，发现新的视角，用另一种方法的问题或结果来重铸一种方法的问题或结果；扩展旨在通过使用不同的方法和不同的探究元素来扩展探究的广度和范围。他们还提出了混合方法设计的七个要素：方法要素、现象要素、范式要素、地位要素、实施的独立要素、实施的时间要素、研究要素。最后他们还对五个目的中的每一个，根据七个相关设计要素提出了推荐设计（Greene et al., 1989）。1997 年，格林等又在《评估新方向》上以"混合方法评估的进展：整合不同范式的挑战和成效"为主题编辑了一期论文。"正是格林等编辑的这一期论文，使得混合方法评估作为评估界的一个重要讨论领域获得正式认可"（Mertens, 2018）。自那以后，社会对混合方法评估的关注呈指数级增长。

（4）20 世纪 90 年代的努力。虽然前一阶段一些学者提出了在评估中结合定量方法和定性方法的途径，然而对于如何对范式进行整合以及开发出具有整合性的评估框架等问题探索仍然不足。进入 20 世纪 90 年代以后，一些学者针对以上问题进行了进一步的研究。在此期间，影响较大的成果包括古贝主编的《范式对话》一书、沙迪什发表的《批判复合主义：一种研究战略及其相应策略》、赖夏特（Reichardt）等在《评估新方向》杂志上编辑的一期论文以及马克等撰写的《走向评估实践的整合框架》一文。

如前所述，"范式战争"不仅仅是定量方法和定性方法之争，更深层次的是指导行动的基本信念集——范式之争。为了应对各范式之间的争议、促进各范式之间的对话和协调，1989 年 3 月旧金山举行了一次学术会议。会后，古贝将有关参会学者的论文和观点编辑成册，命名为《范式对话》。书中主要对三种"王冠"竞争者——后实证主义、批判理论和建构主义进行了讨论，特别是探讨了它们之间关系相关的特定主题：它们之间的协调可能性、道德、善良标准、实施、知识积累、方法论、培训和价值观。在结论中，古贝表达了希望，他认为三种范式之间的分歧可以被一种"更有见识"和"更复杂"的元范式所超越。然而，令人遗憾的是，即便在他随后几年的研究中，也未能明确指出这种元范式到底为何。

沙迪什进一步研究了批判复合主义及其在评估中的应用问题。尽管批判复合主义作为一种理论基础已被人们所认识，然而人们对这一理论如何在评估中加以运用还知之甚少。沙迪什提出了将批判复合主义运用于评估的指导原则，并且阐述了如何将批判复合主义运用于评估的七项具体任务（问题形成、理论或模型选择、评估设计、数据分析、结果解释、评估综合和评估利用）中。由此，批判复合主义不仅在"战略"层面得到阐述，在"战术"层面也得到了阐发。

20 世纪 90 年代末期，马克明确提出了一个整合评估实践的框架。首先，他提出了四种探究模式：描述、分类、因果分析和价值观探究。其中，描述是指可以评估某些可观察属性状态的方法；分类旨在挖掘更深层次的结构，通常用于评估基础结构和类别以及用于确定个人所属类别的方法；因果分析是指用于调查政策或项目产生的因果关系的各种方法；价值观探究则指可用于系统评估围绕社会政策或项目的存在、活动和结果的价值观立场的各种方法。他还认为评估具有四个目的：评估优点和价值、监督和合规、项目和组织改进以及知识开发。他还认为，评估目的和探究模式框架不仅仅提供了一种有用的语言，还可以在评估中更好地跨越不同阵营进行交流。通过考虑探究模式和目的，更容易看到不同评估学派之间的趋同点和分歧点，如此可以确定各种评估流派的位置，从而有助于改善沟通方式。而因为在每种探究模式中都有定性和定量以及混合方法，因此有助于评估领域超越过去的方法区分，为评估者提供一个通用的词汇。最终，这一框架"有助于实现评估领域持久的和平"（Mark et al.，1999）。

2. 政策分析领域

政策分析领域中整合政策评估的努力突出地体现在费希尔的工作中。在 1993 年他出版的《公共政策评估》一书中提出了试图整合事实与价值的政策辩论逻辑框架。政策辩论逻辑框架的提出是源于其对主流政策分析的批判。费希尔认为，20 世纪 70 年代末出现的主流政策分析存在诸多问题。例如，政策分析绝不是专家的专属领域，事实上它更属于公民的领域，"专家政治"既提出了不切实际的承诺，又对实际知识和民主治理构成威胁。坚持事实和价值的尖锐分离掩盖了规范和价值观的作用以及它们需要采取的方式。坚持进行严格的经验主义调查，却未能真正解决批评者，特别是关注规范、价值观和实践问题的社会和政治理论家提出的关切，解决问题的希望不是通过制定基于因果关系的政策，而是更深入地与主体间的理解联系在一起。工具理性的观念一味地追求提供经过科学验证的政策知识的努力，而忽略了某些"普通知识"。

20 世纪 80 年代以来，费希尔认为需要进行"辩论转向"或"批判政策分析"，以追求一种替代的、推进政策适用性的政策分析方法论——政策辩论（policy argument）方法论。该方法论观点如下。①应批判独裁和反民主的专家使用，重视沟通与协调，尤其是在政策分析和决策过程中对沟通实践的利用、动员和评估，强调共识的制造。②拒绝分析是中立的、完全不依赖于利益和价值的主张的假设，应试图根据社会正义、民主和授权等规范性标准来识别和考察现有的承诺，将政策论据作为分析的出发点，关注经验和规范陈述的有效性，试图理解在政策论证过程中形成的实证和规范之间的关系。③政策辩论不是像后实证主义分析师那样转向抽象的模型，而是寻求"理解和重建政策分析师所做的事情，理解他们的研究结果和建议是如何被传达的，以及这些建议是如何被接受建议的人理解和使用的"。这种调查强调社会行动的多方面因素，不能将其简化为可量化的变量，同时将人类行为理解为"在象征性丰富的社会和文化环境中的嵌入"（Fischer and Gottweis，2012），受文化影响、以交流为导向、以情感为基础和有社会或政治动机的行为。④研究人员必须将其置于一个结合了实证和规范性调查的多方法视角的解释性框架中。应将实证主义与审议和审议民主、话语和话语制度主义、建构主义、解释和符号学、后实证主义政策分析、参与性和协作性政策分析等新方法结合。

在政策评估上，费希尔认为，传统的政策评估面临与主流政策分析一样的局限和窘境，因此需要一种不同以往的方法，将政策评估的传统经验主义和规范的探究结合起来以及将事实和价值结合起来。他将他开发的这种方法称为政策辩论逻辑框架。该框架划分为两个层次，围绕四个互不相同但相互关联的辩论议题建构。这四个议题是关于政策结果的辩论、政策目标的适用环境、整个社会系统更大政策目标的影响以及规范规则的评估和社会秩序潜在的价值。基于此，形成了两个层次和四个阶段的评估。第一层次的评估包括关注政策发起者特定的行动背景，探究特定项目的结果以及这些结果出现的情景，包括第一阶段的项目验证和第二阶段的情境确认。第二层次则将评估转换到了更大的社会系统之中，着重于更大的政策目标对社会系统的影响，强调这种社会顺序背后的规范原则和价值评估，包括第三阶段的社会论证和第四阶段的社会选择（费希尔，2003）。该逻辑框架一并考虑四个辩论议题，力图将所有能纳入评估的经验和规范的因素、事实与价值结合起来，以此来提供一个统一的对话框架。

（二）辩证多元评估阶段

21 世纪初期，随着对混合方法评估的研究特别是对混合方法评估的哲学基础的研究，产生了辩证多元评估。

辩证多元评估（dialectical pluralism evaluation）就是"仔细地、系统地、深思熟虑地倾听、理解、欣赏和学习多种范式、学科、价值观、方法论、立场、种族观点和视角；努力在我们关心的评估项目上走到一起（同时保持我们的许多分歧），并实行协商民主，从而对政策和项目进行评估。这种合作的、同时在分歧和知识紧张上蓬勃发展的目标将给我们带来帮助"（Johnson，2017）。对于辩证多元评估的这一含义，可以从以下几个方面来进行理解：其一，辩证多元评估承认评估的"多元化"。辩证多元评估首先认为政策或项目评估是多元的。到 21 世纪初期，评估已经具有了多种范式，也成为一门跨学科的领域，评估人员秉持着各种价值观，坚持着多样的观点和视角（如女权主义、批判种族理论等），运用着不同的模型或方法。其二，评估是辩证的（允许从不同甚至相反的观点中学习）、对话的（沟通和对话需要考虑差异和相似性），即需要由不同评估流派的评估人员组成评估团队，要辩证地、对话地、仔细地、深思熟虑地倾听不同的范式、理论的观点；在一个彼此尊重的论坛上，团队在评估问题和评估设计的决策中和在研究的数据收集、分析、解释和使用阶段，提出多种意见；然后进行跨范式的对话，辩证地、仔细地、深思熟虑地倾听不同的意见。其三，将来自相互竞争的范式和价值观的重要思想结合起来，形成一个新的可行的整体并用于评估之中。辩证多元评估不仅要求对话，还要求尝试产生新的创造性综合。"辩证"不仅强调应该仔细倾听、思考、对话、比较，还要从这些观点、认识论、价值观、方法之间的自然张力中学习，利用从这一过程中获得的见解，为每一个混合的评估制定可行的解决方案或产生一种组合或综合的方案。其四，在评估方法的选择上，应辩证地倾听和考虑多种方法论概念、问题、探究逻辑和特定的研究方法，并为每项研究构建适当的方法组合。辩证多元政策评估应该经常尝试优先考虑不同方法的混合，特别是平等地位混合研究方法（equal-status mixed research）。简而言之，辩证多元评估意味着"倾听、理解、学习和行动"（Johnson，2017）。

混合方法评估在 20 世纪 90 年代末以前都集中在技术层面，侧重于探索在一项评估中如何结合定性和定量方法。到 20 世纪 90 年代末期，人们开始探索混合方法评估的哲学层面，即从哲学上而言进行混合的可能性和可辩护性。具体地说，即分析在一项评估中如何结合不同的，甚至冲突的关于社会现象本质的假设以及认识这些现象的主张。到 21 世纪初时，已经出现了多种哲学立场，如纯粹主义立场、实用主义立场、辩证立场、范式不重要立场、实质性理论立场、互补优势立场等。其中，纯粹主义立场认为，不同的范式体现了对人类、世界、知识主张的性质以及可能认识的内容的不同且不相容的假设，因此，在评估中混合不同的评估范式既不可能也不明智。互补优势立场认为，混合方法评估是可能的，但是不同的方法必须尽可能分开，以便实现每个范式的优势。实用主义立场认为，范式差异对于评估实践并不十分重要，评估者应该不受哲学假设的限制或阻碍，能够基于背景响应性选择对于特定的评估问题"最有效"的方法组合。而辩证立场认为，评估的哲学范式或逻辑之间的差异不仅存在，而且很重要。这些差异不能被忽视或妥协，但必须以维护不同范式完整性的方式予以尊重。此外，应该在评估内部和评估之间有意地使用这些差异，以便辩证地发现增强的理解、新的观点和意义，将不同范式并置所引发的不可避免的紧张可能产生更完整、更深刻，甚至转变性的评估理解。由于辩证立场更强调多重哲学框架下的假设、立场和价值观相协调，因此，在混合方法评估的哲学基础研究中，一些学者更加认同和强调辩证立场，混合方法评估的辩证立场越来越流行。

然而，辩证立场仍然只是某种哲学理念，其内涵和外延到底如何、在实际的实施中如何操作等问题还有待回答。为了扩展和丰富辩证立场，2011 年，约翰逊提出了"辩证多元主义"的概念以及相关的一些操作性设想。他认为，辩证多元主义是辩证立场与多元主义本体论概念相结合的结果。从哲学上看，多元主义本体论假定有多种现实和许多可能的方式来解释现实，因为它们都能够提供对现实的一些解释，因此这些范式、价值观、方法论和方法都值得高度尊重。"辩证"的本意是互动对话或者两个对立的部分连接起来形成一个互动的整体。因此，辩证多元主义就是使人们不断地与多样的、不同的本体论、认识论、伦理原则、学科、方法论和方法相互作用，从而产生有益的整体。辩证多元主义还可被表述为一个智力过程，该过程包括：辩证地、对话地、仔细地、深思熟虑地倾听不同的范式、理论的观点；将来自相互竞争的范式和价值观的重要思想结合起来，形成一个新的可行的整体，用于每项评估；陈述并"包装"评估者的认识论和社会/政治价值观，以制定社会建构标准并指导评估。这包括尝试在不同的评估者/实践者之间就有价值的目的和方法达成一些共识；进行大量的讨论和批判性反思。由来自不同范式的人组成的团队与多种本体论、多种认识论、多种伦理观以及多种方法论进行对话的策略包括：平等权利、建立信任、开放、诚实、建设性冲突、角色扮演、分割（即将有争议的问题分割成更小的部分以达成初步协议）、基于小收益、宽容、妥协、合作、为双赢解决方案而努力等策略。

辩证多元主义的过程表现为一种智力过程。要实现全面的辩证倾听和格式塔转换或代码转换，则面临许多挑战。结合相关研究，约翰逊等提出了走向辩证多元主义的智力过程的关键策略：不断培养信任和同理心，参与建设性冲突和练习建设性的批评，合作，理解和利用差异，个人不断实践自我反省，确定和援引共同利益，共同目标和共同预期结果，专注于预期的创造以及开展对话。基于上述的辩证多元主义思想、过程和策略，约翰逊等还提出了一个辩证多元主义实施框架，以指导智力过程（主要是团体过程）的实施。该框架包含了辩证多元主义实施的三个目的、三个阶段以及在各个阶段实现各个目的的方法。三个目的分别是：培养团队成员表达其哲学、愿景、价值观和研究目标的能力，促进团队互动以为预期的团队目标和价值观共享对话和信任创造必要条件，系统优化可支持辩证多元主义的条件和实践群体的价值观。三个阶段包括设计阶段（以使策略与团队成员和团队需求相匹配）；能力建设阶段（以发展结构资本、人力资本和关系资本）；辩证多元主义绩效阶段（以利用实施策略并实现准确性和可持续性）（Johnson et al.，2014）。为了实现团队成员个人能力建设的目的，在相关阶段可以运用绘制极性地图、协作逻辑建模和第三空间等方法；为了实现团队发展和辩证多元过程建设的目的，在相关阶段可以采取团队发展、实践社群、未来搜索、开放空间规则、世界咖啡馆等方法；为了系统地优化辩证多元价值观，在相关阶段可以采取价值网络分析、鉴赏性探究、批判性朋友协议等方法。这些目的、阶段和方法的总体逻辑是：通过社会心理方法的运用，培养团队成员的能力、促进团队互动、优化可支持辩证多元主义的条件和实践群体的价值观，从而获得积极成果——实现辩证整合或获得双赢解决方案。

此外，一些学者还探索了一些辩证多元评估方法。一是将辩证多元主义思想运用于一般性的定性与定量混合评估中。例如，斯特弗拉等在对一个以社区为基础的少年犯干预项目的评估中，通过评估人员和利益相关者之间的一系列讨论，以辩证和对话的方式构建了评估目标，然后通过一系列会议商定了评估方法。这些方法包括定性方法（半结构访谈等）和定量方法（问卷和量表等），但二者都不享有特权地位，来自两个领域的数据以辩证和对话的方式相互提供信息。最后对各自的结果进行三角化并分析它们之间的差异（Stefurak et al.，2015）。二是将辩证多元主义思想运用于混合方法随机对照试验评估（mixed methods RCTs）这一特定类型中。由于随机对照试验是一种典型的政策或项目评估方法，因此较多的研究聚焦于如何运用辩证多元主义思想将定性研究要素或者自身是定性和定量组合的研究要素补充至随机对照试验评估中。例如，约翰逊等探索了将定性研究和混合研究添加至随机对照试验评估的多种可能性和相关策略（Johnson and Schoonenboom，2016）。三是将辩证多元主义思想运用于系统评论中。系统评论可以采用荟萃分析方法对定量研究进行评论，也可以运用元聚合（meta-aggregation）方法等对定性研究进行评论（见第八章）。然而如何对混合研究进行研究综合？特别是如何将辩证多元主义思想运用于对混合研究的综合中？这一问题也激发了一些学者的兴趣并开展了相关探索。例如，乔安娜·布里格斯研究所（Joanna Briggs Institute，JBI）、梅尔滕斯等指出了进行混合系统评论的思路、框架和方法（Mertens，2018）。

表 7.1 归纳了批判复合主义评估的主要评估框架和模型。

表 7.1 批判复合主义评估的主要评估框架和模型

理论家	框架或模型	产生时间	基本观点
格林 塔沙克科里 特德利 约翰逊	一般混合方法评估（general mixed-method evaluation）	1989 年	一般混合方法评估是混合研究方法在评估中的应用。评估人员或评估团队结合定性和定量评估方法的要素（如使用定性和定量观点、数据收集、分析、推理技术），以实现理解和证实的广度和深度的广泛目的。一般混合方法评估有其独有的特征、广泛的目的和多种类型。需要根据主要维度（如评估目的、理论驱动、时间、整合点、设计复杂性）以及相关的次要维度（如现象、评估参与者相似或不同的程度、评估团队中的评估人员相似或不同的程度、实施环境等）进行混合评估设计

续表

理论家	框架或模型	产生时间	基本观点
沙迪什	批判复合主义评估的指导原则与策略	1993 年	提出了将批判复合主义运用于评估的指导原则，并且阐述了如何将批判复合主义运用于评估的七项具体任务（问题形成、理论或模型选择、评估设计、数据分析、结果解释、评估综合和评估利用）中
费希尔	政策辩论逻辑框架	1993 年	该框架划分为两个层次四个阶段。第一层次的评估包括关注政策发起者特定的行动背景，探究特定项目的结果以及这些结果出现的情景，包括第一阶段的项目验证和第二阶段的情境确认。第二层次则将评估转换到了更大的社会系统之中，着重于更大的政策目标对社会系统的影响，强调这种社会顺序背后的规范原则和价值评估，包括第三阶段的社会论证和第四阶段的社会选择。一并考虑四个辩论议题，力图将所有能纳入评估经验的和规范的因素、事实与价值结合起来
马克	整合评估实践的框架	1999 年	该框架包含四种探究模式（描述、分类、因果分析和价值观探究）和四个评估目的（评估优点和价值、监督和合规、项目和组织改进以及知识开发）。可以根据不同的评估目的选择相应的探究模式，而且探究模式之间也存在着联系。通过考虑探究模式和目的，更容易看到不同评估学派之间的趋同点和分歧点，从而有助于改善沟通；每种探究模式中都有定性和定量以及混合方法，有助于评估领域超越过去的方法区分，为评估者提供一个通用的词汇
约翰逊舍恩布姆霍迪诺特霍尔	辩证多元混合评估方法（dialectical pluralism mixed-method evaluation）	2010 年	运用辩证多元评估理论进行实证评估的方法，包括将辩证多元主义思想运用于一般性的定性与定量混合评估中的方法和将辩证多元主义思想运用于混合随机对照试验评估中的方法
乔安娜·布里格斯研究所梅尔滕斯	辩证多元系统评价（dialectical pluralism systematic review）方法	2010 年	该方法的核心意图是将定量和定性数据（包括混合方法评估中定量部分的数据和定性部分的数据）综合起来，或将定量和定性证据加以合成，以形成一种广度和深度的理解，从而确认或质疑证据，并最终回答提出的评估问题。在评估合成的过程中，强调对各种数据和证据的尊重、倾听和对话

第三节　批判复合主义评估的经典模型与方法

第二节概要介绍了批判复合主义评估开发的主要评估框架、模型和方法。本节将具体介绍批判复合主义评估的指导原则与策略、政策辩论逻辑框架、一般混合评估方法、辩证多元混合评估方法和辩证多元系统评价方法。

一、批判复合主义评估的指导原则与策略

沙迪什认为，虽然人们已经提出了批判复合主义这一理论基础、方法论或战略，然而，如何将其运用于评估的操作中，还需要明确其指导原则和策略。

（一）将批判复合主义运用于评估的指导原则

沙迪什首先从批判复合主义的角度指出了政策或项目评估的指导原则。他认为包含

两种原则：一种是技术指导原则，另一种是社会指导原则（Shadish，1993）。

（1）技术指导原则。技术指导原则指从评估技术上需要注意的指导方针。沙迪什认为技术指导原则具有七项：①确定要完成的评估任务；②确定完成每项评估任务的不同选项；③确定与每个选项相关的优势、偏差和假设；④当不清楚完成某项任务的几个合理选项中哪一个偏差最小时，选择多个选项以反映不同的偏差，避免恒定的偏差，并仅仅忽略最不合理的偏差；⑤注意具有不同偏差的选项的结果的收敛性；⑥解释具有不同偏差的选项产生的结果的差异；⑦公开为任何使评估任务保持同一性的决定辩护。

但是需要注意的是，评估往往面临资源限制。资源限制通常会使我们无法包含我们的分析建议的所有异质选项。那么，在资源有限的情况下如何在一项特定的评估中进行复合呢？沙迪什指出以下几个推论指导原则可以帮助我们做出选择。①仅包括那些可以被合理地认为可能产生不同结果的选项。②优先选择在过去研究中已经具有一致性的选项。③根据具体情况确定需要或期望减少多少不确定性，然后选择能够提供该水平的选项。④选择在研究背景下财务上可行的选项。使用以下粗略指导原则分析不同选项的成本：最便宜的选项包括对同一对象的多个测量、同一评估人员使用不同模型和假设进行多种数据分析，以及向多个批评者提交研究计划和报告。价格适中的选项涉及多种对象、多个评估者和多种场合；不同评估者对同一数据集进行多重分析；以及雇用多名顾问进行现场考察。最昂贵的选择是由多个独立评估人员在不同地点实施评估。⑤公开为任何使评估任务保持同一性的决定辩护。

（2）社会指导原则。批判复合主义要求评估者了解需要完成的所有任务、完成每个任务的选项以及与每个选项相关的偏差和假设。但单个评估者了解所有这些问题的能力有限，他们很难认识到自己的偏差，他们无法获得各学科等社会学结构所需的一些知识。而且因为人类的大脑会自发地对这些事情过于自信，又使得问题变得更加复杂。人们过于频繁地提出了看起来"清晰而独特"但达到了绝对真理的水平的观点，有时没有注意到所讨论的概念事实上具有可疑的有效性或仅在某些有限的背景下相关等情况。出于这些原因，必须预计单个评估者将无法以明确识别所有选项和偏差的方式完成批判复合主义的技术任务。因此，必须制定第二套指导原则，旨在纠正单个评估者在以令人满意的方式完成技术任务时的社会和心理局限性。这些原则包括：①确定几个来源（人员、过去的研究、相互竞争的理论），这些来源的偏差可能与完成技术任务的评估者的偏差不同；②在完成和批评技术任务的结果时，寻求这些来源的帮助。

（二）将批判复合主义运用于评估的策略

任何评估都有如下七项具体任务：评估问题的形成、理论或模型选择、评估设计、数据分析、结果解释、评估综合和评估利用。如何将批判复合主义运用于这些具体任务中？沙迪什也提出了针对每一项任务的策略（Shadish，1993）。

（1）评估问题的形成。评估的价值可能更多地取决于被评估问题的价值，评估错误的问题可能损害整个评估的价值。因此应该谨慎地提出一系列可能很好的问题，而且我们应该从两个层面仔细审视和批评我们的问题。第一个层面涉及我们正在问和没有问的一般类型的问题，因为问题形成在很大程度上是一个社会、政治和经济过程（如政治气候或某些利益团体阻碍评估某种问题），因此必须进行批判性分析。第二个层面是某些特定类型的问题，这些问题因为人们不够重视或问题较小而被评估者遗漏，因此可以通过团队经常性沟通来明确对问题的定义。

（2）理论或模型选择。评估者使用某些理论和模型来概念化问题并指导他们的评估，然而，任何理论或模型都包含遗漏和偏差，或多或少都存在不完整的问题或存在部分的错误。因此也必须对这些理论或模型进行批判性分析。

（3）评估设计。当许多不同的方法被用于评估一个问题，并且它们都收敛于同一个结果时，评估者会对结果充满信心。但是，如果这些方法仍然有共同的偏见，那么这种信心是错误的。此时，应通过批判性分析确定每种方法中不确定性的重要来源，并估计每个方法的可能偏差方向，这样才能更好地理解结果的准确性。

（4）数据分析。对于一个数据集，运用一种分析方法可能导致偏差；甚至采用多个分析方法也可能导致偏差，甚至这些偏差都以恒定方向运行。因此，对于数据分析，首先应该借鉴敏感性分析的思维，联合使用多个分析方法，这样可以看到改变分析方法是否会导致结果的变化。对于多个分析方法导致的偏差，要注意校正和重新分析。

（5）结果解释。从某个单一的角度或人群对结果进行解释可能产生偏差。因此对评估结果应该从不同的角度或由不同的利益相关者来进行解释，以产生一系列可能的解释。然后根据现有证据评估这一系列解释的合理性。

（6）评估综合。基于前面讨论的所有原因，永远不能完全相信一项评估的结果。对于某项评估要持怀疑态度；要开展和综合多项评估，相对于单个评估，几乎总能从多个评估中学到更多的东西。但即便对多项评估进行了综合，获得了某个一致性的结果，仍应该寻找可能合理解释这一结果的恒定偏差。

（7）评估利用。任何单一的方法都不足以确保评估结果对决策者有用或被决策者使用。比如，要注意定义"评估使用的潜在用户"的偏差，评估使用的潜在用户不仅包括决策者，还包括所有利益相关者。又如，要注意传播技术的偏差，向决策者和各种利益相关者传递评估结果，要善于综合运用各种传播技术。

案例　运用批判复合主义策略评估纽约市《无烟公园和海滩法案》

一、资料来源

Johns M, Coady M H, Chan C A, et al. 2013. Evaluating New York city's smoke-free parks and beaches law: a critical multiplist approach to assessing behavioral impact. American Journal of Community Psychology, 51: 254-263.

二、评估对象及其背景

无烟空气法已成为公共卫生领域流行的策略。2002年，纽约市颁布了《无烟空气法》，要求包括酒吧和餐馆在内的几乎所有工作场所都禁止吸烟。2011年5月，这项法律进一步扩大，包括纽约市的所有公共公园、海滩也禁止吸烟，并规定在公园或海滩吸烟将被罚款50美元。禁止在公园和海滩吸烟的目标在于：减少环境中的烟草烟雾、减少与吸烟有关的垃圾以及减少青少年接触他人的吸烟行为；提高纽约人对禁止吸烟规范的认识，进而形成一个进一步鼓励吸烟者戒烟并阻止非吸烟者开始吸烟的环境。纽约市公共卫生部门为评估该法案的有效性，委托评估团队进行评估。

三、哲学与理论基础

《无烟公园和海滩法案》的评估涉及一些挑战，例如，该法案在全体人群中实施，因此无法进行随机对照试验。此外，考虑到过去十年纽约市实施的政策的数量和范围，很难将《无烟公园和海滩法案》的影响与其他措施的影响隔离开来。有限的时间和资源也限制了可以收集的新数据的数量和范围。因此，使用某种单一评估设计、方法或过程都将难以有效地评估该政策。批判复合主义认为，单一评估方法或过程（如问题生成、研究设计、测量和统计分析），都包含产生独特的弱点和偏见的前提。这就有必要使用多种方法来减少任何单一偏差的影响。因此，应使用多种设计、测量、分析等进行评估，批判性地检查最佳可用方法，并确定所有可用选项中固有的偏见。这样评估就不会有共同的偏见或弱点，由此产生的信息可使评估的结果更有效和更可靠。

四、评估方法

（1）评估设计：进行三项互补的研究，以确定该法案是否降低了公园和海滩的吸烟率。研究中的具体设计、措施和背景各不相同，以形成一系列证据来证实法案的影响。最重要的是，为了消除研究中的共同弱点或偏见，形成了一套比任何单独研究都更强的研究。为了做到这一点，评估人员从最基本的可行设计（简单的前后设计）开始，并添加了一些功能来帮助解决历史效应、对均值的回归和测量方法对有效性构成的威胁。为了解决历史效应，评估人员纳入了非等效比较、非等效相关测量和可能的额外时间点。为了解决对均值的回归的威胁，评估人员尽可能纳入了处理前时间点和非等效比较。为了解决测量方法的威胁，评估人员以几种不同的方式测量了吸烟行为。

（2）研究一：吸烟垃圾检查和统计。对样本公园的选定区域和所有城市海滩的部分区域的吸烟垃圾进行了统计。在2011年5月法案生效前进行了两次，在法案生效后进行一次。对2002年禁止吸烟的游乐场也进行了调查，并提供了一个不对等的比较区域。

（3）研究二：对公园中的吸烟行为的观察。对法案生效前后人流高峰时期公园的吸烟行为进行了一系列观察，以直接测量吸烟情况。

（4）研究三：基于纽约州成人吸烟调查的数据的分析。纽约州成人吸烟调查是一项全州范围的电话调查。自2009年以来，包括纽约市居民样本在内的受访者被要求说明他们看到人们在公园和海滩吸烟的频率以及他们是否见过人们在建筑大楼里吸烟。基于这些数据，评估团队进行了法案生效前24个月的吸烟状况和生效后12个月的吸烟状况的比较，也将纽约市的受访者的回答与该州其他地区的受访者的回答进行了比较。评估团队的论文发表时，这项研究仍在进行中，目前只提供了可用的基线结果。

（5）对三项研究结果进行比较和一般性讨论。

五、管理与预算

没有披露预算及使用情况

六、评估结论

第一项对吸烟垃圾的检查与统计结果表明，这项法案减少了海滩上的吸烟行为。第二项使用直接观察的评估发现，法案颁布后，在公园吸烟的人减少了。当时正在进行的第三项评估提供了有关法案影响范围和一致性的额外数据，其关于公园和海滩吸二手烟的调查数据可以证实直接观察评估的结果，与此同时，第三项评估还提供了有关法案在人口层面影响的数据。总体而言，该法案减少了公园和海滩的吸烟行为。

七、评估者的反思

本评估是以批判复合策略为指导的。从评估问题开始，评估人员确定了关键结果（吸烟行为测量）并计划在实际限制范围内进行最严格的三项研究。这些研究旨在帮助消除历史效应、均值回归和测量方法对有效性构成的威胁。每项研究都使用独特的设计和测量组合，都有一些独特的优势和劣势，在实现目标（消除历史效应、均值回归和测量方法对有效性构成的威胁）的程度上也各不相同。但三项研究的互补可以帮助克服任何单一研究固有的弱点，为评估政策的有效性提供了一致的证据并有利于更容易地解释意外结果（如公园里的吸烟垃圾没有减少但游乐场里的垃圾却意外地减少）。

但本评估也存在一些局限性。从批判复合主义的角度来看，只研究法案对吸烟行为的影响会带来偏见。该研究无法确定该法案是否与其他人口水平的影响（如禁止吸烟规范的增加）有关。评估人员无法在研究中采用随机抽样也是一个重要的限制，尽管我们试图扩大样本的异质性，但很难说结果在多大程度上适用于所有人口。

八、报告与利用

以论文形式发表，目前尚无有关部门利用的报道。

二、政策辩论逻辑框架

（一）逻辑框架

如前所述，费希尔提出的政策辩论逻辑框架划分为两个层次四个阶段。第一层次的评估包括关注政策发起者特定的行动背景，探究特定项目的结果以及这些结果出现的情景，包括第一阶段的项目验证和第二阶段的情景确认。第二层次则将评估转换到了更大的社会系统之中，着重于更大的政策目标对社会系统的影响，强调这种社会顺序背后的规范原则和价值评估，包括第三阶段的社会论证和第四阶段的社会选择，如图 7.1 所示。

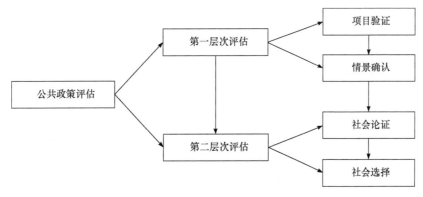

图 7.1　政策辩论逻辑框架

以下对四个阶段的主要任务、评估问题及其逻辑关系进行详细介绍。

1. 第一阶段：项目验证

项目验证将验证政策项目是否达到特定的目的，它是政策辩论逻辑的开端。需要注意的是，费希尔认为，项目验证阶段实证辩论的焦点是公共政策项目的目的而不是政策目标。政策目标通常具有比较宽泛的社会导向意义，以更高层次的理想为基础，而项目目的是由政策目标派生的可以量化的目的，据此可以确定量化的项目标准。另外，可以定量测量的实证描述是科学评估的根本特性，而依据总的政策目标确定的项目目的则更清楚、更具体、更易量化。项目验证需要回答三个中心问题：一是从实证角度看项目是否完成了既定的目标；二是实证分析是否揭示了对项目目标进行补充的次要的或者未曾预料的效果；三是项目是否比其他可行的办法更有效地达到了目的。可以发现，项目验证围绕实证辩论逻辑展开。

2. 第二阶段：情景确认

情景确认阶段关注的是政策目标的适当性，或者说，政策目标与特定问题情景的符合度。依据哈贝马斯（Habermas）的话语理论，这种转换在于对结果产生情景的"理解"。它着重强调经验解释和特殊规范之间的逻辑关系，它不再将重心放在项目本身的因果关系上。经验主义方法把人概念化为检验因果关系假设的抽象行为客体，但社会学解释方法则把人视为有目标和主观动因的行为主体。在解释的语境下，人必须在这种社会规则下进行政治或社会决定。因而，做出一个社会或政治的决定需要社会系统成员能够感知这种社会规则，并且懂得其规则逻辑，从而进行社会互动。这一阶段的任务是对政策的目标和宗旨进行说明，证明一个政策目标是否正确。首先需要收集问题情景的经验事实，并通过规范与情景的差异比较，厘清问题情景的性质。其次要比较不同的目标，这一过程涉及收集特殊项目目标的支持和反对意见。最后通过整理那些支持或反对基于推测的情景分析的客观依据，判断政策目标是否符合"客观上的情景"。因而，这一阶段评估的重点由经验主义定量分析转向了规范分析。

但是，在这一评估阶段中似乎很难解决争论，因而如果各方要求更进一步的讨论，那么就需要争论者走出他们的规范情境，从经验主义角度阐述社会系统最高层次政策目标及其作用的价值，即需要从第一层次的评估转移到第二层次的评估，政策评估的背景也由具体情景转移到了社会系统整体中。

3. 第三阶段：社会论证

社会论证评估主要看政策目标是否与现有社会格局相符。在政治和政策评估学科中，目标和假设往往用来检验对公共物品、公共利益的贡献，或对社会福利和整个社会秩序的简单规范标准的贡献，因而要考察政策目标在社会系统中的规范意义及其产生的后果，特别是政策目标是否有助于制度运作和社会系统的价值体系。在费希尔看来，社会系统被广义地理解为政治、经济、文化关系相互依存的集合或者说特定自然和人文因素作用下的社会格局。判断政策目标对社会系统的影响主要看是否对系统本身有恰当的理解、实践，尤为重要的是对政治和经济机制及基本核心目标和价值的判断，这些政治经济机制是一系列政治信仰和相应的"政策框架"。这些政策框架包含以下考虑范畴：适当范围的市场与政府行为；权力和权威在各级政府中的适当配置；在重大冲突性政策上的立场；激励、提倡、强制等政策手段上的基本选择；社会系统不同部分的参与意愿；对社会重大问题能力的认识等。

4. 第四阶段：社会选择

社会选择主要处理道德和伦理世界观的问题，是政策评估的最后一个阶段。人们必须明确公共政策的辩论中的潜在争议往往是关于不同理想或世界观的冲突，因而要解决诸如世界观的内在逻辑、世界观的一致性或道德价值等问题。费希尔认为广义上的社会选择就是我们想要在哪种社会中生活。社会选择反映了政治哲学的经典问题，它要为支配美好社会或生活方式的发展和维持的"意识形态"原则建立一个合理的基础。社会选择的基本目标就是用理智来替代在生活方式和意识形态选择上出现的随意偏好或者私利。该阶段主要涉及的问题为：一是分析构成可以接受的社会秩序的根本思想或意识形态是否为公平、合理地解决相互冲突的观点提供了基础？二是如果这一社会秩序不能解决根本的价值冲突，是否有其他的社会秩序能为相互冲突的利益和需求提供公正的解决之道？三是常规的想法和经验证据是否支持采用其他社会秩序所提供的备选意识形态和社会秩序。社会选择阶段的主要目的，就是要揭示上述理论问题是如何转化为政策评估任务的（费希尔，2003）。

（二）相关方法

除提出以上政策辩论逻辑框架外，费希尔还提出了实现各个阶段的评估任务的方法。在项目验证阶段，由于遵循的是实证主义逻辑，因此，主要采取实验、准实验、自然实验和成本收益分析等方法评估政策达到特定目标的情况。在情景确认阶段，遵循的是规范分析逻辑，因此，主要运用观察、二手资料、案例研究、现场记录以及访谈等方法评估政策目标是否符合特定的问题情景。在社会论证阶段，由于要从宏观角度考察政策目标对公共利益或对普遍的社会福利和整个社会秩序的贡献，因此强调运用民意调查、大范围横截面分析、系统理论与方法、宏观成本收益分析、访谈、案例分析、社会实验以及推理统计技术评估政策目标对现存的社会格局的影响。在社会选择阶段，要遵循意识形态批评的逻辑，因此采取政治哲学分析、意识形态的检测与比较等方法考察现存的意识形态是否能为解决政策中的价值冲突提供基础（费希尔，2003）。表 7.2 总结了各阶段的相关方法。

表 7.2　政策辩论框架各阶段的相关方法

评估阶段	评估任务	评估逻辑	评估方法
项目验证	结果—政策目标（结果是否达到了既定目标？）	实证主义逻辑	实验、准实验、自然实验、成本收益分析等
情景确认	政策目标—问题情景（政策目标是否与问题情景相关？）	规范分析逻辑	观察、二手资料、案例研究、现场记录、访谈等

续表

评估阶段	评估任务	评估逻辑	评估方法
社会论证	政策目标—社会整体（政策目标是否和现存的社会格局相容和相匹配？对现存的社会格局是否有帮助？）	承认政策的影响超出想要惠及的群体和对应的政策问题，从宏观角度考察政策目标对公共利益或对普遍的社会福利和整个社会秩序的贡献	民意调查、大范围横截面分析、系统理论与方法、宏观成本收益分析、访谈、案例分析、社会实验、推理统计技术等。非常符合的两种方法：系统论和宏观成本收益分析
社会选择	现存意识形态—政策中的价值冲突（现存意识形态是否能为解决政策中的价值冲突提供基础？）	意识形态批评	政治哲学分析、意识形态的检测与比较

案例 基于政策辩论逻辑评估湖北省基础教育均衡化发展政策

一、资料来源

周鹏程. 2013. 湖北省基础教育均衡化发展政策与实践范式研究：以费希尔的政策评估框架为工具. 华中师范大学博士学位论文.

二、评估对象及其背景

自 20 世纪 90 年代初以来，湖北省的基础教育发展取得了丰硕成果。截至 2009 年底，湖北省 17 个市、州基本上实现了"两基"，整个省域内"两基"的人口覆盖率接近 100%，基本的九年义务教育普及工作也进展顺利。基础教育发展取得了重要成就，但由于地区间自然环境、文化传统和经济发展水平的差异以及制度依赖、公共教育政策导向等多种因素的影响，基础教育发展在城乡之间、县域之间、学校之间的不均衡状态依然比较突出。为促进基础教育均衡化发展，在以往政策的基础上，从 2009 年开始，湖北省启动了"义务教育均衡发展行动计划"，在全国率先以县域内实现均衡为工作重点，用系统工程方式组织整体推进义务教育均衡发展的行动。其由全省统筹，从战略上谋划了县域义务教育均衡发展的目标、措施和实施步骤。目标包括 2012 年努力实现义务教育区域内初步均衡、2020 年区域内基本均衡。要求推进义务教育均衡发展的四大工程："学校标准化建设工程""教师队伍建设工程""教学质量提高工程""义务教育关爱工程"。提出逐步形成在全省范围实施义务教育均衡发展的推进策略，包括：以县为主、市县共建、全省统筹；抓住重点，实施工程；试点先行、分批到位；分类指导、渐进突破等。但是湖北省基础教育均衡发展政策在当时的效果如何难以给予确切判断，因此亟待开展政策评估。

三、哲学与理论基础

费希尔力求克服甚至解决经验主义与规范分析之间长期存在的鸿沟，提出了同时验证经验主义与规范政策判断的"实证辩论的逻辑"框架。这种方法的结构围绕四种相关的论点展开，设计从与特定的形势相关的具体经验主义问题到有关生活方式的抽象的规范问题。政策辩论逻辑的"第一顺序评估"由两个推论构成，即验证和确认，"第二顺序评估"也由两个推论构成，即社会论证和社会选择。该框架兼顾事实与价值、定量评估与定性评估，可以对政策进行全面的评估，因此，可为湖北省基础教育均衡发展政策的评估提供方法基础。

四、评估方法

（1）项目验证。对湖北省基础教育均衡化发展政策实施效果进行评估。主要从区域、城乡两个方面运用统计资料和调查样本，选取普通中小学作为研究对象，采用数据分析方法对区域间教师均衡度和城乡间办学条件差异进行量化评估。

（2）情景确认。对湖北省基础教育均衡化发展政策及其目标是否与政策问题情景相匹配进行分析。一方面对湖北省基础教育均衡发展政策的背景（湖北省新时期的历史选择和战略任务，教育现代化、信息化需要、湖北省基础教育不均衡状况）开展分析；另一方面将湖北省基础教育均衡化发展政策的目标和政策措施与背景对照，分析这些目标、政策措施的正当性。

（3）社会论证。分析湖北省基础教育均衡化发展政策对整个社会系统的工具性影响或者说对整个湖北省经济社会发展的贡献及其利益。运用宏观成本收益分析方法，分析了湖北省基础教育均衡化发展政策的财务成本以及政策对湖北省经济社会发展的社会经济价值、人文价值以及其对社会格局变化的影响。

（4）社会选择。分析湖北省基础教育均衡化发展政策的意识形态功能，包括分析解决基础教育不均衡发展问题的合理的意识形态基础是什么；分析政策是否促进了人们的意识形态选择。

五、管理与预算

没有披露预算及使用情况。

六、评估结论

（1）项目验证层面。湖北省基础教育均衡化发展政策整体效果良好，特别是在学校标准化、教师质量与教学质量方面贯彻实施得力。资源配置以补充农村地区学校为重点，教师资源在县域之间、预算经费与硬件设施资源在城乡之间配置不均衡状况有了显著改善。政策实施较好地实现了政策目标。

（2）情景确认层面。湖北省基础教育均衡化发展政策的"均衡发展"的总体目标设定与"分阶段分层次推进"的阶段目标整体上都是正当的。不过资源配置均衡虽然是基础教育均衡化发展的关键，但并不是全部，与"人的全面发展与均衡发展"相比，它毕竟只是手段。因此，以"学生"为本，推进深层次均衡，是湖北基础教育均衡化发展政策进一步推进的方向。

（3）社会论证层面。从成本角度看，湖北省用于基础教育发展的财政经费呈逐年增长态势，但基础教育经费增长速度低于经济增长速度。从收益角度看，政策对于提高劳动力整体水平、促进科技创新与经济发展、促进人的自由全面发展与人类精神文明传承，特别是在化解因不均衡导致的社会矛盾方面具有重要作用。

（4）社会选择。和谐社会的理念与追求是解决我国基础教育不均衡发展问题的重要的意识形态基础。湖北省基础教育均衡化发展政策有助于促进公民树立正确的价值观、完善社会主义教育理念、促进社会主义社会公平、推进和谐社会建设。

七、评估者的反思

本评估选择费希尔政策辩论逻辑框架作为评估工具、力图通过"科学"的经验主义分析与规范研究相结合的方法对湖北省基础教育均衡化发展政策进行评估，获得了较为全面、客观和准确的评估结论。但对费希尔政策辩论逻辑框架可能存在理解偏差以及其他因素共同限制了理想评估效果的获得。

八、报告与利用

以博士学位论文形式呈现，目前尚无有关部门利用的报道。

三、一般混合评估方法

（一）一般混合评估方法的含义与特征

1. 一般混合评估方法的含义

许多学者都对混合方法评估进行过界定。肖恩布姆和约翰逊认为，混合方法评估是混合研究方法在评估中的应用，评估人员或评估团队结合定性和定量评估方法的要素（如使用定性和定量观点、数据收集、分析、推理技术）进行评估，以实现理解和证实的广度和深度的广泛目的（Schoonenboom and Johnson，2017）。需要注意的是，它与多方法评估（multimethod evaluation）存在一定的差异。在多方法评估中，可以只组合多种定性方法或只组合多种定量方法。

2. 一般混合评估方法的特征

塔沙克科里等认为混合方法评估具有以下九个特征。①方法论折衷主义，即从众多的定性、定量方法中选择并协同整合最合适的技术，以更彻底地评估感兴趣的政策或项目。②范式多元主义，即认为多种范式可以作为使用混合方法的基本哲学。③强调评估各个层面（从更广泛、更理论的维度到更狭隘、更经验性的维度）的多样性。例如，混合方法评估可以同时解决验证性和探索性问题。④强调连续性而不是二分法。它用定性—混合—定量多维连续体代替了范式争论中的非此即彼。⑤它是一种迭代、循环的评估方法，在同一评估中既包括演绎逻辑也包括归纳逻辑。⑥在确定任何给定评估中采用的方法时，关注评估问题。评估问题的具体情况将决定使用的最佳工具的选择。⑦具有一套基本的"独特的"研究设计和分析过程。例如，运用平行混合设计、顺序混合设计、转换混合设计、定量化、定性化和固有混合数据分析等特有的设计和分析术语。⑧走向"第三方法论群体"中隐含的平衡和妥协趋势。倾向于在方法论光谱两端的学者所表现出的过度行为之间取得平衡。⑨依赖于视觉表示（如图、表）和通用的符号系统。混合方法评估设计、数据采集程序和分析技术往往采用视觉表示，这可以简化这些过程中固有的元素之间的复杂相互关系（Teddlie and Tashakkori，2010）。

（二）一般混合评估方法的目的与类型

1. 一般混合评估方法的目的

总的来看，一般混合评估方法的目的是扩大和加强评估结论，提高证据质量和评估的有效性。但针对不同的评估情景，混合评估方法还可以划分为多种具体的目的。早在 1989 年，格林便指出混合方法评估具有五个目的：三角测量、互补、发展、触发和扩展。三角测量寻求不同方法结果的收敛性、佐证性和一致性；互补寻求一种方法的结果对另一种方法的结果的细化、增强、说明和澄清；而发展则寻求使用一种方法的结果来帮助发展另一种方法或为另一种方法提供信息；触发寻求发现悖论和矛盾，发现新的视角，用另一种方法的问题或结果来重铸一种方法的问题或结果；扩展旨在通过使用不同的方法和不同的探究元素来扩展探究的广度和范围。布里曼在格林等研究的基础上，对混合评估方法的目的进行了重新划分，并增加了一些额外的方面，形成了如下六种混合评估方法的目的：①可信性，指采用两种方法可提高调查结果完整性。②情景，指通过提供情景理解的定性研究，结合通过定量研究揭示的可推广的、外部有效的结果或变量之间的广泛关系，证明组合是合理的。③说明，指使用定性数据来说明定量结果，通常被称为将"肉"放在"干的"定量结果中的"骨头"上。④效用或改进结果的有用性，指结合两种方法将对实践者和其他人更有用，这在强调应用的评估中可能更为突出。⑤确认和发现，指使用定性数据生成假设，并使用定量研究测试这些假设。⑥观点的多样性，即分别通过定量和定性研究结合研究者和参与者的观点，通过定量研究揭示变量之间的关系，同时通过定性研究揭示研究参与者之间的意义。

2. 一般混合评估方法的类型

对于混合方法评估的类型，不同的学者提出了不同的观点。特德利等将混合方法评估分为五种类型。①平行混合设计。在该设计中，有两个或多个同时进行的定量和定性部分，在进行单独分析后，各部分的结果被整合到元推理中。②顺序混合设计。在该设计中，定性和定量按时间顺序先后出现，后一部分过程依赖或建立在前一部分的基础上。③转换混合设计。在该设计中，一种类型的数据转换为另一种类型，然后进行综合分析。④多层次混合设计。在该设计中，混合发生在多个分析层次（如个人、社区、组织等）上。⑤完全整合的混合设计。在该设计中，混合在评估的所有阶段（如概念化阶段、方法学阶段、分析阶段和推理阶段）都以交互方式进行（Teddlie and Tashakkori，2009）。约翰逊等则将混合方法评估的类型分为九种，分别为：同等地位并行设计、定性驱动并行设计、定量驱动并行设计、先定性后定量的同等地位顺序设计、先定量后定性的同等地位顺序设计、先定性后定量的定性驱动顺序设计、先定量后定性的定量驱动顺序设计、先定性后定量的定量驱动顺序设计、先定量后定性的定性驱动顺序设计。

（三）一般混合评估方法的设计与实施

1. 一般混合评估方法的设计

如何进行混合方法评估设计？多名学者提出了多种思路。肖恩布姆等认为，混合方法评估设计要结合七个主要的维度和十个次要的维度。七个主要维度包括混合的目的、理论驱动力、时间性、整合点、设计类型、设计的性质和设计复杂性，而十个次要维度包括评估的对象、社会科学理论、意识形态驱动、抽样方法的组合、评估参与者相似或不同的程度、评估团队中的评估人员相似或不同的程度、实施环境、方法相似或不同的程度、有效性标准和策略以及评估的全面性（Schoonenboom and Johnson，2017）。对这些主要维度和次要维度思考越多，就越有能力构建出适应自己独特的评估情况和问题的混合评估方法的设计。

在七个主要维度中，混合的目的是将定性和定量研究要素相结合，如前所述，格林和布里曼等学者已经指出了混合研究的多种具体目的。理论驱动力是指混合研究所依据的范式或逻辑，例如，定性驱动的混合方法评估依赖于对评估过程的定性的、建构主义的观点或者遵循归纳的逻辑，同时认识到添加定量数据和方法可能会使评估受益；而定量驱动的混合方法评估依赖于对评估过程的定量、后实证主义观点，同时认识到添加定性数据和方法可能会使评估受益。时间性指混合方法研究中进行定性部分与定量部分的时间先后问题，它包括时序性和依赖性两个方面。时序性表示定性部分和定量部分是同时进行还是按顺序进行，在顺序设计中，一个部分先于另一个部分进行，在平行设计中，两个部分几乎同时进行。依赖性则指一个部分的实现是否取决于另一个部分的数据分析结果。如果第二个部分的实现取决于第一个部分中的数据分析结果，则称两个部分具有依赖性，如果一个部分的实现不依赖于另一个部分中的数据分析结果，则它们是独立的。整合点是混合方法评估设计的重要决策，它也被称为"接合点"，意指定性部分和定量部分应该在何处结合以及如何结合。从广义的角度看，它可以是"评估中两个或多个评估部分以某种方式混合或连接的任何点"（Schoonenboom and Johnson，2017）。对评估目的、评估问题、理论驱动力、范式、方法论、数据收集、收集分析、评估结果甚至评估人员和利益相关者的观点均可以进行整合。一些学者重点强调了"结果整合点"和"分析整合点"。整合通常发生在"结果整合点"，当获得第一个部分的结果时，第二个部分的结果会被添加和整合进第一个部分的结果；在"分析整合点"情况下，定性部分的结果——在将分析阶段的结果作为一个整体记录下来之前——将被转化成定量的，反之，定量部分的结果也将被转化成定性的，然后予以整合。第五个主要维度是设计类型。这已在上述"一般混合评估方法的类型"中进行了梳理，在设计时，也需要根据相关情况选择合适的类型。第六个主要维度是设计的性质，它指是事先做好的设计还是在研究过程中临时做出的设计。前者常被称为"计划性设计"，后者常被称为"紧急性设计"。当评估人员在评估过程中发现其中一个部分存在不足、需要添加额外的部分以及出现其他意外情况时，就需要紧急性设计。最后一个维度是设计复杂性，即要明确所要进行的评估是简单的还是复杂的。复杂的评估往往需要进行多点综合、多层次混合、强依赖性的混合或者各组成部分不断相互比较的互动式综合。

除了这七个主要维度，构建强大的混合方法评估设计还需要考虑一些次要维度。首先是评估的对象。评估是针对某个政策的同一部分还是不同部分？该政策是惯常性的政策还是独特的、创新性的政策？这种区别对设计有着不同的要求。其次是社会科学理论，评估会产生一个新的实质性理论或检验一个已经构建的理论还是对实质性理论不感兴趣？这也可能要求不同的设计。接下来一个维度是意识形态驱动，其指评估是否有明确的意识形态（如女权主义、批判种族范式）驱动。抽样方法的组合维度是指将使用何种具体的定量、定性抽样方法以及它们将如何被组合或关联的问题。评估参与者相似或不同的程度、评估团队中的评估人员相似或不同的程度以及方法（如结构化访谈、问卷、标准化测试、现场参与者观察等）相似或不同的程度也将影响混合方法评估设计。最后，实施环境（是以自然主义为主的方法进行评估还是以实验性的方法进行评估）、有效性标准和策略（将使用什么样的有效性标准和策略来解决评估和结论的可辩护性）、评估的全面性（基本上是一项评估还是一项以上的评估）三个维度也是设计时要考虑的因素。

2. 一般混合评估方法的实施

一般混合评估方法的实施是对设计的贯彻。此处仅强调两点：不同类型数据集的连接方式和不同评估结果的整合。在混合数据收集和分析中，如何将不同类型数据集连接起来？一些学者提供了一些连接的方式，包括合并两个数据集、将第一组数据的分析与第二组数据的收集连接起来、将一种形式的数据嵌入更大的设计或程序中、使用一个框架（理论或程序）将数据集绑定在一起。由于定性部分和定量部分的结果可能具有分歧，那么如何整合这些分歧也是一个不太容易处理的问题。肖恩布姆等提出了两种策略：一种策略是确定是否存在真实的分歧，然后进行进一步的研究。具体为可以对各个部分的结论进行推断质量审核，调查每个不同结论的强度。并分析结果之间产生差异的原因（可能是反映现实的差异，也可能是所涉及的方法属性的结果），确定是否存在"真正的"分歧。然后将检测到的分歧作为进一步分析的起点，谋求解决分歧。第二种策略是采取一种外展的形式，即寻找一个更全面的理论，发展一种既符合"有意义的结果"（合理的结果）又符合"反意义的结果"（不合理的、意外的结果）的全面解释（Schoonenboom and Johnson，2017）。

案例　运用混合方法评估九年级成功项目

一、资料来源

Knight D S, Duncheon J C, Andersen K, et al. 2023. Do early warning systems help high school students stay on track for college? Mixed methods evaluation of the ninth grade success initiative. The Educational Forum, 87: 4, 377-403.

二、评估对象及其背景

作为中学和高中之间的过渡点，九年级（高中第一学年）是学生教育轨迹中的关键时期，其可以让学生取得长期成功，也可以降低学生高中毕业的可能性。在2019～2020学年，华盛顿州中部五个不同地区的五所高中（这些学校更多地为低收入家庭和拉丁裔的学生提供教育）中实行了一项九年级成功试点项目。该项目建立了一个辍学预警和项目数据系统，并在每个参与的高中中组建一个成功团队，成功团队通常包括所有愿意参与该项目的九年级教师和其他工作人员，团队负责人为一名教学九年级的教师领导，团队每月开一到三次会议审查学生数据面板。此外，还聘请了三名校外教练，他们由一个名为"为儿童而战"的外部组织资助，与校长、教师、九年级成功团队合作，帮助创建了数据仪表板，并为成功团队会议提供便利。项目的目标为减少学生辍学风险、提高出勤率、提高学习成绩和减少违纪行为。然而该项目效果如何？项目如果取得成功，其影响因素有哪些？这些问题都亟待评估。

三、哲学与理论基础

混合评估方法通过定量评估方法和定性评估方法的结合，可以扩大和加强评估结论，提高证据质量和评估的有效性。混合方法评估具有五种目的：三角测量、互补、发展、触发和扩展。对于九年级成功项目的评估，可以运用定量方法对项目开展的进度进行监测并估计项目在出勤率、学习成绩和减少违纪行为方面的效果；而定性方法可以了解项目对参与学校的好处，同时可以解释促进项目成功实施的因素和条件。因此，结合定量方法和定性方法对九年级成功项目进行评估，可以达到扩展的作用，即通过使用不同的方法扩展评估的范围和深度。

四、评估方法

（1）评估设计。①通过定量方法对项目开展的进度进行监测并通过自然实验方法估计项目在出勤率、学习成绩和减少违纪行为方面的效果；②通过定性方法了解项目对参与学校的好处，同时解释促进项目成功实施的因素。

（2）资料收集。①定量数据收集：从公共教育总监办公室（Office of Superintendent of Public Instruction，OSPI）处收集学校层面数据（包括学生人口统计、成绩、出勤率和违纪行为等）；新生成功清单调查——通过问卷对每个学区的校长、团队负责人和成功团队成员调查项目在设置初始条件、实施、沟通和指导活动方面的进展情况。②定性资料收集：对三位校外教练分别进行了长达一小时的半结构化访谈。

（3）资料分析。①定量分析：对设置初始条件、实施、沟通和指导活动方面的进展情况进行描述统计；在多个时间点将试点学校的出勤率、学习成绩和减少违纪行为方面变化与一组比较组学校进行比较，然后运用双重差分法分析项目对出勤率、学习成绩和减少违纪行为的影响。②定性分析：使用代码本对访谈数据进行标记和分类，然后确定关键主题，描述项目对学校的好处并解释影响项目成功的因素。

五、管理与预算

作者没有披露管理与预算方面的信息。

六、评估结论

（1）试点学校在所有四项活动（设置初始条件、实施、沟通和指导）都进行了有序开展，相关活动的适当性、水平或严格性都有所提高。

（2）项目在出勤率、学习成绩和减少违纪行为方面的效果。项目产生了一些微小但积极的短期影响，在减少违纪行为和提升课程通过率方面有一定的积极影响，特别是对低收入家庭和拉丁裔的学生有更大的影响；但对学生的出勤率没有影响。

（3）项目对参与学校的好处，包括积极的利益相关者反馈、文化和结构转变以及提高应对新冠疫情大流行的能力。

（4）学校的支持、教师的领导、行政支持以及当地的基础设施是促进项目成功实施的因素。

七、评估者的反思

一方面，混合方法的使用扩展了评估的范围，不仅评估了项目开展的进度和项目对项目目标的影响，还评估了项目对参与学校的好处，特别是运用定性方法捕捉了项目在应对新冠疫情危机、向虚拟学习过渡的作用。另一方面，混合方法的使用扩展了评估的深度，不仅评估了项目的效果和影响，还揭示了项目效果得以产生的因素或条件。因此，通过混合方法评估实现了"理解和证实的广度和深度"的目的。为了帮助项目的改进和推广，尚需要进一步评估试点项目的成功和面临的挑战。

八、报告与利用

参与这项评估的地区都继续实施九年级成功项目，华盛顿州的教育部门负责人和地方政府也积极看待这一项目，并计划继续维持和推广该项目。但作者未具体报告评估使用情况。

四、辩证多元混合评估方法

辩证多元混合评估方法是指运用辩证多元主义思想进行混合评估的方法或者以辩证多元主义作为思想来源的混合评估方法。以下对其特点和典型方法进行介绍。

（一）辩证多元混合评估方法的特点

辩证多元混合评估方法的特点是指其与一般混合评估方法的不同之处。从相关学者的观点来看，辩证多元混合评估方法的特点体现在两个方面。其一，以辩证多元主义为思想基础。如前所述，混合评估方法存在多种哲学基础，如实质性理论立场、互补优势立场、实用主义立场等，而辩证多元混合评估方法特别强调以辩证多元主义立场为基础。其二，特别强调同等地位混合评估。如前所述，混合方法评估包括多种类型，而最主要的是三种类型：定性驱动的混合评估、定量驱动的混合评估和同等地位混合评估。在定性驱动的混合评估中，定性评估占主导地位，定量评估作为辅助；在定量驱动的混合评估中，定量评估占主导地位，定性评估作为辅助。而同等地位混合评估意味着在不同层次上结合定量和定性评估方法，其中定性评估和定量评估的权重大致相等，两种传统都没有特权。虽然辩证多元主义可用于其他所有类型的混合评估，但是它特别偏好同等地位混合评估。因为在同等地位混合评估中，各种范式和方法不仅是紧张和矛盾的，也是平等的，更明确地关注权力滥用和解决知识的长期差异，因此，它只能基于辩证多元主义尊重地、倾听地、动态地、辩证地、创造性地"合并"不同的范式和方法。

（二）典型方法：混合方法随机对照试验评估

如前所述，辩证多元主义思想可以运用于多种评估设计中，但目前一些学者对混合方法随机对照试验评估进行了较多的研究，以下以混合方法随机对照试验评估为例，介绍辩证多元混合评估方法的实施。

1. 随机对照试验评估和定性评估、混合评估结合的可能性

约翰逊等描述了随机对照试验和定性评估、混合评估结合的可能性，包括随机对照试验开始前、随机对照试验实施期间以及随机对照试验主要部分完成后与定性评估、混合评估结合的可能性（Johnson and Schoonenboom，2016），见表7.3。

表 7.3　随机对照试验评估和定性评估、混合评估结合的可能性

	随机对照试验开始前	随机对照试验实施期间	随机对照试验主要部分完成后
与定性评估、混合评估结合的可能性	1. 就概念、文化和背景因素做出决策 ·确定概念框架对于人群和环境的适用性 ·确定项目需求/适合度和需要测量的因素 ·确定背景、项目和参与者的性质 ·确定建构的相关性以及指导项目开发的基础理论 ·检查进行随机对照试验和解释结果所需的辅助人员和背景假设 2. 就数据收集工具或结果测量做出决策 ·开发对参与者有意义的数据收集工具 ·确保利益结构将得到适当的衡量 ·在基线测量时获得价值负载的、"有意义的"定性数据 3. 让利益相关者参与 ·促进参与过程让利益相关者参与确定变革的重点 ·确定如何促进评估并获得参与	1. 检查可接受性和对照组的认知 ·确定项目对于利益相关者的可接受性 ·利用内部知识帮助解释损耗的原因 2. 文件完整性 ·确定该项目是否以及如何在现场实施，并识别潜在的问题 ·为环境状况所需调整的决策提供数据 ·识别项目实施过程可能遇到的挑战 3. 加强内部有效性 ·获取额外的案例数据以帮助排除竞争性假设并加强内部有效性 ·确定现场可能影响结果的"其他"因素或变量 ·识别对内部有效性的威胁，如潜在的历史效应、潜在的天花板和地板效应、差异选择等 4. 探索因果过程/假设/理论生成 ·确定在评估开始时未确定的、新的/其他的调节变量 ·描述在背景中发生的变化过程并尝试观察结果链中变量的时间顺序 ·生成扎根理论 ·除传统的描述性因果关系外，增加对解释性因果关系的理解 ·收集难以量化的、有可能促进或抑制项目产生影响的背景、文化、变化条件方面的数据 ·收集在传统的社会因果关系测量和分析中经常被忽略的动机、情绪和原因的数据 ·探索成功案例和非成功案例以探索项目运行的影响因素 ·识别意外结果 ·识别遗漏的变量以改进模型 ·在评估的其他测试/论证方法中添加发现/生成维度 ·研究个体（除群体外）以了解表意因果关系 5. 促进可转移性/外部有效性 ·收集"有意义的、丰富的、背景相关的"数据以帮助使用者理解项目——背景互动的微妙之处，并帮助评估结果的类推 ·通过个案分析记录复杂性，可以弥补总体平均值的不足，有助于理解在个体层面上实时发生的情况	1. 探索可接受性和社会文化效度 ·通过了解项目在个人生活中的意义（即社会有效性）更好地理解实际和决策意义，在这个过程中考虑项目的影响 ·从参与者的角度回顾性探讨项目的可接受性 2. 考察完整性和内部效度 ·从参与中收集数据作为操控检查：参与者如何描述项目 ·确定用来调整项目的方法 ·从参与者中收集关于项目过程和实施的开放式回顾数据 ·让多个参与者讲述他们的故事 ·利用传统的定性策略（如三角测量、同行审查或解释、成员检查、负面案例抽样等）促进有效性 3. 检查可转移性和外部有效性 ·继续记录参与者的意义、特征和背景以提高外部效度 ·确定参与者对改进项目和评估程序的未来方向的看法 4. 加强结果证据和过程——成果的连接 ·确定参与者对结果的看法 ·收集参与者关于影响、意外影响和结果的开放式回顾性数据 ·进行测量检查：定量测量是否遗漏了重要的结果和细微差别 ·让参与者对和他们相关的结论做出回应并让他们给出他们的主位解释 ·对定性数据进行前后比较以及对实验组与对照组进行比较 ·探索过程——结果的联系 ·探索数据或收集其他深入的定性数据以理解无效结果

2. 创造性策略与综合策略

由于辩证多元主义需要设计分歧并将产生的分歧汇集在一起，以产生更好的理解和更广泛接受的结果。因此，在混合方法随机对照试验评估中，还需要使用特定的策略来创造分歧和整合分歧。这些策略分为两大类：第一类涉及创造可能不同于随机对照试验本身测量的预期效果的其他结果的策略，可被称为创造性策略；第二类是将创造性策略

产生的差异与随机对照试验结果整合起来的策略，可被称为综合策略（Johnson and Schoonenboom，2016）。

（1）创造性策略。第一，纳入评估人员和参与者的观点和价值观。随机对照试验最初可能只纳入评估人员或评估团队的想法。然而，在整个评估过程中，重要的是让利益相关者和参与者的想法、观点和价值观包含进来。第二，纳入参与者对项目的体验。参与者对项目的体验可能与研究者的想法不一致或与随机对照试验的结果不一致。因此，需要在 RCT 期间和之后纳入参与者的体验。第三，探索参与者参与评估的经验。由于进行 RCT 可能会对参与者产生额外的影响，因此应该询问评估如何影响他们并纳入参与者被研究的体验。第四，纳入特定背景的特征。随机对照试验往往基于一般的基本理论，因此，需要纳入背景和环境的特征。第五，将对个人/具体层面的理解添加到团体/普遍层面的效果上。随机对照试验产生的是团体层面的效果，因此，要包括个人的结果和经验，以了解个体的差异。第六，探索参与者群体之间的差异。如上所述，随机对照试验在人群层面产生了影响。然而，样本实际上可能由不同的亚群体组成，其影响可能不同。因此，需要探索参与者群体之间的差异。第七，探索影响背后的过程。随机对照试验表明存在整体效应，但不能揭示效应是如何产生的，也没有显示具体效应是如何产生的，因此，探索潜在的过程非常重要。第八，除假设的效果外，还探索非预期的结果。第九，在其他数据中更好地处理效果。对于整合来说，随机对照试验本身提供的数据是不够的。因此，收集其他数据（如动机、情绪和原因的数据）非常重要。第十，仔细检查基本假设。使用随机对照试验确定效果需要许多假设。例如，已为评估确定了正确的变量、没有遗漏任何重要变量、实验组的参与者是诚实的等。然而，这些假设有时是不正确的。因此，需要识别和仔细检查这些隐藏的假设。

（2）综合策略。创造性策略产生了丰富的、不同的观点、想法和可能的证据，但未能将这些观点、想法和证据整合起来。整合就需要综合策略。综合策略具有辩证和解释学的特征。综合策略是辩证的，是因为其目的在于基于随机对照试验本身产生的初始结论或观点以及定性和混合研究产生的替代或驳斥而形成更为成熟的结论。综合策略也是解释学的，这意味着进行综合通常不是简单的"相加"，而是需要经历连续的解释和重新解释的解释学循环。在这一过程中，随机对照试验的结果被深化和细化，直到它们变化很大，甚至最初的结果变得不可识别。以下是一些常用的综合策略。第一，调整自己作为评估者的行为。在整个评估过程中，评估人员可以倾听利益相关者的观点和价值观，以调整他们的行动。这同样适用于评估主题的确定、评估问题的提出、评估的设计、测量工具的开发等。通过这些行动，评估人员可以考虑参与者和其他关键利益相关者的价值观。第二，补充黑箱式随机对照试验获得的效果。定性评估的结果可以用来补充黑箱式随机对照试验获得效果。例如，定性评估可以提供潜在过程的描述，也可以提供随机对照试验中未预见的补充效应。第三，描述项目有效或无效的条件。上述一些策略导致在定性结果的基础上修改随机对照试验。例如，在结果之间进行对话、探索参与者之间的差异可以更好地理解项目对谁有效、对谁无效。类似地，对背景的详细描述可能会清楚地表明项目在什么环境下有效，这意味着如果换一种环境，它可能不会产生效果。第四，解释意外或矛盾的结果。通过找到解释意外的或矛盾的结果的解决方案来解决这些意外或矛盾结果的问题。这需要涉及多个层次的分析，评估者必须在各个层面内和不同的层面之间进行互动。例如，在数据层面上包含着多个视角的证据可能会出现矛盾。然而，在项目层面，从对项目本身、项目的历史、制定者的意图以及项目中发生的事情的整体理解来看，其中一些矛盾可能会得到解决。而在对社会世界的认识和理解的层面上，结果和知识通常适合于一个新的、互补的整体。另外，可以通过与理论、数据和文献以及参与者和评估同事进行对话，尝试使用新的或现有的理论来为这些不一致和矛盾的结果或"令人惊讶的事实"找到一个解释。第五，将项目的效果与参与评估的效果分开。将项目的效果与参与评估的效果分开是一个困难的问题，随机对照试验中的所罗门四组设计虽然有助于解决这个问题，但它只部分解决了这个问题。询问参与者参与随机对照试验是否以及如何影响他们是一种可能的办法，参与者提供的关于他们的经历的答案将有助于评估者对随机对照试验对参与者产生不同影响的程度和方式有一个第一印象。

案例　运用辩证多元混合评估方法评估苏格兰提升母乳喂养政策

一、资料来源

Hoddinott P, Britten J, Pill R. 2010. Why do interventions work in some places and not in others: a breastfeeding support group trial. Social Science & Medicine, 70: 769-778.

二、评估对象及其背景

母乳喂养对母亲和儿童的短期和长期健康益处的证据越来越多。世界卫生组织指出，六个月的纯母乳喂养（不含其他液体的母乳）和两年的持续母乳喂养是最佳的营养。但苏格兰的母乳喂养率很低，2005 年，只有 44% 的婴儿在出生后 6 周内接受过母乳喂养。为提升母乳喂养，苏格兰采取了一项为孕妇和哺乳期妇女提供母乳喂养支持团体的政策。支持团体把孕妇和哺乳期妇女联系起来，每周开展团体会议，共同讨论、交流彼此的经验，对有困难的哺乳期妇女进行帮助。但该项政策的有效性如何有待评估。

三、哲学与理论基础

辩证多元混合评估坚持遵循两个或两个以上评估立场/范式的原则，并辩证地、仔细地、深思熟虑地倾听不同的立场、范式、方法论、方法的观点并将竞争价值观中的重要思想结合起来，形成一个新的、可用于评估的可操作的整体，获得结果后将不同策略的结果进行相互交流，因而可以增加对政策有效性的理解的深度和广度。对苏格兰母乳喂养提升政策可以运用随机对照试验方法进行评估，但通常随机对照试验提供的有关政策背景、政策变化理论和实施过程数据不充分，也无法解释负面结果的出现。因此，运用辩证多元混合评估方法可为该评估提供基础。

四、评估方法

（1）评估设计：嵌入定性研究的随机对照试验。涵盖了四种研究逻辑（归纳、演绎、解释和回溯）、两种范式（后实证主义范式和建构主义范式）、两类方法（定量方法和定性方法），并将这些逻辑、范式和方法结合起来，形成一个新的、可操作的综合性评估设计，如图 7.2 所示。

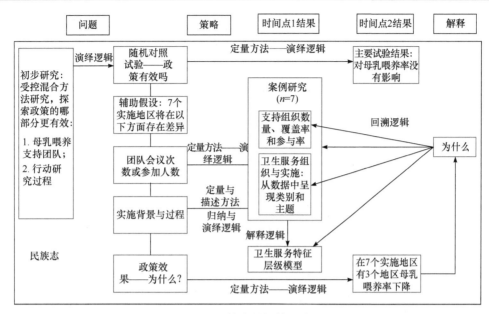

图 7.2 综合性评估设计

　　具体来说，评估团队首先开展初步研究，采用了民族志方法，记录了反思日记，得出了研究问题。其次以研究问题为指导进行随机对照试验设计。然后进行了随机对照试验，选择了 14 个地区，在 7 个实验地区设置了 27 个实验组，在 7 个对照地区设置了 10 个对照组，随机对照试验自 2004 年开始、2007 年结束。再次，在试验进行过程中，为了探索是哪些因素（背景、组织、结构和关系等）或机制影响了结果，采用定量和定性方法进行了详细的案例研究（共 7 个案例研究），并开发了一个解释模型（卫生服务特征层级模型）。这些案例研究是在随机对照试验结果获得之前完成的，以最大限度地减少解释中的偏见。最后将所有定量和定性结果进行对话来理解随机对照试验的结果。

　　（2）数据收集。关于母乳喂养的婴儿的数量的基线数据是在试验前从已有数据来源收集的。后测数据包括婴儿出生后 5～7 天、6～8 周和 8～9 个月三个时间段对母乳喂养婴儿的数量，以及母亲满意度的定量测量，评估团队在指定的时间段内通过问卷定期收集这些数据。定性数据是通过对参与者的民族志访谈以及对卫生专业人员和同行支持人员的焦点小组访谈收集的。对支持组织的主持人、护士、女性参与者和未参与的女性进行了面对面访谈和电话访谈。

　　（3）数据分析：使用协方差分析对随机对照试验定量数据进行分析。在 7 个嵌入式案例分析中，对定量数据进行描述性分析，对定性数据进行扎根理论分析，并运用框架方法（framework method）提炼解释模型（卫生服务特征层级模型）。

五、管理与预算

　　作者没有披露管理与预算方面的信息。

六、评估结论

　　（1）随机对照试验结果表明，政策没有提升母乳的喂养率，而且 7 个实验地区中有 3 个地区的母乳喂养率还下降了。

（2）3 个地区母乳喂养率下降的影响因素包括：一是场所因素（包括相关地区较为贫困、不合适的场地和跨专业沟通的地理障碍）；二是人力资源因素（包括员工短缺、工作量大和士气低落）；三是组织变革占主导地位（处于解释模型——层级模型的底层）。在这 3 个地区，相关管理人员忙于解决这些问题，而不是执行政策以及向更高的模型层级提供政策进展证据。

七、评估者的反思

该评估展示了辩证多元混合方法对政策有效性评估的价值。嵌入定性研究的随机对照试验是由研究问题决定的由多种认识论、多种探究逻辑、多种方法组合而成的方法。这种设计的出现是先进行初步研究、明确研究问题后再进行深思熟虑的结果，是最合适回答研究问题的一种实用的"工具箱"方法（不是采用一种认识论立场）。其能够在了解试验结果之前对政策实施过程进行全面分析，这最大限度地减少了当被问及为什么政策无效的事后问题时可能出现的回顾性选择偏差。评估团队在开展随机对照试验的同时也在进行一系列案例研究，在随机对照试验结果出现之前，评估团队从案例研究中归纳出了解释模型。当随机对照试验结果获得以后，评估团队通过将结果与解释模型对话，发现模型解释了结果。在这辩证多元过程中，随机对照试验被用来确定政策效果，而嵌入的定性研究提供了政策没有效果特别是 3 个地区出现负面效果的原因。这种辩证多元混合评估具有方法学的优势，因为它提供了随着时间的推移而迭代和积累的理解的深度和广度。但评估团队也认为，他们从案例研究中归纳出了解释模型但还需要在其他政策中进行进一步的测试和验证，以评估它的可推广性并进一步探索潜在的因果机制。

八、报告与利用

以论文的形式发表，目前尚无利用的报道。

五、辩证多元系统评价方法

系统评价是对评估进行综合的一种方法。系统评价可以进行定性综合（如元聚合方法），也可以进行定量综合（一般运用荟萃分析方法）。然而，对于混合评估如何进行综合？特别是如何基于辩证多元主义对混合评估进行综合？这也成了批判复合主义评估需要解决的一个重要问题。以下首先介绍一般性的混合评估系统评价方法，然后介绍辩证多元系统评价的做法。

（一）一般性的混合评估系统评价方法

以下仅以乔安娜·布里格斯研究所（Joanna Briggs Institute，JBI）的研究为例，介绍一般性混合评估系统评价的过程和方法（Stern et al.，2020）。

JBI 认为，在各种混合评估系统评价的框架中，存在两种占主导地位的框架：聚合方法（合成同时进行）和顺序方法（合成有先后地进行）。鉴于顺序方法的使用率很低（约 5%），JBI 目前只关注聚合方法。聚合设计可分解为两种方法：整合式聚合（涉及数据转换，允许评价员结合定量和定性数据）和分离式聚合（涉及分别合成定量和定性数据，从而生成定量和定性证据，然后将其整合在一起）。关于采用哪种方法的决定取决于系统评价中提出的问题的性质或类型。如果既可以通过定量设计也可以通过定性研究设计来解决评价问题（如"采用电子健康记录支持成年慢性病患者自我管理的障碍和促成因素是什么？"），则应遵循整合式聚合方法；如果评价的重点是某一政策或项目的不同方面或维度（如"犬类辅助干预对长期护理的老年人的健康和社会护理有什么影响？"以及"接受犬类辅助干预的长期护理老年人的体验如何？"），则采用分离式聚合方法。这两种方法的逻辑和过程如图 7.3 所示。

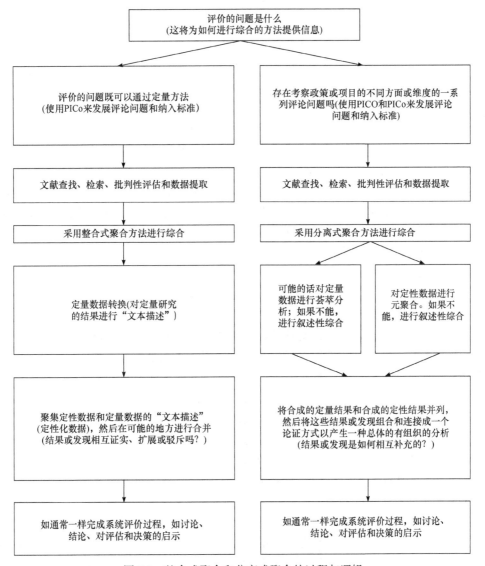

图 7.3 整合式聚合和分离式聚合的过程与逻辑

PICo 代表研究人群（population）、感兴趣的现象（phenomena of interest）和背景（context）；PICO 代表研究人群（population）、干预措施（intervention）、对照措施（comparison）和干预结果（outcome）

1. 整合式聚合方法

整合式聚合（convergent integrated）方法是指通过数据的转换，将定量研究中提取的数据（包括混合方法研究中定量部分的数据）与定性研究（包括混合方法研究中定性部分的数据）相结合的过程。为了整合定性和定量数据，需要将数据转换为相互兼容的格式，如都转换为定性数据或都转换为定量数据。将定性数据转换为定量数据称为定量化，其将定性数据转换为数值；将定量数据转换为定性数据称为定性化，其将定量数据转换为主题、类别、类型或叙述。

在数据转换时，是选择定量化还是定性化？JBI 建议对定量数据进行定性化，因为编码定量数据比将数值归属于定性数据更不容易出错。定性化涉及从定量研究中提取数据，并将其转换为文本描述，以便与定性数据综合。定性化则涉及对定量结果的叙述性解释。在最简单的层面上，定性化数据可能包括使用基于补充性的描述性统计（如平均值或百分比）的词类描述样本（或样本中的个体）。定性化数据还可以包括使用聚类或因子分析对样本进行概要分析。具有时间或纵向成分的数据或使用推断统计（如线性或逻辑回归分析）考查关联和关系的数据也具有叙述的潜力，因此可以通过识别分析中包含的变量进行定性化。通过定性化，评价员以回答评审问题的方式将数量转换为声明性独立句子。然后将来自定量评估中的文本描述（定性化数据）与直接从定性评估中提取的定性数据进行组合和汇总。同时，评价员需要对汇总的数据进行反复的、详细的检查，以根据意义上的相似性确定类别，这与定性综合的元聚合过程非常相似。一个类别将整合两个或多个定性数据、定性化数据或两者的组合。然而，在某些情况下，数据可能与其他数据的含义不同（即可能不能在研究之间相互转换），因此不能组合成一个类别。在可能的情况下，对类别进行汇总，以得出总体的综合结果。

　　2. 分离式聚合方法

分离式聚合（convergent segregated）方法包括进行单独的定量合成和定性合成，然后整合来自两种合成的证据。

在综合过程中，定量数据以荟萃分析（或如果荟萃分析不能进行，则采用叙述性综合）的形式合成。此外，定性数据通过元聚合过程（或如果元聚合被认为不合适，则通过叙述性综合）来综合。定量数据的合成和定性数据的合成没有先后顺序，因为它们是独立的。然而，在进入下一步——整合定量和定性证据之前，两者都必须完成。整合定量和定性证据涉及将合成的定量结果与合成的定性结果并列，并将结果和发现组织或连接到一条线或一个论证中，以生成总体的有组织的分析。此时，评价员通过使用一种类型的证据来探索、背景化或解释另一种类型的证据的发现，来考虑结果和发现是否以及如何相互补充。在这一步中，不能减少结果和发现，而是将它们组织成一个连贯的整体。在这种方法中，评价员对定量综合的结果与定性综合的结果进行反复比较，并根据参与者的经验（定性的）来分析政策或项目的有效性（定量的）。以下问题可作为此过程的指南：单独合成的结果/发现是相互支持的还是相互矛盾的？定性证据是否解释了政策或项目为什么有效或无效？定性证据是否有助于解释纳入的定量评估之间的效应方向和大小的差异？定量证据的哪些方面已被定性评估探索或未被定性评估探索？定性证据的哪些方面已被定量证据检验或未被定量证据检验？

在某些情况下，评价员可能会发现定量综合的结果与定性综合的结果不是互补的或没有关系，反之亦然。在这种情况下，评价员可以识别分歧，开展进一步研究，以解释相互矛盾的结果。

（二）辩证多元系统评价方法

辩证多元系统评价方法坚持以辩证多元主义为思想基础，即尊重地、倾听地、动态地、辩证地、创造性地"合并"不同的范式和方法的结果。从实施上来看，辩证多元系统评价方法的思路类似于分离式聚合方法的思路，即先分别进行定量合成和定性合成，再整合来自两种合成的证据。与上述分离式聚合方法的差异在于：辩证多元系统评价方法特别强调定量证据和定性证据的同等地位，强调同等、并置的两种证据如何相互质疑、印证、对话以产生综合的结果。

案例 **对学生同伴指导项目评估的混合系统评价**

一、资料来源

Lim S, Min L X, Dong Y H, et al. 2022. Peer mentoring programs for nursing students: a mixed methods systematic review. Nurse Education Today, 1119: 105577.

二、评估对象及其背景

同伴指导（peer mentoring）是一种指导形式，通常发生在经历过特定经历的人（同伴导师）和刚接触该经历的人（同伴学员）之间。在学校教育中，同伴指导是一种发生于校园等学习环境中的高年级学生对新生的辅导形式。在高等教育机构护理专业学生中，一些国家开展了同伴指导项目。目前也出现了若干评估该项目成效的定量研究、定性研究和混合研究。然而，仍然缺乏对相关定量研究、定性研究和混合研究进行综合的系统评价。

三、哲学与理论基础

进行单一的定量研究系统评价已经较为成熟，进行单一的定性研究系统评价虽然相对较少，但也得到了发展。然而，对于定量研究、定性研究和混合研究一起进行综合的系统评价人们了解较为有限。JBI提供了混合方法系统评价的方法指南。鉴于该综合不仅涉及定量研究、定性研究，还涉及混合研究，因此，可以根据JBI的方法指南来进行系统评价。

四、混合系统评价方法

（1）评价目的。旨在回答以下问题：①与通常的教师主导的教育相比，同伴指导项目对护理学本科生和研究生有什么影响？②护理学本科生和研究生在项目中的体验是怎样的？

（2）研究纳入标准。制定了研究纳入标准，其中，研究类型包括评估护理学生同伴指导项目成效的定量研究、定性研究和混合研究。

（3）文献搜索策略与文献搜索。共搜索到3520项研究。

（4）文献选择。有48篇文章符合纳入标准。

（5）文献方法质量评估。使用混合方法评估工具（the mixed methods appraisal tool, MMAT）对符合纳入标准的研究的方法质量进行评估。有17篇文章的方法质量较差而被删除，最终31项研究被纳入分析。

（6）数据提取。使用JBI标准化表格提取定性和定量数据。将定性数据组织成主题或子主题，并根据可信度水平（"明确无误""可信""不受支持"）赋予相应的示例。提取描述性和/或推断性统计测试的基于数据的结果作为定量数据。

（7）数据合成与聚合。采用了分离式聚合方法进行合成和聚合。首先进行单独的定量合成和定性合成，其次聚合来自两种合成的证据。定性研究采用元聚合方法进行合成，这涉及根据意义上的相似性对研究结果进行分类。运用荟萃分析对定量数据进行合成，但在无法进行荟萃分析的情况下，采用叙述性综合方法呈现定量结果。最后所有评价员都讨论了定量证据和定性证据的并置，并将证据联系成一条论点线，以产生一个整体组态的分析。

五、管理与预算

作者没有披露管理与预算方面的信息。

六、评价结论

（1）对于定性评估，由元聚合产生了四组合成结果。合成结果1：同伴导师在促进、建议和支持同伴学员方面发挥着至关重要的作用；合成结果2：同伴导师和同伴学员之间的关系对项目体验有很大影响；合成结果3：项目为同行导师和学员都提供了个人和专业成长；合成结果4：项目的成功实施需要学术机构明确的方向和结构。

（2）三项定量研究的荟萃分析表明，参与项目护理的学生的压力水平低于没有参与的学生。由于其他定量研究之间的异质性过大，不能进行荟萃分析，因而转为叙述式分析。叙述式分析结果表明，同伴指导项目实施之后参与者更多地使用主动应对策略；同伴导师的存在显著改善了同伴学员的学习体验；同伴导师指导经验有助于磨炼他们的沟通和自信等技能从而提高他们的就业能力；在与导师互动后同伴学员的自我概念显著提高而个人焦虑水平有所下降。

（3）定性定量合成结果的聚合发现：项目对所有相关方都产生了积极影响。在应对学术和临床实习的压力时，特别是对于没有护理领域经验的一年级护理学生来说，同伴指导似乎是一个很大的帮助，在同伴导师的支持下学员可以减轻压力，提高应对能力，从而获得应对压力的自我效能感。项目中同伴导师也可以获得积极的指导经验，以及更好的就业能力和沟通等软技能的未来好处。但导师的选择过程和学术机构的指导，以及促进导师和学员之间的良好关系，对于促进积极的指导体验至关重要。

七、评估者的反思

本系统评价是该领域第一篇对同伴指导项目的有效性进行混合系统评价的论文。这有利于更好地了解同伴指导项目的深远影响，特别是此类项目在护理教育领域的巨大影响。这项系统评价的主要局限性在于由于纳入标准的严格性导致可以纳入的研究数量有限。

八、报告与利用

以论文的形式发表，目前尚无利用的报道。

📝 本章小结

面对日益增加的复杂性，单一评估范式和方法显得力不从心。为了应对"范式战争"以及在社会科学中混合方法的推动下，批判性复合主义评估得以产生。其以批判性复合主义范式为哲学基础，主张多元操作主义、多重方法研究、多重分析综合、多变量分析、利益相关者的多重分析、多角度分析以及多媒介交流，谋求整合不同的评估范式、价值观、方法论、立场、种族观点和视角，以提升评估的可信性和洞察力。其经历了两个阶段：20世纪80年代中期至20世纪90年代应对"范式战争"的努力和20世纪初期至今的辩证多元评估阶段，由此开发和发展了一般混合评估方法、批判复合主义评估的指导原则与策略、政策辩论逻辑框架、整合评估实践的框架、辩证多元混合评估方法、辩证多元系统评价方法等框架、模型和方法。

批判复合主义评估对于政策与项目评估的发展具有重要的意义。一是它缓解了长期的争吵和分歧的局面，增强了交流，改善了沟通；相关整合的原则、框架、模型、策略和方法在一定程度上为政策或项目的全面评估提供了可能的方案，增强了评估理论的一致性，也更有利于捕获和处理复杂性，从而增加了评估的实际效用。二是相关的一些整合努力有利于更全面地看待和实施评估。从思维和视角上，让人们认识到评估不能囿于一隅、执于一端，使得评估思维由封闭走向开放、由狭窄走向开阔。

然而，批判复合主义评估也还存在许多局限性。比如，虽然相关整合的原则、框架、模型、策略和方法提出了不少的可能性，但是对于整合的内在逻辑还缺乏深入的挖掘。又如，从目前来看，其取得的成就主要还是在方法层面的整合，范式层面和学科层面的整合的理想仍未实现。再如，这些整合的努力可能在实际操作上不易实现，未经专业训练的人难以掌握某些整合框架的核心，同时，时间、资源和技能的限制也使得难以同时采取多种选择。因此，批判复合主义评估仍然需要不断发展和完善。

☑ 关键术语

批判复合主义评估；批判复合主义范式；范式战争；政策辩论逻辑框架；整合评估实践的框架；辩证多元评估；一般混合评估方法；辩证多元混合评估方法；辩证多元系统评价方法

☑ 复习思考题

1. 批判复合主义范式包括哪些假设？
2. 批判复合主义评估的产生背景是怎样的？
3. 批判复合主义评估的指导原则与策略有哪些？
4. 政策辩论逻辑框架包括哪些层次和阶段？这些层次和阶段的逻辑关系如何？
5. 如何理解辩证多元评估？
6. 混合方法评估具有哪些特征？
7. 混合评估方法的目的和类型有哪些？
8. 混合方法评估设计要考虑哪些主要的维度和次要的维度？
9. 随机对照试验和定性评估、混合评估结合的可能性有哪些？
10. 如何对混合评估进行系统评价？
11. 如何评价批判复合主义评估？

第八章
实用主义评估

后实证主义评估、建构主义评估、变革性评估、大数据政策评估、批判复合主义评估为如何"做评估"做出了重要的贡献。但它们都存在一个重要的缺陷,即忽视了评估结果的应用。评估的目的并不只是获得评估结果,还要关注评估的结果是否得到应用,是否被用来改进决策。为了改变对"评估使用"的忽视,一些学者陆续开展了对评估使用的研究,逐渐形成了实用主义评估流派。本章将对实用主义评估的范式、模型或方法进行介绍。

第一节　实用主义评估的含义与范式

一、实用主义评估的含义

对于实用主义评估(pragmatic evaluation),学者对其也有不同的称谓。阿尔金在其"评估树"中,将其称为"评估使用分支"(Alkin,2013),斯塔弗尔比姆(2007)将其称为"决策和问责导向型评估"。由于实用主义评估关注的核心问题是"评估使用"(evaluation use),因此,首先有必要厘清"评估使用"的含义。阿尔金等采用了一种改编的映射句子的形式——古特曼对"评估使用"进行了界定,参见图 8.1(Alkin and King,2017)。这一形式包含了五个矩阵,分别代表评估使用内涵的五个要点。

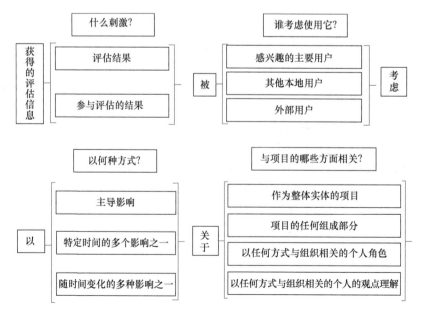

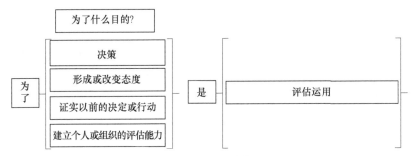

图 8.1　定义评估使用

（1）刺激。第一个矩阵考虑导致潜在使用的刺激。使用的刺激可能来自评估结果或参与评估的结果。评估结果是某种类型的报告（如中期报告、最终报告、口头报告、书面报告等）中提供的总结性评估信息，但刺激也可能由评估过程中所获得的信息或理解所构成。

（2）使用者。第二个矩阵涉及"谁考虑使用"，表明谁对刺激做出反应。各种潜在的利益相关者可以检视结果或过程信息。最主要的是感兴趣的主要用户，他们是与项目最密切相关的利益相关者，他们有可能在信息的基础上做出决定。除主要用户之外，其他本地用户可能处于影响决策、行动或理解的位置，例如，考虑负责项目实施的其他人员，这些个体可被称为"其他本地用户"。除这些个人或团体之外，还有其他潜在的外部用户，例如，围绕这个项目的更大的组织、那些可能资助或支持该项目的机构的员工以及整个社区或社区中可能了解并对该项目感兴趣的群体以及项目的委托人。所有这些个体都有可能对评估刺激做出反应。另外，还可以依据参与程度对上述利益相关者进行区分，例如，可以将他们区分为"高度参与者""中度参与者""边缘参与者"。他们影响潜在使用的程度和方式可能决定了他们在多大程度上被列入本定义的一部分。

（3）影响的类型。第三个矩阵提出了评估可能影响项目的三种方式：作为一种主导影响、作为特定时间的多种影响之一和作为随时间变化的多种影响之一。任何类型的结果或过程的评估信息都可能对潜在的行为或理解产生主导影响，最明显的例子就是明确的工具使用，例如，当最终的报告包括了建议而且潜在用户特别考虑这些建议之时，就可能产生主导的影响。然而，在实践中，在大多数情况下，将评估信息作为对项目决策或其他使用的唯一的输入的理想化观点是不可取的，因为人们并不是生活在一个除评估之外没有任何刺激的世界里，此时评估信息只是特定时间的多种影响之一，这是第二种方式。因此，决策者可以将评估信息与其他非评估信息一起使用。第三种方式是评估可能是多种的、累积的影响之一。例如，已经存在某个报告，而评估证实了先前报告的结论，因此为利益相关者采取行动提供了更充实的基础。

（4）对项目产生影响的层面。如第四个矩阵所示，潜在用户考虑的信息可能与作为整体实体的项目、项目的任何组成部分、以任何方式与组织相关的个人角色、与任何方式与组织相关的个人的观点和理解有关。前两个层面可以在下面的问题中描述：项目是否有效？是否有一些活动不是按预期运作或者没有取得适当的短期成果？第三个和第四个层面是指具有一定能力影响项目运作的人员，包括任何与项目直接相关的人员（如调整项目活动的工作人员）或任何与项目间接相关的人员（如能够影响项目的有影响力的社区成员）。

（5）目的。最后，第五个矩阵说明了评估使用的目的。评估信息及其潜在用途可能与几个不同的行动有关。因此，人们可以以不同的方式使用评估信息：①决策；②形成或改变态度；③证实以前的决策或行动；④建立个人或组织的评估能力。将评估信息用于决策是一个常见的目的，例如，将评估信息用于修正、调整、创设政策或项目等。在决策已经做出、不需要再做相关决策时，人们也可以使用评估信息来确立或改变对项目的态度。再者，人们也在一些情况下将评估信息用来证明以前所做决定或行动的合理性和科学性。第四个目的——既可以适用于个人也可以适用于整个组织——与开展和使用评估过程和结果的能力的发展有关。

归纳来看，评估使用可以定义为各种潜在用户对来自评估结果或其过程的信息加以适当运用，以做出决策、改变态度、证实以前的决策或行动或者建立个人或组织的评估能力。基于对这一核心问题的理解，可以将实用主义评估定义为：以实用主义哲学为基础，以评估结果的使用为目的，提倡使用混合方法，促进各种潜在用户特别是决策者对评估信息的有效运用。

二、实用主义范式

实用主义哲学的历史始于 19 世纪下半叶，其根本纲领是把确定信念作为出发点，把采取行动当作主要手段，把获得实际效果当作最高目的。实用主义者关注行动是否能带来某种实际的效果、效用或利益，有用即是真理，无用即为谬误。实用主义的特点在于：把实证主义功利化，强调生活、行动和效果，将经验和实在归结为行动的效果，将知识归结为行动的工具，将真理归结为有用、效用或行动的成功。实用主义的要义体现在以下这一观点中：认识的任务是认识行动的效果，从而为行动提供信念。评估中实用主义范式认为，评估就是一种实用的工艺，评估的存在理由就是它能为更好的项目运作做出贡献，追求的目标就是评估的效用——在给定时间、给定背景中得到使用的潜力。以下仍然按照本体论、认识论、方法论和价值论四个方面来介绍实用主义范式的哲学假设。

（一）本体论

实用主义评估者避免花费大量时间来争论真理和现实等形而上学的术语。 他们通过解释评估的价值、基于结果对正在研究的问题"起作用"的证据，而不是基于他们是否发现了"真相"来证明他们的立场是合理的。因此，实用主义评估者不会宣称他们会发现真相，相反，他们专注于相信某件事情起到的作用。

（二）认识论

与假设一个独立的、中立的观察者将收集客观、无偏见的数据的后实证主义研究者不同，实用主义评估者"可以自由地研究你感兴趣的、对你有价值的东西，以你认为合适的不同方式研究它，并以在你的价值体系中产生积极的后果的方式利用结果"

（Tashakkori and Teddlie，1998）。评估者与利益相关者之间的关系的适当性取决于该关系如何实现评估的目的。如果评估的目的是获得被使用的评估的结果，那么这将决定评估者与利益相关者的关系的性质（Mertens and Wilson，2019）。

（三）方法论

实用主义方法论的根本原则是一切以效果、功用为标准，判别事物的意义和价值是看其在实际应用中表现出来的效果。基于此，实用主义评估者的基本方法论假设是方法应该与评估的目的相匹配，评估者对方法的选择应基于对有着特定利益相关者群体、特定背景的特定研究的适合性。通常选择的方法是混合方法。以往的后实证主义评估和建构主义评估都秉持一种冲突性假设，即认为评估者应该要么必须选择定量方法，要么必须选择定性方法。实用主义评估者则绕过了这种二分法的思维方式，将混合方法视为解决冲突性假设问题的一种方式（Mertens and Wilson，2019）。

（四）价值论

早期的实用主义者强调将关怀的伦理作为他们的价值论假设。然而，当代实用主义者的伦理假设与功利主义伦理学理论更为一致,后者认为某事物的价值是其后果的函数。他们把行为的实际效用作为善恶标准，把利益看作道德选择的唯一根据，把道德看作应付环境的工具的道德理论。善的本质就是简单地满足要求，价值判断是关于行动、事实、事件能否满足愿望、需要、兴趣的预言或假说。实用主义评估不是为了评估而进行评估，而是将评估的价值看作如何使用评估以及使用的结果，比如，评估是否有助于利益相关者的学习，是否可为决策提供信息，是否可以增进理解，是否可以促使政策或项目改进。进一步地，评估的价值还体现在应努力为共同利益和促进一个公平公正的社会做出贡献，以及避免导致社会公正方面的负面后果的评估滥用。当然，实用主义评估除将"效用"作为其核心价值论假设之外，它也遵守所有评估人员都遵守的一般道德准则。

第二节　实用主义评估的产生与发展

要全面地理解实用主义评估，还需要把握其产生与发展的历程、所开发的评估模型和方法以及相关的理论成果。

一、实用主义评估产生与发展的背景

（一）现实背景

从现实上来说，实用主义评估的产生与 20 世纪 70 年代评估缺乏使用的状况以及当时的政治、管理推动有关。一方面，从当时的评估实践状况来看，评估很少得到使用。古贝曾指出："当时评估工作者或许在自己同行心目中是'纯粹'的科学家，他们通常都不屑于做后续工作，即评估的应用研究。"种种有关评估利用率的相关文献都证明了后续工作的确很少进行。这一不被使用的事实令人震惊：不断有人责备，委托者不认同

所推荐的评估之可信性，或者责备评估者不善于有效地"推销"评估产品（古贝和林肯，2008）。阿尔金等也认为，尽管当时许多评估报告满足了评估的要求，但被束之高阁，往往被有权对其结果采取行动的人所忽视或漠视（Alkin and King，2016）。另一方面，在政治和管理层面，美国"伟大社会"相关项目及其后续项目的推行和实施，不仅产生了对评估的需求，也使得一些政治家逐渐意识到需要基于评估来改进相关的项目。一个典型的例子是美国 1965 年《中小学教育法》的制定和实施。该法案不仅强调对指定的项目进行年度评估，还提出让家长和当地教育工作者利用评估来改进学校的项目。而到了20 世纪 70 年代末期，由于"新公共管理"的出现，这一做法或观念得到了前所未有的强化。在这场政府治理变革运动中，评估成为购买者——提供者模式、顾客导向和结果导向的管理等重要的治理变革的一部分，人们不仅要对政策和项目的效果进行评估，还建议将评估作为实现责任、提高客户满意度和优化决策的手段。

实用主义评估在 20 世纪末期的进一步发展则与"循证政策制定"（evidence-based policymaking）的实践要求紧密相关。20 世纪末，受到经济危机的影响，西方各国政府预算紧张，而要缓解经济困境必须提高政策制定的效率和科学性，减少预算浪费。同时政策环境越来越复杂，政策议题的专业化程度越来越高，例如，一些政策问题越来越复杂，一些危机事件要求快速反应，政策过程高度复杂而且多数呈现非线性，简单地提供相关信息进而期望决策者据此行动基本上行不通。在此背景下，依靠传统的决策模式和政府管理方式越来越不适应现实的需要。一些国家开始进行"循证政策制定"改革。英国布莱尔政府率先启动了这一改革。1999 年，布莱尔政府的《政府现代化白皮书》以及随后的《21 世纪的专业政策制定》都明确提出了以下主张：改革要使政府更加科学，政策制定要建立在真实的经验证据或科学证据的基础之上。随后，这一主张受到了美国、澳大利亚、新西兰、加拿大等国家的欢迎并得到了广泛的实践，由此掀起了一股在决策中强化证据使用的"循证政策制定"的实践浪潮。例如，英国内阁办公室开发了规制影响评估（regulatory impact assessment，RIA）工具，作为一种基于证据的政策制定工具，其追求改善研究证据和建议之间的因果关系链。2002 年，美国布什政府颁布了《不让一个孩子掉队法案》，其明确要求学区在其关于课程、教学计划和专业发展的决策中使用"基于科学的研究"。同年，布什政府发布项目评级工具（program assessment rating tool，PART），提供了一种连续的方法对联邦项目进行评估，并将评估环节纳入预算过程。由此，一些政府机构将评估证据的使用强加于当地的决策者和实践者。这种"强制使用"要求申请联邦项目资金的人证明，他们希望运行的项目经过了科学的评估，并发现是成功的，资金取决于评估证据。2010 年美国《政府绩效与结果现代化法案》旨在确保各机构在决策过程中使用绩效信息，并使其对取得成果和改善政府绩效负责。2017 年美国众议院提出《基于证据的政策制定法案》进一步提出了诸多推进"循证政策制定"的举措。

（二）理论背景

以往评估理论家关于评估使用的思想和社会科学中的"知识使用"研究为实用主义评估的产生提供了理论渊源。首先是以往评估理论家的一些零星的思想。在 1934～1942 年开展的"八年研究"中，评估就开始了对使用的强调，当时的一些评估承认有必要"在评估结果的解释和使用方面为教学和学校官员提供培训"（Madaus and Stufflebeam，1989）。1963 年，克龙巴赫（Cronbach）在《课程改进的评估》一文中提出，评估的适当作用不仅是对课程的有效性做出最终判断，而且还应该提供有助于对正在开发的课程进行修正的信息。本质上讲，克龙巴赫的构想突出了评估使用的观念。其次是社会科学中的"知识使用"研究。一般而言，社会科学家希望他们的努力能够影响政策制定过程，并最终有助于改善社会功能和人类福利。自富兰克林·罗斯福时代开始，一些研究便侧重于研究"知识使用"。例如，卡普兰等研究了社会科学知识影响联邦决策过程的方式。他们很早就区分了"硬"知识和"软"知识。前者被认为是基于研究的、通常是定量的并以科学语言表达的知识；后者是基于非研究的、定性的并以非专业语言表达的知识。他们指出，"软知识的使用非常广泛，其对政策的影响虽然往往是间接的，但可能比硬知识的影响大，甚至大得多"（Caplan et al.，1975）。同时，里奇（Rich）将知识区分为行动知识和理解知识，行动知识可以影响决策或解决问题的具体方式，理解知识可以影响决策者的思维。韦斯也提出了"知识启发"的概念，即社会科学知识不是在决策中起着深思熟虑的、可衡量的作用，而是"启发"政策制定者，政策制定者重视那些促使他们以不同方式看待问题、证明自己的改革理念合理、挑战现状并提出变革必要性的研究。此外，知识可能会以更微妙的方式使用，即"互动"。在这个模型中，知识与决策者的个人见解、经验和交流的信息一起被加以使用。尽管政策评估不同于政府通常使用的社会科学研究，但社会科学知识利用的研究对于评估使用理论的发展产生了重要影响。从 20 世纪 70 年代初开始，这两种源流出现了汇集。韦斯的早期工作特别是她的《评估的利用：走向比较研究》一文，极大地影响了人们更直接地关注研究和改进评估使用（Weiss，1972）。这篇论文是一个改变领域的经典，为之后多年关于评估使用的研究议程定下了基调。

20 世纪 90 年代中期以来的"循证政策制定"研究为实用主义评估的进一步发展提供了理论材料。借鉴"循证医学"的理论和方法，公共政策学者对政府决策中的证据使用问题进行了系统研究。他们描述和测量了"研究-决策缺口"（reseach-policy gap）、分析和解释了"研究-决策缺口"的原因以及提出多种弥合"研究-决策缺口"的对策和建议。由于评估也是一种研究证据，甚至是"一种特别好用的证据"（Weiss et al.，2008），因此，"循证政策制定"研究的成果为评估使用研究的发展提供了启发甚至是直接的研究成果。

二、实用主义评估的产生与发展历程

实用主义评估的产生与发展历程可分为两个阶段，即 20 世纪 70 年代初至 20 世纪 90 年代末的评估使用研究和 20 世纪 90 年代末以来的循证评估研究。

（一）20 世纪 70 年代初至 20 世纪 90 年代末的评估使用研究

在韦斯等的影响下，一些学者陆续投入评估使用的正式研究中。一方面，他们开发了多种多样的评估模型或方法，探索"如何面向使用进行评估"；另一方面，他们还探索了评估使用的形式和影响评估使用的因素等理论问题。

1. 面向使用的评估模型或方法

对于这一时期开发的面向使用的评估模型和方法，阿尔金曾在"评估树"上按如下顺序排列了"使用分支"中的9位理论家：斯塔弗尔比姆（Stufflebeam）、霍利（Wholey）、切里姆斯基（Chelimsky）、阿尔金（Alkin）、帕顿（Patton）（也译作巴顿）、费特曼（Fetterman）、普雷斯基尔（Preskill）、金（King）和库森（Cousins）。他们都分别提出了某种规定性的评估使用模型或者具有重大影响力的观点，都把评估的使用作为评估设计和实施的中心，都密切注意环境的动态变化并与潜在用户建立密切关系，以期促进对评估结果和过程信息的各种各样的使用。其中，斯塔弗尔比姆是最早构架评估模型以促进使用的理论家，帕顿的"以利用为中心"的模型影响巨大，库森提出的实践参与评估、普雷斯基尔提出的学习型组织评估、费特曼开发的授权评估也具有较大影响力。

2. 评估使用的形式与影响因素

政策评估的信息到底有哪些应用，或者政策评估的信息影响决策的方式到底有哪些？这涉及评估使用的形式问题。依据一定的分类标准，学者对评估使用的形式进行了分类。

1）评估结果使用和评估过程使用

首先依据使用的信息来自评估结果还是评估过程，可以将评估使用分为评估结果使用和评估过程使用两种基本形式。评估结果使用是依据评估报告或评估结论而进行的使用。评估过程使用则是指评估过程或评估活动本身对决策者或利益相关者产生影响而导致的政策改进。评估过程能够作为使用的依据的机理在于：由于在评估过程中的学习，参与评估的利益相关者个体的思维和行为发生了变化，甚至使得项目或组织的程序和文化也发生变化。正如一些学者指出的那样，评估将要收集某些类型的项目数据，而在收集这些评估数据之前，对将要使用的措施的了解可能会导致对项目缺陷的认识；另外项目工作人员参与评估所激发的思维过程也可能导致政策或项目的修正。

2）工具性使用、观念性使用和象征性使用

依据评估信息对决策者或利益相关者产生影响的程度，可以将评估使用分为工具性使用、观念性使用和象征性使用。工具性使用意味着评估信息对决策者或利益相关者的行动产生了直接的影响。这些行动可以是修改或终结政策、改变政策的资源配置等直接的明显的决定。在这一过程中，决策者或利益相关者可以记录他们将评估信息用于决策或解决问题的具体方式。观念性使用则指评估信息对决策者或利益相关者的态度、思维和理念等产生了影响。比如，评估信息促使决策者或利益相关者以不同方式看待问题，提醒他们注意新的想法，改变他们认为理所当然的、不可避免的事情，影响他们对项目所做工作的理解，改变他们思考的对象，使得他们更清楚项目及其背景以及项目被资助和实施的约束并更能适应改变。在这一过程中，评估信息并没有被用于具体的、可记录的行动，而是"启发"了决策者或利益相关者，导致他们改变了态度或对项目的舆论氛围以及改变对自己、项目或组织的思考和理解。象征性使用指评估信息没有对决策者或利益相关者的行动或态度产生实质的影响，仅仅是被用来表明某种姿态或者支持、证明先前的决策。

3）个人使用和组织使用

依据使用评估信息的主体的类型（个人还是组织），可以将评估使用分为个人使用和组织使用。个人使用是指评估信息对单个的决策者或利益相关者个体产生的影响。其作用机制是个人学习，其结果是提升了个人的能力或改变了个人的决策。组织使用是指评估信息对集体或团体（如项目团队、机构、单位、系统）产生的影响。其作用机制是组织学习，其结果是加强了组织能力建设或改变了组织的决策。

除此之外，这一时期，一些学者还研究了影响评估使用的因素。他们认为，评估的使用受到用户因素、评估者因素、评估因素和组织/社会背景因素的综合影响。该内容在第十一章进行介绍。

（二）20世纪90年代末以来的循证评估研究

20世纪90年代末期，在"循证政策制定"浪潮的影响下，将实用主义评估推向一个新的发展阶段——循证评估阶段。循证评估（evidence-based evaluation）的基本含义可以概括为：在基于评估证据的基础上进行政策决策，即将严格的评估研究证据纳入公共政策制定的过程中，通过寻求严格和可靠的评估结果，并在政策制定过程中增加对评估证据的利用，从而提高政策决策的科学性和公共政策的质量。循证政策评估的目标是在评估研究和政策制定之间建立更紧密的联系，一方面产生可信和严格的评估证据，另一方面增加在公共政策的制定和实施中对评估结果的运用。循证评估是评估使用研究在政策制定对评估证据具有更强烈需求以及"评估实践的严谨性和复杂性都有所提高，现有的评估证据比过去要好"的新的时代背景下（Weiss et al.，2008），赋予评估更大的影响力、谋求评估更大的效用并促进决策者更多、更有效地使用的新发展。

需要注意的是，一些学者认为，循证评估不仅是评估使用的新发展，也是"后实证主义范式的回归"。因为循证评估不仅强调在政策制定过程中增加对评估证据的利用，也强调寻求更严格和更可靠的评估结果。在生产高强度证据的评估设计的各种排名中，随机对照试验、准实验、成本收益分析往往仍然排在前列，特别是随机对照试验方法往往位于排名首位，已成为评估的"黄金标准"。因此，循证评估的特点是"力图使政府更加科学，建立在真实的经验证据的基础上。它关心的是'什么有效'。这可以解释为科学和随机对照试验的回归"（Vedung，2010）。故此，循证评估也意味着后实证主义评估的复兴或回归。

受到社会科学研究中"循证政策制定研究"的影响，循证评估学者也围绕着"'评估-政策缺口'（evaluation-policy gap）的测量、解释和弥合"展开研究。具体地说，一是描述和测量"评估-政策缺口"，或者说描述和测量评估在政策制定中的使用程度；二是解释存在"评估-政策缺口"的原因；三是提出弥合"评估-政策缺口"的框架、模型、方法和措施。

1. 描述"评估-政策缺口"

在美国，1995年美国政府问责局（Government Accountability Office，GAO）对三个主要的联邦项目（儿童发展综合项目、社区卫生中心项目、Title 1中小学教育法案）进行的研究表明，缺乏信息似乎不是主要问题。相反，问题似乎是现有的信息没有得到有效的组织和交流。现有的许多信息没有送达相关的参议院委员会，或是以一种过于集中而没有用处或难以消化的形式送达（Terry，1995）。2013 年美国政府责任办公室对联邦管理人员进行了一次大规模调查，结果表明，虽然评估在中等或更大程度上有助于实施改进项目管理或绩效的提升，但很少有管理人员报告说，评估有助于资源分配、精简项目和向公众通报情况（Government Accountability Office，2013）。

欧盟成员国波兰虽然建立了评估系统，但是系统的重点是评估信息的产生，而较少关注评估的利用。2010 年奥列尼扎克用一种量表（最低为 2，最高为 5）对参与规划和执行政策的高级公务员就"决策中报告结果的效用"进行了调查，结果表明，业务使用得分为 3.5，战略使用得分为 3.8。而且，即使在政策制定中使用了评估结果，也更多的是对技术建议机械地使用。因此，他认为："一般来说，受访者对评估的利用程度持批评态度。"（Olejniczak，2013）

在国际发展项目的评估方面，瑞典国际开发署（Swedish International Development Authority，SIDA）在对其评估实践进行的调查中发现，大多数利益攸关方甚至都没有看到这些结果，也很少有人发现任何新的或有用的东西。世界银行业务评估部（operations evaluation department，OED）一名前总干事说："大多数国家政府和发展机构使用的评估系统缺少可信性的先决条件。"（Picciotto，2003）

总之，尽管评估相对于以往其作用正在增加，但是这种作用仍然是有限的，"评估的利用率往往令人失望"（Patton，2007）。

2. 解释"评估-政策缺口"

为什么存在"评估-政策缺口"？一些学者提出了多种模型试图对其进行解释。

1）从"两群体理论"、"三群体理论"到"群体不和谐理论"

这一类理论建立在不同的"群体"的概念上，"群体"反映了开展评估和使用评估的人的世界是完全不同的，因为不同群体的成员对事物的看法不同，因此行动也不同。这一类理论最早可以追溯到卡普兰提出的两群体理论。该理论认为存在两个群体：评估群体和政策制定者社群。每一个群体都有不同的目标、信息需求、价值观、奖励制度和语言。如果两个群体之间缺乏沟通和交流，那么就会出现评估利用的不足。

肖科夫研究发现，"两个群体"不足以概括"评估-政策"领域中的行动主体。他在卡普兰的理论的基础上，提出"三群体理论"或"三种文化理论"。他将评估使用者细分为两个群体：政策制定者和政策执行者。政策制定者群体、政策执行者群体和评估者群体存在不同的文化，导致研究或评估的利用有限（Shonkoff，2000）。

但博根施奈德和科比特认为上述理论仍存在缺陷。一是"两个群体"或"三个群体"都不足以概括"评估-政策"领域中的行动主体。现实世界要复杂得多，生产知识的群体、使用知识的群体都可能还包括重要的子群体。二是前述理论都大多只强调"组织文化"的影响。虽然组织文化会影响人们的态度、行为、感知和自我意识，但却不能提供全面的解释。于是他们扩展了前述两个理论模型，提出了"群体不和谐理论"（community dissonance theory）。该理论认为，文化有两个来源，一个来源于专业，这些是通过上课、与导师合作、与同龄人交往而反复灌输给我们的规则和价值观，可被称为"专业文化"；另一个来源于组织，这些是信号、奖励结构、工作环境和认知方式，被称为"组织文化"。

这两种文化塑造了不同的群体。在生产知识、连接知识生产者和用户，再到塑造公共政策整体进程这些环节中，包含着五类不同的群体：基础研究人员、应用研究人员、中介机构、政策执行者和决策者。每个群体都位于自己独特的组织环境中，拥有特定的核心技术。每个群体都能通过一组透镜来塑造它所看到的世界以及它的行为（Bogenschneider and Corbett，2011）。在这种情况下，尽管这五个群体可能存在某些共同的需求和利益，但他们更多的是缺乏一致性，导致不同的群体并不很好地融合在一起，进而导致研究或评估和政策制定在某种程度上的脱节。

2）从"生产者推动模型"到"双向互动模型"

"生产者推动模型"的基本逻辑是评估人员应该进行高质量的评估，使评估清晰易懂，然后促进政策制定者将评估结果应用到他们的工作中，出现"评估-政策缺口"的原因在于评估人员的评估质量和传播技能存在问题（Nutley et al.，2007）。这一理论更多关注的是证据的供应方面或者从评估到决策的方面。一方面，它强调提高评估质量，试图提高科学严谨性，以测试关于政策和项目的有效性以及综合证据的"有效"问题。另一方面，它强调改进评估研究的沟通、传播和营销，旨在以更易获取的形式为最终消费者提供证据。总的来说，这个理论看起来像一条"单行道"，仅强调如何从评估走向决策（Tseng，2012）。

然而，把评估与决策联系起来的更应该是一条"双向道"。如果不同时关注供给者和需求者，就有可能使评估人员的观点具有特权，并将政策制定者降级为研究和传播工作的接收端。因此，需要更加关注需求方，加强评估与决策的联系。于是，一些学者提出"双向互动模型"。该模型主张，不仅要关注评估者是如何供应证据的，还要关注具体的政策制定者是谁，政策制定者是如何定义证据、获取证据、解释证据以及使用证据的，而且评估的有效使用应是评估者和政策制定者充分互动，甚至协同生产的结果（Oliver et al.，2014）。由此，"评估-政策缺口"的出现是由评估者和政策制定者都存在某些缺陷以及缺少交流所致。

3）从"工程理论"到"组织社会理论"

"工程理论"（engineering theory）认为某些研究产品的特性制约了政策制定者的使用。一方面，研究的内容属性会影响决策者对证据的使用。这些内容属性包括效率、兼容性、复杂性、可观察性、可测试性、有效性、可靠性、可分割性、适用性、彻底性等。例如，评估的效率越高（即评估完成的时间越短），则使用的可能性越高；评估的结果越可靠，则使用的可能性也更高。另一方面，研究的类型也会影响决策者对研究的使用。这些类型包括理论/应用、一般/摘要、定量/定性、特殊/具体以及研究领域和学科等。比如，理论研究和定量研究是政府机构领域知识进步的标志。因此，人们可以预测，理论研究和定量研究比定性研究更有可能得到决策者的使用（Landry et al.，2003）。然而，对研究产品的特性的狭隘关注，描绘的只是一幅研究如何被获取、解释和使用的去语境化画面，现实是研究使用是在关系、组织环境、政治和政策背景的社会生态中展开的，因此，研究使用的科学解释需要包括社会、政治和经济力量影响个人和群体进程的方式。于是一些学者提出了解释研究使用的"组织社会理论"（organizational and social theory）（Landry et al.，2003）。首先，该理论认为，决策发生在关系网络和与同行、中介者的互动中，因此，关系是决策者获取、解释和使用研究的重要途径。其次，组织能力、组织文化和组织结构也影响着研究的使用。获取、解释和使用研究的能力需要足够的员工能力、时间和专业知识，以及有益的组织文化和惯例。组织结构也很重要，例如，官僚机构的"筒仓效应"（机构的相互隔绝）可能会阻碍研究的使用。相反，在特别工作组、委员会和小组会议上共同工作并有机会非正式交谈的个体更可能就高质量证据的构成和使用达成共识。最后，政治和政策的背景也会影响评估证据的使用。"无论如何准确地交流和理解科学，决策都不能与价值观、政治背景相分离"（Nisbet and Scheufele, 2009）。因此，政治和政策的过程会影响研究的获取、解释和使用。此外，倡导者、政治家和机构领导人的价值观、职位类型也可能会对证据的使用产生影响。

3. 弥合"评估-政策缺口"

以上学者对"评估-政策缺口"的原因进行了解释，但循证评估的最终落脚点在于如何采取行动弥补这一缺口。基于此，诸多学者从证据生产、证据传播、证据采纳与实施等方面提出了大量的框架、模型和方法。

（1）证据生产方面。循证评估首先强调要生产出高强度的证据。高强度的证据依赖于高质量的单一评估、评估综合以及形成优质的知识产品。首先，要进行高质量的单一评估（单项的、分散的评估），这被一些学者称为第一代知识生产。一些学者认为，随机对照试验、准实验、自然实验、成本收益分析等方法是生产高质量证据的良好方法。人力示范研究公司（manpower demonstration research corporation, MDRC）和 J-PAL 是广泛使用"随机对照评估"的代表。J-PAL 已经在全球范围内开展了 1200 多项随机对照评估，其创始人或核心成员班纳吉（Banerjee）、迪弗洛（Duflo）和克雷默（Kremer）因"在减轻全球贫困方面的实验性做法"而获得 2019 年诺贝尔经济学奖。安格里斯特（Angrist）和卡德（Card）、伊本斯（Imbens）将自然实验方法（如双重差分、得分倾向匹配、断点回归和合成控制等）运用于政策评估，2021 年共同被授予诺贝尔经济学奖。美国威斯康星大学麦迪逊分校的韦默（Weimer）教授等撰写的《成本收益分析：理论与实践》已经出版了五版。华盛顿公共政策研究中心广泛使用成本收益分析方法，为华盛顿州的政策制定者和预算编撰者提供经过充分研究的公共政策清单。其次，要开展知识综合，或称第二代知识生产。其包括应用明确和可重复的方法来鉴定、综合与特定政策相关的评估或信息。一些学者从循证医学领域引入了系统评价和荟萃分析方法，科克伦（Cochrane）协作组织已经开发出《Cochrane 干预措施系统评价手册》。在科克伦协作组织和美国坎贝尔协作中心的倡导下，系统评价和荟萃分析已成为流行的评估综合方法。然而，以往的某地政策的背景、氛围和当前的当地的政策背景、氛围并不相同，系统评价和荟萃分析的评估综合并不能为当前或当地的决策提供有效的预测性信息和可转化性信息。有鉴于此，1997 年英国学者波森开发了现实主义评估方法，以谋求更好地对评估信息进行综合。最后，需要形成评估产品。要求以清晰、简明和用户友好的格式呈现评估结果并提供明确的建议。实践指南、决策辅助工具和规则以及政策建议等的概要就是此类产品的例子。这可以称为第三代知识生产。在上述知识生产中，评估者都可以根据潜在用户的需求调整自己的活动，为不同的预期用户量身调整或定制消息。这样做的目的在于满足利益相关者的知识或信息需求，从而促进评估信息的吸收和利用。

（2）证据传播方面。证据传播涉及让证据得到有效和广泛应用而需要或采取的传播过程和步骤。要使自己的评估惠及更多的人、更清楚地被决策者理解、更多地被决策者使用，需要采取有效的证据传播方式和方法。传播的主体可以是多种多样的，既包括评估者、媒体，也包括专门性的证据交流平台。评估者不仅具有评估的职责，同时也需要利用一定途径或方法进行有目的的证据传递。"媒体"的本意就是指"传播信息的媒介"，尽管其基本的职责不在于传递专业性知识，但是它对一些研究的"娱乐式""背景性"的报道，也有利于引起决策者的注意，并促进证据的普及。新兴证据交流平台（如科克伦协作组织、坎贝尔（Campbell）协作中心、华盛顿公共政策研究中心）则是专业性的证据传播组织，它们的主要职责就是收集、综合、转化证据，并花大量时间和精力以最优方式将证据传递给决策者。在证据传播的研究中，沃德（Ward）等、奥莱伊尼恰克（Olejniczak）等探索了"知识经纪人"在评估证据转化中的作用和发挥作用的方法；贝内特（Bennett）和杰萨尼（Jessani）开发了"评估者传播评估证据的工具包"。

（3）证据采纳与实施方面。循证评估绝不仅仅是评估者的事，也需要决策者和实践者的"拉动"，这涉及评估的采纳或实施。决策者和实践者要善于做好以下工作：确定需要解决的问题；识别、审查和选择与问题相关的评估证据；使确定的证据适应当地环境并对使用评估的障碍进行评估；选择、调整和实施干预措施以促进证据的使用；监测证据的使用；评估使用证据的结果；持续不断地使用证据。萨克利夫（Sutcliffe）和考特（Court）在总结英国实践经验的基础上提出了"促进决策者使用评估证据的工具包"。

表 8.1 对这些模型进行了归纳。

表 8.1　实用主义评估模型

评估模型	理论家	产生时间	归为实用主义评估的原因	突出特征
CIPP 模型	斯塔弗尔比姆	20 世纪 60 年代末期	关注人们为了决策和问责使用评估	1. 该模型围绕适用于所有评估环境的四个概念（背景、输入、过程和结果）进行构架 2. 评估的目的不仅是证明，而且是改进
以利用为中心的评估	帕顿	20 世纪 70 年代	通过自始至终地与主要目标用户建立密切关系，围绕使用构架每一个评估	1. 针对特定的预期用途，为特定的主要预期用户以及和他们一起进行评估 2. 评估应根据其效用和实际用途来判断 3. 该方法以情景敏感性和具有积极性、回应性、互动性和适应性的评估者为中心
实践参与评估	库森	20 世纪 80 年代至 90 年代	与利益相关者建立密切关系是重视使用和解决不使用问题的一种方式	1. 实践参与评估（致力于地方变革）和变革参与式评估（关注社会公正问题）存在区别 2. 将评估纳入组织的职能是至关重要的 3. 关注对参与式评估的理解以及如何在组织中有效地实施它
学习型组织评估	普雷斯基尔	20 世纪 90 年代	认为只有当个人、团体和组织从评估中学习时，才应该进行评估	1. 在多个层次的学习是评估的主要目的 2. 要积极地让人们参与评估过程，并培养他们随着时间的推移从事评价思维的能力 3. 评估应嵌入组织结构和职能中

续表

评估模型	理论家	产生时间	归为实用主义评估的原因	突出特征
授权评估	费特曼	20世纪90年代	存在多种使用与评估过程相结合的活动，要让多个参与者参与到这些活动中	1. 参与者学习如何像评估者一样思考，即这一过程教会人们评估技能 2. 三个步骤：①确立任务；②评估现状；③规划未来 3. 它的目标是让人们有能力发展和推进自己的项目
系统评论和荟萃分析	科克伦等	20世纪90年代中期	对单个评估证据进行综合，提高评估的可靠性，增强决策者对证据的使用	1. 对独立评估的结果进行综合，增强证据的可靠性 2. 可以运用荟萃分析方法进行定量综合，也可以运用元聚合方法等进行定性综合 3. 采用严格的纳入与排除标准，用清楚、明确的程序和方法减少偏倚
现实主义评估	波森等	20世纪90年代末期	从评估"政策的效果是什么"走向分析"在什么环境下，政策如何或为什么以及对谁有效"，可为决策者提供更丰富的信息和可转化性信息	1. 背景—机制—结果模式结构是现实主义评估的根本逻辑 2. 从阐明"项目理论"开始，到进一步理解政策或项目运作的机制、运作的环境以及如果按预期运作将观察到的结果 3. 不仅评估结果，更强调探究在特定环境下各种政策运行成功或失败背后的逻辑

注：鉴于随机对照试验、自然实验、成本收益分析方法已在第三章进行介绍，因此不再列入此表。

第三节 实用主义评估的主要模型与方法

如第二节所述，在实用主义评估的发展过程中，一些学者已经开发出了多种评估模型或方法，其中具有代表性的模型和方法包括 CIPP 模型、以利用为中心的评估、实践参与评估、学习型组织评估、授权评估、系统评论和荟萃分析、现实主义评估。以下对这些模型和方法进行具体介绍。

一、CIPP 模型

（一）CIPP 模型的含义

CIPP 模型指从背景（context）、投入（input）、过程（process）和产出（product）四个层面对政策或项目进行全方位地、持续地评估，并通过一定的反馈机制，促进政策或项目的利益相关者改进政策或项目以及问责的方法。表 8.2 对 CIPP 模型的组成部分及其所针对的问题、评估内容以及其可以提供信息的决策类型进行了说明（Mertens and Wilson，2019）。

表 8.2 CIPP 模型的组成部分、针对问题、评估内容以及决策类型

组成部分	针对问题	评估内容	决策类型
背景评估	需要做什么	需求、问题、有利条件、机会	确定目标、优先事项以及预期结果
投入评估	该如何做	备选方法、竞争行动计划、参与者的特征、人员配备计划、预算	确定可行性和潜在的成本效益，在竞争计划中做出选择，撰写资金计划，分配资源，指派员工，安排工作

续表

组成部分	针对问题	评估内容	决策类型
过程评估	正在做吗	政策或项目的执行	帮助执行人员对活动进行必要的调整,判断绩效并解释结果
产出评估	成功了吗	确定和评估短期和长期的预期和非预期结果	帮助执行人员专注于实现预期结果;衡量该项目在满足需求方面的成功程度

（二）CIPP 模型的方法与技术

如前所述，CIPP 模型包括四个组成部分，在每一个组成部分的评估中，都具有一些有效的方法和技术。

1. 背景评估

背景评估指在特定的环境中评估需求、问题、有利条件和机会。需求是为了实现一个可辩护的目的所必需或有用的东西；问题是在满足和继续满足有针对性的需求方面需要克服的障碍；有利条件包括可获得的专业知识和服务，通常这些专业知识和服务在当地可用于帮助实现目标；机会包括可能被用来支持满足需求和解决相关问题的资金补助项目。背景评估的主要目标是：对预期服务的环境设置边界并加以描述，确定预期受益人并评估其需求，确定满足评估需求的问题或障碍，确定可用于满足目标需求的相关的、可利用的有利条件和获得资助的机会，为制定以改进为导向的目标提供基础，评估以改进为导向的目标的明确性和适当性，确定判断目标项目或其他改进工作结果的基本标准。背景评估的技术包括收集有关目标群体成员及其周边环境的种种信息，并进行各种分析；也包括针对所需服务或变革行为，运用各种方法来生产信息并检验假说。背景评估有许多建设性的用途，可被用于多种利益相关者的决策活动。表 8.3 归纳了背景评估中评估者的活动以及利益相关者的决策活动。

表 8.3　背景评估中评估者与利益相关者的决策活动

评估者的活动	客户/利益相关方的活动
编制和评估背景信息，尤其是预期受益人的需求和有利条件	使用背景评估的结果来选择和/或澄清预期的受益人
访谈项目负责人，审查和讨论他们对受益人需求的看法，并找出项目需要解决的任何问题（政治或其他方面）	使用背景评估的结果酌情审查和修订项目的目标，以确保他们适当地针对评估的需求
与其他利益相关者进行面谈，以进一步了解预期受益人的需求和有利条件以及该项目的潜在问题	使用背景评估的结果确保项目正在利用相关的社区和其他有利条件
根据受益人的评估需求和潜在有用的条件评估项目的目标	在整个项目运行过程中和项目结束时使用背景评估的结果，以帮助评估项目在满足受益人评估需求方面的有效性和重要性
让评估员监督和记录有关项目环境的数据，包括相关项目、地区资源、地区需求和问题以及政治动态	
要求项目工作人员定期向评估团队提供他们收集的关于项目受益人和环境的信息	

评估者的活动	客户/利益相关方的活动
每年或适当的时候向客户和商定的利益相关方准备和提交一份背景评估报告草案，它提供有关项目相关需求、有利条件、问题以及对项目目标和优先事项的评估方面的最新信息	
每年在面向客户和指定受众的反馈研讨会中讨论背景评估结果	
完成背景评估报告和相关的视觉辅助工具，并将其提供给客户和商定的利益相关者	

2. 投入评估

投入评估主要有助于规定和安排实施一个政策或项目，以满足需求和目标。需要对系统能力、备选的政策策略、备选的外部承包商、所选政策或项目的实施程序、预算、进度、人员配置和利益相关者参与计划等进行评估，并帮助确保投入响应政策或项目的目标和受益人需求。进行投入评估也有许多评估方法和技术，包括文件分析、访谈、背景调查、文献检索、访问示范项目、倡导者团队研究、试点和内容分析等技术。投入评估的结果也可被用来支持决策，是政策或项目设计、人员配置、预算安排的重要依据。

3. 过程评估

过程评估是针对政策或项目的执行、实施的文件以及包括改变政策或项目某些程序的重大失误或不良操作部分进行持续性的检查。常用的评估技术包括：雇用常驻观察员或访问调查员监督项目的实施，识别潜在的程序障碍和意外障碍，获取实施决策的信息，记录实际过程和成本，跟踪拍摄进度，获取员工的日记，定期与员工和其他利益相关者互动并提供反馈。过程评估可以为项目工作人员或管理者提供信息反馈，可以清楚项目工作人员在展开预订活动时是否依照时间进度和计划进行以及效率情况如何，也可以协助项目工作人员确认执行问题并针对政策或项目中的一些改进事项进行调整。过程评估中评估者的活动以及利益相关者的决策活动归纳于表 8.4。

表 8.4　过程评估中评估者与利益相关者的决策活动

评估者的活动	客户/利益相关方的活动
让评估小组成员监督、观察、维护照片记录，并定期提供有关项目实施的进度报告	使用过程评估的结果来控制和加强员工的活动 使用过程评估的结果来加强项目设计
与该项目的工作人员合作，保留项目活动、问题、成本和分配的记录	使用过程评估的结果来维护项目进度的记录
定期与受益人，项目负责人和员工面谈，以获得他们对项目进展的评估	
及时更新项目的数据图表	使用过程评估的结果来帮助维护项目成本的记录
定期起草关于过程评估结果的书面报告，并向客户和商定的利益相关方提供报告草案	使用过程评估的结果向项目的财务赞助商、政策委员会，社区成员、其他开发人员等报告项目的进展情况
在反馈研讨会上介绍和讨论过程评估的结果	
最终确定每个过程的评估报告（可能纳入更大的报告）和相关的视觉辅助工具，并将其提供给客户和商定的利益相关者	

4. 产出评估

产出评估测量、判断并阐释一项政策或项目的成就表现，包括评估政策或项目的预期和非预期的结果、正面和负面的结果、短期和长期的结果等。其主要目标是确定政策或项目满足所有利益相关者需求的程度。产出评估的信息对于决策也具有重要作用。表8.5归纳了产出评估中评估者的活动以及利益相关者的决策活动。

表 8.5　产出评估中评估者与利益相关者的决策活动

评估者的活动	客户/利益相关方活动
让项目的工作人员和顾问和/或评估团队成员参与维护所服务的人员和团体的目录，对他们的需求做出记录，并记录他们收到的项目服务	使用影响评估的结果确保该项目能够惠及预期的受益人
评估并判断所服务的个人和团体与项目的预期受益人一致的程度	使用影响评估的结果来评估该项目是否正达到或未达到不适当的受益人
定期访问区域利益相关者，如社区领导、雇主、学校和社会项目人员、神职人员、警察、法官和房主，以了解他们对该项目如何影响社区的看法	使用影响评估的结果来判断该项目正在或已经为正确的受益人服务的程度
在定期更新的项目档案中包括获得的信息和评估者的判断	使用影响评估的结果来判断该项目在多大程度上解决或正在满足重要的社区需求
确定该项目达到适当受益人群体的程度	将影响评估的结果用于有关项目在达到预期受益人方面的成功的问责目的
评估项目在多大程度上不恰当地向非目标群体提供服务	
起草影响评估报告（可能纳入更大的报告）并将其提供给客户和商定的利益相关方	
在反馈研讨会上讨论影响评估的结果	
最终确定影响评估的报告和相关的视觉辅助工具，并将其提供给客户和商定的利益相关者	

（三）CIPP 模型评估与决策的衔接机制

CIPP 模型从四个层面运用相关技术对政策或项目进行客观评估，也提出了相应的决策应用。除此之外，CIPP 模型还开发出了多种将评估与决策联系起来的衔接机制（或评估反馈机制）。

（1）核心机制是促进利益相关者参与。利益相关者指那些打算使用调查结果的、可能受到评估影响的以及那些希望对评估做出贡献的人。评估者应与所有相关利益相关者群体接触，并至少让他们的代表参与解释和建立共识的过程。通过丰富、持续的参与过程，可以使利益相关者了解并重视评估发现和结论，并据此行动。为使利益相关者有意义地参与，评估可以采用以下技术：利益相关者评审小组、公开会议、访谈利益相关者、焦点小组、反馈研讨会、评估通信、评估网站、专用评估进程表、定期网络研讨会、向媒体发布评估信息等（Stufflebeam and Zhang，2017）。

（2）支持和协助评估客户有效地履行评估导向型领导的角色。评估导向型领导指在公共领域中乐于和善于关注、促进、确保和使用系统评估的领导者。由于领导者的权力和影响力，他们对于评估的使用是至关重要的。评估人员应定期鼓励和帮助领导者主动获取所需的评估服务，获得良好的评估理念和确保有用、有效评估的承诺，提升履行客户职责的技能，并在帮助利益相关者重视、理解良好的评估结果方面发挥领导作用，由此促进将评估信息运用于决策（Stufflebeam and Zhang，2017）。

案例 运用 CIPP 模型评估夏威夷住房项目

一、资料来源

Stufflebeam D L, Gullickson A, et al. 2002. The spirit of Consuelo: an evaluation of Ke Aka Ho'ona. http://rszarf.ips.uw.edu.pl/ewalps/teksty/consuelo_eval.pdf[2023-03-18].

二、评估对象及其背景

Consuelo（康苏埃洛）基金会提出了一个名为 Ke Aka Ho'ona 的自助住房项目，该项目于 1994 年开始，于 2002 年结束。该基金会希望为穷人提供住房，使他们在维护住房、支付租金以及建立一个安全、卫生的社区环境方面取得长期的成功。在 7 年之中，被选中的穷人家庭每年通过周末工作来建造自己的房屋。他们由 Consuelo 基金会工作人员和持牌承包商监督和协助。此外，在此期间，基金会提供教育和其他社会服务，以满足有关家庭，特别是儿童的需求。此外，随着时间的推移，这些家庭必须通过低息抵押和土地租赁来支付房款并成为他们的住房的完全所有者。到第 7 年年末，基金会、家庭和支持承包商将曾经占地 14 英亩（1 英亩＝0.004047 平方千米）的农业土地改造成了一个由 75 个家庭组成的美丽的、以价值观为基础的社区，其中包括 390 名男女老少。基金会领导和员工需要获得有关项目的持续的反馈，以便他们能够就项目的目标和计划做出决策，并对项目的实施进行修改。

三、哲学和理论基础

CIPP 模型为评估背景、投入、过程和产出提供了综合方法。其中，背景包括受益人的需求、资产以及相关环境力量的性质、程度和严重性。投入包括项目计划和资源的响应能力和强度；过程涉及项目运作的适当性和充分性；产出意味着预期和非预期结果，包括对项目对目标受众的影响，结果的质量、合意性和意义，项目的可持续性，项目的可移植性进行评估。CIPP 评估模型不仅仅是评估，它还强调明确的使用导向，通过建立多种将评估与决策联系起来的衔接机制（或评估反馈机制），将评估信息用于项目的各种决策。显然，这非常符合委托方的要求。

四、评估方法

1. 评估问题

（1）背景：该项目在多大程度上针对重要的群体和受益者需求？

（2）投入：项目的结构、程序和资源计划在多大程度上与 Consuelo 基金会价值观、目前的最高水平相一致？满足目标需求是否可行和足够有力？

（3）过程：项目的运作在多大程度上与负责任地执行的计划一致，并有效地满足了受益人的需求？

（4）产出，其一，影响：触及了哪些受益人，他们在多大程度上是目标受益人？

其二，有效性：项目在多大程度上满足了相关受益人的需求？其三，可持续性：项目在多大程度上制度化以维持其成功实施？其四，可移植性：该项目能够或已经在多大程度上成功地适应并应用于其他地方？

2. 确定利益相关者

包括资助组织、项目受益人、项目负责人、项目工作人员。

3. 数据收集

评估人员使用了多种数据收集方法。

（1）环境分析：运用现有文件评论和访谈收集背景信息。

（2）项目概况：运用定性方法收集关于项目"使命、目标、计划、选区居民、工作人员、时间安排、资源、迄今为止的进展、成就和赞誉"的数据。

（3）旅行观察员：在当地选择一个人，他对项目进行观察、开展访谈，并从报纸文章中持续收集数据。

（4）案例研究：与相关家庭讨论项目的质量及其对他们生活的影响。

（5）访谈：和利益相关者的访谈（与房屋建设者就建设过程和社区成果进行访谈）。

（6）反馈研讨会：反馈研讨会中，工作人员可以就报告的准确性和清晰度提供反馈意见，在研讨会之前向工作人员分发了评估报告草稿。

（7）讨论：评估团队综合了 7 年半的评估结果，审查了相关的基础文件，并向基金会领导和项目工作人员提交了评估报告草案并邀请他们进行讨论。草案的讨论方式与反馈研讨会的形式类似。

五、管理和预算

最初协商的全部预算总计为 947 815 美元。评估中预算经过重新协商和调整，当评估团队提交最终账单时，实际花费约为 559 980 美元。

六、评估结论

略

七、评估者的反思

评估团队使用教育评估标准联合委员会 1994 年版的"项目评价标准"来记录他们在整个评估过程中是否符合相关标准。他们的记录显示他们已经符合了所有标准，但披露信息除外，因为这被视为基金会的特权。评估成功的关键是其客户——Consuelo 基金会总裁 Patti Lyons（帕蒂·莱昂斯）女士。她是一位富有创造力、果断、以评价为导向的领导者。在启动基金会的旗舰项目时，她从项目的最初阶段就寻求关键的评估反馈。此外，她和她的工作人员，以及基金会董事会也使用评估结果来指导决策，并告知相关方有关项目的性质和进展。评估成功的其他关键包括：预先商定的设计；定期与 Lyons 总裁及其工作人员开展反馈会，讨论临时调查结果并协助决策；定期向基金会董事会报告。另外，也采取了有效措施（将旅行观察员与交叉检查分割开来）避免了项目工作人员与旅行观察员的冲突。

但这次评估也有其不足。例如，基金会没有、也无法为评估人员提供足够清晰的成本数据，以确定和分析项目的成本。

八、报告和利用

评估结果在整个项目的生命过程中使用。例如，该项目的最初目标是为最穷的人服务。然而，与这些人的早期接触导致意识到这些家庭无法获得抵押贷款，因此不适合纳入这个项目。依据评估结果，基金会决定把重点放在正在工作的穷人或"隐藏的无家可归者"（即那些太穷而无法拥有自己的住房并与其他家庭成员一起生活在过度拥挤的环境中的家庭）。该项目要求家庭与承包商合作来帮助他们建房。评估数据被用来记录培训家庭的建筑技能和住房维护技能，以及改善他们的身体条件以便他们可以参与合作建房。评估数据对于项目期间需要解决的突出问题也很有价值，例如，通过抽奖决定谁将获得哪所房子，以致每个工作的人都会在建筑中付出足够的努力。评估数据还使每所房屋周围的土地分配更加公平。Consuelo 基金会还利用从八个住房开发增量评估的经验教训来改进其项目设计，并通过纳入不同类型住房的选项来丰富其内容。

二、以利用为中心的评估

（一）以利用为中心的评估的含义

以利用为中心的评估（utilization-focused evaluation，UFE）是为一群特定的主要预期使用者的特定、预期用途所做的评估。可以从以下几个方面理解。

（1）以利用为中心的评估以评估的效用和实际使用为前提。评估者设计评估和实施评估时，应仔细考虑从开始到结束所做的一切将如何影响使用。利用关系到真实世界中的人们如何应用评估结果并体验评估过程，因此，以利用为中心的评估的重点是主要预期使用者的预期用途。

（2）"评估的主要预期使用者"可被称为"利益相关者"。是指评估结果会影响其利害关系（或既得利益）的那些人，包括项目赞助者、项目工作人员、管理人员及委托人或项目参与者。其他和项目效能有关的直接或间接的利益者，也可被视为利益相关者，包括记者、一般大众或纳税人，甚至还包括对项目做决定的人或任何想得到项目信息的人。由于一个评估不能回答全部的潜在问题，对实际的以利用为中心的评估而言，就需缩减潜在利益相关者名单，直到只剩下一群特定的主要预期使用者。

（3）"预期的用途"是指评估的主要有意使用者的信息需求。评估结果和评估过程的信息都具有相应的用途。评估结果信息的主要用途有三个：判断优点或价值（总结性评估）、项目改进（工具性用途）及产生知识（观念性用途）。而评估过程信息的主要用途有四个：增进了解、增强共识、支持参与者的参与以及发展项目和组织。

（二）以利用为中心的评估的基本原理

（1）是人，而不是组织在使用评估的信息。个人因素在以利用为中心的评估中起着重要作用。个人是指关心评估及其产生的结果的个人或群体，组织是一个含有层级职位的非个人组合。利用并不是简单地由抽象的组织动力学的某种结构决定的，它在很大程度上是由真实的、生活中的、有爱心的个人决定的。个人积极寻找信息，以做出判断及减少决策的不确定性。他们想提高预测既定活动结果的能力，并借此增强他们身为决策者、立法者、消费者、活动参与者、赞助者或他们想扮演的角色的判断能力。

（2）情景评估。每一个评估的情景都是独特的，一个成功的评估是融合一个特定情景的所有特点——人、政策、历史、背景、资源、限制、价值、需求、利益及机会的组合。以利用为中心的评估认为，把事情做好的正确方法是指对评估者和使用者有意义和有用的方法，而且必须经过相互讨论、协调及情景分析的方法。以利用为中心的评估是一个以问题解决为导向的途径，它要求对于已改变和正在变革中的环境，主动产生有创意的调适，强调对情景有用和有意义的事物，而不是企图去塑造或界定一个符合预先设定好的情景。

（3）使用的心理学。如果使用者理解并觉得拥有评估过程和结果信息（就像评估过程与结果归他们所有一样），那么他们更可能会使用评估；如果他们积极参与评估，就更可能理解和拥有。因此，以利用为中心的评估需要促使可能的使用者为评估建立方向、提出承诺，并且自始至终地参与每一个过程。

（4）评估者的角色。通常评估者的角色是协助者或协商者，即协助使用者进行判断和做出决策，评估者与使用者之间应建立一种工作关系，以帮助后者决定他们所需要的评估方式。这需要一个互动、协商、沟通过程，包括和主要有意使用者协商其所要扮演的具体角色（如合作者、训练者、团队促进者、技术人员、方法学家、信息经纪人、传播者、问题解决者及有创意的顾问等）。除协商角色之外，评估者还需要提供清单，清单的内容是在已建立的评估标准和原则框架下可能出现的、可供挑选的所有选择。

（5）评估者与使用者之间互动的性质：主动—反应—交互—调适。以利用为中心的评估慎重地和有计划地界定预期使用者，并聚焦于有用的问题上；在倾听预期使用者和对预期使用者在评估展开的情景中所学到的东西进行回应方面是反应灵敏的；依据对情景和变化的条件日益增加的理解，他们在改变评估问题和评估设计方面是具有适应能力的（Patton，2008）。这可以说明在所有评估阶段中，评估者和使用者之间具有互动情形的特质。

（6）方法论。以利用为中心的评估并不拥护任何一个特定的评估内容、模式、方法、理论或用途，相反，它是一个协助使用者为他们自己的需要选择一个最适当的内容、模式、方法、理论或用途的过程。在丰富而多样的评估菜单上，以利用为中心的评估可以选择任何一种评估目的（形成性的、总结性的、发展的）、任何一种资料（定量的、定性的、混合的）、任何一种设计（如自然情景、实验情景）以及任何一种焦点（过程、结果、影响、成本以及成本效益），这是一群特定的主要使用者共同讨论他们如何使用评估的决策过程。

由此可以发现，以利用为中心的评估的基本原理是：立足于个人使用者，依据因人因时因地的原则，评估人员通常扮演协助者和协商者的角色，促进主要预期使用者积极参与评估全过程，在建立的评估标准和原则的框架下，在评估所有阶段与主要预期使用者进行"主动—反应—交互—调适"式互动，协助使用者为他们自己的需要选择最适当的评估者具体角色、评估内容、模式、方法、理论或用途来开展对政策或项目的评估，实现主要预期使用者的预期用途。

（三）以利用为中心的评估的步骤

依据帕顿制定的《以利用为中心的评估检查清单》，可将其评估过程分为 17 个步骤（Patton，2013）。表 8.6 介绍了各个步骤及其主要任务。

表 8.6　以利用为中心的评估的步骤

步骤	主要任务
1. 评估、建立计划和进行组织准备	评估委托方和评估资助方对开展有用的评估的承诺；评价评估背景；计划一个启动研讨会，让主要利益相关者参与评估和建立评估准备；介绍评估标准；根据与主要利益相关者合作的初步经验，评估下一步需要做什么，以进一步提升准备、建设能力并推进评估
2. 评估和提高评估员进行以利用为中心的评估的准备和能力	评价评估员的基本能力、承诺、调整能力及其与可能面临的挑战之间的匹配度；评估是否需要一个团队以及在团队中需要的能力组合；确保评估人员准备通过主要预期使用者对评估的使用来判断其有效性
3. 识别组织主要预期使用者并让他们参与到评估中	找到并接触主要预期使用者；在整个评估过程中解释主要预期使用者的角色；将主要预期使用者组织到一个工作团队中让其参与决策；让预期使用者参与到评估过程的所有步骤中；监控主要预期使用者的工作效率、兴趣和参与度，并预测他们的人员变更；引导评估过程中增加的、新的预期使用者
4. 与主要预期使用者进行情景分析	考察项目之前的被评估经历和其他对了解情况和背景很重要的因素；确定影响使用的促进因素和障碍；确定可用于评估的资源、应满足的时间期限；评估领导层对评估的支持和开放性；了解评估的政治背景，并预测政治因素如何影响使用；评价评估者与项目的关系可能如何影响使用；确定适当的评估团队组成；考虑必须完成的任务和支持完成任务的关系动态；分析相关的风险；继续评估主要预期使用者的评估知识、承诺和经验；检查步骤 1 至 4 的中期结果和审查复杂系统的关联
5. 通过确定优先目的，确定主要预期用途并确定其优先级	与主要预期使用者一起审查可供选择的目的；确定评估目的的优先级
6. 在适当的情况下考虑并构建过程使用	与主要预期使用者一起审查备选的过程使用；审查评估过程中优先进行过程使用的关注点、警告、争议、成本以及潜在的正面和负面影响；检查潜在的过程使用和结果使用之间的关系和关联；优先考虑评估的任何预期的过程使用，并计划将其纳入评估的设计和实施。
7. 重点关注优先的评估问题	应用良好的以利用为中心的评估问题的标准；仔细倾听主要预期使用者的优先关注点，帮助他们确定重要问题；将优先问题与评估的预期目的和用途联系起来，以确保它们匹配；提供重点选项的菜单
8. 检查评估调查的基本领域是否得到充分处理	考虑过程评估、结果评估的选项；确定归因问题的重要性和相对优先性
9. 确定干预模型或变化理论	确定干预模型或变化理论是否将为评估提供重要的和有用的框架
10. 协商适当的方法，以产生支持预期用户的预期用途的可信的结果	选择方法来回答使用者的优先级问题，以便获得的结果对主要的预期使用者可信；确保建议的方法和测量符合标准；确保从所选方法获得的结果能够按预期使用；在设计、方法理想和特定的资源、时间约束下实际能实施什么之间进行权衡；识别并处理对数据的质量、可信度和实用性的威胁；根据不断变化的条件调整方法
11. 确保预期使用者理解关于方法及其含义的潜在争议	选择适合所评估的问题的方法；与预期使用者讨论相关方法争议
12. 结果的模拟使用	根据设计、实施措施和结果构造评估结果；指导主要预期使用者解释潜在的（构造的）评估结果；解释模拟经验，以确定数据收集中的任何设计更改、修订或添加是否可能提高实用性；作为数据收集之前的最后一步，让主要的预期使用者在给定可能的成本和预期用途的情况下，明确决定继续进行评估

续表

步骤	主要任务
13. 收集数据，并不断注意使用	有效管理数据的收集，确保数据的质量和评估可信度；有效执行任何商定的参与性数据收集方法，这些参与性数据收集方法将建立能力和支持过程使用；让主要预期使用者了解数据收集的进展情况；向提供数据的人提供适当的反馈；向主要预期使用者报告紧急和中期发现，以保持他们的兴趣和参与度；关注和处理主要预期使用者的人员变更
14. 组织和呈现数据，供主要预期使用者解释和使用。	组织数据，使数据易于理解并与主要预期使用者相关；积极让使用者参与解释结果并做出评估性判断；积极让使用者参与生成建议；从不同的角度审视评估结果及其影响
15. 准备一份评估报告，以便于使用和传播评估结果，扩大影响	确定适当的报告格式、样式和报告的地点；及时提交报告；决定评估结果是否值得广泛传播
16. 跟进主要使用者，以促进和加强使用	计划后续行动。与主要预期使用者一起制订后续计划及预算；主动追求利用；寻找机会补充评估
17. 使用的元评估：问责、学习和改进	确定元评估者和元评估的主要预期使用者；确定元评估的主要目的和用途；确定应用在元评估中的主要标准和准则、计划时间和资源；在实施以利用为中心的元评估时，遵循实施以利用为中心的评估的步骤；与主要预期使用者一起，对评估、评估过程和使用进行系统的反思

案例　运用以利用为中心的评估评价大学生健康服务多样性意识项目

一、资料来源

Morgan L L. 1996. Utilization-focused evaluation: a case study of a diversity program evaluation. Los Angeles: University of California-Los Angeles.

二、评估对象及其背景

美国某大学学生健康服务（student health service, SHS）诊所有大约 140 名职业和临时员工，为 18 000 名学生提供医疗保健服务。学生通过六个诊所（无预约、预约、妇女、眼科、牙科和专科）和六个服务部门（X 光、实验室、物理治疗、药房、健康教育）获得初级医疗服务。工作人员由医生和行政人员组成。由于大学生群体存在多样性差异（如种族、民族、性取向、学习风格和家庭条件），为了促进 SHS 提供的医疗保健和教育能反映大学生群体的多样性，自 1988 年始，SHS 开展了一项多样性意识项目，包括以下一些活动：向 SHS 员工分发纸质多样性材料；开设旨在提高对多样性问题的认识和知识的正式培训课程，进行小组展示和问答；开展为员工提供更好地了解彼此或与其他校园专业人士建立联系的团体活动和旨在改变组织环境或程序的活动；建立为完成特定任务、解决问题或计划事件的委员会和小组；收集 SHS 员工态度和行为信息的数据，并提供给决策者。但截至 1993 年，非正式来源数据表明该项目没有达到预期，SHS 主管为寻求振兴该项目的方法，委托第三方对该项目进行评估。

三、哲学与理论基础

以利用为中心的评估是一种通过让主要的预期信息用户参与评估决策来促进评估结果的使用。积极参与评估过程可以提高利益相关者对评估的理解，同时让评估人员更全面地掌握利益相关者的优先事项和可能影响评估的因素。该方法旨在增加评估的影响具有实质性、意义性和相关性。因此，该模型被用作评估 SHS 多样性意识项目的基础。

四、评估方法

基于利用为中心的评估的步骤，评估团队采用了如下方法。

（1）将利益相关者组织成一个工作团队，以便代表所有主要信息用户。项目评估由六名利益相关者（代表 SHS 不同部门的六名工作人员）和一名评估员组成的团队进行。评估团队每两周开一次会。在四个月的时间里，团队完成了以利用为中心的评估过程的各个步骤。同时，利益相关者积极参与了以利用为中心的评估过程的所有步骤（评估设计、资料收集、资料分析、解释和报告）。评估人员为评估过程提供了便利，并为利益相关者提供了培训。

（2）利益相关者和评估人员共同制定了评估问题。这些问题包括：①哪些多样性活动是成功的？哪些是失败的？为什么？②各项多样性活动对实现 SHS 多样性目标做出了哪些贡献？③哪些多样性目标没有得到实现？④实现多元化目标的障碍是什么？⑤如何进一步实现所有多样性目标？

（3）利益相关者和评估人员共同制定了测量多样性目标的指标和数据收集方法。数据收集方法如下。①文献审查，如对多样性委员会年报、会议记录、规划文件和学生健康调查结果等进行审查。②访谈和焦点小组访谈。对多样性协调员、前任多样性委员会主席、六名利益相关者进行了访谈。③问卷调查。基于任期、参与活动、工作岗位和种族选择了 15 名工作人员，这些工作人员对每项多样性活动对多样性目标的贡献程度进行了评分并解释为什么他们认为这项活动对目标有贡献或没有贡献。

（4）分析和解释数据。利益相关者和评估人员共同分析和解释数据，甚至委托多样性委员会分析和解释数据。从文件审查提炼 SHS 多样性障碍的信息，并使用名义群体技术对其进行分类，分类后形成的障碍清单委托多样性委员会进一步分析和解释。对问卷调查进行定量分析，结果供利益相关者讨论和解读。

（5）评估报告撰写与传递。利益相关者和评估人员编写了项目总结报告，其中包括对项目的说明、评估结果和建议。利益相关者的代表在 SHS 管理团队和 SHS 多样性委员会的会议上正式介绍了该报告。报告摘要也发送给了多样性委员会的新主席和主席办公室的供资小组。

五、管理与预算

没有报告预算信息。

六、评估结论

（1）活动与目标。48%的多样性活动被发现成功地为实现一个或多个多样性目标做出了贡献。在多样性目标中，有 25%至 56%的多样性活动成功促成了一个目标。继续教育的目标在成功的活动中所占比例最大（56%）。围绕将个人差异视为工作场所的资产这一目标的活动最少（14%），这一目标的成功率也是最低的（25%）。旨在鼓励对不同的价值观、观点和做事方式保持敏感并进行公开讨论的多样性活动最多（72%）。

（2）员工偏好。工作人员更喜欢通过参加工作组、专题介绍和培训来了解个人差异。

工作人员享受与工作有关的介绍和培训，这增加了他们对多样性问题的了解。工作人员更喜欢与专题介绍或技能建设有关的小组工作。他们不认为小组中的个人分享有用，除非分享与演讲主题有关。工作人员发现演示和问答环节很有用。工作人员不喜欢长篇大论，也不喜欢分享个人对个人差异的态度。

（3）项目规划和实施。秋季迎新不是安排多样性活动的好时机。没有使用系统的方法来计划各项活动。

（4）评估的使用。评估产生了以下观念方面的和行动方面的影响：有助于多样性项目的更新；多样性委员会使用评估信息和建议来指导项目规划、开发和评价；协助多样性委员会制定一项战略，以确定各项活动及优先次序；评估过程激励了利益相关者思考多样性项目的长期目标、使用协作工作流程和评估其他 SHS 项目的意愿。

七、评估者的反思

评估的实施完成了以利用为中心的评估的每一步。评估人员发现，这些步骤促进了利益相关者参与的机会，使利益相关者的利益处于评估的首位。在评估后的利益相关者访谈中，团队成员一致认为，他们积极参与了评估的大多数步骤。评估符合以利用为中心的评估实践的标准，如满足了特定受众的实际信息需求。但也有一些因素制约了评估的开展，例如，由于时间有限，利益相关者对评估活动的参与仅限于在每两周一次、每两个半小时的团队会议。之前对多样性项目的不信任气氛也影响了数据的收集。

八、报告与利用

评估的结果包括数据、调查结果、书面报告、口头陈述和建议。评估报告也附上了适当的图表说明，评估结果以促进使用的形式显示。数据和调查结果不仅传达给利益相关者，也传达给 SHS 管理团队、SHS 多样性委员会、多样性委员会的新主席和主席办公室的供资小组以及有利害关系的其他人。

三、实践参与评估

（一）实践参与评估的含义与概念框架

实践参与评估（participatory evaluation）指评估者和利益相关者之间合作进行的评估性调查。评估人员将其在评估逻辑、方法和实践标准方面的知识和专长带入合作伙伴关系；利益相关者贡献其对项目逻辑和环境的知识。实践参与评估的基本假设是：有能力做出有关项目决策的利益相关者需要以有意义的方式参与评估过程。需要注意的是，它与另外一种参与评估方法——变革性参与式评估是不同的。实践参与评估的主要目标是支持项目或组织决策以及问题的解决；而变革性参与式评估的基本原则在于谋求解放和社会正义，寻求为处于弱势地位的、受压迫的群体赋予权力（Cousins and Earl，1992）。

库森等提出了一个实践参与评估的概念框架，它描述了实践参与评估的前因、过程和后果，见图 8.2（Chouinard and Cousins，2013）。该框架表明，参与过程（技术决策的控制、被选择参与的利益相关者的多样性和参与的深度）是由一系列先决环境因素与促成条件（评估者的背景和角色、社区特征、组织影响和项目影响）所塑造和影响的，而参与性实践会影响评估知识的生产和评估的使用。需要注意的是，在此框架中，"使用"包括结果的使用和过程的使用，除此之外，评估还可能产生更深远的影响。该框架的一个重要特点是它是循环的，这表明尽管一般来说前因、参与过程和后果之间存在时间顺序关系，但有时也是非线性的。

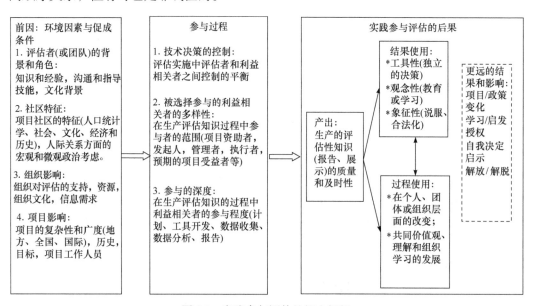

图 8.2　实践参与评估的概念框架

（二）实践参与评估的步骤与技术

斯密茨等提出了实践参与评估的步骤（Smits and Champagne，2008）。首先是评估环境，这可以识别项目改进的需求。其次是互动式数据生产。这是一个与评估者和实践者合作收集数据的过程，同时考虑到每个参与者的价值观，包括给定背景下的科学严谨性、相关性和可行性。再次是知识共建。这是一种以反思和对话的方式将数据转化为知识的过程。在前述合作收集数据的基础上，也以合作的方式对数据进行分析和解释，实践者和评估者各自为疑问的解答做出贡献，并生成共同构建的知识。然后是对行动的当地背景进行分析。这涉及影响评估使用的环境条件。最后是评估使用。这是一个利用潜在知识做出行动决策的过程。这种知识被称为可操作的知识，行动决策的目标是满足项目改进的需求。

金提供了许多关于实践参与评估的技术和策略。她建议利益相关者以多种方式积极参与，以帮助他们建立自己评估的能力。因为以会议、培训课程、与数据收集相关的任务以及与评估者的持续互动等形式的评估会产生额外的时间要求，所以评估者需要考虑文化和氛围是否支持参与式评估。对利益相关者进行评估培训后，一个必要的后续措施是持续监控，以了解这些利益相关者的评估能力是否得到提升。实践参与评估是一个响应性过程，因为如果临时数据表明需要进行变革，可能就需要做出变革。由于此类决策的方法是一个合作过程，因此，评估者和利益相关者在各个层面进行不断的、有效的沟通就至关重要。应考虑口头和书面报告，并就报告的格式和内容进行联合协作。还应建立咨询小组、开发内部评估基础设施、提高利益相关者使用评估结果的能力以及开展行动研究活动（King，2005）。

案例　运用实践参与评估方法评估太极运动临床示范项目

一、资料来源

Wharton T, Alexander N. 2013. Evaluating a moving target: lessons learned from using practical participatory evaluation in hospital settings.American Journal of Evaluation, 34(3): 402-412.

二、评估对象及其背景

一家大型三级转诊医院的一个封闭的精神卫生住院科室开展了一项住院患者太极运动临床示范项目。该科室为严重精神痛苦或精神疾病，或对自己或他人有怪异或危险行为的心理健康患者提供治疗。该科室拥有 20 张床位；尽管在极端情况下，患者住院时间可能从 48 小时到几个月不等，但平均住院时间为 10 天。该科室配备了全天候的护士和护理助理，社会工作者、医生和其他专业人员通常在正常工作时间在场，并根据需要随时待命。太极拳是一种温和的平衡和伸展运动，有强有力的证据支持太极拳运动和减轻压力之间的联系。它不需要任何设备，冲击力低，可以在任何时间、任何地方练习。于是该科室开展了一项住院患者太极运动临床示范项目，不仅希望能够改善对患者的治疗，还希望向医院管理部门表明，该项目可以以低成本长期维持，使个人、团体和组织层面的利益相关者受益。

三、哲学与理论基础

医院环境可能会对新项目的评估提出独特的挑战。工作人员的轮换和补充、优先事项的转变、对项目的控制、患者流动、不同的干预时间、结果测量的混淆等问题阻碍了传统评估方法的实施。而且，作为小型试点项目，临床示范项目的评估不仅要考察项目对患者是否有积极影响，还要评估项目在单位组织背景下的可行性（项目是否应该扩展、推广、转化为临床应用？项目是否需要进一步的试点测试或项目是否应终止）。实践参与评估认为评估是针对项目、政策或组织决策进行的，利益相关者将参与评估并且评估者和利益相关者之间将建立平衡合作关系，由此增强评估的相关性、所有权，满足决策对可操作信息的需求，促进评估结果的使用。因此，实践参与评估满足本评估的方法需求和背景需求。

四、评估方法

（1）评估团队组建。建立了由一名项目评估专家、该单位的康复护士（同时担任项目和评估支持者）、两名护士、两名护理助理、两名社会工作者、一名太极教练组成的评估团队。

（2）团队会议。团队成员每隔一周开会讨论并解决问题。首次会议围绕建立伙伴关系和建立对团队专业知识平等共享的尊重举行；之后讨论了评估的目标和重点，确定评估为一次形成性评估，重点是太极项目在单位组织背景下的可行性；其后陆续讨论了数据收集方法、数据分析方法、对结果的解释以及其他问题。

（3）数据收集方法。①量表、问卷和病历。使用 Likert（利克特）型焦虑量表，对 36 名患者在项目前后的表现评分；也运用简短的、易于理解的问卷和病历捕捉患者信息。②对患者、工作人员的访谈和观察。③团队会议记录。

五、管理与预算

没有披露管理与预算方面的信息。

六、评估结论

82%的患者参与者在第一次治疗后评分为阳性变化。科室工作人员对患者的感知价值表示赞同。这些结果为项目的扩展、推广、转化为临床应用或进一步的试点测试提供了信息。

七、评估者的反思

本评估考察了项目的有效性（对患者是否有积极影响），也了解了项目在单位组织背景下的可行性。通过在医院环境下使用实践参与评估方法，评估人员让一批利益相关者参与并与他们合作，以确定评估目标、重要的关键事件和故事、数据中的模式，以及与项目可行性相关的障碍和机会，这些提供了标准化临床测量的替代性的、有意义的观察。评估人员提出了从此次评估中获得的五个经验教训：实践参与评估的成功取决于利益相关者的参与以及评估者和利益相关者对评估的平等所有权；要注意评估时不要过于增加利益相关者的工作量；要在评估人员与利益相关者之间以及利益相关者之间保持开放的沟通渠道，以对评估过程进行反思和持续讨论；在医院的工作人员流动环境中，评估时需要至少一名支持者（是利益相关者，但是也是对评估的热情支持者），其对于评估的持续性和良好沟通具有重要意义；在习惯于采取自上而下的项目评估方法的医院环境中，要注意赋予员工权力并扩大他们对其工作进行评估的价值的理解。

八、报告与利用

以论文的形式发表，目前尚无相关部门利用的报道。

四、学习型组织评估

（一）学习型组织评估的含义和逻辑

学习型组织评估（evaluative inquiry for learning in organizations）的基本含义是：让评估成为组织学习和变革过程的一部分或让评估在组织内发挥更广泛和更有效的作用。它是一个持续的过程，用于调查和了解关键的组织问题，也是一种与组织的工作实践完全结合的学习方法，强调利用数据为学习和行动提供信息。它引发组织成员利用评估逻辑探索关键问题的兴趣和能力，促进组织成员参与评估过程以及促进组织内个人的专业成长，不仅有助于实现组织目标的改进和持续增长，也有助于组织成员减少不确定性，明确方向、建立社群并确保学习是每个人工作的一部分。

其基本逻辑可以用图 8.3 来加以阐释（Preskill and Torres，1999）。

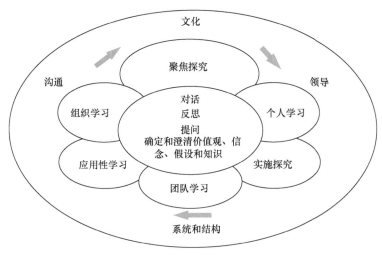

图 8.3　学习型组织评估

　　首先，组织中的学习可以分为三个层面：个人学习、团队学习和组织学习。三者彼此不同但又互相联系，当个人通过对话分享他们的经验、价值观、信念、假设和知识，并参与协作学习时，来自评估的团队学习就发生了。当个人和团队在整个组织中传播他们来自评估中的学习、并因学习而行动时，就发生了组织学习。而评估可以通过激发和支持提出问题、收集和分析数据、利用从评估中学到的知识来处理重要的组织问题的持续过程，促进所有层面的学习。

　　其次，学习型组织评估可以分为三个阶段：聚焦探究、实施探究和应用性学习。在聚焦探究阶段，团队成员要确定评估工作将解决的问题和关注点、确定利益相关者是谁以及确定将引导评估调查的问题。在实施探究阶段，组织成员将通过收集、分析和解释解决评估性问题的数据来设计和实现探究，除此之外，他们也提出建议，要交流和报告调查的过程和结果。在应用性学习阶段，组织成员将确定和选择行动方案，制订和实施行动计划，监督所采取行动的进展。

　　再次，存在促进以上三个阶段的四个学习过程：对话、反思、提问以及确定和澄清价值观、信念、假设和知识。随着每个探究阶段的实施，组织成员聚集在一起参与这四个学习过程。对话是激励这些学习过程的燃料，通过对话，个体寻求探究、分享意义、理解复杂问题和揭示假设，个体之间还建立起联系、交流个人和社会的理解，这些都可以指导随后的行为。反思是一个使个人和团体能够回顾他们的想法、理解和经验的过程，反思使团队成员能够探索彼此的价值观、信念、假设和与感兴趣的问题相关的知识。提问是变革的核心行为，也是学习型组织的基本特征。提出问题时，意味着获得了有关信息、洞察力、清晰度和方向的机会，而这些信息、洞察力和方向可以更有效地解决问题，简而言之，提出问题体现了更深层次的学习。价值观、信念、假设和知识是指导人们日常生活的东西，为了让组织学习，个人和团队必须不断地以公开的方式质疑、测试和验证这些价值观、信念、假设和知识。探索个体的心理模型、知识结构、认知地图、图式、框架和范式有助于我们理解记忆在学习中的作用以及如何预测未来的行动，如果不研究人们思维的基础，人们很容易继续以旧的方式行动，从而限制学习和改变的潜力。通过这四个过程，学习型组织评估为学习和行动提供了手段，从而促使个人、团队和组织的不断成长和发展（Preskill and Torres，1999）。

最后，评估性调查受到一些基础设施的影响。这些基础设施包括组织的文化，组织的系统和结构，组织的沟通系统，领导层对学习、探究和变革的愿景、使命和支持。学习型组织评估能否成功往往是由这些因素所决定的。

（二）学习型组织评估的步骤和技术

如前所述，学习型组织评估分为三个步骤：聚焦探究、实施探究和应用性学习，每一阶段都有其主要任务。而其开展的最大特色或做法是结合或通过前述的四个学习过程来实施各阶段和完成各阶段的主要任务，四个学习过程与整个过程密不可分地交织在一起。表 8.7 整理了学习型组织评估的步骤、与学习过程的结合以及相应的技术。

表 8.7　学习型组织评估的步骤和技术

步骤		主要任务	学习过程	技术
聚焦探究		定义评估性议题	整个过程中，利益相关者参与对话，反思，提问，确定和澄清价值观、信念、假设和知识四个学习过程，并通过四个学习过程，来考虑和实施各阶段及其主要任务	聚会式对话、小组图片模式建构、开放空间技术、重大事件法
		确定利益相关者		使用问题探索价值观、信念、假设和知识
		确定评估性问题		与利益相关者协商
实施探究	设计探究	数据收集设计		基于文献的讨论
		数据分析、解释设计		
		沟通和报告调查过程和结果设计		
	实现探究	数据收集		解释调查结果的工作会议
		数据分析和解释		
		发展建议		将评估结果作为吸取的经验教训
		沟通和报告调查过程和结果		
应用性学习		选择行动方案		捕获担忧、问题和行动备选方案；运用群件（groupware）技术促进头脑风暴
		制订行动计划		行动计划会议
		执行行动计划和监测进展		解决执行问题

案例　**运用学习型组织评估模型评估改善中学学校氛围的关键举措**

一、资料来源

Taylor D A. 2021. Evaluating critical initiatives related to climate at a high poverty middle school. Pensacola: University of West Florida.

二、评估对象及其背景

格雷戈里中学是美国东南部的一所语言多样的公立学校，为 985 名学生提供服务。

该校贫困学生和非英语母语学生人数众多。其所在的州每年都会根据非英语母语学生的学业成绩、学业成长、旷课情况和英语水平进步情况对公立学校进行评级。2018～2019学年结束后，该校被州教育部门列为不及格学校。从对学生纪律报告、利益相关者调查和学校成绩单的调查来看，许多领域都存在消极的学校氛围，形成了一种不利于教学的环境。2019年7月，本评估的评估人员泰勒被任命为该校负责人，其领导的团队迅速实施了改善学校氛围有关的关键举措。这些举措涉及学校人力资源、学生纪律、学生安全、学校运营和学校设施等领域。两年之后，这些措施是否产生了成效？其优势、劣势、机会和威胁如何？未来如何改进？这些问题亟待评估。

三、哲学和理论基础

学习型组织评估基于评估性探究，要求评估人员遵循一系列规定的步骤来设计和执行持续改进的项目评估。学习型组织评估是关注某一特定领域或主题，然后对其进行彻底调查的过程。一旦掌握了信息，最后一步就是运用所掌握的知识来推进组织或项目改进。学习型组织评估也是一个有助于引导发现的过程。因为对格雷戈里中学改善学校氛围的关键举措的评估目的是学习新信息，并促进关键举措和组织的持续改进，因此，学习型组织评估模型为该评估提供了基础。

四、评估方法

（1）聚焦探究。定义了评估性议题——对格雷戈里中学改进学校氛围的关键举措进行评估。确定了利益相关者——校长、助理校长、课堂教师、教师助理、指导顾问、图书馆员、管理员、自助餐厅工作人员和安全工作人员。确定评估性问题——格雷戈里中学改进学校氛围的关键举措的优势、劣势、机会和威胁各是什么？

（2）实施探究。①设计探究。将学习型组织评估与收敛的平行设计相结合（定性和定量的研究工作同时进行）。对于定性部分，进行焦点小组访谈。对于定量部分，通过Qualtrics（一种基于网络的调查工具）使用Likert型量表向参与者进行调查。②实施探究。在定性研究中，共21名利益相关者参加了访谈。利益相关者以10人或少于10人为一组接受访谈，并被要求确定和讨论与学校氛围变化相关的关键举措的优势、劣势、机会和威胁。在定量研究中，共回收了31份回复，利用描述性统计分析了回复的量表的结果。最后开发了联合显示矩阵，以合并来自两个数据源的信息。

（3）应用性学习。①向参与者传播了评估结果。②利用从评估中获得的信息制订了一个更全面的学校改进计划。该计划包括每个领域的关键举措的改进，以促进成功。将在未来的一系列圆桌讨论和专业发展会议上，将计划传达给该校的教职员工和管理人员。

五、管理与预算

没有披露管理和预算方面的信息。

六、评估结论

（1）明确了与格雷戈里中学学校氛围变化相关的优势（如人力资源、学校结构等）、与该校学校氛围变化相关的弱点（如缺乏资源、繁文缛节、家长参与度低等）、与该校学校氛围变化相关的机会（如教师免税午餐、教师热情等）以及与该校学校氛围变化相关的威胁（如设施不足、学生中的暴力行为、对学生的问责有限等）。

（2）明确了哪些关键举措是成功的、哪些关键举措是部分成功的和哪些关键举措是不成功的。总的来看，近两年来，学校的氛围有所改善，但这仍然是一个令人担忧的领域。

（3）利用从评估中获得的信息制订了一个更全面的学校改进计划，包括与学校氛围相关的物理层面的八项预期关键举措、学术层面的七项预期关键举措、社会层面的八项预期关键举措。

七、评估者的反思

本项目评估未进行外部元评估。但评估人员认为，本评估是根据教育评估标准联合委员会制定的标准进行的。具体而言，遵循了关于效用、可行性、适当性、准确性等标准。但评估者也认为尚存在样本量小，以及样本量小导致仅能进行描述性分析等局限。

八、报告与利用

作为该校的校长，评估人员将在未来的一系列圆桌讨论和专业发展会议上，将据此评估而制订的更全面的学校改进计划传达给该校的教职员工和管理人员。

五、授权评估

（一）授权评估的含义与理论基础

授权评估（empowerment evaluation）使用评估概念、技术和结果来促进改进和自我决策。其扩展定义为：授权评估是一种通过提高项目利益相关者规划、实施和评估他们自己的项目的能力，从而增加项目取得成果的可能性的评估方法（Fetterman and Kaftarian，2015）。改进、群体所有权、包容、民主参与、社会公正、群体知识、基于证据的策略、能力建设、组织学习、问责制是授权评估的十项原则，批判性朋友、证据文化、反思和行动循环、学习者团队和反思实践者是其关键概念。

授权评估以授权理论、自我决定理论、过程使用理论以及行动和使用理论作为理论基础。其一，授权理论。授权理论是关于获得控制权、获得所需资源和批判性地理解自己的社会环境的理论。如果一个过程能够帮助人们发展技能，使他们成为独立的问题解决者和决策者，那么这个过程就是授权的。授权方法重新定义了评估人员与目标人群的角色关系。评估人员的角色是合作者和促进者，而不是专家和顾问。授权把评估交给群体和工作人员，在授权评估师的指导下进行自己的评估。其二，自我决定理论。自我决定被定义为在生活中规划自己的道路的能力，它包括许多相互关联的能力，例如，确定和表达需求的能力，确定目标或期望的能力以及为实现这些目标确定行动计划、确定资源、从各种备选行动方案中做出理性选择、采取适当步骤追求目标、评估短期和长期成果、坚持追求目标等方面的能力。其三，过程使用理论。该理论认为在评估过程中所发生的学习将导致评估参与者的思维和行为的变化。参与评估的经历使他们学会了评估性思维，进而使得他们更有可能根据自己的评估数据做出决定并采取行动。其四，行动理论和使用理论。行动理论通常是关于一个项目或组织如何运行的支持性的操作理论，而使用理论是实际的项目现实，是利益相关者的可观察行为。这两种理论被用来确定理想与现实之间的差异。参与授权评估的人在一个阶段创建行动理论，并在稍后阶段根据现有的使用理论对其进行测试。由于授权评估是一个持续不断、反复的过程，利益相关者在不同的微循环中，根据使用的理论来测试他们的行动理论，以确定他们的策略是按照建议或设计来实施的。授权理论对授权评估者或促进者的角色有着不同于传统评估者的含义；自我决定理论有助于详细说明实现授权的具体机制或行为；过程使用理论通过将方法教给群体和工作人员来培养所有权，代表了在实践中授权评估的基本原理或逻辑；而行动和使用理论的结合解释了授权评估如何帮助人们产生期望的结果。

（二）授权评估的步骤和技术

授权评估是一个学习者团队驱动的过程，分为三个步骤：确立使命、评估现状和规划未来。

1. 确立使命

团队成员要就其使命或价值达成共识。这给了他们关于什么对他们重要、他们想去哪里的共同愿景。授权评估员通过要求参与者生成反映其使命的陈述来促进这一过程。团队成员和授权评估员通过一些短语来起草使命陈述，然后，将形成的使命陈述草案分发给团队成员，要求他们批准和/或根据需要提出具体的修改建议。形成的使命陈述的共识以共同的价值观使团体紧密联系，有助于该团体清楚地考虑其自我评估和未来计划。

2. 评估现状

在使命达成共识后，团队成员开始评估他们的努力（在一套共同价值观的背景之内）。第一，需要形成待评估的活动的优先顺序。首先，授权评估师帮助他们列出完成组织目标或项目目标所需的重要活动，并形成一个清单。其次，授权评估师要求每位参与者按照重要性对这些活动进行排序。最后，形成待评估的活动的优先顺序。

第二，授权评估师要求团队中的参与者使用量表，对他们所选的每项活动进行评分。评分完成后，将所有参与者对所有活动的评分整理在一个表中，并按"行"和按"列"分别计算出平均值。从"行"（纵向）来看，团队可以看到谁是典型的乐观主义者或悲观主义者，这有助于团队衡量或评估每个成员的评分和意见，它有助于群体建立规范。从"列"（横向）来看，平均值为团队提供了一个关于事情进展得多好或多差的综合视图。

第三，授权评估员促进关于打分的讨论和对话，询问参与者为什么给某项活动打那样一个分数。关于评分的对话是这个过程中最重要的部分。除澄清问题外，还使用证据来支持观点，"碰不得的东西"在对话中浮出水面并接受审查。此外，具体说明评分的理由或证据的过程为团队在规划该过程的未来步骤（如确定下一步需要做什么）提供了一种更有效和更集中的方式。团队不必列出解决问题的策略和办法的冗长清单，而是把精力集中在对话或交流中提出的针对评分偏低的具体关切和原因上。

3. 规划未来

在"评估现状"阶段结束后，需要针对这些发现明确需要做些什么，即进入到规划未来阶段。这一步包括制定目标、策略和生成可信的证据。目标与评估步骤中选择的活动直接相关。例如，如果"沟通活动"被选择、打分和讨论，那么改进沟通应该是目标之一。就策略来说，如前所述，这些策略也是在评估讨论中产生的。例如，如果"沟通活动"的得分很低，并且原因之一是团队从来没有会议议程，那么在"规划未来"的工作中，拟定议程可能成为一项建议的策略。可信的证据则指明确对这些策略的实施和后果进行监测的办法，以确定策略是否正在实施以及是否有效。由此，通过提高项目团队成员规划、实施和评估他们自己的项目的能力，提升了项目取得成果的可能性。

案例　运用授权评估方法评估成功青年试点项目

一、资料来源

Parekh J, Lopez K K, Peranteau J, et al. 2009. Youth empowerment evaluation to improve afterschool programming. Austin: The University of Texas.

二、评估对象及其背景

青年早孕是美国亟待解决的社会问题。2006 年美国每 1000 名 15～19 岁的青年中有 49.1 人生子，其中 80%以上是意外分娩。而 2005 年得克萨斯州的青年怀孕率在全美最高。青少年早孕对青少年的成长带来了诸多危害甚至引发多方面的社会问题，如影响身体的发育、感染性传播疾病、加重经济负担、影响心理健康、导致教育中断、引发家庭不稳定和代际贫困循环等。得克萨斯大学预防研究中心、圣卢克圣公会健康慈善机构等开发了一个基于社区的青年发展项目——成功青年项目。该项目选择在得克萨斯州哈里斯县杰克逊中学进行试点。该校低收入的西班牙裔家庭青年怀孕率较高。具体而言，项目在获得家长的许可下，从 6 年级开始招募西班牙裔青年，并在学生进入 7 年级时试行该项目。有 54 名学生注册参加该项目，并配备了来自 10 个不同合作机构的 7 名项目工作人员和 5 名学术导师。要求参加的学生必须在学校参加课外活动，这些活动包括学术丰富和辅导、社区服务学习/生活探索、性教育、心理健康和生活技能以及有表现力的艺术和活动。该试点项目的因果假设是，如果与同龄人的积极联系增加、对未来的信心增加、学术/解决问题的技能增加、沟通技能增加、对性健康和约会的态度和自我效能增加、亲子沟通增加，则获得预防措施的障碍减少。然后预计会出现以下中期结果：学习成绩提高、社区参与度提高、健康友谊和约会关系增加、性行为开始延迟、性伴侣数量减少、避孕套/避孕药具使用增加。这些中间结果预计将导致毕业率提高、青年怀孕率降低、辍学率降低和性传播感染/艾滋病毒感染减少的长期结果。

三、哲学与理论基础

授权评估明确指向"促进进步和自我决策"以及"建设能力"，其最终结果不仅是对项目价值或成效的陈述，而且是"一个反思和自我评估的周期性过程……不断学习评估……朝着自我确定的目标前进，并根据这一评估重塑他们的计划和策略"。成功青年试点项目的主要目的是促进该项目的改进。同时，青年正处于人生的敏感时期，在一个青年人正在发展领导技能、做出选择并学习如何自我反思和评估的项目中，授权评估与促进和增强这些技能也非常一致。

四、评估方法

1. 评估目标

通过授权评估帮助青年改进其成功青年项目。

2. 项目参与者

该项目的参与者被分为四组进行项目活动，每个组有 6～9 名学生；这些组也被用作评估组，进行了为期四天的评估。

3. 具体方法

（1）活动设计。在下述的每一步都运用参与式练习（participatory exercise）和日记写作（journal writings）两种方法。

（2）三个关键步骤。第一步，定义使命：参与者提出自己的项目目的/定义。让每个学生小组都为该项目制定了一份使命陈述。第二步，开展评估：参与者确定项目中最重要的活动，对这些活动进行评分，并讨论评分。每组通过回答"项目的活动是什么？"的问题，制定了一份项目活动清单。然后，学生根据项目在每项活动中的表现对这些活动进行评分。在学生对每项活动进行评分后，让学生开展一系列讨论：说明他们给这些活动打分的依据，以及可以做些什么来让活动变得更好。第三步，规划未来：参与者根据自己的愿望确定项目目标，并确定实现这些目标的步骤。首先，学生被要求制定自己的评估问题，就好像他们是进行评估的研究人员一样。其次，学生被要求回答他们喜欢这个项目的什么方面。最后，学生被要求基于"如果你来负责项目，你会采取什么不同的做法？这个项目如何帮助你实现目标？这个项目可以通过什么来做得更好？这个项目应该做什么？你会改变什么？"等问题提出建议。

（3）数据分析。采用了定量和定性两种方法。评估环节采用了定量方法；基于扎根理论的原则对来自日记写作和参与性练习的定性数据进行分析，对数据进行模式编码、聚类，并确定新兴主题。

五、管理与预算

为每位参加评估的学生赠送一张价值 20 美元的礼品卡，资金来源为圣卢克圣公会健康慈善机构。没有披露其他管理和预算信息。

六、评估结论

每个学生小组都为该项目制定了一份使命陈述，确定了项目中重要的活动，并对这些活动进行了评价，如"实地考察"和"运动"得分最高。每组确定的重要活动和排名与他们所说的项目使命有关。学生喜欢这个项目的原因在于该项目让其受到教育、形成对未来的信念、提升道德、增加自我效能感、建立互信关系和增强人际交往技能。参与者也提出了改进教学重点和教学方法，增加实地考察活动，根据每个学生的需求量身定制辅导活动，增加社区服务，继续进行性教育、生活技能和健康教育等多方面的建议。

七、评估者的反思

授权评估过程促进了参与者的知识发展、允许自我表达、增强了参与者的权能、平衡了评估者和参与者之间的权力，并允许参与者发挥专家作用，同时也引导了参与者改进他们的项目。但仍然存在以下问题：在评估中，由于参与者的素质问题可能阻碍某些评估活动的开展，例如，在第二步"评估"中，一些学生不完全理解活动名称的含义，因此需要澄清和说明。评估中还应增加参与者的参与，例如，让学生更多地参与数据分析。

八、报告与利用

以学位论文的形式呈现，目前尚无相关部门利用的报道。

六、系统评价和荟萃分析

1. 系统评价和荟萃分析的含义与关系

科克伦协作网认为，系统评价（systematic review）全面收集符合纳入与排除标准的经验性证据来回答某个研究问题，用清楚、明确的方法减少偏倚，提供可靠的研究综合结果以便得出结论、做出决定。系统评价可以进行定性综合，也可以进行定量综合。荟萃分析（meta-analysis）则是一种对独立研究的结果进行统计分析或定量合成的方法。系统评价和荟萃分析的区别和联系在于，系统评价是运用定性或定量方法进行的研究综合，而荟萃分析则主要是一种运用定量方法进行的研究综合。在这个意义上，荟萃分析只是系统评价的一种类型或者只是其中的一个研究过程。

2. 系统评价和荟萃分析的起源及其在循证评估中的引入和发展

系统评价和荟萃分析均主要起源于医学领域。20世纪70年代，科克伦提出将医学领域里所有相关的随机对照试验收集起来进行综合分析，以便得出更为可靠的结论，20世纪80年代科克伦首次正式提出系统评价的概念。荟萃分析最早是由莱特（Light）和史密斯（Smith）于1971年提出，1976年格拉斯（Glass）首次将这一概念命名为meta-analysis。自20世纪80年代后，系统评价和荟萃分析开始向社会科学领域扩展，同时也被逐渐地引入政策评估领域。系统评价的工具现在已经相当可观，它的到来构成了近年来应用社会研究机制的重大创新之一（Pawson，2007），一些循证评估学者甚至认为出现了"系统评价革命"（Tevens et al.，2001）。

为什么循证评估学者如此重视系统评价与荟萃分析？其原因在于以下两点。第一，证据综合的要求。如前所述，在循证评估中，需要对单个的证据进行综合，累积对某项政策评估的结果，从而提高评估的可靠性，这样才能增强决策者对证据的使用。然而，过去的评估研究"虽很普遍，但它仍然是一个家庭手工业……证据库是由碎片组成的，没有人负责把马赛克拼凑在一起"（Pawson，2007）。而系统评价和荟萃分析是一种有助于综合一组个体研究结果数据的技术，它在两个（或更多）比一个好的原则下，以尽可能全面的研究集合为基础，能够重新计算大量研究的数据，捕获和汇集初级的、单个评估，从而有效地降低在评估中出现随机错误的可能性。第二，系统评价特别是荟萃分析可以克服传统叙述性综合的弊端。因为没有正规的规则作指导，评价者对于应该纳入何种类型的研究、应该如何平衡所获得的定量证据是主观的；另外，叙述性综述对研究结果综合的方法是计算从各方面支持该论点的研究的数目，并选择得到最多认同的观点，这忽视了样本大小、作用大小和研究设计。因此传统的叙述性综述易引起偏差和误差。而系统评价和荟萃分析对原始文献有着严格的纳入和剔除标准，得出集成研究结论的具体过程是清晰可知的，因此，它有助于克服主观性并降低偏差。

3. 荟萃分析的步骤

一些机构已经总结和介绍了系统评价和荟萃分析的实施过程，如科克伦协作网已经制定了统一的工作手册，规定了系统评价的规范和程序。以下重点介绍荟萃分析的步骤。

（1）背景描述。背景描述应传达与评论问题相关的关键背景因素和概念问题。它应该解释为什么需要进行评论，并提供支持纳入标准的理由和评论问题的重点，例如，为评论中要考虑的干预措施的选择提供理由。

（2）明确评论的问题。系统评价应提出明确的问题，这些问题的答案将提供有意义的信息，可用于指导决策。这些应该明确而准确地加以说明。评价问题可以根据干预措施、人群、比较器、将纳入审查的研究结果以及要评价的研究类型来框定。

（3）定义纳入标准。纳入标准应当明确规定，以确保评价问题的界限得到清晰界定。如应详细说明干预措施和比较器的性质、应涵盖所有感兴趣的研究、应基于现有的最佳质量证据。原则上，应包括用任何语言写作的研究，已出版和未出版的研究都应考查，以避免语言偏见和出版偏见。

（4）检索查找相关研究。应确定相应的研究搜索策略，以获得相关的研究。需要明确要搜索的数据库和其他来源，以及可能使用的搜索词等。

（5）研究的选择。该步骤依据一定的程序筛选出样本论文。通常分两个阶段进行：根据入选标准对标题和摘要进行初步筛选，以确定潜在的相关论文；然后在初步筛选中确定可能相关的论文中进行筛选，并找出完整论文。

（6）数据提取。该步骤将从确定纳入评价的研究中提取信息。应当说明数据提取的程序，包括提取数据的研究人员数量以及如何解决差异、具体说明是否会联系初级研究的作者以提供缺失或额外的数据以及提供用于记录数据的任何软件的详细信息。

（7）质量评估。对于纳入的研究，可能因其研究设计的不充分或者开展研究或分析的不充分而导致干预效果被过高或低估的偏倚风险，因此需要对纳入的研究进行质量评估。有各种质量评估工具可供使用，但没有一种工具适合在所有评论中使用，应依据研究设计、评估所需的详细程度以及区分内部有效性（偏倚风险）和外部有效性（普遍性）的能力来选择质量评估工具。如果评价包括大量研究，详细的质量评估可能会耗费时间，而且可能需要相当多的评估专业知识。如果资源有限，应优先评估偏见的主要来源。另外，在适当情况下，应考虑方法质量对纳入研究的结果的潜在影响。

（8）数据综合。数据综合是荟萃分析的关键一步。综合将个别研究的结果汇集在一起并合成其结果。综合可以采用定量方式——荟萃分析进行，也可以通过叙述综合的方式进行。大多数荟萃分析采用两步分析法，第一步分析感兴趣的结果，然后计算每个研究的汇总统计数据。第二步将这些个体研究统计数据结合起来，给出一个总体的总结性估计。这通常是作为个别研究估计数的加权平均数计算的。具体而言，首先计算研究的效应量。效应量主要用来度量干预措施的效果大小。由于所综述的原研究的数据类型（如二分类数据、连续性数据、生存数据、序列数据、计数数据和比率数据等）、数据报道方式、数据的获取程度不同，在实际工作中需要根据情况选取恰当的效应量。常见的效应量指标包括皮尔逊相关系数（r）、标准化均数差、比值比、相对危险度、发生率比、风险比等。为了得到更为理想的统计特征（如得到正态分布的效应量）或减轻偏倚度，往往还需要对效应量进行一定的修正，通常是对效应量的分布方式、信度和效度进行修正。经过修正的效应量可以得到更为精确的估计并且可能会减轻研究间的异质性。其次进行异质性检验。异质性检验是指对元分析中不同研究间的各种变异的检验，它是元分析中对各研究结果合并的基础，只有当各研究结果具有一致性时，合并分析的结果才能被认为是真实可靠的。常用的方法包括 Q 检验和 I^2 检验。再次进行合并。如果上述异质性检验表明各研究结果具有一致性，则可以将多个统计量进行加权合并；如果不具有一致性，则需要进一步的处理，包括：改变结果变量的指标、选用随机效应模型合并效应量、探讨异质性的来源、按亚组分析、进行荟萃回归及混合效应模型分析等。当存在显著异质性时可选择剔除，如果仍要进行合并分析，则必须说明进行结果合并的理由，或者配合其他分析加以旁证。然后呈现定量综合结果。定量结果应表示为点估计值、相关的置信区间和精确的 p 值。最后进行敏感性分析。敏感性分析表明研究结果对所包括的研究类型和所用方法的稳健性，它可以通过对数据或方法做了一些更改之后的再次分析来进行。

（9）结论的传播。结论的传播是评价过程的一个组成部分，仅仅得出评价结论并不能保证那些需要了解它的人能够了解它或者能够理解结果，因此确保评价的基本信息能够传达给适当的受众至关重要。

案例　太极延缓社区中老年人认知功能衰退有效性的荟萃分析

一、资料来源

刘米娜，李学斌. 2017. 太极延缓社区中老年人认知功能衰退有效性的系统评价. 社会建设，(4)：42-56.

二、评估对象及其背景

如何延缓或者干预中老年人认知功能衰退是许多实践工作者高度关注的问题。作为中国传统文化代表的太极拳，是一种颇受青睐的融合身体活动、认知、社会和冥想于一体的综合性身心运动方式。一些社区或社会工作者主张并推广太极拳以干预中老年人认知功能衰退。然而，太极拳对于延缓中老年人认知功能衰退的效果如何，有关评估结论各异。因此，需要科学、系统地评价太极拳对中老年人认知能力的干预效果，从而有效实施干预措施，为促进中老年人健康提供依据。

三、哲学与理论基础

荟萃分析运用定量方法汇总多个评估结果，其全面收集所有相关研究并逐个进行严格评价和分析，再用定量合成的方法对资料进行统计学处理得出综合结论。通过研究综合，可以提高评估证据的强度和可信度，并能增强决策者对证据的使用。

四、评估方法

（1）明确评估的问题。太极拳干预对老年人认知功能（整体认知功能、执行功能、语言功能、记忆学习功能等方面）的影响。

（2）定义纳入标准。①干预：太极拳；②测量结局：老年人认知功能（整体认知功能、执行功能、语言功能、记忆学习功能、其他）；③调查对象：年龄大于50岁、认知功能健康、居住在社区的中老年人；④研究设计：随机对照试验。

（3）检索、查找、选择相关研究。从 Web of Science（科学网）等平台和中国生物医学文献数据库、中国期刊全文数据库等数据库中，运用一些检索词进行检索，共检出567条文献。由两个评价员通过独立阅读和评价检索到文献，确定满足纳入标准的研究，最终纳入6篇文献。

（4）数据提取。对 6 篇文献的基本信息（文献题目、发表年份、期刊名称、国家、作者及其联系方式）、研究对象（总调查人数、调查地点、年龄、性别、基线状况等）、随机对照试验方法（实验组和对照组人数、观察时间）；测量结果（主要结果指标、次要结果指标及其测量方法）进行了提取。

（5）纳入研究质量评估。从研究设计、分配隐藏、实施盲法、结果报告完整性、选择性报告偏倚、总体质量等方面对六项研究进行质量评估。结果表明，三项研究的总体质量为"高"，另三项为"中"。

（6）数据综合。①由于其结局指标都是"工作记忆能力""视空间能力""书写运动速度""认知灵活度"之类的数据，属于连续性数据，因此选择标准化均数差（standard mean difference，SMD）作为效应量。②进行异质性检验。③进行合并。当 $p > 0.1$ 且 $I^2 < 50\%$，则界定为纳入研究具有同质性，采用固定效应模型进行 Meta 分析；若卡方检验 $p < 0.1$ 且 $I^2 > 50\%$，则界定纳入研究具有高度异质性，采用随机效应模型进行荟萃分析。

五、管理与预算

作者没有披露预算及其分配情况。

六、评估结论

用森林图形式展示了合成结果。在执行功能方面，太极拳对于延缓"视空间能力""书写运动速度""工作记忆能力"的衰退有积极影响，而对延缓"处理速度""认知灵活度"的衰退没有明显改善。在学习和记忆功能方面，太极拳对于延缓记忆功能的衰退有积极影响。在整体认知功能方面，太极拳运动干预对延缓整体认知功能衰退没有明显改善。

七、评估者的反思

本研究的荟萃分析结论对已有研究进行了定量合成，提供了目前最好的"证据"——太极拳在认知的领域几个方面具有维持和改善的潜力。但研究尚存一些局限性。一是本研究纳入的研究主要集中在已经发表的研究，缺少会议论文和灰色文献；二是本研究只纳入 6 篇随机对照试验研究，太极拳干预效果主要考察三个方面的认知功能，其中不少指标各研究之间差异较大，分析仅仅限于常见的测量结果；三是本研究仅纳入无认知功能损害的中老年人，而未纳入轻微和中度认知损害的中老年人。要获取太极拳这种干预方式对于降低中老年人认知功能衰退的有效证据，还需要更长期、更规范、标准化的认知功能测量和高质量的定量与定性研究以及进行更全面的荟萃分析。

八、报告与利用

以论文形式发表，尚无有关部门利用的报道。

七、现实主义评估

（一）现实主义评估的含义与背景

现实主义评估（realist evaluation）是一种理论驱动的评估模型或方法。其评估重点从"政策的效果是什么"走向"在什么环境下，政策如何或为什么以及对谁有效？"（Pawson and Tilley，1997）。它从阐明"项目理论"开始，到进一步理解政策或项目运作的机制、运作的环境以及如果按预期运作将观察到的结果，以探究在特定环境下各种政策运行成功或失败背后的逻辑。

现实主义评估的产生有其特定的背景。系统评价和荟萃分析的局限催生了现实主义评估。波森认为，系统评价和荟萃分析虽然对循证评估有重要的贡献，然而它们"无论是在操作上还是在根本逻辑上，都存在诸多的问题，致使评估不能显著和成功地纳入决策进程"。在操作上，系统评价和荟萃分析的设计和实施过程中，"假设被简化、一些研究被放弃、缺乏项目理论、政策细节被过滤、政策背景信息被消除、利益相关者在干预下思考和改变思维的方式被删除"等使得系统评价和荟萃分析的结果存在大量"简化与模糊"的问题。在根本逻辑上，系统评价和荟萃分析遵循的是一种"从过去到现在的反馈回路"，即设计出一种方法来综合以往政策的效果从而有能力为今后的实践提供有益的教训。然而，以往的、某地的政策背景、氛围和当前的、当地的政策背景、氛围并不相同，系统评价和荟萃分析的评估综合并不能为当前或当地的决策提供有效的预测性信息和可转化性信息（Pawson，2007）。

（二）现实主义评估的理论基础、要素与逻辑

1. 理论基础

现实主义评估以现实主义哲学和"基于理论的评估"为理论基础。现实主义哲学（realist philosophy）是一种关心实际、将世界客观实在性与人的主观建构性相结合、注重对机制进行分析以对当下社会进行准确描述的哲学理论。其试图超越实证主义和建构主义的偏执性，走出一条中道的社会科学哲学的第三条路径①。现实主义哲学认为，世界是客观存在的，但是世界（现实）是分层的，可以区分为三个不同的层次：经验（the empirical）、实际（the actual）和实在（the real）（Joseph，2001）。此三个层次由浅至深：经验层次最浅，是凭感官可观察到的事实；实际层次是事件出现的层次，但我们不一定能够感觉到事件的发生；最后是实在层次，现实主义者称之为机制。经验到或未经验到的事件是如何发生的呢？现实主义认为应归结于事物本身所具有的底层结构中的机制。因此，科学研究的任务是揭示这些结构和机制。而这些结构和机制，无法通过观察而直接得出结论，它们往往是通过抽象思维推理或者逆推进行认识的。除此之外，现实主义评估虽然承认现实的客观性，但它否认用价值中立的观点来对现实世界进行研究，它承认事物产生结果中的价值因素。

2. 要素与逻辑

机制（mechanisms，M）、背景（context，C）、结果模式（outcome patterns，O）是现实主义评估的三个要素，而背景-机制-结果模式结构（context-mechanism-outcome pattern configurations，CMOCs）是现实主义评估的根本逻辑。

（1）机制。现实主义者认为，机制是指潜在的因果过程，它解释了项目运作中的"因

---

① 实证主义认为只是经验层与实际层构成了世界，自然与社会均用统一的科学方法加以认识；建构主义唯心地认为世界是人们建构的结果，仅能主观认识社会现象。

果力量"。机制具有客观存在性、必然存在性、潜在性和启动的或然性等特点。客观存在性是指机制如同现实中的物体或事物一样独立于主体之外而存在；必然存在性是指机制存在于事物本身的结构内或存在于事物与事物所组成的结构中，其作为事物的真实本质而必然存在；潜在性指机制作为深层次的结构性因素，往往难以通过观察而立即被发掘；启动的或然性是指机制是否启动和能否体现，依赖于相关的背景因素，由此具有可以然但不必然的或然性。机制包括哪些呢？从一般的角度而言，现实主义评估提出了五种构想。首先为推理和资源。推理是在项目预期受益者头脑中发生的任何事情的总称，项目所提供的服务到达预期目标人群之后，预期目标人群就会以"推理"作为回应，从而产生行为变化，进而产生结果。资源可以是物质资源，也可以是机会或限制。资源也会影响政策对象的行为并产生结果。除了推理和资源，一些学者也陆续补充了其他构想，包括权力和责任、强制、互动、反馈和前馈过程（Bergeron and Gaboury，2020）。就机制的触发因素而言，机制是特定的背景所触发的。现实主义评估认为，评估不仅要揭示项目的效果，更重要的是发现项目产生效果的"机制"，因此，"机制"是现实主义评估的中心要素。

（2）背景。背景指项目运行的社会环境或环境的某些方面。现实主义评估者认为，项目总是被引入到预先存在的社会环境中，这些环境对于解释项目的成功和失败至关重要。背景包括有关结构、文化、能动性以及关系等方面的信息。其中，结构（或制度结构）是指一组内部相关的对象（可能是物质资源）和实践，它代表着利益的领域。文化代表主体间性的领域，处理人与人之间观念的相互影响问题。能动性指个体通过自由意志学习使用自己能力的一种状态，在社会结构中，它被称为进入指定的位置以从事所担任的社会地位所指定的活动。关系则指事物之间相互作用、相互影响的状态，社会存在是由关系构成的，社会行为是以关系为前提的（de Souza，2013）。背景是机制启动或体现的条件或触发因素，将影响机制是否运行以及哪些机制运行。例如，项目目标群体内部的差异（性别、阶级、种姓、文化等）会影响某些机制起作用；除此之外，背景可以许多不同的方式影响项目机制，如执行项目的组织可以影响项目执行的方式或程度和预期受益者的回应等，因此背景是现实主义评估的又一要素。

（3）结果模式。结果模式是指政策或项目产生的效果。结果可以依据不同的标准进行分类，如从时间维度来看，可以分为短期结果、中期结果和长期结果；从结果的好坏来看，可以分为积极结果和消极结果；从政策或项目影响的目标群体来看，可以划分为对各个不同群体的结果；从政策或项目影响的区域来看，可以划分为对各个不同区域的结果；从政策设计者的预期来看，可以分为预期结果和非预期结果。考察什么结果，取决于评估的目的和问题。但需要注意的是，在现实主义评估者看来，结果只是由机制生成的，而不是由背景产生的，而且，当一个政策的机制被启动时，必然会产生一个后果。结果是现实主义评估的当然要素。

（4）背景-机制-结果模式结构。现实主义评估认为，机制之所以重要是因为它们产生了结果，而背景之所以重要是因为它改变了项目产生结果的过程。因此，必须系统地研究背景和机制以及项目的结果。将背景、机制和结果模式联系在一起，便形成了背景-机制-结果模式结构。这一结构表明在项目的生命周期中，背景如何激活其中的机制，最终导致结果的改变。这一"结构"方法将机制变化和相关背景变化结合起来预测和解释结果的变化。因此，背景-机制-结果模式结构便成为现实主义评估的根本逻辑。

可以发现，现实主义评估并不是试图简单地确定某一特定时间某一特定地点某一特定项目的效果，而是试图通过更多地了解"在什么环境下，项目如何或为什么以及对谁有效？"来为决策者提供信息。

（三）现实主义评估的操作程序

现实主义评估以项目理论为轴心，由项目理论推演出评估的目的、问题以及重点，以解释机制为着眼点提出并筛选出 CMOCs 假设，通过收集大量的项目数据，并使用各种解释性方法对数据进行迭代分析，以最终验证假设，获得现实主义项目理论，从而为项目的相关决策提供证据和建议，具体包括如下五个步骤。

1. 提出初始项目理论

如前所述，项目理论是特定项目和特定结果之间的因果关系的假设。设定初始项目理论是现实主义评估最初始以及最基础的一步。提出初始项目理论共包含两部分内容：第一，开发并描述初始项目理论；第二，提出 CMOCs 假设。项目理论之所以是"初始的"，是因为这是与现实主义评估的最终目标之一——现实主义项目理论相对而言的。现实主义项目理论是经过现实主义评估过程、更切合项目实际的、更完善的项目理论。经过评估的过程，初始项目理论可能会被支持、驳斥、改进或完善，改进或完善的项目理论即为现实主义项目理论，其可以支持有关项目细化、修正、推广等方面的决策。初始项目理论的功能在于提供描述和解释，并为评估提供依据。在确定初始项目理论后，就需要对其进行描述。描述初始项目理论需要识别影响项目结果的各种因素，为了直观地呈现，常常借助图或表，如可以运用因果关系图来进行描述。之后则是基于初始项目理论的每个元素提出 CMOCs 假设。CMOCs 假设是对项目理论的具体化，它往往围绕项目在特定的情境下、针对特定的人会产生什么样的后果展开，以背景-机制-结果的形式进行表述。这为随后提出、确定评估问题，确定需要收集哪些类型的数据以及从何处收集数据等提供了依据。

2. 提出评估目的、评估问题以及评估重点

该程序共分为四步：第一步是确定此次评估的目的；第二步是依据项目理论和评估目的，确定评估的问题；第三步是依据项目理论和评估目的，确定评估的问题的优先顺序；第四步是筛选出有限个 CMOCs 假设。在确定评估目的、评估问题以及评估重点后，就需要针对已确定的特定目的、问题和重点来筛选出最符合评估要求的 CMOCs 假设。

3. 资料收集

资料收集主要包括两步：第一步，依据已筛选出的 CMOCs 假设，收集与项目相关的各种背景、机制和结果的数据；第二步，收集除 CMOCs 假设外的数据。对于第一步，在进行数据收集时，要先从结果测量开始，之后再收集机制和背景的数据。从结果出发进行数据收集主要有两点原因：其一，现实主义评估的思路是一个逆推的过程，即它企图研究的并非政策的实际效果，而是产生这一效果背后的机制与理论；其二，现实主

评估具有开放性，它希望评估人员不要拘泥于预先确定的指标。无论是对结果数据的收集还是对机制和背景的数据的收集，可采用的方法是众多的，包括文献法、问卷法、深度访谈和焦点小组访谈。其中深度访谈和焦点小组访谈特别适合现实主义评估的数据收集，因为其往往能帮助评估者获得更符合项目本身、更具体、更具有开放性的数据。如果要进行访谈，在访谈开始时应对项目及其结果进行直观的概述，使调查对象能够回顾性地、反思性地思考解释结果的背景和机制的基本要素，以激发调查对象的思考和推理，从而对项目及其所在的社会环境有很好的了解。对于第二步，在进行除 CMOCs 假设外的数据收集时，由于在之前的项目理论提出阶段，可能会遗漏或忽视某些项目理论，同时在已选择的项目理论中也可能存在对 CMOCs 假设存在遗漏的状况，因而通过采用开放和自由的半结构化访谈等方法进一步收集数据，以帮助评估人员寻找之前未被纳入评估范围内的 CMOCs 假设，从而使评估结果更加完善。

4. 资料分析

与所有解释性案例研究类似，现实主义评估分析多个数据源，并根据这些数据源构建一个连贯合理的关于关键事件和行动及其预期和非预期后果的叙述。一方面，分析数据的重点是推断数据在特定分析中是否作为背景、机制或结果发挥作用；此外还需要推断背景、机制和结果之间的关系。这些都是由对数据进行理论驱动性的提炼得出的。另一方面，就分析方法而言，可以采用人工分析（需要具有分类、开放式编码、轴心式编码以及撰写备忘录等定性分析技能）或运用软件（如 NVivo ）分析（ Bergeron and Gaboury, 2020 ）。现实主义分析中的机制不是变量，而是对行为过程的相互关系的描述，一种机制就是一种理论，因此，用实证主义评估方法中的变量推演对现实主义评估是没有意义的，它需要逆推出因果关系及其生成性解释，即需要研究结果是由何种机制产生的，这种机制是由何种背景触发或只能在何种背景中运行。最后，就整个过程而言，现实主义评估的分析过程是迭代进行的，即在分析过程中，分析会在资料与理论间来回移动。

5. 得出评估结论

最后，得出评估结论，进一步发展、测试或完善项目理论并为项目的相关决策提供证据和建议。其一，需要报告得到的实际 CMOCs 是怎样的，并论证其联系和提供支撑材料。其二，需要评述得到的 CMOCs 是否支持、驳斥或发展了初始项目理论。将得到的实际 CMOCs 与之前提出的 CMOCs 假设和初始项目理论对照，判断是否支持、驳斥或发展了初始项目理论。其三，如果支持、驳斥或发展了初始项目理论，则要思考会形成或发展成怎样的现实主义项目理论。如前所述，形成现实主义项目理论是现实主义评估的最终目标之一，这需要对上两步的结果进行进一步的整合，如项目中到底存在哪些机制（包括新机制）？它们实际是如何运作的？背景是如何影响机制的？机制对不同的群体的作用是否有差异？总之，要形成项目"在什么环境下，如何或为什么以及对谁有效？"的更准确的、更精细的认识，从而实现对初始项目理论的发展和完善。其四，需要对决策者提出建议。现实主义评估除获得现实主义项目理论之外，还需要进一步地向决策者提出建议。一方面，当现有项目绩效不佳时，可提出修改或调整现有项目的建议。如在特定环境下项目的"积极"机制是否没有被很好地激发？如何激发项目的"积极"机制？又如何纠正、阻止项目"消极"机制的启动等。另一方面，也应向未来采纳该项目的决策者或其他地方实施该项目的决策者提出建议，如在采纳和实施中能否创设这些机制？是否具备相应的背景？

安第斯边远农村社区学龄儿童口腔卫生促进项目的现实主义评估

一、资料来源

Bergeron DA, Talbot LR, Gaboury I. 2020. Intersectoral oral health promotion interventions for schoolchildren living in remote rural Andean communities: a realist evaluation. Global Health Promotion, 27(3): 103-112.

二、评估对象及其背景

在秘鲁的农村、边缘化或经济落后社区的学龄儿童中，口腔卫生疾病（如牙菌斑、龋齿）的患病率很高，这些口腔疾病影响着他们的生活质量。为了解决这一问题，秘鲁卫生部于 2007 年制定了一项学龄儿童口腔卫生促进项目（intersectoral oral health promotion, IOHP）。2013 年，该项目被纳入国家学校卫生计划，其要求通过卫生保健中心、教育管理部门、卫生管理部门、教师、家长和其他社区利益相关者进行合作，在学校开展以下措施：①职业卫生研讨会；②刷牙和牙线示范；③分发牙刷和含氟牙膏；④使用氟化物和密封剂。教师每天推广刷牙，确保每个孩子在学校都有牙刷和含氟牙膏。这一项目对秘鲁安第斯偏远农村社区学龄儿童的影响及其相关的机制尚未可知。

三、哲学与理论基础

现实主义评估是一种理论驱动的评估模型或方法。其评估重点从"政策的效果是什么"走向"在什么环境下，政策如何或为什么以及对谁有效"。它从阐明"项目理论"开始，到进一步理解政策或项目运作的机制、环境以及观察到的结果，以探究在特定环境下各种政策的运行成功或失败背后的逻辑。该方法不仅有助于评估项目对安第斯偏远农村社区学龄儿童的影响，还有助于揭示项目有效或无效的机制。

四、评估方法

1. 提出项目理论

根据项目实施情况的各种文件阐述了项目理论（图 8.4），绘制了可能影响项目实施的潜在背景因素和潜在机制，形成了 CMOCs 假设。

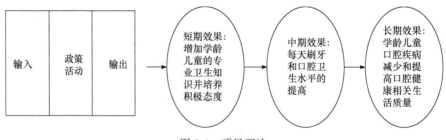

图 8.4　项目理论

2. 评估目的、问题和重点

了解安第斯偏远农村社区学龄儿童口腔卫生促进项目的结果、潜在机制和背景因素。调研地点：选择三个偏远农村社区。

3. 项目效果评估

（1）比较法（偏远农村社区与农村地区中心地带比较）。

（2）结果指标：知识、态度、行为、牙菌斑、龋齿和生活质量。

（3）数据收集方法：自填问卷和牙科检查。

（4）调研对象：共66名9～13岁儿童，其中农村地区中心地带17名，偏远农村社区49名。

4. 揭示背景因素和潜在机制

1）背景、机制数据收集

调查对象：通过理论抽样，选择六类利益相关者（卫生保健人员、教师、家长、教育管理者、卫生管理者、其他社区利益相关者）共59人。

调查方法：A.焦点小组访谈：共8个小组，每组4～10人，围绕CMOCs进行访谈；B.半结构化访谈：28次。目的是了解各种新出现的主题。

2）数据分析

使用软件NVivo11进行分析。过程：共同编码—矩阵查询—识别连接—开发CMOCs。

五、管理与预算

作者没有披露预算及其分配情况。

六、评估结论

1. 项目效果

项目实施后，安第斯边远农村社区学龄儿童态度改善、刷牙次数更多，但是在获得知识、使用含氟牙膏和牙线方面更差，患病率更高，对生活质量（如学习）的不利影响更大。

2. 背景因素和潜在机制

1）项目正面效果的背景因素与机制

其一，一些教师具有与家长和社区成员合作的积极经验（背景）。考虑到口腔卫生疾病对儿童学习过程的影响，教师对促进口腔卫生形成了积极的态度（转换机制）。一些教师在与项目相关的社区中培养了领导力（条件机制1），并启动了与一些社区利益相关者的协调过程（条件机制2）。这促使项目积极效果的出现。

其二，家长和一些社区利益相关者具有与教师在社区内合作的积极经验（背景），加上他们对口腔卫生的积极态度（转化机制），促进了参与项目的社区利益相关者中信任关系的发展（情景机制1）和互补关系的发展（情景机制2），也促进了项目积极效果的出现。

2）项目负面效果的背景因素与机制

其一，区域教育部门和区域卫生部门以前就小学卫生促进干预措施的部署制定了部门间行政指导方针（背景）。在部署项目时，卫生和教育管理人员对上述健康促进活动的态度不一致（转换机制1），对项目的部署过程缺乏相互理解（条件机制1）。两个部门之间的沟通渠道不足（条件机制2）和协调过程不足（条件机制3），导致项目效果有限。

其二，人力、物力和财力资源的缺乏（背景1），职业卫生专业人员主要接受治疗性护理培训而非职业健康预防性护理培训（背景 2），以治疗性护理为重点的绩效指标的存在（背景 3）也使得他们选择牺牲项目而优先治疗的方法（转换机制 1）。另外，农村社区的地理位置偏远（背景 4），也导致职业卫生专业人员缺乏动力（转换机制 2），并影响了他们的领导能力（条件机制 1）和项目的协调过程（条件机制 2），导致项目效果有限。

其三，大多数农村社区利益相关者和家长过去对卫生专业人员有过负面经历。此外，这些农村社区成员感到地理、社会和政治孤立，一些利益相关者也认为存在不利的社会环境（包括传统生活方式和习俗）（背景）。这些致使形成一种不被卫生专业人员顾及或尊重的感觉（转换机制）；当引入项目时，家长和农村社区利益相关者也有很高的期望（转换机制）。但是，这些背景因素和转换机制的结合最终导致了对卫生专业人员（包括职业卫生专业人员）的不信任（条件机制），进而导致项目效果有限。

其四，在一些农村社区，一些社区成员之间曾经出现过社会和政治上的紧张关系（背景）。这种情况导致利益相关者在项目中的积极性下降（转换机制），并影响他们在社区中担任领导的能力（情景机制），从而导致项目效果有限。

七、评估者的反思

本评估有助于更好地了解导致学龄儿童口腔卫生促进项目效果不佳的关键因素，以及项目如何实际影响偏远的安第斯农村社区。这些评估结果将有助于讨论如何调整该项目的方向和具体措施。在评估中遇到的主要问题是语言和文化障碍，这可能会影响数据的解释。此外，虽然在这项评估中努力包含各方的观点，但可能存在一定的精英偏见。

八、报告与利用

以论文形式发表，尚未发现被有关部门利用的报道。

📝 本章小结

由于以往的评估范式都忽视评估的使用，自 20 世纪 70 年代以来，强调评估使用的实用主义评估流派得以兴起和发展。其以实用主义范式为基础，认为应促进各种潜在用户对来自评估结果或过程的信息加以适当运用，以做出决策、改变态度、证实以前的决策或行动或者建立个人或组织的评估能力。实用主义评估经历了两个发展阶段，即 20 世纪 70 年代初至 20 世纪 90 年代末的评估使用研究和 20 世纪 90 年代末以来的循证评估研究。其在描述、解释和弥合"评估-政策缺口"方面取得了一系列理论成果，也在评估者生产和传播评估证据、决策者使用评估证据等方面开发了大量的模型或方法。

实用主义评估为政策与项目评估的发展做出了重要贡献。首先，它弥补了以往的评估范式忽视评估使用的不足，为实现评估的价值和使命提供了理论和方法。其次，在评估的质量方面，他们运用和开发的高质量评估模型或方法，在技术上已变得较为严谨，极大地改变了评估的技巧，提升了评估的信度和效度，因此促进了评估质量的改进。最后，它还探索了评估使用的影响因素，提出了多种解释"评估-政策缺口"的理论，在一定程度上为评估领域的"描述性理论"的开发做出了贡献。

但是，实用主义评估的研究也还存在诸多的不足之处。首先，实用主义评估理论家提出的评估方法还有待于改进。例如，CIPP 模型在评估问责方面还稍显不足；以利用为中心的评估在适用性、准确性和评估问责等方面表现一般；随机对照试验仍然存在争议，因此相关方法都还存在进一步优化的空间。其次，从决策者使用评估证据的角度来说，现有方法能否适应决策的复杂性还有待进一步研究。例如，现实中的决策不仅受评估证据的影响，还受到压力集团、游说体系、意识形态、决策者自身的利益、价值观、专门知识、经验等影响，实用主义评估如何将评估证据与这些因素结合以促进有效使用仍需要不断地探索。最后，实用主义评估虽然探索了一定的"描述性理论"，但距离经过验证的、可提供解释和预测的"描述性理论"还有很长的路要走。因此，实用主义评估还需要更多的研究来加以丰富和完善。

☑ 关键术语

实用主义评估；实用主义范式；循证评估；评估使用；评估结果使用，评估过程使用；工具性使用，观念性使用，象征性使用；个人使用，组织使用；CIPP 模型；以利用为中心的评估；实践参与评估；学习型组织评估；授权评估；系统评价和荟萃分析；现实主义评估

☑ 复习思考题

1. 实用主义范式包括哪些假设？
2. 实用主义评估的产生背景是怎样的？
3. 评估使用有哪些形式？
4. 影响评估使用的因素有哪些？
5. CIPP 模型有哪四个组成部分？每个部分的主要任务是什么？
6. 以利用为中心的评估有何基本原理？
7. 如何理解实践参与评估的概念框架？
8. 学习型组织评估的基本逻辑是怎样的？
9. 授权评估有哪些理论基础？
10. 如何理解两群体理论、三群体理论和群体不和谐理论？
11. 如何理解生产者推动模型和双向互动模型？
12. 如何理解工程理论和组织社会理论？
13. 开展荟萃分析应采取哪些步骤？
14. 现实主义评估的逻辑和操作程序是怎样的？
15. 如何评价实用主义评估？

第三篇

过　程　篇

　　本篇旨在介绍政策与项目评估的过程。政策与项目评估过程可以分为三个相互关联又相互区别的阶段：评估规划，评估实施和评估结果交流、利用和元评估。本部分包含三章：第九章——政策与项目评估规划、第十章——政策与项目评估实施和第十一章——政策与项目评估结果交流、利用和元评估。

第九章
政策与项目评估规划

评估规划是对"评估什么、谁来评估、为什么评估、依据什么标准以及如何进行评估"等加以厘清和设计，为评估的实施奠定基础。其主要涉及明确评估意图与界定评估范围、制订评估方案和进度计划两部分内容。本章将介绍评估规划的以上内容。

第一节　明确评估意图与界定评估范围

明确评估意图与界定评估范围具体涉及确定评估对象、确定评估目标与主要问题、确定评估实施类型、甄别和吸收利益相关者、确定评估标准、检查资源设备等多个方面。

一、确定评估对象

在评估规划过程中，首先要明确的就是在评估或审查过程中，需要被具体检查、分析或评价的事物、项目、产品、服务、组织或其他实体，即确定评估对象。聚焦于政策与项目评估领域，评估对象的确定就是要确定和选择具体的政策或项目。在接受委托方的委托对某一政策或项目进行评估时，评估对象的确定就较为容易。然而，如果未评估人员自主地开展政策或项目评估时，评估对象的选择和确定就需要进行多方面的考虑。因为并不是任何政策或项目在任何时候都可以而且有必要进行评估。比如，某些政策仅具有象征性意义或者尚未完全发生作用，评估的时机尚未成熟，则暂时没有必要进行评估。

因此，根据理论研究与实际工作需要，需要遵循重要性、可行性相结合的原则精选评估对象。重要性是指所选择的政策或项目具有重要影响或对其进行评估具有重要价值。所评估的政策或项目是党、政府、公众高度关注的政策或项目，对政策或项目的评估将产生重要的改进、优化、决定政策或项目去向、政策或项目推广等方面的决策价值。可行性指评估对象应当是可以被有效评估和测量的，包括数据的可获得性、评估资源的充足性、评估的时机、评估的支持度等。

可以优先选择以下政策或项目进行评估。①尚没有被评估、尚无证据支撑的项目。②正在试点、比较有推广价值的政策或项目。③运行了一段时间，政策效果与环境变化之因果关系比较明显的政策或项目。做评估太早存在测试不成熟项目的风险，而且政策效果尚未完全显现，不易确定政策效果与环境变化的因果关系；做评估太晚则存在浪费资源在项目上的风险。④人们普遍关心、资源耗费比较大的项目。⑤评估中具有合作伙伴的支持的政策或项目，政策或项目执行者不太抗拒评估。⑥评估技术上可行的政策或项目，例如，结果可以衡量、调查对象较易接触、评估成本可以承担的政策或项目。

二、确定评估目标与主要问题

首先，在进行任何政策或项目的评估过程中，确定评估目标与主要问题是至关重要的。这一步骤有助于明确定义评估的范围和方向，有助于聚焦评估的核心内容，避免过度扩展范围或偏离实际需求。其次，明确定义的评估目标和主要问题有助于建立起共识，使得参与者能够对评估的目的和期望达成一致，从而更好地支持评估活动的开展。最后，明确的目标和问题可以为日后的数据收集、分析和解释提供指导，使得评估过程更加具体和可行。

确定评估目标与主要问题需要遵循明确的步骤安排。第一步，确认评估的总体目标，评估的总体目标通常是基于特定的需求或挑战，例如，改进组织绩效、优化流程或检验政策的有效性等，因此，首先需要明确界定评估的总体目标，以及该目标对应的具体期望结果。第二步，确定关键问题和子目标，即针对评估的总体目标确定关键问题和子目标，这部分的工作需要深入挖掘，理解需要解决的核心问题，并进行目标分解，以便为评估提供更加具体的方向。第三步，制定具体评估问题，在关键问题和子目标的基础上需要制定具体的评估问题，评估问题要具体化、可操作化，并且能够直接与总体目标和关键问题相联系。在这一过程中，评估人员应坚持委托方、其他相关利益相关者和专家等的多方参与，广泛听取他们的意见，以确定评估目标、评估问题及目标、问题的排序。

梅尔滕斯指出了四类一般评估目标及其相关的示例，见表 9.1（Mertens and Wilson，2019）。

表 9.1　一般评估目标及其示例

评估目标	示例
获得洞察力或确定必要的输入	在群体中评估和建设群体的能力
	评估群体成员的需要、愿望和资产
	确定项目开发或实施所需的输入、存在的障碍和促进因素
	确定描述和测量项目活动和效果的方法的可行性
查找需要改进或改变实践的领域	改善引入新服务的计划
	描述项目计划的实施程度
	改进教育材料的内容
	提高项目的文化能力
	验证参与者的权利是否受到保护
	设置员工培训的优先事项
	进行中期调整以改善参与者的组织工作
	提高交流信息的清晰度
	确定是否可以提高客户满意度
	动员群体对项目的支持

续表

评估目标	示例
评估政策或项目的效果	评估项目参与者的技能开发、知识获取或态度和行为的变化
	比较执行人员行为随时间的变化
	比较成本和收益
	找出哪些参与者在项目中表现出色
	决定在何处分配新的资源
	记录完成目标的成功程度
	证明责任要求是否得到满足
	汇总来自多个评估的信息，以估计类似项目的结果效果
	收集成功的故事
处理人权和社会正义问题	扩大联盟成员对项目目标的共识
	支持组织变革和发展
	确定基于性别、种族、民族、残疾和多样性的其他相关方面的不平等

三、确定评估实施类型

在完成上述工作的基础上，评估主体需要确定具体的评估实施类型。不同的评估实施类型适用于不同的评估对象和目的，在实践中选择合适的评估实施类型有助于确保评估的全面性、有效性和可行性。首先，它有助于确保评估设计和实施能够满足特定的评估需求。不同的评估实施类型可能需要不同的方法、工具和数据来源，因此正确选择评估实施类型可以提高评估的效率和准确性。其次，确定评估实施类型有助于确保评估的全面性。针对不同类型的政策或项目，可能需要采取不同的评估实施类型，如过程评估、结果评估、影响评估等，以便全面地了解其效果和影响。最后，确定评估实施类型有助于为评估过程中可能遇到的挑战做好准备。通过事先明确评估实施类型，可以更好地规划评估活动，并更好地应对可能的问题和风险，从而提高评估的成功实施概率。

评估实施类型，也可以理解为评估的组织形式，即众多主体如何定位、如何参与，并在评估过程中发挥怎样的作用（杨永恒和陈升，2019）。目前，评估实施类型主要有以下三种：内部评估、外部评估、内外部结合评估。具体选取哪种评估类型，取决于评估的目标与类型。当评估用于政策或项目开展情况的自我检查时，为更快地获取评估信息并从中进行学习，通常采用内部评估；当评估是为了检验政策或项目开展过程中相关责任主体是否负责任、是否令人满意时，应由独立的第三方机构开展外部评估；而当评估是为了对政策或项目进行常规的持续性绩效测量，可由政府委托第三方开展内外部相结合的评估。

本书第一章第一节已对内部评估、外部评估的含义及其优缺点进行介绍，以下仅介绍内外部结合评估的含义及其优缺点。内外部结合评估，通常是由政府部门委托专业机构，对政策或项目的执行进度、完成情况、取得效益等进行评价，并对所得出的结果进行深度分析。其具体的评估任务主要由委托方进行界定，机构所提供的评估报告为委托方的内部评估工作提供专业、客观的支撑，为委托方更好地认识政策或项目落实中存在的问题提供深度分析和独到见解。内外部结合评估的最大优势就是有利于综合数据和信息资源，并融合多种视角提供更为全面、客观的评估结果；但内外部结合评估会加大组织管理的复杂性与管理成本，同时，结合评估需要更多的时间和资源投入，包括内外部评估机构的配合、数据整合、协调沟通等工作量都较大，如果缺乏统筹规划和资源支持可能会使评估工作效率降低（李允杰和丘昌泰，2008）。

四、甄别和吸收利益相关者

政策与项目评估的成功实施离不开利益相关者的积极参与和支持。甄别和吸收利益相关者是评估工作中至关重要的环节，能够有效地吸纳各方意见、需求和参与，有助于提高评估的可信度、透明度和成效（宾厄姆和菲尔宾格，2008）。首先，甄别和吸收利益相关者有助于确保评估的全面性和客观性。利益相关者可能涉及政府部门、社会组织、企业、受益群体等多个方面，他们对政策或项目具有不同的视角和利益，吸纳他们的意见和建议可以帮助评估更全面地了解各方诉求和期望。其次，甄别和吸收利益相关者还有助于增强评估的可信度和合法性。通过充分吸收利益相关者的意见和建议，评估过程更具权威性和代表性，从而提高评估结果的公信力和可靠性，增强决策者对评估结论的信任与接受程度。最后，甄别和吸收利益相关者有助于促进评估结果的落地和实施。利益相关者的参与可以提高评估结果的可操作性和可行性，通过考虑他们的需求和建议，可以更好地指导政策制定和项目改进，最终推动评估结果得到有效应用。

在具体执行过程中，评估者首先应制定一个利益相关者清单，列出潜在的各方利益相关者，这包括政府部门、非政府组织、学术界、媒体、企业界、公众等各种可能对评估感兴趣或直接受评估影响的团体或个人，并且需要注意排除潜在的利益冲突。基于利益相关者清单，评估者需要制订一份全面的沟通计划，包括明确的沟通目标、方式、时间表和责任人，这种计划需要考虑到不同利益相关者的特点和需求，以便设计出相应的沟通方式和内容。其次，组织互动式的会议和研讨会是吸收利益相关者意见的重要方式，通过这样的方式，评估者可以听取各方的意见和建议，同时也可以向他们介绍评估的目的、方法和进展情况，从而增加透明度和公开性。对于大规模的利益相关者群体，通过问卷调查和访谈的方式，评估者可以更广泛地了解到各方的意见和需求，可以深入了解他们对政策或项目的看法和期望。最后，评估者可以邀请利益相关者代表参与评估的设计、实施和结果解释过程，这有助于确保评估工作的公正和客观，利益相关者既可以有效地传递他们的声音，对评估结果做出贡献，也可以提供有效的反馈。

在甄别和吸收利益相关者的过程中，要充分考虑公平性与透明度，确保不同利益相关者的权益得到平等对待与充分考虑，避免特定群体的权益被边缘化，同时，评估过程应该是透明的，确保利益相关者了解评估的目标、方法和结果，减少不确定性，提高政策评估的可信度。此外，评估是过程性的，对利益相关者的甄别与吸收也是持续性的，需要建立持续的监测和反馈机制。

五、确定评估标准

政策与项目评估总是要依据一定的标准（即进行判断的尺度）来进行，只有参照一定的标准才能对政策或项目做出科学、客观的评估。而采用不同的标准评估相同的政策或项目常常可能导致不同的，甚至相反的结论。例如，一项解决失业人员就业的政策可能非常有效，但需要政府投入巨额的资金，因而依据效率的标准来评估，这一政策并不可取。因此，设计和确定评估标准就显得非常重要。

从评估标准的类型来看，目前国内外政策与项目评估标准主要可以分为两大类：技术标准和社会政治标准。技术标准主要用于评估执行中或执行后的政策或项目，即对其效果、资源使用情况、执行过程进行科学的衡量和评价，主要包括经济标准、效益标准、效率标准和工作过程标准等。社会政治标准就是要衡量政策或项目的综合社会效果，一般是通过分析和考察社会指标来完成的，其社会标准主要包括分配的公平性、目标设立的科学性、合法性、社会的全面健康发展等标准。为全面反映政策或项目的综合成效，一个政策或项目的评价标准也往往是多元化的。

在确定评估标准的过程中，需要注意以下事项。①在确定评价标准之前，评估者需要明确评估的目的和范围，这包括确定所要评估的政策或项目的具体目标以及所涉及的关键问题和评估范围，从而为评价标准的确定奠定基础。②评估者需要综合考虑各方利益相关者的需求和期望，委托方、评估者、目标群体的代表和其他一些利益相关者各方对政策或项目可能有不同的期望和关注点，评价标准需要充分考虑和平衡这些不同的声音和诉求。③在确定评价标准时，可以借鉴国际经验和最佳实践，如其他国家或地区对类似政策或项目的评估经验，有助于确立更为全面和科学的评价标准。④由于评估标准往往比较抽象，因此在评估中还需要对其进行细化和分解，即形成指标。指标是对评估标准所做的操作化处理或具体化解释，一般表现为多指标组成的指标体系（贠杰和杨诚虎，2006）。

六、检查资源设备

检查资源设备对政策与项目评估具有重要的意义。首先，资源设备的检查可以确保评估工作的顺利进行。充足的资源和设备支持能够保障评估工作的高效开展，包括数据收集、分析、调研等各个环节，从而提高评估结果的客观性和科学性。其次，检查资源设备还有助于提高评估的可操作性和有效性。合适的资源设备可以帮助评估者更好地开展数据收集和信息整理工作，加快评估进程，减少评估成本，从而提高评估效率和成效。最后，检查资源设备也有助于确保评估工作的安全性和可靠性。在现代评估工作中，可能涉及大量的数据和信息，合适的信息技术设备和网络支持有助于确保评估数据的安全和可靠传输，避免数据泄露和篡改等风险。

在检查资源设备之前，评估者首先需要明确评估的具体需求，这包括评估范围、数据收集方式、信息处理需求等方面，以便根据评估需求确定所需的资源设备。其次，根据评估需求，评估者可以制定资源设备清单，明确列出所需的硬件设备、软件工具、人员配备等，资源设备清单应当尽可能详细，并考虑到评估工作的各个环节。同时，评估者需要对现有的资源设备进行全面的考察，这包括硬件设备的性能、软件工具的版本和功能、人员的专业能力等方面，以确定现有资源设备是否满足评估需求，是否需要进行更新或升级。最后，根据评估需求和现有资源设备的情况，评估者可以确定合适的资源设备投入，包括购置新的硬件设备、更新软件工具、培训人员等方面，以确保评估工作所需的资源设备得到充分保障。此外，在评估过程中，需要建立起完善的资源设备管理机制，如资源设备的使用、维护和更新，人员的培训和技术支持等，以确保资源设备的稳定运行和长期支持（戚安邦，2006）。

在实践过程中，依据评估的目标、规模、方式，评估者还需要考察评估经费的额度，对评估过程中的各项开支进行细致安排，确保经费用到实处，并明确评估的时间期限，根据工作安排制定时间计划表，确保在规定时间内完成评估。同时，在人员配备、数据资料等事先了解的基础上，依据评估人员的技能水平与专业素养安排评估工作，对现有资料进行梳理，对于需要但未获取的资料要整理好以便在评估过程中进行收集，增强评估的全面性与准确性。

第二节　制订评估方案和进度计划

评估方案是对评估意图的具象化体现，具体涉及对评估对象、评估目标、评估问题的描述，实施类型、利益相关者、结果的使用者的确定，评估标准的说明，评估设计（范式与模型的选择、数据收集与分析设计等）的说明，对如何组织、管理评估过程的描述等；评估进度计划通常涉及评估的进度安排，包括时间、人员计划与经费预算等内容。

一、制订评估方案

鉴于第一节已涉及部分内容，以下重点介绍描述评估对象、说明评估设计两部分内容。

（一）描述评估对象

如第一节所述，评估规划首先要确定评估对象——确定和选择具体的政策或项目。然而，虽然确定和选择了具体的政策或项目，但并不意味着对政策、项目及其背景有了充分的了解和把握。而只有对政策或项目所要解决的公共问题、政策或项目的基本意图、政策或项目的具体目标、政策或项目制定的理论依据、具体的措施和构成、政策或项目的目标群体、政策或项目的执行组织以及政策或项目提出的政治背景、政策或项目出台的具体时间、政策或项目出台前后的经济社会状况，政策或项目执行的环境等具有充分的了解和把握，才能有针对性地确定评估目标与问题、确定评估实施的类型和评估标准以及进行合适的评估设计。

贠杰和杨诚虎（2006）提出一个"回溯性政策分析模型"来描述评估对象，即通过分析政策所要解决的社会政治问题、鉴别政策相关者、重新界定政策目标、明确政策制定的机理、分析政策工具、分析政策制定和执行的情景来了解政策的基本内容和相关情景。梅尔滕斯等认为，可以通过描述性描述和图形描述两种方式来描述评估对象。描述性描述通常以叙述的形式描述政策与项目的基本情况、主要参与者和目标；而图形描述则通常采用逻辑模型或逻辑框架的形式对评估对象进行描述（Mertens and Wilson，2019）。

其中，逻辑模型与基于理论的评估密切相关，因为基于理论的评估的本质是揭示项目如何实现预期结果的基本理论，其描述了政策或项目的活动、资源和背景因素如何协同作用以实现预期的结果。逻辑模型包括两个主要组成部分：项目人员计划做什么（资源/投入和活动），以及他们预期的结果是什么（产出、结果、影响）。逻辑模型的基本描述如图 9.1 所示（W. K. Kellogg Foundation，2004）。其中，"资源"或"投入"是指评估对象所需的人财物等资源和更广泛的背景因素，如态度、法律、法规和地理位置。"活动"包括作为项目实施的一部分的过程、事件、技术和行动。"产出"是活动的产物，包括项目提供的服务的数量和质量。"结果"是指个体参与者在行为、知识、技能或态度方面的变化。"影响"是组织或群体在更广泛层面上所期望的变化，例如，减少贫困或提高健康水平。

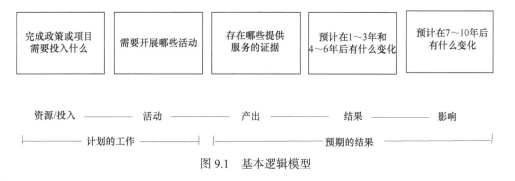

图 9.1　基本逻辑模型

（二）说明评估设计

评估设计是在明确评估对象、评估目标、评估问题等的基础上，制定评估政策与项目的具体策略，包括评估范式、模型的选择，数据收集设计和数据分析设计。由于其涉及政策或项目评估中的具体探究过程，因而往往是评估方案制定中至关重要的一部分。

1. 范式、模型的选择

对于如何探究政策或项目的绩效，评估人员首先可能面临着对不同评估范式、不同评估模型的选择。评估范式、评估模型的选择与评估对象、评估目标、评估问题以及评估人员的哲学取向、知识技能相关。

从评估范式的选择来看。评估目标会影响评估范式的选择，如果评估的主要目标是了解和认知政策或项目的绩效以及为什么取得这些绩效，其可能主要选择后实证主义评估范式、建构主义评估范式、变革性评估范式、大数据评估范式和批判复合主义评估范式，如果评估的主要目标是实现评估的使用或者说明确地以政策、项目改进、优化为目的，则实用主义评估范式应是其首要选择。评估问题也会对范式的选择产生影响，如果评估的问题主要与弱势群体相关或者说主要涉及社会公正的问题，变革性评估范式应该是其理想的选择。当然，评估范式的选择也受到评估人员的哲学取向、知识技能的制约。

如第三章至第八章所述,评估人员的哲学取向和偏好对评估范式的选择的影响自不待言,而知识技能的制约也是较为明显的。例如,具有良好定量研究基础的人员往往倾向于选择后实证主义评估范式,具有良好定性研究基础的人员往往选择建构主义评估范式,具有大数据分析知识和技能的人员则视大数据评估范式为其理想选择,而具有混合研究基础的评估者则会优先选择批判复合主义范式,而变革性评估范式、实用主义评估范式由于主张适当地运用混合方法,因此也可成为具有混合研究基础的评估者的良好选择。除此之外,不同的评估范式在抽样策略、数据收集策略、数据分析策略、对利益相关者参与的看法均或多或少地存在一定差异,因此,也可以结合这些因素来选择评估范式。

从评估模型的选择来看,尽管评估人员并不必然需要选择某个特定的模型,但是本书介绍的一些经典模型为评估提供了良好的指导框架和实施规则,因此适当的选择和使用也具有重要意义。总体来说,要结合评估对象,评估目标和问题,评估模型的基本原理、优缺点和适用情形来选择。

2. 数据收集设计

依据评估对象、评估目标、评估问题和选取的评估范式、模型制定具体的数据收集方案是评估设计的重要内容。一方面,数据收集设计有助于提高评估数据的可靠性和有效性。合理的数据收集设计可以帮助评估者选择合适的调查方法和工具,从而确保数据的准确性和客观性,提高评估结果的科学性和可信度。另一方面,数据收集设计也是为了更好地提高评估效率和成本效益。合理的数据收集设计能够避免调查工作的重复和浪费,提高调查数据的利用价值,降低评估成本,加快评估进程。

在进行数据收集设计时,评估者需要明确调查的目的和问题,调查目的应当与评估目标和需求相一致,调查问题需要聚焦于关键问题和核心矛盾,以确保调查工作紧密围绕评估目标展开。根据评估需求和调查目的,评估者需要确定调查的对象和样本,这可能涉及政策实施机构、项目受益者、专家学者等不同的调查对象,需要根据评估范围和目的进行合理选择。随后,根据调查对象和样本的确定,评估者需要选择合适的调查方法和工具,如文献收集、统计数据收集、测试、观察、问卷调查、访谈、焦点小组讨论、大数据采集等多种调查方法,同时要考虑使用合适的调查工具和技术支持。

3. 数据分析设计

政策与项目评估实质上是将政策和项目信息资料转化为有用知识的过程。但由于数据类型的不同、评估目标和问题的不同以及有关范式、模型的差异,需要不同的数据分析方法。因此,还需要进行数据分析设计。

数据分析设计主要包括对数据分析过程的设计和数据分析方法的设计。从数据分析过程的设计来看,主要包括数据的整理和分析两个步骤。数据整理是确保数据分析质量的基础。在政策与项目评估中,原始数据通常来源于问卷调查、访谈、实地调研等多种方式,数据可能存在缺失、错误或异常值,因此,评估者需要对原始数据进行整理,以确保后续分析的可靠性。然后在上述操作的基础上选择适当的分析方法对整理后的数据信息进行系统分析。从数据分析方法的设计上看,评估人员需要根据数据类型、评估目标和问题以及相关模型的要求,选择适当的分析方法。一般而言,数据分析方法包括定量分析、定性分析、混合分析和大数据分析等几种类型。

二、制订评估进度计划

（一）评估进度计划的含义与意义

评估进度计划是指在确保评估合同期限的前提下，对时间、人员、经费、各项任务和活动进行统一的、逻辑合理的安排。从总体上来说，评估进度计划包括确定评估的开始时间和结束时间，并确保时间范围与评估的目标及其复杂性相匹配；在明确评估的目标和需求以及相应的评估活动和任务的基础上，分解评估任务和活动，识别关键任务与关键活动，并标识可能影响进度的关键事件，例如，评估准备、数据收集、数据分析、报告撰写等；制订人员配置计划；制订评估经费的安排和使用计划；制订风险管理计划，具体包括应对措施和预案等，以应对评估中的潜在问题（施托克曼和梅耶，2012）。其中，最常规也是较为重要的工作是制订时间、人员和预算计划。

评估进度计划是确保评估工作高效、有条不紊进行的基础。通过合理的进度计划，可以确保评估者合理安排评估活动和任务，避免评估过程中的拖延和混乱，促进评估工作的顺利进行；同时，合理的进度计划能够确保评估数据的及时收集和整理，加快评估结论的形成，提高评估的实施效率；此外，合理的进度计划有助于减少评估活动的重复和浪费，降低评估成本。

（二）制订时间、人员和预算计划

鉴于评估进度计划中最常规也是较为重要的工作是制订时间、人员和预算计划，以下重点介绍时间、人员和预算计划的制订。

在制订时间计划时，评估者需要明确评估的周期和各个阶段。评估周期可能涉及前期准备、实地调研、数据分析、报告撰写等不同阶段，评估者需要根据不同阶段确定相应的时间节点和时间长度。随后，根据评估的不同阶段，评估者需要制定具体的时间表和时间节点，如每个阶段的开始和结束时间、关键事件的时间点等内容，以确保评估工作的有序进行和进度的控制。同时，在制订时间计划时需要充分考虑外部因素和风险，如政策变化、技术条件、数据采集难度等，合理把握风险发生可能带来的时间影响，以便灵活调整时间计划，并制订相应的补充预案，以应对可能出现的意外情况和紧急事件，保证评估工作的顺利进行。完善合理的时间计划有助于确保评估工作有序进行，提高评估结果的准确性和客观性，并优化资源利用。

在制订人员计划时，评估者需要明确评估所需人员的类型和数量。这涉及领导者、专家学者、调查员、数据分析师、报告撰写者等多种人员，评估者需要根据评估需求确定具体的人员构成。随后，根据评估人员的需求，评估者需要合理分工和协作，明确每位人员的职责和任务，建立有效的协作机制，以确保评估工作的有序进行和人员的有效配合。合理的人员分工既可以提高团队成员的工作积极性，又可以促进团队成员之间的沟通、协作，使整个评估工作更加有序和高效，提高评估结果的专业性、客观性和准确性。

在制订预算计划时，评估者需要明确评估所需的成本和支出。成本支出涉及调查研究费用、数据收集成本、专家咨询费用、设备和工具采购费用、报告编制费用等多个方面，评估者需要根据评估需求确定具体的成本和支出。随后，根据评估成本和支出的确定，评估者需要编制详细的预算计划，并建立财务控制机制，管理预算的审核和批准、支出的监督和审计等环节，以确保评估工作的资金使用合理和成本控制有效。预算计划一方面有利于资源的合理配置，避免出现资源匮乏或浪费的情况，另一方面有助于提高成本效益，并提高透明度，确保评估过程的顺利进行。

需要注意的是，在制订上述计划时，都要确保进度计划具有一定的灵活性，以适应不可预见的情况和变化，根据实际情况定期校对上述计划，并根据需要进行调整。

（三）制订评估进度计划的典型方法

在实际操作过程中，基于初步确定的时间、人员和预算计划，评估者可以通过绘制甘特图（Gantt chart）直观、清晰地帮助团队详细规划评估进度计划，提高工作效率和管理质量。甘特图又叫横道图、条状图。它是在第一次世界大战时期发明的，以亨利·L·甘特（Henry. L. Gantt）先生的名字命名，并且，甘特先生制定了一个完整的用条形图表进度的标志系统。甘特图内在思想简单，即以图示的方式通过活动列表和时间刻度形象地表示出任何特定项目的活动顺序与持续时间。甘特图基本是一条线条图，横轴表示时间，纵轴表示活动（项目），线条表示在整个期间计划和实际的活动完成情况。它直观地表明任务计划在什么时候进行，以及实际进展与计划要求的对比。管理者由此可便利地弄清一项任务（项目）还剩下哪些工作要做，并可评估工作进度（李志军，2016）。使用甘特图可以采取如下操作步骤。第一步，明确项目或政策的评估目标，然后以此为基础确定需要完成的任务。这些任务可能是大的里程碑，也可能是每个阶段的小步骤。例如，对于进行政策评估来说，任务可能包括"确定评估方法""设定评估标准""收集数据""分析数据并得出结论"等，并且可以使用便签、表格或者项目管理软件来记录这些任务。第二步，一旦确定了任务列表，评估者需要确定任务之间的依赖关系。有些任务可能需要等到另一些任务完成后才能开始，有些任务则可以并行进行。第三步，对于每个任务，尽可能准确地估计完成所需的时间。这可能需要参考过往经验，或者询问有经验的人。这一步很关键，因为它将直接影响到整个计划的时间表。同时，应注意预留一些缓冲时间以应对可能的延误。第四步，使用各种工具创建甘特图，包括 Microsoft Project 和 Excel 等办公软件。在水平轴上表示时间，垂直轴上列出任务，每个任务在图表中对应一条水平线，线的长度和位置表示任务的开始时间、结束时间和持续时间。第五步，定期更新甘特图，及时反映工作进度和资源使用情况，加强团队成员之间的沟通和协作，以便及时调整计划。甘特图不是一次性完成后就不变的。在项目进行过程中，实际情况可能会有所变动，需要定期更新甘特图以反映这些变动。如果一个任务比预期提前或延后完成，需要相应地调整后续任务的时间表。此外，也应该在甘特图上标记出已完成的任务，这既能使团队成员看到项目进度，又能帮助其跟踪项目状态。

案例　国家"十二五"规划纲要实施中期评估方案的确定

国家"十二五"规划是我国处于全面建设小康社会的关键时期，也是深化改革开放、加快转变经济发展方式的攻坚时期的重要规划，具有极为重要的意义。2013 年，国家"十二五"规划实施两年半，进入中期评估阶段。为全面、深入了解"十二五"规划的实施进展状况，取得了哪些成就、面临哪些困难，新一届政府如何继续推进规划内容按时按质完成，国家发展和改革委员会最终选择采用多种评估方式并行的评估方案，开展了多种形式的中期评估工作，其中，第三方评估委托清华大学中国发展规划研究院进行，以获得更加全面、独立的评估结果。

在明确目标、确定方式的基础上，结合国家"十二五"规划纲要中的各类划分与指标分布，"十二五"规划的中期评估工作最终确定主题主线评估、目标评估、主要指标与次优先指标评估三个维度结合的评估框架，其中，主题主线评估主要针对"十二五"期间国民经济和社会发展的主题主线进行总体性评价；目标评估则针对宏观经济、结构调整、科技教育、资源节约环境保护、人民生活、社会建设、改革开放等"十二五"规划纲要确立的七大定性目标进展情况进行评估；而主要指标与次优先指标评估负责对国家"十二五"规划纲要设置的主要指标和次优先发展指标实施进展进行初步评估，并对实施进展滞后的指标做进一步分析，以提出针对性的对策建议。

除此以外，国家发展和改革委员会结合以往政策、规划评估的经验制定了具体的评估工作安排，以政策文本的形式明确"十二五"规划中期评估的目标、意义与重点，要求各相应评估主体制定具体的评估工作实施方案，明确各时期、不同阶段评估工作的进展情况。同时，为保障评估结果的准确性与统一性，要求各类数据、资料均采用统一的标准进行收集、处理。结合上述所有考量因素，最终确定"十二五"规划评估采取的完整方案。

本章小结

本章聚焦于政策与项目评估规划，分别介绍了明确评估意图与界定评估范围、制订评估方案和进度计划两个阶段。在明确评估意图与界定评估范围阶段，评估人员需要首先明确评估对象，确定评估的目标与主要问题；其次，根据评估对象选择具体的评估实施类型，如内部评估、外部评估、内外部评估结合等；最后，评估人员还应甄别和吸收不同的利益相关者，选择适用的评价标准并检查资源设备。在制订评估方案和进度计划阶段，评估人员需要描述清楚评估对象，并结合上一阶段的考虑说明评估设计，确定所选择的范式、模型以及数据收集方法、数据分析方法；同时，应制订出评估进度计划，对评估时间、评估人员、评估经费、各项任务和活动进行统一的且逻辑合理的安排。

关键术语

评估规划；评估对象；评估目标、评估问题；评估实施类型；评估标准；利益相关者；评估方案、评估进度计划；逻辑模型；甘特图

✍️ **复习思考题**

1. 确定评估对象的原则有哪些?
2. 确定评估目标与主要问题需要遵循哪些步骤安排?
3. 如何甄别和吸收利益相关者?
4. 确定评估标准有哪些注意事项?
5. 如何运用逻辑模型来描述评估对象?
6. 如何借助甘特图制订评估进度计划?

第十章

政策与项目评估实施

评估实施是评估的重要步骤，是把评估方案转化为实际行动的关键阶段。评估实施阶段主要涉及评估数据收集、评估数据分析和获得评估结论。首先需要利用各种调查手段，收集与评估目的、评估问题、评估标准等相关的信息。其次，需要利用各种分析技术，对前述步骤收集到的原始数据和信息资料进行系统的整理、归类、统计和分析。最后，在前述的基础上，对分析的结果进行综合和解释，得出评估结论。本章将对评估实施的以上内容进行介绍。

第一节　评估数据收集

评估数据收集指利用各种调查手段，收集与评估目的、评估问题、评估标准等相关的信息。评估过程中的数据收集是确保评估有效性和可信度的关键步骤之一。

一、数据收集的主要标准

评估数据的收集必须遵循一系列标准，以确保数据的质量。主要的标准包括可靠性、有效性、时效性、全面性和伦理性。

（1）可靠性。就数据本身质量而言，数据收集的首要标准就是数据的可靠性，即数据的准确性，在评估数据收集过程中应确保数据是真实的、可信的，能够在不同时间和情景下产生一致的结果，因此，在数据收集过程中，必须采取一系列措施来控制数据质量，包括确保数据的准确性、一致性和可靠性。

（2）有效性。有效性关注数据是否能够准确地测量或反映出所要评估的现象，评估过程中收集到的数据应该与评估目标和评估问题密切相关，同时应服务于预期的目的，并有助于正确的理解。

（3）时效性。时效性关注数据是否在需要的时间内被收集，在评估过程中，及时收集数据对于支持决策和行动至关重要。

（4）全面性。数据的全面性要求数据收集能够覆盖所有重要的变量和因素，以确保评估结果的全面性和全局性，同时，为了评估的全面性，有时需要专门收集与评估目的、评估问题等无直接显著联系的数据信息（罗希等，2007）。而且，应保证评估数据来源的多样化，如文件资料、调查问卷、访谈、焦点小组讨论等，多样化的数据来源可以提供更全面、多角度的信息。

（5）伦理性。在收集评估数据时，必须遵守相关的隐私和伦理规定，确保被调查对象的隐私权得到尊重，评估者需要在数据收集过程中保护被调查对象的隐私和个人信息，避免对其造成任何不利影响。

二、数据收集的主要方法

不同的数据收集方法可以提供丰富多样的评估信息，帮助评估者全面了解政策或项目的实际效果、问题和影响。评估数据收集的方法众多，以下是一些常用的数据收集方法，可以根据具体的评估目标进行选择和组合。

（一）定量数据收集方法

总体而言，定量数据收集方法包括测评、统计数据收集、问卷调查、档案袋评价等。其中最为常用的是问卷调查法。

问卷调查法是一种常用的社会科学研究方法，它通过向受访者提供一系列结构化的问题并要求其填写答案来收集信息。这些问题通常以纸质或电子问卷的形式呈现，旨在获取受访者对特定主题或问题的看法、态度、经验和行为等方面的信息。问卷调查法的主要特点包括标准化、易于分析和可比性强。由于问卷中的问题都是预先设计好的，因此可以确保所有受访者都回答相同的问题，从而使得收集到的数据具有一致性和可比性。此外，问卷调查法还可以快速、有效地收集大量数据，并且可以对数据进行量化分析，从而得出客观、科学的结论。在设计问卷时，需要注意问题的清晰度、逻辑性和回答选项的合理性。问题的表述应该简洁明了，避免使用模糊或歧义性语言，以确保受访者能够准确理解问题的含义。同时，问题的顺序和逻辑也应该合理，以便受访者能够顺畅地回答问题。对于回答选项的设计，应该根据问题的类型和目的来确定，既要保证选项的全面性，又要避免选项之间的重叠或歧义。在政策与项目评估中，问卷调查法通常用于收集大规模样本的数据，以了解受访者对政策或项目的态度、认识、行为等情况。例如，可以通过问卷调查了解受访者对某项政策的认知程度、满意度、参与程度等信息，从而为评估提供客观的定量数据支持。此外，问卷调查法还可以用于市场需求调查、社会问题研究、学术性调查等领域。然而，问卷调查法也存在一些局限性。例如，受访者可能出于各种原因而选择不回答或回答不真实，导致收集到的数据存在偏差。此外，由于问卷调查只能获取受访者愿意分享的信息，因此可能无法深入了解受访者的内心想法和感受。为了克服这些局限性，研究者可以结合其他研究方法，如访谈、观察等，来获取更全面、准确的信息。

在具体执行中，问卷是问卷调查法的核心，因此，评估者首先需要进行问卷设计，注意事项如下所示。①在进行问卷设计时，需要明确调查的目的和问题，确定所要获取的信息类型和内容范围，使问卷内容与评估的核心目标相契合。②问卷的问题结构应该清晰明了，包括开放式问题和封闭式问题，开放式问题允许被调查者自由发挥，提供详细意见，而封闭式问题则提供选项以便于量化分析。③问卷的问题顺序也至关重要，应根据逻辑关系和调查目的进行排列，避免干扰被调查者思路或回答不准确。④问卷设计中还需要考虑到受众的语言水平和习惯，避免使用晦涩难懂的文字和术语，要简洁、易懂。⑤如果需要对某些观点或行为进行评价，可以采用合适的量表，如五级评分制或十级评分制，以获取更精确的反馈。在实施过程中，首先，评估者要明确调查对象的范围和特征，确定调查的目标群体，以便有针对性地设计问卷和进行调查。其次，在完成问卷设计后，评估者需要确定发放方式。除了传统纸质问卷，现代技术也提供了电子问卷、在线调查等多种方式，这些方式可以更灵活地开展问卷调查，覆盖更广泛的受众。再次，如果需要调查员工参与，应进行培训，确保他们能够正确理解问卷内容，专业地进行调查，并处理受访者的问题。在实施调查时，调查员需要向受访者说明个人信息将被保密，所提供的信息仅用于评估目的，以获取受访者的真实、客观反馈。最后，需要对问卷收集数据进行系统整理，剔除无效数据。

（二）定性数据收集方法

总体来看，评估中的定性数据收集也具有多种方法，包括观察法和访谈法。观察法可以分为非参与观察和参与观察两种具体方法；访谈法根据评估的程序可以分为结构式访谈法和无结构式访谈（或深度访谈），根据被访对象的数量，还可以分为个别访谈和集体访谈（或焦点小组访谈）。在实践中，深度访谈法和焦点小组访谈法较为常用。

1. 深度访谈法

深度访谈法在项目或政策评估中是一种非常重要的研究方法。它主要用于获取受访者对于特定项目或政策的深入看法、感受和经验，从而帮助评估者更全面地理解项目或政策的实施效果、影响以及可能存在的问题。深度访谈法通常采用无结构的、直接的、个人的访问形式。在访问过程中，掌握高级访谈技巧的调查员会深入地访谈一个或多个被调查者，通过自由交谈的方式对所关心的主题进行深入探讨。这种访谈方式的主要目的是揭示受访者对某一问题的潜在动机、态度、信念和情感，从而获得更加丰富、生动的定性资料。深度访谈法的应用范围非常广泛，可以用于详细了解复杂行为、敏感话题，或对企业高层、专家、政府官员进行访问。在项目或政策评估中，深度访谈法通常用于对关键利益相关者进行深入调查，以了解他们对项目或政策的看法、满意度、参与程度以及可能的改进建议等信息。深度访谈法的工作流程一般包括以下几个步骤：首先，明确访谈的目的和主题，确定访谈的对象和范围；其次，制定访谈提纲，准备访谈问题和相关材料；再次，进行实地访谈，与受访者进行深入交流，并记录访谈内容；最后，整理和分析访谈数据，得出结论和建议。深度访谈法具有许多优点。一方面，由于消除了群体压力，受访者可以在更加轻松、自由的环境中表达自己的看法和感受，因此可以获得更加真实、全面的信息资料。另一方面，近距离的接触使得调研人员有机会观察受访者的态度、表情、行为等，从而更加准确地评价资料的可信度。此外，深度访谈法还可以帮助调研人员与被调查者建立融洽的关系，从而提高受访者的合作意愿和回答质量。然而，深度访谈法也存在一些局限性。一方面，由于访谈过程需要花费较多的时间和精力，因此可能无法在短时间内收集到大量数据。另一方面，由于深度访谈法依赖于受访者的主观陈述和经验回忆，因此可能存在记忆偏差或主观偏见等问题。此外，深度访谈法还需要调研人员具备较高的访谈技巧和分析能力，以确保收集到的数据具有可靠性和有效性。

在实践过程中，评估者在进行访谈前，首先需要明确评估的目标和范围，确定需要进行访谈的受访对象，确保涵盖不同层次和角度的相关人员，以获取全面的信息。其次，为了确保访谈的系统性和针对性，评估者需要制定访谈指南，包括主题、问题列表、可能的追问等，以便引导访谈内容更加深入和具体，并确定访谈方式，根据受访对象的地理位置和可行性灵活选择面对面访谈、电话访谈、视频访谈等形式。再次，在进行访谈设计时，需要考虑到受访者的隐私和保密需求，确保访谈过程中信息的安全性和保密性。在实施访谈时，需要着重建立与受访者的信任关系，让他们感到自己的意见和回答将被尊重和重视，以促进他们提供真实且有益的信息，同时，在访谈过程中，应该尽量采用开放式提问，鼓励受访者分享观点、经验和感受，让访谈内容更具深度和广度，并围绕访谈指南中的主题进行引导，保持灵活性，适时追问，深挖潜在信息。最后，评估者需要根据访谈形式记录、整理访谈内容，如面对面访谈通常会记录访谈内容，而电话访谈和视频访谈需要专业软件进行录音等，以便后续整理。

2. 焦点小组访谈法

焦点小组访谈法，又称小组座谈法，就是采用小型座谈会的形式，挑选一组具有代表性的利益相关者，由一个经过训练的评估人员以一种无结构、自然的形式与一个小组的利益相关者交谈，从而获得对有关问题的深入了解。焦点小组访谈对于政策与项目评估具有其特有的优势。第一，由于焦点小组访谈是评估人员与利益相关者之间、利益相关者相互之间的多层次互动和交流，因此，它能获得的信息往往比个别访谈方式所获得信息更为广泛、更为全面，而且，由于能够互相启发、互相补充、互相核对、互相修正，所以焦点小组访谈所获得的资料往往也更为完整、更为准确。第二，由于焦点小组访谈能够同时访谈若干个不同的利益相关者，因而可以大大地节约人力、时间，相对较快地获得有关政策或项目的情况。第三，焦点小组访谈契合建构主义评估、变革性评估、现实主义评估的方法论，有利于这些评估范式或模型的开展。例如，在"第四代评估"中，通过焦点小组访谈或讲故事工作坊的形式有利于利益相关者进行交流、对话和协商，是形成共识的重要方式。在变革性评估中，可以将行动研究的步骤与焦点小组方法相结合，以实现社会变革。在现实主义评估中，焦点小组访谈也是获知政策或项目结果以及机制、背景信息的重要手段。

当然，焦点小组访谈也有其局限性。例如，由于访谈涉及评估人员与利益相关者之间、利益相关者相互之间的多层次互动和交流，访谈员不仅要掌握好其与利益相关者之间的互动，还要组织好和引导好利益相关者相互之间的互动，因此，对于评估人员的访谈技巧和组织会议的能力具有较高要求。又如，焦点小组访谈还容易产生某种"团体压力"和"从重行为"，使得参加访谈的利益相关者有意无意地隐瞒或改变真实情况，使自己的回答和看法顺从、接近和符合多数人的意见，而不愿或不敢发表不同的意见。当然，由于同样的原因，焦点小组访谈也不适合访谈某些敏感的问题。

（三）混合数据收集方法

混合数据收集方法将不同的数据收集方法结合运用，以获取更全面和多角度的信息。其可以同时使用多种数据收集方法，也可以在不同阶段选择不同的方法进行数据收集。混合数据收集方法的特点包括能够克服单一方法的局限性、获取更丰富的信息等。

在政策与项目评估中，混合数据收集方法通常被广泛应用，因为政策与项目评估所涉及的信息通常十分复杂，需要从不同的角度和维度进行考量。通过混合使用问卷调查、访谈、实地调研等方法，评估者可以获取全面、多层次的数据支持。混合数据收集方法的优势在于能够弥补单一方法的不足，获取更全面和多样化的信息，有助于提高评估结果的科学性和可信度；但是混合法也需要评估者具备较高的方法论素养和数据整合能力，以确保不同数据来源之间的一致性和可比性。

（四）大数据收集方法

大数据收集方法通过利用各种技术和方法获取、整理和处理海量数据。这些数据包括结构化数据（如数据库记录）、半结构化数据（如 XML[①]文件）以及非结构化数据（如文本、音频、视频等）。大数据收集方法众多，例如，通过传感器采集数据，结合物联网技术，收集传感器设备产生的各种数据，如气象数据、环境数据等，为环境评估和资源管理提供支持。又如通过相关工具（如网络爬虫）抓取网络数据，如社交媒体数据、新闻报道、专业网站信息等，获取各种领域的实时信息。大数据收集方法能够全面覆盖并及时反映各方面的信息，具有数据收集的全面性与实时性优势，但需注意的是，大数据收集可能存在大量杂乱无章的信息，需要消耗大量时间和精力进行数据清洗和验证。相关内容在第六章已经进行了一定介绍，在此不再赘述。

三、数据收集质量控制

尽管明确了评估数据收集的主要标准和主要方法，但由于评估人员的数据收集能力、测量工具、利益相关者的配合等因素的影响，数据收集的质量仍然可能存在问题。例如，真正有用的数据可能数量不足，或者一些数据甚至可能是错误的或虚假的。因此需要采取一些手段来保障数据收集的质量。

（1）明确研究目的和问题。在数据收集之前，研究者需要明确研究的目的和问题。这有助于确定需要收集的数据类型、范围和深度，从而提高数据的准确性和相关性。明确研究目的有助于避免不必要的数据收集，使得数据更加有针对性。

（2）选择适当的样本。样本的选择对数据质量有着直接的影响。评估人员应当根据评估目的，采用合适的抽样方法，确保样本的代表性和可靠性，避免出现抽样偏差从而提高数据的质量。

（3）使用合适的数据收集方法。不同的评估目标、评估问题可能需要不同的数据采集方法。在评估数据收集中，评估人员应根据自身的资源条件，灵活选择和整合不同的数据收集方法，以获取更具代表性和客观性的数据支持。

（4）培训数据收集人员。培训应包括评估目的、数据收集流程、问题解答标准等方面，以确保数据收集人员的专业性和一致性，提高数据的准确性。

（5）建立严格的数据录入规范。建立严格的数据录入规范是确保数据质量的关键步骤。规范的录入过程包括数据检查、逻辑验证、异常值处理等环节，可以有效提高数据的准确性。

---

① XML 是 extensible markup language 的缩写，即可扩展标记语言，是一种标记语言，也是一种简单的数据存储语言。

（6）实施质量控制和监测。在数据采集过程中，进行实时的质量控制和监测是必要的。可以通过抽样检查、数据比对、逻辑检查等方式，及时发现问题并进行纠正，以确保数据的一致性和准确性。

（7）开展数据质量评估。在数据收集结束后，进行数据质量评估是一个总结性的环节。通过统计分析、逻辑检查、异常值分析等方法，对数据进行全面评估，发现潜在问题并提出数据收集的改进意见。

（8）建立数据管理系统。建立科学的数据管理系统有助于确保数据的安全性和完整性。主要包括数据备份、权限管理、版本控制等方面的措施，可以有效防范数据丢失和篡改的风险。

案例 运用 CIPP 模型开展政策与项目评估的数据收集框架

斯塔弗尔比姆等设计了一个数据采集方法框架，为运用 CIPP 模型开展政策与项目评估提供帮助。其核心思路是评估人员在选择和应用数据收集方法时，应将数据收集方法与潜在信息的全面需求联系起来。该框架如表 10.1 所示。表头是运用 CIPP 模型开展评估时的信息需求，纵向排列的是在评估中较为有效的 14 种数据收集方法。该框架及其思路在斯塔弗尔比姆等运用 CIPP 模型评估夏威夷住房项目时得到了运用（见第八章）。

表 10.1 运用 CIPP 模型开展政策与项目评估的数据收集框架

数据收集方法	信息需求区域						
	项目背景和接受者需求	项目计划和竞争方法	项目活动和成本	项目达到目标接受者	项目结果	项目可持续性	项目可移植性
记录	√	√	√	√	√	√	
文献审查		√					
访谈	√		√	√	√	√	√
旅行观察员		√	√			√	
实地访查				√		√	√
问卷调查							
讨论组							
听证会							
公共论坛							
观察			√				
案例研究					√		
无目标评估					√		
知识测试					√		
自我评估							

其中，旅行观察员（traveling observer）方法主要是培训和指派一名现场研究人员，在后续专家小组进行初步评估之前进行初步调查。其与数据提供者之间建立点到点的良好关系，采集初始信息，为后续现场调查团队制订相关计划。在现场调查前，旅行观察员向现场调查团队提供指导和训练，为现场调查提供支持和帮助。相对于后续现场调查

团队人员，旅行观察员是相对较为初级的调查人员，其通常要比后续调查团队花费更多的精力去采集初步数据，其收入水平通常低于后续现场调查团队成员。因此，该方法可以为具有一定规模的现场研究节约成本。

第二节　评估数据分析

评估数据分析指利用各种分析技术，对前述步骤收集到的原始数据和信息资料进行系统的整理、归类、统计和分析，以获得最终评估结论。

一、评估数据分析的过程与原则

（一）评估数据分析的过程

一般而言，评估数据分析需要经过数据整理与清洗、数据探索与描述、系统分析与结果解释、敏感性分析和局限性说明等步骤。

数据整理与清洗是数据分析的第一步，也是确保数据质量的基础。在政策与项目评估中，原始数据通常来源于问卷调查、访谈、实地调研等多种方式，数据可能存在缺失、错误或异常值，因此，评估者需要对原始数据进行整理和清洗，包括去除空白数据、处理异常值、统一数据格式等操作，以确保后续分析的可靠性。第二步，评估者需要进行数据探索与描述，旨在对数据进行初步了解，并获取数据的整体特征，在这一阶段，评估者通常需要利用统计图表、描述性统计等手段，对数据的分布、相关性、趋势等方面进行分析，从而为后续深入分析提供基本依据，例如，通过直方图、箱线图等方式展示数据的分布情况，通过均值、标准差等指标描述数据的中心趋势和离散程度等。第三步，评估者需要在上述操作的基础上选择适当的定量或定性分析方法对整理后的数据信息进行系统分析，并通过图表等形式将分析结果呈现给利益相关者，同时通过文字和解释说明，对图表背后的数据意义和结果进行解读，以确保相关人员能够深入理解并接受评估结果。此外，在政策与项目评估中，敏感性分析和局限性说明是数据分析过程中必不可少的环节，评估者需要对不确定性和假设进行敏感性分析，检验结果对于不同条件下的稳健性和可信度。

（二）评估数据分析的原则

为保障数据分析的可信度与有效性，在数据分析过程中要遵循以下原则。

（1）数据分析的科学性和准确性。评估者应当避免主观偏见，并严格按照定量分析、定性分析、混合数据分析、大数据分析的原理和方法进行数据分析，确保结果的准确性和可信度。同时，评估者需要根据实际情况和问题选择合适的数据分析方法，以确保分析的科学性。

（2）多样化数据来源的整合和协调。政策与项目评估通常需要综合利用多种数据来源，如问卷调查、访谈记录、统计数据等。在整合和协调这些多样化数据来源时，评估者需要确保数据的一致性和相互协调性，避免数据之间的矛盾和冲突。同时，评估者还需要综合考虑不同数据来源的优势和局限性，以全面地理解评估对象的情况。

（3）数据的保密性和对隐私的尊重。评估者需要妥善保存和处理敏感数据，遵循相关法律法规和伦理准则，确保受访者的个人信息得到妥善保护。同时，在数据发布和共享时，评估者也需要注意保护数据的隐私和机密性。

（4）结果解释的客观性和公正性。评估者在解释数据分析结果时，应当避免个人主观意见的介入，坚持客观事实，公正解释数据的含义和影响。同时，注意吸收利益相关者参与评估数据的解释，让利益相关者参与评估结果的意义讨论，并鼓励他们就评估的准确性和可信度提供反馈，有利于结果解释的全面性和公正性。

（5）数据分析的诚实性。评估者也需要诚实地说明数据分析的局限性，如样本代表性、数据来源的可靠性、所用分析方法的局限性等，以使结果更加可信。

二、评估数据分析的方法

不同的数据类型、评估模型、评估问题需要不同的数据分析方法。就数据类型来说，定量数据、定性数据、混合数据、大数据分别需要定量数据分析方法、定性数据分析方法、混合数据分析方法、大数据分析方法进行分析。就评估问题而言，对于利益相关者对项目的看法的描述，可以使用描述统计、趋势评估等方法进行回答；对于确定政策或项目效果所属的类别，可以采用探索性和验证性因素分析、聚类分析等方法进行；对于调查政策或项目效果产生的因果关系或识别政策或项目影响背后的机制，可以采用计量经济学中的因果推断方法、案例研究方法等；要分析涉及政策或项目的存在、活动和结果的价值观立场，可以运用范畴化和编码等定性方法。以下仅介绍常用的定量数据分析方法、定性数据分析方法、混合数据分析方法和大数据分析方法。

（一）定量数据分析方法

政策与项目评估中的定量数据分析指对收集到的数量化数据进行系统性、科学性的分析和解释，以获取对政策或项目影响的客观认识（谢尔巴姆和肖克利，2019）。数学、统计学、计量经济学等多个学科均具有多种定量数据分析方法，评估人员可以从大量的分析方法中进行选择。这些方法包括频率计数、百分比、平均值、中值、方差和标准差、相关性、偶然性系数、多重衰减、卡方检验、一致性检验、方差分析、方差多重分析、协方差分析、显著性检验、得分分析、增值分析、成本分析、趋势分析、时间序列分析、样式分析、群组分析、效果参数分析、因素分析、多重线性模型、结构方程模型、判别式函数分析、概念映射、多维度量、回归分析等。还有一些统计软件，例如，SPSS、SAS、Stata 等简化了他们的使用。以下仅介绍一些基本的、常用的方法。

1. 描述性统计分析

描述性统计分析是对一组数据的基本特征进行全面、准确的描述和概括，通过图表、图形、数值等方式展现数据的分布情况、集中趋势、离散程度等。它是数据分析的基础，有助于更好地理解数据，并为后续的推断性统计分析提供重要依据。描述性统计分析的主要内容包括以下几个方面。①频数分析：统计数据中各个取值的频数，以便了解数据的分布情况。例如，对于一组学生的成绩数据，可以统计各个分数段的人数，以了解成绩的分布情况。②集中趋势分析：用来反映数据的一般水平，常用的指标有平均值、中位数和众数等。平均值是所有数据的和除以数据的个数，它可以表示数据的"平均水平"；中位数是将一组数据按大小顺序排列后，位于中间位置的数，它反映了数据的中等水平；众数是一组数据中出现次数最多的数，它代表了数据的"多数水平"。③离散程度分析：用来衡量数据之间的差异程度，常用的指标有方差、标准差、极差等。方差是每个数据与全体数据平均数之差平方值的平均数，用于描述数据与均值的偏离程度；标准差是方差的平方根，它与原始数据单位相同，更容易理解；极差是一组数据中的最大值与最小值之差，它反映了数据的波动范围。④分布形态分析：用来描述数据的分布形状，如偏态和峰态。偏态是指数据分布的不对称性，如果数据分布向左偏或向右偏，则称为左偏态或右偏态；峰态是指数据分布的尖峭程度，如果数据分布比较集中，则峰态较高，反之则较低。描述性统计分析在数据分析中具有重要的作用。首先，它可以帮助我们更好地理解数据，掌握数据的基本特征和分布情况。其次，它可以为后续的数据分析提供基础，如为推断性统计分析提供假设检验的依据。最后，它还可以用于数据的可视化展示，使得数据更加直观、易于理解。需要注意的是，在进行描述性统计分析时，应根据实际情况选择合适的统计指标和方法，并结合图表、图形等方式进行展示和分析。同时，还需要注意数据的异常值和缺失值等情况，以避免对分析结果产生不良影响。

2. 相关性分析

相关性分析是一种统计方法，用于研究两个或多个变量之间的关系强度和方向。在数据分析中，相关性分析有助于我们理解不同变量之间是否存在某种关联，以及这种关联的程度如何。这种分析在金融、经济、社会科学、医学等多个领域都有广泛的应用。相关性分析主要包括以下几个方面。①相关系数：相关系数是衡量两个变量之间线性关系强度和方向的统计量。最常用的相关系数是皮尔逊相关系数（Pearson correlation coefficient），它的取值范围在–1 到 1 之间。当相关系数为 1 时，表示两个变量完全正相关；当相关系数为–1 时，表示两个变量完全负相关；当相关系数为 0 时，表示两个变量之间没有线性关系。②散点图：散点图是一种可视化两个变量之间关系的方法。在散点图中，每个点的横坐标和纵坐标分别代表两个变量的取值。通过观察散点图的分布模式，我们可以初步判断两个变量之间是否存在某种关联。③相关性的显著性检验：在实际应用中，我们通常需要检验观察到的相关性是否由随机误差引起。为此，可以使用显著性检验方法，如 t 检验或 p 值检验。如果检验结果表明观察到的相关性是显著的，那么我们可以认为两个变量之间存在真实的关联。相关性分析的应用非常广泛。例如，在金融领域，分析师可以使用相关性分析来研究股票价格与市场指数、宏观经济指标等之间的关系，以便预测股票价格的未来走势。在医学领域，研究人员可以使用相关性分析来研究生活习惯、遗传因素等与疾病发病率之间的关系，为制定预防措施提供依据。需要注意的是，相关性分析只能揭示变量之间的关联程度，并不能确定因果关系。也就是说，即使两个变量之间存在强相关性，也不能直接推断一个变量是导致另一个变量变化的原因。因此，在进行相关性分析时，应谨慎解释结果，并结合其他研究方法和领域知识来综合判断。

3. 回归分析

回归分析是一种统计分析方法，用于确定两种或两种以上变量间相互依赖的定量关系。这种方法基于观测数据建立变量间适当的依赖关系，并通过分析数据内在规律来预测或控制某一过程。按照涉及的自变量的多少，回归分析可分为一元回归分析和多元回归分析；按照自变量和因变量之间的关系类型，可分为线性回归分析和非线性回归分析。常见的回归分析方法包括线性回归、逻辑回归、多项式回归、逐步回归和岭回归等。其中，线性回归使用最佳的拟合直线（也就是回归线）在因变量（Y）和一个或多个自变量（X）之间建立一种关系。线性回归通常用于预测分析，其中因变量是连续的，自变量可以是连续的也可以是离散的。而当因变量的类型属于二元（1/0，真/假，是/否）变量时，逻辑回归是一种常用的方法。逻辑回归用于估计某种事物的可能性，例如，根据给定的自变量预测某事件发生的概率。对于一个回归方程，如果自变量的指数大于 1，那么它就是多项式回归方程。多项式回归可以处理更复杂的非线性关系。在处理多个自变量时，可以使用逐步回归。这种技术中，自变量的选择是在一个自动的过程中完成的，用于判断哪些自变量的影响是显著的，哪些是不显著的，从而选择最重要的自变量进入模型。岭回归分析是一种用于存在多重共线性（自变量高度相关）数据的技术。它通过对回归系数施加惩罚来解决共线性问题，从而提高模型的稳定性和预测准确性。回归分析的应用非常广泛，但需要注意的是，与相关性分析一样，回归分析虽然可以揭示变量之间的关系，但并不能确定因果关系。在进行回归分析时，需要注意数据的质量、模型的假设条件以及模型的验证等问题，以确保分析结果的可靠性和有效性。

4. 方差分析

方差分析即比较不同组别之间的平均值差异是否具有统计学意义。首先，在政策与项目评估中，评估者可以利用方差分析来比较不同实验组或干预组的效果，揭示不同政策或项目在特定指标上的差异性，为决策提供依据。其次，在操作过程中，评估者需要根据具体问题和数据特征，选择适当的方差分析类型，包括单因素方差分析、双因素方差分析、多因素方差分析等，并根据具体研究问题，构建相应的方差分析模型，明确自变量和因变量，并考虑可能的交互作用。再次，通过方差分析软件进行参数估计，并进行显著性检验，确定不同组别或不同条件下平均值的差异是否具有统计学意义。最后，根据方差分析结果，评估者需要进行结果解释和结论推断，说明不同组别或条件下的平均值差异对政策或项目执行效果的影响。例如，在对某项教育政策的效果进行评估时，可以利用方差分析来比较不同教育政策实施区域或学校类型下学生的成绩表现，从而判断政策对学生成绩的影响。而对于城市基础设施项目，可以通过方差分析比较不同投资额度或建设周期下城市居民的满意度水平，从而评估不同条件下的政策或项目效果。

5. 时间序列分析

时间序列分析即对随时间变化的数据进行分析的方法，通常用于研究趋势、季节性和周期性。在政策与项目评估中，时间序列分析可以帮助评估者揭示政策或项目实施后指标的变化趋势，预测未来发展态势，为决策提供时序上的参考。在进行分析时，评估者首先需要根据数据的特点，选择适当的时间序列模型，如 ARIMA 模型（auto regressive integrated moving average model，差分自回归移动平均模型）、指数平滑法等，并通过时间序列分析软件进行参数估计，得出不同时间点下目标变量的预测值和置信区间。最后，对所建立的时间序列模型进行诊断，包括残差检验、模型拟合优度检验等，以确保模型的有效性和合理性。例如，在对某项经济政策的效果进行评估时，可以利用时间序列分析观察经济指标（如 GDP 增长率、失业率等）随时间的变化情况，以判断政策对经济的长期影响。而针对环境保护项目，可以通过时间序列分析了解环境指标（如空气质量指数、水质指标等）随时间的变化趋势，从而评估项目对环境影响的长期趋势。

6. 敏感性分析

敏感性分析即对模型参数或假设条件进行变动，以检验结果对于不同条件下的稳健性和可信度的分析方法。在政策与项目评估中，评估者可以通过敏感性分析，检验模型的鲁棒性，评估结果对于参数变动的稳定性，从而更全面地理解评估结果的可信度。在进行敏感性分析前，评估者需要明确政策或项目评估涉的关键参数，如成本、收益、市场需求等，并设置参数范围和假设条件。根据事先设定的参数范围，逐步改变参数数值，观察结果随参数变化的情况，分析不同参数取值对结果的影响。基于敏感性分析的结果，评估者需要解释参数变动对结果的影响程度和方向，找出最敏感的参数和最具影响力的因素。通过敏感性分析，评估者可以识别政策或项目执行中可能存在的风险因素，进一步预警和评估风险的概率和影响程度。例如，在城市交通规划中，可以利用敏感性分析探索不同交通规划方案对交通拥堵、空气质量等指标的敏感程度，以确定最佳规划方案。而对于能源政策的制定，可以通过敏感性分析研究不同政策条件下对能源消耗、碳排放等目标的影响，以制定更加科学的政策方案。

7. 定量数据可视化

定量数据可视化即将数据转化为图表或图像，有助于直观地展现数据的分布、趋势和关联关系。柱状图、折线图、散点图等图表形式可以帮助评估者清晰地呈现数据分析的结果，使结果更加易于理解和解释。通常通过以下四种方式进行展示。一是图表绘制，利用各种图表类型，如折线图、柱状图、饼图等，展现数据之间的关系和变化趋势。二是地理信息可视化，通过地图等方式展现空间数据的分布情况和相关政策或项目实施效果的地域差异。三是交互式可视化，利用交互式可视化工具，用户可以灵活选择感兴趣的指标和维度，自定义生成所需的数据图表，增强数据的交互性和可定制性。四是多维数据分析，通过多维数据立方体（multidimensional data cubes）等技术，实现多个维度下数据的多角度分析与呈现。

（二）定性数据分析方法

政策与项目评估的定性数据分析是对非数量化数据进行系统性和深入的理解和解释，以获取对政策或项目影响的全面认识，也是评估过程中不可或缺的一环。定性数据分析通常涉及一个归纳的、交互式的和迭代的过程，评估人员通过相关受众和数据源以确认或扩展评估目的和检验结论。其常采用叙述性的表达方式，如主要成果摘要、项目计划执行程度的讨论、委托方要求的主要和次要问题的描述、不同信息条件下一致性的判别、不同利益相关者观点中的结果对比、不同时间点的结果对比、因果关系解释等

（斯塔弗尔比姆和柯林，2019）。具体的方法包括文本内容分析、范畴化和编码、案例分析和比较、质性比较和交叉验证、定性数据可视化、会话分析（conversation analysis）、叙述分析（narrative analysis）、话语分析（discourse analysis）等。以下介绍几种基本的、常用的定性数据分析方法。

1. 文本内容分析

文本内容分析即对定性数据中的文本信息进行深入解读和分析。评估者可以运用内容分析法、主题分析法、语境分析法等手段，挖掘出文本数据中的重要信息和内涵，从而深入理解政策或项目的实施情况和影响。文本内容分析旨在通过系统、客观和可重复的方式从文本数据中提取有意义的信息和洞察。这种方法可以应用于各种文本数据，如新闻报道、社交媒体帖子、学术论文、用户评论等。文本内容分析的主要步骤如下。①明确研究的目的和需要回答的问题，例如，了解公众对某个话题的态度、分析竞争对手的营销策略等。②根据研究目标，收集相关的文本数据，并进行清洗和预处理，如去除无关信息、标准化文本格式等。③从文本中提取关键特征，如词频、情感极性、主题分类等。这些特征可以反映文本的基本属性和语义信息。④根据研究目标和提取的特征，构建一个合适的分析框架，如情感分析框架、主题分析框架等。分析框架应该具有明确的分类标准和量化指标，以便对文本数据进行客观的评估。⑤应用统计方法和可视化工具对提取的特征进行分析和解释。例如，可以利用词云图展示文本中的高频词汇，利用条形图比较不同组别之间的情感差异等。同时，需要结合领域知识和实际情况对分析结果进行合理解读和解释。需要注意的是，文本内容分析虽然具有广泛的应用前景，但也存在一些挑战和局限性。例如，文本数据的复杂性和多样性使得特征提取和分析过程具有一定的难度；同时，文本内容分析也受到语言和文化背景等因素的影响，需要进行适当的调整和验证。因此，在进行文本内容分析时，需要充分考虑数据特点和研究需求，并选择合适的分析方法和工具（姜维，2018）。

2. 范畴化和编码

这一方法的典型代表就是扎根理论。扎根理论是一种质性研究的方式，其主要宗旨是从经验资料的基础上建立理论。在研究开始之前，研究者一般没有理论假设，而是直接从实际观察入手，从原始资料中归纳出经验概括，然后上升到理论。这是一种从下往上建立实质理论的方法，即在系统收集资料的基础上寻找反映社会现象的核心概念，然后通过这些概念之间的联系建构相关的社会理论。扎根理论起源于格拉泽和斯特劳斯于20世纪60年代在一所医院里对医务人员处理即将去世的患者的一项实地观察，是近年来在社会学领域内使用最为广泛的研究方法论之一。其主要特点不在于其经验性，而在于它从经验事实中抽象出了新的概念和思想。在哲学思想上，扎根理论方法基于的是后实证主义的范式，强调对已经建构的理论进行证伪。对资料进行逐级编码是扎根理论中最重要的一环，包括开放性编码、主轴性编码和选择性编码三个步骤。第一，开放性编码是编码过程的第一阶段，研究者需要对收集到的原始资料进行逐句、逐段的细致分析，贴近数据进行命名和类属化。在这个过程中，研究者应保持开放的态度，抛开个人偏见和理论假设，从资料中发现并提炼概念，然后将相似的概念归于同一范畴。开放性编码的目的在于将原始资料转化为概念范畴，为后续的编码步骤提供基础。第二，主轴性编码。在开放性编码的基础上，研究者需要进一步发现和建立各主要范畴之间的关系。主轴性编码的主要任务是连接和整合开放性编码中形成的各个范畴，通过运用"因果条件→现象→脉络→中介条件→行动/互动策略→结果"这一典范模型，将各个范畴联结起来，形成更加紧密和具有内在逻辑的关系网络。第三，选择性编码，这是编码过程的最后阶段，研究者需要在所有已发现的范畴中提炼出一个核心范畴，这个核心范畴能够将其他所有范畴紧密地串联起来，形成一个系统的理论框架。选择性编码的关键在于找到一个能够统领全局的核心范畴，这个核心范畴应具有足够的抽象性和涵盖性，能够将所有其他范畴和概念有机地整合在一起。通过以上三个步骤的编码过程，研究者可以逐步从原始资料中提炼出概念、范畴和关系，最终构建出一个具有内在逻辑和解释力的理论模型。扎根理论的编码过程是一个不断将收集的资料打散，赋予概念，然后再以新的方式重新组合起来的操作化过程。在扎根理论的应用中，研究者需要保持理论与资料的紧密关联，通过"持续的比较分析"找出概念范畴之间的联系，直至发展出理论。因此，扎根理论被许多学者认为是模型建构和建立新理论的方法。

3. 案例分析和比较

案例分析和比较即对定性数据中的具体案例进行深入剖析和比较。评估者可以选取具有代表性的案例，进行详细的描述和分析，揭示其中的共性和差异性，进一步理解政策或项目在不同情景下的实际影响。案例研究可以分为单案例研究和多案例比较研究两种类型。单案例研究是指对一个特定的案例进行深入、全面的研究。这种研究方法通常用于探索某一新颖、独特或复杂的现象，或者用于验证某一理论假设的适用性。单案例研究的优点在于可以深入挖掘案例的内在细节和机制，提供丰富的描述和解释。然而，单案例研究的缺点也很明显，即难以将研究结果推广到更广泛的情景，可能存在个别案例的特殊性。在进行单案例研究时，研究者需要确定要研究的现象或问题，以及研究的目标和预期成果，并根据研究问题和目的，选择一个具有代表性的、能够反映研究现象的案例。通过访谈、观察、文档分析等多种方式收集案例数据，并对数据进行深入的分析和解释，并在分析数据的基础上，构建解释研究现象的理论框架，并通过与现有理论或实证研究结果的比较来验证其有效性。而多案例比较研究则可以对多个案例进行系统的比较和分析，以揭示它们之间的共性和差异。这种方法通常用于比较不同情景下的同一现象，或者用于验证某一理论的普适性。多案例比较研究的优点在于可以提高研究的外部效度，即研究结果更具有普遍性和可推广性。同时，通过比较不同案例之间的差异，可以更深入地理解现象的内在机制和影响因素。在进行多案例比较研究时，研究者需要注意根据研究问题和目的，选择一组具有代表性的、能够反映研究现象多样性的案例样本，同时明确要比较的主要维度和分析框架，以便对各个案例进行系统的比较和分析。针对每个案例，采用相同或相似的方法收集数据，并对数据进行深入的分析和解释。在分析过程中，要注重发现各个案例之间的共性和差异，并在单个案例分析的基础上，进行跨案例的比较和分析，以揭示现象的一般规律和影响因素。这一过程需要运用归纳和演绎等逻辑推理方法。

4. 质性比较和交叉验证

质性比较和交叉验证即对定性数据进行深入比较和验证。评估者可以通过对不同数据来源、不同受访者或不同时间点的数据进行比较和交叉验证，以确保分析结果的可靠性和有效性。具体涉及以下方法。一是文本分析，通过对相关文本材料进行比较分析，把握其关键议题、目标和实施方式，找出相似之处和差异点。二是借助专家访谈，收集不同政策或项目实施过程中的经验和教训，进行交叉验证和比较。三是利用 SWOT 分析法①，对不同政策或项目的优劣势、机会和威胁进行比较，找出各自的特点和问题。四是通过多个案例的深入研究，掌握各自背景、实施情况及效果，从而进行质性比较和交叉验证。例如，通过质性比较，了解不同地区教育政策的实施情况和效果，找出存在的问题和改进方向；或是通过交叉验证，了解多个大型基础设施建设项目的实施情况，找出项目管理的优劣势及改进方案。

5. 定性数据可视化

虽然定性数据通常不是数值化的，但评估者仍可以利用数据可视化工具（如词云图、关系图等）将定性数据呈现为直观的图表或图像，这有助于展现数据中的关联关系、趋势和特点。其方法具体涉及以下几种。一是构建图表，包括条形图、饼图、雷达图等，以及散点图、气泡图等多样化图表，展现定性数据的分布和关联。二是制作词云，通过词频统计和排列，形成词云图，直观地展示不同标签或主题在数据中的重要性。三是绘制关系图，通过网络图、树状图等方式，展现定性数据之间的联系和层次结构，便于发现内在规律。四是制作地图，通过地理信息系统等工具，将定性数据与地理空间结合，揭示区域差异和空间分布特征。

（三）混合数据分析方法

混合数据分析的策略一定程度上由所采用的混合方法设计决定。如果先收集一种类型的数据，然后再收集另一种类型的数据，则策略是在澄清两个数据集之间的关系，如数据分析的第一阶段如何影响数据分析的第二阶段的决策？如果同时收集两种不同类型的数据，则混合数据分析需要寻求对数据分析策略的整合。当在评估的多个阶段收集定量和定性数据时，数据的整合也很重要（Mertens and Wilson，2019）。

混合数据分析可以采取以下过程。首先，需要通过使用适当的软件建立数据库以准备待分析的定量和定性数据。其次，对数据进行探索，寻找可能的整合点。探索数据具有重要的意义，通过数据探索，让两个数据集揭示比较、对比和额外分析富有成效的点。最后，评估者可以报告数据集之间的关系，并整合这两个数据集来获得评估问题的丰富答案。整合的关键是认真地在定量数据和定性数据之间建立对话，以增进理解。

混合数据分析的具体方法如下。

（1）顺序性整合（sequential integration）。其中前一阶段的分析指导后续阶段的设计，并导致整合这些阶段数据的进一步分析。例如，可以先对访谈、观察的定性数据进行分析，这一阶段的分析的结果可被用作问卷调查、深度访谈的基础。最后对所有数据进行全面整合。

（2）互补性分析（complementary analysis）。当在一项评估中使用多种测量方法时，

---

① SWOT 分析法又称"态势分析法""优劣势分析法"。用来确定企业自身的竞争优势（strengths）、竞争劣势（weakness）、机会（opportunities）和威胁（threats）的一种综合分析法。

可对不同数据源进行互补性分析。例如，将对政策结果指标问卷调查的定量数据与探索政策执行人员和参与者经历的焦点小组讨论数据相结合，可以更全面地分析政策的影响。

（3）分析链接的数据（analyzing linked data）。通过寻找模式和对比来分析链接的数据。在评估培训项目时，先对参与者进行定量和定性的调查，并将定量和定性的回答与每个参与者联系起来；然后评估人员将调查的平均得分与参与者的叙述性反应进行比较，可以得出更细致的结论。

（4）数据转换（data transformation）。通过数据转换进行整合。可以进行两种类型的数据转换：将定性数据转换为可统计分析的定量数据和将定量数据转换为叙述性数据。当定性数据转化为定量数据时，这被称为"量化"。如可以简单地定义一个重要的主题，然后给没有提到的参与者分配 0，给提到的参与者指定 1。定量数据转换为叙述性数据被称为"质化"。经过转换后，可以对数据进行整合。

（5）内在混合（inherently mixed）、整合方法（hybrid methods）。其涉及整个评估过程数据收集的混合，例如，使用数据可视化技术将大量数据压缩成可视化模式，产生可以根据可用的定量数据进行解释的定性图形，由此可以揭示变量之间的关系（Bazeley，2018）。

（四）大数据分析方法

评估中大数据分析往往涉及多个数据源的组织和集成，以及识别数据中的模式、关联和其他有价值的、深入的信息。目前数据科学和大数据技术已经提供了许多强大的分析工具或方法，用于分析庞大和复杂的数据集，而这些数据集难以使用传统的数据分析程序和计算机来进行分析。依据大数据的存在形态，可以分为文本分析方法、图像分析方法、音频分析方法、视频分析方法。其中，典型的文本分析方法包括词法与句法分析、语义分析、语篇分析、语言认知模型、语言表示与深度学习、文本分类与聚类、信息抽取、情感分析、序列标注、机器翻译等。典型的图像分析方法包括图像内容检索、光学字符识别、人脸识别、卫星遥感影像分析、表情识别。代表性的音频分析方法包括音频分类、音频流分割、音频内容检索。典型的视频分析方法包括运动目标识别、运动图像抽取等。依据处理对象间的关系，还包括复杂网络分析和知识图谱分析。复杂网络分析常用的方法包括统计特征分析、社团发现、链路预测、重要节点发现和社会网络分析，知识图谱分析则主要包括知识抽取、知识融合和知识加工（王建冬等，2019）。而依据分析方法的层次，可将大数据分析方法分为基本分析方法、高级分析方法和数据挖掘方法。其中，基本分析方法包括比分析、趋势分析、显著性差异分析、分组分析、结构分析、综合评价分析、漏斗分析等；高级分析方法涉及时间序列分析、相关分析、回归分析、判别分析、主成分分析、因子分析和多维尺度分析等；数据挖掘方法包括机器学习、专家系统和模式识别等。

而这些方法也要根据不同的评估目的、评估类型和评估问题进行选择和组合。例如，在对政策和项目的事前评估中，可以运用贝叶斯统计等方法，发现变量之间的关联模式并预测政策和项目的未来趋势或识别不同政策结果的概率分布。在对政策和项目的事中评估中，可以运用一些描述性和探测性方法来探测方法来识别数据集中的任何异常或监测目标群体在政策和项目中的经历与体验。在对政策和项目的事后评估中，可以通过建模和数据挖掘方法来识别看不见的模式、解释政策和项目有效或无效的原因。当然，由于大数据的庞大和复杂性，在分析时可能面临随时间变化的可比性、非人类互联网流量、代表性和选择偏差、空间自相关、归因和虚假相关性等挑战，为了获得准确和可信的结果，在分析时也要合理地应对这些挑战。

第三节　获得评估结论

基于前述步骤，对数据分析的结果进行综合与解释，最终得出评估结论。获取有效结论需要遵循一定的步骤，也是一个综合过程，同时，还需要把握一些注意事项。

一、获取有效结论的步骤

获取有效结论需要一定的步骤，具体步骤如下（斯塔弗尔比姆和柯林，2019）。

（1）依据充分的、可靠的、密切相关的、符合文化习惯的、有效的信息，阐明合同内规定的评估问题。

（2）得出对评估目的做出明确解释的有效结论，如分析评估政策与项目的优势与劣势、主要效果和负面效果、成本-效率和价值。

（3）将结论限制在适当的时间期限、范围、目标和活动内。

（4）明确能够决定评估结论的人员，如应用信息的评估人员、提供输入的利益相关者。

（5）确定并报告为得出结论而采用的所有重要假设、解释框架和价值，并进行适当说明。

（6）报告评估结果的其他解释，说明不采纳其他解释的原因。

（7）记录整个过程和其中的特定细节，以便日后进行独立评审。

二、综合过程

获取有效结论的过程也是一个综合过程，其关注受众的问题和有关政策或项目价值的问题，将关于评估问题和判断与建议方面的各种分析结果紧密结合起来。具体涉及以下两个方面的内容。一是因素权衡和评估。综合过程首先需要对各种因素进行权衡和评估，这些因素可能涉及经济、社会、环境、政策法规、技术、市场等多个方面，需要综合考虑这些因素之间的相互影响和作用。例如，需要考虑政策或项目的经济成本、社会效益、环境影响以及实施的可行性等多方面因素，以便获得政策或项目的更全面的结论。二是利益相关者的参与。评估者需要充分考虑利益相关者的意见和需求。利益相关者可能包括政府部门、企业组织、公众群体、专家学者等各种利益相关方，他们对于问题的认知、立场和利益诉求都可能存在差异，因此需要通过沟通、协商和参与等方式，确保他们的意见得到充分的回应。

除常规的综合过程外，学术界内有一部分学者提出了一个颇具创新性的观点：他们主张利用客观、明确的测量标准来获得非主观的、更为合理的最终评估结论。这些学者强调，测量标准不仅能够提供精确的定量数据，还能够涵盖丰富的定性信息，从而为评估者提供一个更为全面、多维的视角。在这一思路下，古久（Gugiu）等学者开发了一种名为"总结性信度"（summative credibility）的方法。总结性信度是一种专门用于评估研究或项目总结性价值判断的准确度和可靠性的统计学方法，旨在提供一个系统化、客观化的评估框架，以整合各种信息，从而得出全面而准确的评估结论（宾厄姆和菲尔宾格，2008）。通过这一方法，评估者可以将各种来源、各种类型的信息有效地综合起来，进而形成一个更为准确、更有说服力的评估判断。总结性信度的核心原理在于通过设置评估结论的置信区间来确定评估判断的可靠程度。置信区间是一个统计学概念，用于表示一个参数值可能存在的范围，该范围以一定的置信水平（如95%）为基础。在总结性信度的应用中，评估者会根据收集到的数据和信息，计算出评估结论的置信区间，从而判断评估结果的可信度和稳定性。总结性信度作为一种专门用于评价总结性评估结论的统计学方法，其最大的特点在于：它通过设置评估结论的置信区间，来确定总结性价值判断的准确度。这意味着，评估者不再仅仅依赖于一个单一的、固定的评估结果，而是能够在一个合理的范围内，对评估结论的可靠性进行更为深入、更为细致的分析和解读。这种方法的提出，不仅为评估领域带来了新的思考方向，也为实践中的评估工作提供了更为强大的工具支持。通过总结性信度方法，评估者可以更加自信地面对各种复杂、多变的评估场景，从而做出更为明智、更为合理的评估结论。然而，总结性信度也存在一定的局限性。一方面，该方法对数据和统计技术的要求较高，需要评估者具备相应的专业知识和技能。另一方面，由于现实世界中许多因素都是复杂而多变的，因此即使采用了总结性信度方法，也可能无法完全消除评估结论中的主观性和不确定性。此外，该方法在某些情况下可能无法直接应用于非数值型数据或定性信息的评估。

三、产生有效结论的注意事项

（1）注意结论的逻辑性和公正性。评估结论应是在严密的分析的基础上获得的，结论必须严谨，也必须与相关信息联系在一起的。评估结论也不应夸大和掩饰，而应对政策或项目的优点、价值、积极效果、负面效果等做出公正的陈述。

（2）明确结论的适用范围和时效性。在形成结论时，评估人员需明确结论的适用范围和时效性。这是因为不同的时间期限、地域范围、目标群体和活动类型可能会对评估结果产生显著影响。因此，将结论限制在适当的范围内是确保评估准确性的关键。

（3）报告分析工具和假设。在评估过程中，评估人员可能会采用各种假设、数据分析工具和解释框架来帮助形成结论。这些工具和假设应当在报告中明确提及，并结合评估过程进行适当说明。这样做不仅增加了评估的透明度，还有助于读者理解评估结论是如何得出的。

（4）注意评估结论的全面性和包容性。评估过程中可能会产生多种解释和观点。评估人员需要在结论中全面、如实地反映这些不同的声音，并说明为何最终选择了某种解释作为结论以及放弃其他解释的原因。这种开放、包容的态度有助于增强评估的可信度和说服力。

（5）提出合理、可行的政策建议。结论形成后，评估人员需要根据评估结论提出合理、可行的政策或项目改进建议。这需要评估人员结合数据分析的结果，结合政策或项目的具体情况，提出可行的改进建议，为政策制定者或项目管理者提供决策支持。

📝 本章小结

　　本章着眼于评估实施的三阶段：评估数据收集、评估数据分析与获得评估结论。首先，在评估数据收集阶段，评估主体需要明确数据收集的主要标准，选取一种或多种收集方法获取原始数据，并注重数据收集的质量控制。其次，在评估数据分析阶段，评估人员应在明确分析过程和分析原则的前提下，依据所获得的数据类型与评估目标等选取合适的数据分析方法，对数据进行全面整理和分析。最后，在获得评估结论阶段，需要遵循一定的步骤，注重对各种信息的综合，同时，还需要把握一些注意事项，最终产生有效结论。

☑ 关键术语

　　评估数据收集，评估数据分析；混合数据收集，混合数据分析；大数据收集、大数据分析；数据可视化；评估结论；综合过程

📝 复习思考题

　　1. 评估数据收集的主要标准包括哪些？
　　2. 评估数据收集质量控制有哪些手段？
　　3. 评估数据分析应该坚持哪些原则？
　　4. 敏感性分析有何作用？如何实施？
　　5. 混合数据分析方法有哪些？
　　6. 获取有效结论需要遵循哪些步骤？
　　7. 产生有效结论需要把握哪些注意事项？

第十一章
政策与项目评估结果交流、利用和元评估

经过政策与项目评估的规划与实施，获得了评估结果。但这不意味着评估的结束。事实上，评估人员还需要向委托方、其他利益相关者和公众公布、传播、交流评估结果或报告，并采取适当方式促进评估结果的使用。而且，为了提升评估的科学性和有效性，还需要对评估本身进行评估（即元评估）。本章将介绍政策与项目评估结果的交流、利用和元评估。

第一节　评估结果交流和利用

一、评估结果交流

（一）评估结果交流的含义与意义

评估结果交流是指评估者通过各种方式、利用各种媒介向利益相关者传递、呈现、沟通评估结果的过程。评估结果交流有助于及时发现和解决评估中遇到的各种问题，推动政策和项目评估的改善、利用，进而扩大评估的影响力。评估结果交流并非仅局限于评估结束后的最终成果展示和传播，而是贯穿在评估过程的始终，评估者和利益相关者根据需要可以随时进行沟通和观点碰撞。因此，评估结果交流也可以被视为政策和项目评估的动态调整和优化过程，可以为后续评估的开展创造有利条件。

（二）评估结果交流的复杂性与挑战

在实践中，评估结果交流过程不是一个简单的过程。通常，评估人员应与客户群体互动，在整个评估过程中为他们提供形成反馈并辅助制定政策或项目改进决策。不同层次的受众可能要求或被授权不同数量和等级的信息。在控制信息的发布方面，评估人员往往必须有效和妥善地处理合同和法律的约束，为避免过早或不适当地发布评估结果，有时不得不应对来自媒体或政治利益集团的压力。此外，提交给客户群体无效或项目实施失败的事实是困难的和令人不安的，有时，评估人员必须揭示的结果存在不同利益追求团体之间的纷争。尤其是当给存在争议的项目方提供不受欢迎的结果时，评估人员的日子是不好过的（斯塔弗尔比姆和柯林，2019）。尽管获得了评估结果，但评估人员也许无法有效地将结果通告给全体的预期用户。除非提交给评估预期用户的中期和最终的结果是采用一种及时的、系统的、有说服力的、符合伦理的、容易理解的方式和较好地

把握了一些注意事项。

（三）评估结果交流的方式与注意事项

1. 评估结果交流的方式

成功进行政策和项目结果交流需要评估者选择既反映交流信息的特点、又满足利益相关者接收和理解信息能力的交流方式和媒介。这些交流方式主要体现为书面报告形式和非书面报告形式等两种类型。

1）书面报告形式

评估中的书面报告可以采取多种不同的形式，例如，评估报告、备忘录、传单、小册子、网页和新闻稿等。

首先是正式的评估报告。从分享信息的目的来看，评估报告可以分为咨询性报告和学术性报告；从分享信息的时间来看，可以分为中期报告和最终报告。咨询性报告主要提供给项目委托方和其他利益相关者，使他们认识、了解和理解评估结果，并促进他们对评估结果进行使用；学术性报告是在学术期刊或学术会议上提交的评估报告，其目的在于促进学界对于该评估的了解，以促进知识的增长。评估报告的内容常常包括执行摘要、评估对象介绍（描述被评估的项目或政策）、评估方法介绍（包括对利益相关者的介绍、伦理审查、数据收集策略和工具、参与者以及数据分析等）、结果（呈现质性、量化或混合分析的结论）、结论（解释评估的结论、意义等）和建议等。在评估报告的写作过程中，撰写者需要遵守政策和项目评估的基本伦理规范要求，保证评估报告的真实性和准确性，不会出于迎合某些重要利益相关者的考虑而捏造、篡改数据或评估报告内容。需要注意的是，咨询性报告与学术性报告不同，其要求评估者站在决策者立场，分析他们面临的约束和机会，通过合理和精炼的叙述吸引他们的注意力和阅读兴趣。因此，咨询性报告要求短小精悍，开门见山，聚焦突出的现实问题，分析简洁有力，对策直接干脆。在结构安排上，有学者主张用"1∶3∶25"的层次结构是向决策者和实践者提供评估结果。"1∶3∶25"格式即用1页的篇幅写作"基本观点"或"可操作信息"，用3页的篇幅写作执行总结和用25页的篇幅写作报告（Bennett and Nasreen，2011）。这个涉及关键信息首页的结构类型已被经常使用，并反映了目标受众对基本观点的偏好。有证据表明，这种呈现顺序可以提高受众对评估结果的整体理解。

为了促进评估结果的交流和使用，一些评估人员也采用规模比咨询性报告、学术性报告小的其他形式来报告和交流评估结果。这些形式包括备忘录、传单、小册子、网页等。作为一种临时性的报告，评估人员可在备忘录中介绍评估各个阶段的形成性数据，也可以使用包含文本和图形的传单或小册子。此外，基于网络的知识传播正在蓬勃发展，在文本和图形相结合以及与其他相关资源的联系方面提供了许多选择。基于网络的技术还提供了许多新出现的传播报告以及获取报告反馈的战略。例如，基于网络的聊天室或微信群提供了在很短的时间内传播调查结果和从一群人那里获得反馈的手段。

为了向更广泛的公众报告评估结果，评估人员或团队有时也采用新闻报道的形式。这种报告形式要求评估人员像一名记者，其写作一般采取倒金字塔的结构安排，把最重要的内容放在最前面，不需要过多地介绍政策与项目评估的主要细节，也要避免使用让人难以理解的专业术语。

2）非书面报告形式

书面报告形式虽然可以为委托方、其他利益相关者或公众的阅读和思考创造有利条件，但是对于那些比较忙碌或者不具备基本阅读素养与条件的利益相关者而言，书面报告可能会在很大程度上阻碍了他们对评估内容的接收、理解和沟通。因此，为了使评估报告获得更广泛的支持，使广大的利益相关者能够及时获知评估结果，进而对他们的思考和行为方式产生影响，评估者还需要考虑非书面的交流形式。非书面报告形式主要包括陈述（presentations）和表演（performances）。

陈述的作用与开会、谈话、打电话、面试等其他人际沟通方式一样，也是在两个相互独立的个人或群体之间建立联系，以使他们能够互相交换意见，以达到共鸣。评估者因而可以利用陈述来潜移默化地影响和说服出席陈述现场的利益相关者，使他们能够接受评估报告的主要观点，并围绕这些观点采取行动。报告和交流评估结果的一些陈述策略直接取自学术界。在学术界，正式陈述是在会议上或为陈述目的而召集的小组中进行的。在准备陈述的时候，评估者考虑可用的时间、观众可能提出问题的愿望以及与会者的多种交流风格，尤其是要正确思考和设计出能够赋予陈述能量的PPT。例如，侯格通过使用包含了利比里亚手语视频的PPT向利比里亚蒙罗维亚的聋人群体分享了评估的结果（Houge，2017）。

鉴于很少有人真正阅读评估报告，一些学者提出和使用艺术表演的形式来报告和交流评估结果。民族志戏剧（ethnodrama）就是其中的典型代表（Saldaña，2011）。民族志戏剧将"民族志"（ethnography）和"戏剧"（drama）相结合，以吸引大量观众，与不同的利益相关者共享数据，并促进利益相关者对评估结果和变革策略的讨论。民族志戏剧的实质是数据的戏剧化呈现。米恩扎科夫斯基等曾运用民族志戏剧报告了对遭受性攻击者提供的康复干预进行评估的结果。他们使用民族志研究期间收集的定性数据编写了一个剧本，并向利益相关者分享该剧本以进行验证。然后，他们安排了一场以利益相关者群体为第一批观众的戏剧表演，以确保剧本在表演时也被视为对利益相关者经历的有效描述。民族志戏剧的变化导向部分以详细的表演指南的形式出现，工作人员可以使用表演指南让观众在表演开始前做好准备，并在表演结束后引导讨论。演员和观众也可以一起参与讨论。通过这些方式，最终让观众在表演结束时了解、理解评估结果，并对如何改进康复措施充满想法（Mienczakowski and Morgan，2001）。

2. 评估结果交流的注意事项

（1）注意数据可视化。数据可视化指对数据进行图像或图形格式的演示，其类型包括数据图表、信息图、思维导图、文字云等多种类型，数据来源包括各类结构化、半结构化、非结构化等数据，生成形式包括自动化、半自动化、手动等多种方式，艺术化的处理方式包括色彩、形状、交互等。评估结果交流中数据可视化的利用可以让数据所包含的信息传达得更加美观、直白且通俗易懂，突出了值得注意的复杂和重要信息，可以更好地支持讨论和决策过程。对于评估者而言，具体选择哪种类型的可视化技术需要综合考虑各种影响因素，这些影响因素包括：阅读对象的类型，图形在评估报告中的作用，数据可视化的载体，可能会扭曲理解的情景问题，可视化数据的可访问性和可理解性，数据可视化规范的一致性，内容展示的规模、时间和复杂性，被误解的可能性等。

（2）引导讨论和管理冲突。在报告评估结果和交流的过程中，由于利益相关者常常包括有利益冲突的不同群体，因此可能就评估的结果及其重要性和意义产生激烈的交锋。此时，引导讨论和管理冲突显得较为重要。评估人员要擅长组织和主持利益相关者之间的讨论，协调或协助利益相关者之间和谐的交流，解决他们之间的分歧，并帮助达成共识。评估人员应在帮助不同的利益相关者认识和理解评估结果中起到重要的桥梁作用（斯塔弗尔比姆和柯林，2019）。

（3）遵守评估伦理。在报告和交流评估结果时，评估人员有时会面临压力，要求报告比数据所保证的更有利（或更不利）的结果。政策决策者或执行者可能希望以最有利的方式展示该项目，以确保该项目能够继续进行或获得更多的资金。也有可能是一个机构想要削减一个项目，因此工作人员会要求提供一份强调不太有利结果的报告。此时，评估人员应该保持客观公平、恪守道德以及满足有权获得评估结果的所有人的评估需求，不应对各群体之间的纠纷有所偏袒，不应放弃评估人员的责任、权力和独立性。

二、评估的利用

政策与项目评估的一个重要目的或者说一个重要特征便是追求评估信息（包括评估结果和评估过程）的利用。鉴于本书第八章"实用主义评估"已对评估利用的部分内容（范式、评估利用类型、评估利用的理论解释、面向使用的评估模型等）进行了介绍，以下仅对评估利用与滥用、评估利用的影响因素以及促进评估利用的具体途径进行介绍。

（一）评估利用与滥用

评估利用（evaluation use）可以被定义为各种潜在用户对来自评估结果或其过程的信息加以适当运用，以便对被评估的政策或项目及其内容、组织成员的角色及其观点等施加影响，进而达到做出决策、改变态度、证实先前的决策或行动或者建立个人或组织评估能力等目的（Alkin and King，2017）。

需要注意的是，在理解评估使用时，要将其与评估的滥用或误用（evaluation misuse）区分开。评估的滥用意味着评估过程及其结果被评估的利益相关者不适当地用来满足终结政策或项目、减少资助或获取政治支持等利益。评估的滥用可能会贯穿在评估的全过程，在评估的委托阶段时，评估的结果利用者可能出于追求政治利益的考虑而委托开展评估活动；在评估的开展阶段，评估的利用者可能会干扰评估活动的正常开展，有意要求或暗示评估者选择那些能支撑他们观点的数据来论证决策的合理性；在评估的报告阶段，评估的利用者可能有意识地修改评估结论或选择性呈现报告内容，以便满足自己的利益诉求。在帕顿看来，对评估滥用的判断要考虑情境因素的影响，评估滥用的出现有以下原因：①绩效评估中的腐败，评估错误的对象或用简单的标准和方式来衡量复杂现象；②机械利用，即将决策建立在满足某些事先建立的标准的基础上，从而忽视了评估报告中的其他数据信息或解释；③注重单一叙述的简单性，注重那些符合自身利益或观点的信息，而忽视那些建立在科学、严谨分析基础之上的信息；④对理性的摒弃，拒绝与自身信念背道而驰的科学数据和信息（Patton，2015）。在开展评估利用活动时，要坚决避免对评估的滥用。

（二）评估利用的影响因素

1. 用户因素

"用户"指评估的使用主体，具体来说指评估的利益相关者，包括如下具体因素。

（1）用户的个人特征。涉及用户的组织角色、信息处理方式、组织经验、社会特征等。比如，一些研究表明，领导特征与评估的使用呈正相关，拥有更多的技能和主动性的领导者，更倾向于使用评估信息。又如，如果用户具有先前的、评估使用的积极经验，也会促进对评估信息的使用。再如，用户对任何形式的有用信息的开放性也影响评估的使用，如果用户越能思考、接受或倾听不同的想法，则使用评估信息的可能性越大。

（2）用户的信息需求。包括用户信息需求的强度、用户所需信息的类型以及用户对信息需求的变化。随着决策者意识到对信息的更大需求，他们对评估结果的使用便会增加，他们采纳评估建议的倾向也会增加。决策者所需的信息类型也会影响了利用率，比如，对于扩大政策选择方面的信息需求就可能增加对立法改革评估的利用率。用户对信息需求的变化越大，则将评估信息用于决策目的的可能性越小。

（3）用户对评估的态度。包括用户特别是决策者对当前评估的总体态度和具体态度，如能够对数据做出反应的信念（内部控制源）以及在必要时做出不受欢迎的改变的意愿等。研究表明，用户对评估的态度似乎与使用有着明确的正相关关系。越是持有赞同的态度越倾向于使用评估信息，相反，对评估的消极态度则会导致利用率下降。

（4）用户的参与。更多地参与有助于更高水平的利用。用户参与可以提升对政策、决策的了解，并能加强诸如沟通、相关性、信息处理和可信度等，从而增加对评估的使用。

2. 评估者因素

规划和实施评估的人员的某些特征也会评估信息的使用，包括以下几个因素。

（1）评估者的奉献精神和承诺。评估者是否具有致力于促进和激励使用的奉献精神和承诺对评估信息的使用有着强烈影响，如果他们认识到开展评估的目的或评估的价值在于改进决策，则可能在评估行动中注重或有意识地施加影响，促进评估信息的使用。

（2）评估者的能力和素质。评估人员的政治敏感性和可信性越强，则评估信息使用的可能性越大；如果评估人员能够扮演促进者和教师的新兴角色，则评估信息使用的可能性也会越大。

（3）评估者让潜在用户参与或与潜在用户建立密切关系的方式。这包括让潜在用户参与到评估活动的各个方面，以及发展与这些用户的融洽和良好的工作关系。良好的方式不仅促进了用户的参与，也增加了评估者自身的可信度，从而对评估信息的使用产生正向影响。

3. 评估因素

评估因素指与评估实施有关的因素，包括评估程序、评估信息的相关性和沟通质量三个具体的因素。

（1）评估程序。虽然技术卓越和必要的严格性很重要，但最重要的是所用方法的适当性及其在潜在用户中的可信度。因为这将影响评估的质量和评估的可靠性，从而影响评估的使用。

（2）评估信息的相关性。相关性是指评估针对受众的程度、是否反映了评估使用的背景知识、与决策者偏好一致程度。如果评估越是针对受众，更好地反映了评估使用的背景知识、与决策者偏好越一致，则越能满足用户的信息需求，那么，其被使用的可能性将越大。

（3）沟通质量。沟通质量也具有重要影响，必须采用用户可以理解的形式报告结果，如评估报告的风格、清晰性，评估者对结果的宣传和传播的及时性和广度都会影响评估信息的使用或有效使用。

4. 组织/社会背景因素

组织/社会背景因素包括正在进行的评估所在的组织的特点以及广泛的环境因素。评估使用不是在真空中进行，组织和社会背景为评估使用设定了最佳用况和上限。具体的影响因素如下。

（1）正在进行的评估所在的组织的性质。这包括组织的自治程度、组织中高层管理者的影响力等。比如，对于高层管理者，因其作为组织中的关键个人，其对评估结果的使用有很大的影响。从间接的角度来看，没有他们的支持，评估者很难让组织内的成员积极参与评估过程。从直接的角度看，高层管理者的影响力可以用来培养和颠覆评估使用的过程，如果高层组织者愿意提升组织能力，则会支持评估信息的使用，但若其只是追求维护其个人利益，则可能压制或忽视不利于他们的评估信息的使用。

（2）政策或项目的特征。政策或项目的年限、涉及的预算制度等也会影响人们能够有效地使用评估的程度。如评估报告建议调整预算以对项目进行改进，但如果项目涉及的预算制度僵化，拒绝适当的预算修订，则这一评估建议无法得到使用。

（3）决策特征，包括决策领域、决策背景和决策的重要性等。从决策领域来看，在确定项目的优点与缺陷、教师自我提高、设施管理和项目管理等方面的使用率很高。也有研究表明，评估在决策过程的早期阶段最有用。利用率较低的决策领域包括项目执行、补充预算、学生问题和晋升决策。从决策背景来看，研究表明，与小学相比，中学更多地将测试结果用于与家长沟通和教学决策。与公立学校系统相比，私立学校的管理人员更倾向于使用考试来制定决策。从决策的重要性来看，因为越重要的决策，信息需求越大，因而有更多的评估使用。

（4）政治气候，包括决策者对外部赞助者的独立性、组织间和组织内的竞争、预算斗争、权力斗争等。如果评估结果被员工视为威胁（如他们感到"束缚了手脚"，导致关键员工离开组织，或者导致内部辩论和预算争吵），则会减少对评估信息的使用。又如在有关项目的政策社群中，如果存在来自个人和团体的反对使用的压力，则会对评估信息使用造成很大的阻力。

（5）竞争性信息。与评估问题有关、但来自评估以外的信息来源（如来自评估者之外的个人、员工、同行等的信息）可能阻碍评估信息的使用，因为这些信息与评估信息形成了竞争（Alkin and King，2017）。

（三）促进评估利用的具体途径

基于以上影响因素，要促进评估的使用，显然需要从用户、评估者、评估和组织/社会背景等方面进行全方位的、针对性的推进和努力。斯塔弗尔比姆等曾提出促进评估利用的四种重要途径（斯塔弗尔比姆和柯林，2019），以下仅对这四种途径进行简要介绍。

（1）让利益相关者参与评估。参与评估可以强烈影响参与人对评估过程和结果的理解、尊重和利用。因此，在可行的情况下，创造各种机会和条件，让评估的利益相关者参与评估规划、评估实施、评估报告草案并做出反应是明智之举。在评估过程中帮助利益相关者关注评估问题，并考虑如何应对这些问题是提高评估兴趣并最终使用结果的一个很好的方式。

（2）确定预期用户及其评估结果的潜在应用。为促进评估的使用，评估人员应确定评估的预期用户和他们对评估结果的潜在应用。在确定评估的预期用户方面，应考虑范围广泛的潜在的利益相关者群体，确定所有需要并有权收到评估报告的人；在确定评估结果的潜在应用上，评估人员应设想确定的预期用户有哪些可能的应用、他们如何应用并可能获得的收益。斯塔弗尔比姆等设计了一个确定预期用户及结果预期利用的框架表。在该表中，评估的潜在用户包括委托方、资助者、项目主管、项目员工、项目接受人、可能受到评估损害的人、项目的潜在应用者、竞争项目人员、一般公众、媒体等，潜在的应用包括项目发展和改进，项目问责，项目运作、发布、所涉现象的理解以及其他。明确了预期用户及其潜在应用之后，评估人员可以开展针对性的促进评估利用的活动。例如，决定什么样的报告最具有影响力，哪些人或群体应该收到这些报告，如何针对不同当事人的利益进行报告和交流以及提交报告的时间和方式等。

（3）通过评估合同建立信任和可行性。评估合同为解决以下问题的争议提供依据：哪些群体应得到哪份报告，谁将帮助编辑报告，谁拥有最终的编辑权，如何评估和完成报告，何时和向谁发布报告，评估人员是否应为用户理解、解释和应用评估结果提供帮助等。在签订合同之时，达成并公布一套合理的预先评估协议，有助于与委托方建立信任，并使他们尊重评估和应用评估结果。

（4）建立利益相关者评估审查小组。利益相关者评估审查小组由利益相关者的代表组成，其作用是审查和提供关键的评估活动，制定评估设计、时间进度、方法、报告，以及制订发布计划和后续计划等，对草案材料的准确性、清晰度、可行性、相关性、重要性以及可能对利益相关者产生的影响进行评估。审查小组在审查过程中，逐渐熟悉评估过程和评估结果，开始理解并尊重不同利益相关者的观点，也提高了评估的质量，并促进利益相关者尊重评估过程和结果以及使用评估结果对政策或项目进行变革。

第二节　元　评　估

一、元评估的含义、类型与意义

（一）元评估的含义

从评估计划拟定、数据收集到数据分析和解释等工作的完成并不意味着评估任务的结束，为了检验和保障评估质量，还需要对评估工作本身进行评估。作为对"评估的评估"的体现，"元评估"（meta-evaluation）概念被斯克里文在 1969 年首次提出。在他看来，通过发布不准确或有偏见的评估报告，评估者将严重误导消费者购买劣质或次级教育产品，这些产品也必然会伤害儿童和青少年，必须对评估行为本身进行评估（Scriven，1969）。因此，元评估可以被看作一个完整评估阶段的最后环节，通过对评估质量进行交叉验证，以检验评估过程的正确性和结果的准确性。

一经提出，"元评估"的概念就吸引了学者的关注，他们从不同角度丰富了元评估的内涵。库克等从元评估对象的角度出发，将元评估视为针对总结性评估的评估，其直接目的是提高评估质量，以及间接检验评估能否实现诸如针对政策的关联性开展因果命题检验之类的承诺（Cook and Gruder，1978）。库克塞尔等从元评估目的角度出发，认为元评估是对评估本身进行的系统审查，以确定评估过程和结果的质量（Cooksy and Caracelli，2005）。斯塔弗尔比姆将元评估视为评估的基本类型之一，从操作层面将元评估定义为描述、获取和应用有关评估的有效性、可行性、适用性、准确性和问责等描述性与判断性信息的过程，其目的是指导评估和报告其优点与不足（斯塔弗尔比姆和柯林，2019）。基于斯塔弗尔比姆的理解，吴建南和白波（2009）认为元评估是指以评估的效用性、可行性、适用性和精确性为标准，通过收集评估活动的系统机制、行为能力、诚信度、受尊重程度和社会责任感方面的描述性和评估性信息，引导评估方向并评估该评估的价值和缺陷的过程。

从上述定义不难看出，元评估具有三个典型特征：①元评估是对项目绩效评估研究结果和推论的综合分析；②元评估告知了评估方法的有效性和效用，为富有成效地运用评估方法提供了指导；③元评估提供了关于项目影响的强有力的证据，能够证实和促进对评估结果的信任。

（二）元评估的类型

虽然界定元评估的角度存在差异，但是对元评估的理解大体上围绕评估过程和评估结果两方面展开，它们构成了元评估的两种基本类型，即形成性元评估和总结性元评估。形成性元评估在评估计划制定或评估实施过程中进行，主要是帮助评估者更好地计划、实施、改进、解释和报告他们的评估研究。形成性元评估为评估者提供了一个有价值的质量保证工具，其目的在于保障进行中的评估设计和执行的质量，进而保证评估能够有效地得出结论。总结性元评估通常在评估完成后进行，对评估工作的优劣进行回溯性评估，评估其有效性、可行性、适用性、准确性和问责性，帮助评估报告的潜在利用者判断评估价值之所在，总结性元评估所需的各种数据和信息可以通过形成性元评估来获取。除此之外，根据元评估者的来源，还可以将元评估分为内部元评估和外部评估。内部元评估意味着由同一支评估团队来负责初始评估和元评估，通过元评估标准或准则从内部来掌控元评估质量。外部元评估是由没有参与评估过程的评估人员独立审视评估方案，以保证元评估的有效性、可信性和可问责性。斯塔弗尔比姆将元评估内容和评估主体相结合，提炼了元评估的四种基本类型，这四种元评估需要检查一项评估的所有重要内容，包括评估设计、评估预算、数据采集、数据分析、评估报告等，见表 11.1（斯塔弗尔比姆和柯林，2019）。

表 11.1　内部和外部形成性和总结性元评估框架

	形成性元评估	总结性元评估
内部	评估人员系统地评估和采取必要的步骤明确或加强对目标受众、问题、计划、预算、谈判协议、工具、人员、数据采集、数据分析、报告草案等评估的定义	评估人员附加在最终评估报告的对评估满足合理的专业标准的程度的认证（如与评估相关联的有效性、可行性、适用性、准确性和问责性）
外部	独立的元评估人员，由评估客户或投资者选择，监视评估进程，酌情为评估人员提供有关评估的优点和不足的关键反馈	独立的元评估人员，由评估客户或投资者选择，为已完成的评估制定和提供一个总结性的元评估报告，评估其有效性、可行性、适用性、准确性和问责性。该报告应提供给所有主题评估的预期使用者

（三）元评估的意义

对于一项评估而言，诸如评估主体的认知偏差、数据收集和分析的技术缺陷等因素总是与评估活动如影相随，从而使"不完美"本身成为评估活动的典型特征。因此，元评估可以对评估活动及其质量发挥审计监督和"守门"的作用。具体而言，元评估的意义表现在以下几个方面。

1. 预防和控制评估偏差，提升评估能力

鉴于评估报告对报告使用者以及消费者的判断和决策产生的重要影响，斯克里文将控制评估偏差视为元评估的主要目标（Scriven，1975）。在关于评估偏差来源的分析中，斯克里文将评估者道德的有限性和利益追求视为主要来源。不过，在行为科学看来，有限理性以及由此产生的心理偏差使评估者容易陷入诸如直觉陷阱、过度自信陷阱等决策陷阱中，进而制造出评估的行动导向偏差、社会偏差、利益偏差、惯性偏差等偏差类型。在行为科学提供的克服认知偏差的路径中，任命外部挑战者来担任类似于外部元评估者角色被视为有效的行为策略，它为高级管理团队提供了一个让他们能够听到关于同一个问题的至少两种不同观点的机会。

2. 提升决策质量，推进问责制的落实

除了认知偏差的影响，质量低劣的评估报告也可能是出于某种政治目的而有意识制造的结果，评估本身是与政治联成一体的。就评估的政治属性而言，评估过程及其结果的应用关系到权力和利益的分配，评估者和主要的利益相关者或许会共同操纵评估过程及其结果。鉴于错误或质量低劣的评估报告会扩大决策风险，造成难以挽回的社会影响，通过元评估来检测和辨别事情真相和信息可信度就成为提升决策质量的有效举措。与此同时，通过对评估过程和结果进行系统审视和验证，元评估有助于检验评估目标的实现程度，发现和追究操纵和扭曲评估信息的利益相关者的责任，以保障评估的严肃性和权威性。

3. 维护和促进利益相关者的利益

一般而言，评估提供的信息能够成为诸如决策者、消费者、项目团队等利益相关者判断和决策的主要依据，在斯塔弗尔比姆看来，元评估可以为评估的客户和使用者提供评估的实用性、可行性和正确性等方面的相关信息（斯塔弗尔比姆和柯林，2019）。对评估者而言，健全的元评估提供了质量保证机制，帮助他们识别和解决对评估可靠性、适当性等带来的威胁，提升评估的专业化水平。对于消费者而言，经过独立第三方验证的关于评估有效性、可行性、适用性等方面的信息可以帮助他们更有信心地利用评估信息来避开各种消费陷阱。对于负责管理和监督评估系统的组织而言，元评估有助于证实他们所提供的评估管理服务的可行性、科学性和有效性，进而维护和提升组织声誉。

二、元评估的实施

（一）元评估的实施过程与任务

在斯克里文看来，完整的元评估实施过程应该包括检查所收集数据的质量或重新收集数据、确认评估需求、设计元评估方案、数据分析以及得出结论等主要环节（Scriven，2009）。按照元评估启动和实施的时间，梅尔滕斯等将元评估分为三个阶段。第一个阶段是在已经制订元评估计划，尚未正式实施该计划的时候，主要是审查评估的理论基础、目标识别，以及主要利益相关者确认等内容，这有助于在问题苗头显现之前就加以解决。第二个阶段是在正式实施元评估计划过程中，主要检查是否按照既定计划推进评估，评估团队工作的饱满性以及是否需要进行中期调整等内容。最后一个阶段是在评估计划即将结束的时候开展元评估，元评估者主要审查拟被提交的评估报告的草案，侧重于衡量数据收集和分析的质量、主要评估结论以及潜在评估效果等内容，进而确定评估报告的最终质量，并在正式报告被提交之前提出所需要的修改意见（Mertens and Wilson，2019）。

就元评估任务而言，斯塔弗尔比姆将其主要分为 11 项内容（见表 11.2）（Stufflebeam，2001）。总体而言，这些元评估任务可以划分为三个完成阶段。①元评估准备阶段。元评估发起者需要确定元评估类型，选择合适的元评估人员，或者组建元评估团队。在与元评估者协商确定元评估需要解决的问题、判断标准、时间以及预算等内容的基础上，双方签订正式的元评估协议。②元评估实施阶段。元评估者需要收集和分析达成元评估目标所需要的全部信息，倘若当前的信息不能满足分析需要，还需要通过额外途径来收集和分析数据。元评估者根据元评估标准或准则分析信息，撰写元评估报告草稿，就草稿内容与元评估发起方进行交流，在综合各方意见的基础上，以合适的报告方式完成最终的元评估报告。③元评估完成阶段。元评估者最终提交的正式报告应该包括元评估计划，元评估的中期报告以及元评估报告终稿等，并且可以根据事先的协议，选择合适的方式向利益相关者交流元评估的主要观点，澄清元评估中的一些关键细节，从而确保元评估结果能够得到充分利用或者不会被滥用。

表11.2　常规元评估任务

序号	任务
1	为元评估团队配备一名或多名合格的评估人员
2	确定并安排与元评估利益相关者之间的互动
3	明确元评估问题
4	就判断评估体系或特定评估标准、原则和/或准则达成共识
5	签订备忘录或合同来管理元评估
6	收集和确定相关的可用信息
7	通过现场访谈、观察和调查等方式收集需要的新信息
8	分析和综合获取的信息
9	根据合理的标准、原则和/或准则判断评估或评估系统
10	通过报告、信件、口头报告等方式传达元评估结果
11	根据需要和可行性，帮助客户和其他利益相关者领会和应用评估结果

（二）元评估的方法

要使元评估过程和结果经得起检验，就需要运用科学有效的元评估方法。评估清单可以通过评估应该满足的清单要素以及满足方式的标准来进行系统的元评估。此外，由于元评估者很难回头检测原评估数据收集过程及其错误率，需要运用定性研究方法来指导数据收集和分析（Scriven，2012）。

1. 元评估清单

经过检验的清单可以为元评估者、他们的客户和其他利益相关者计划、执行和判断评估提供有价值的帮助。依据评估清单来审视评估活动并不是一件简单的事情，评估者需要在深入研究清单内容所表示的细节之前，广泛、全面和批判性地思考评估赖以开展的基本假设。在斯克里文看来，清单充当了辅助记忆的工具，能够帮助评估者记住需要评估的重要事项，缓解认知偏差产生的消极影响，比大多数理论或统计分析更容易被理解和验证。此后，其构建了一份元评估清单表，其中包括有效性、清晰性、可信度、适切性、成本-效用以及普遍性等关键元评估要素（Scriven，2012）。

权威的标准是评判原评估成效的重要依据，在美国教育评估标准联合委员会提出的效用性、可行性、适用性、准确性以及问责性等标准基础上，斯塔弗尔比姆设计和开发了项目评估的总结性元评估清单，明确了每项标准的关键性元评估要点，元评估者可以对每个要点的具体测量内容进行评级和评分，最终通过汇总分数的方式对评估的总体质量做出评价（表11.3）（Stufflebeam and Zhang，2017）。但他也指出，由于标准的建立和验证都反映出标准制定者的道德和价值观以及严谨的评估方法论准则，因而标准并不具有普遍适用性，应该选择和运用适当的标准来判断和改进评估。

表 11.3　项目评估总结性元评估清单

标准	清单检查要点
效用性	1. 评估者的可信度；2.对利益相关者的关注度；3.商定的目标；4.价值观的明晰性；5.信息的明晰性；6.有意义的过程和产品；7.及时和适当的沟通与报告；8.评估报告的意义和影响
可行性	1. 计划管理；2.实用程序；3.情景灵活性；4.资源利用
适用性	1. 回应性和包容性；2.正式协议、事先达成书面协议的内容；3.人权和尊重程度；4.清晰和公平性；5.透明度和披露程度；6.利益冲突性；7.财政责任
准确性	1. 结论和决策的合理性；2.信息的有效性；3.信息的可靠性；4.项目和内容描述的明晰性；5.信息管理；6.设计和分析的合理性；7.评估推理的明晰性；8.沟通和报告
问责性	1. 评估文档；2.内部元评估；3.外部元评估

2. 元评估的质性分析方法

海尔格等认为可以将诸如内容分析、话语分析这样的质性分析方法运用于元评估中，这些质性分析方法能够更好地分析元评估清单难以估量的情景变量的影响（Hedler and Ribeiro，2009）。

质性分析被视为一种系统描述质性材料意义的方法，通过系统的编码分类和识别主题或模式的方式对文本数据内容进行主观解释，系统性、灵活性和减少处理的数据数量是质性分析的典型特征。库卡茨（2017）将质性分析过程划分为可以循环反复的六个步骤：①明确研究问题；②阅读和阐释文本；③建构类别；④编码本文片段；⑤分析；⑥呈现结果。在他看来，各个阶段或方法彼此之间没有严格界限，从一开始就没有具体理论的指导，分析产生于对文本的研究之中，是分析过程中每个阶段的一部分。

通过收集与评估活动有关的描述性和判断性信息，元评估对评估过程及其结果的有效性、准确性和问责性等进行指导和评价，收集和分析信息的过程主要针对各种类型的文本材料以及与之有关的价值、活动和行为等，这种对语言和非语言活动的依赖，使话语分析在评估活动中扮演着不可或缺的角色。吉（2011）提出了在进行话语分析时要考虑的一组通用问题，具体包括：①这段话是怎样使事物有意义的？是以什么方式使事物有意义的？②这段话被用来促成（让别人明白正在促成）哪种或哪几种活动的开展？③这段话被用来促成了哪种或哪几种身份的确定（即让他人承认其有效性）？④这段话要促成与他人（在场或不在场）之间的哪种或哪几种关系？⑤这段话交流的是关于社会产品的什么观点？⑥这段话如何在事物之间建立或断开联系？如何使事物彼此相关或不相关？⑦这段话是如何使某种符号系统（如西班牙语对英语、技术语言对日常语言、文字对图片、文字对公式）占优势或不占优势，或者使获取知识和信念或宣称知识和信念的方式占优势或不占优势？

| 案例 | 工作场所健康促进项目评估的元评估 |

一、资料来源

Hanssen C E, Lawrenz F, Dunet D O. 2008. Concurrent meta-evaluation: a critique. American Journal of Evaluation, 29(4): 572-582.

二、背景与目的

由于大多数劳动力的主要时间都是在工作场所度过，因此工作场所环境是成年人健康促进实践的重要影响因素。美国疾病预防和控制中心启动了一个促进工作场所工人员工健康的项目，在项目实施过程中采取了对工作场所的健康促进行为进行快速评价和转变的评估技术（swift worksite assessment and transformation，SWAT），并对其中具有创新性、能够减少员工慢性病风险的最佳实践进行广泛推广。为了及时监测和保障这种快速评估的质量，为评估者完善这种快速评估的方法提供指导，评估团队与美国疾病预防和控制中心签订了价值5万美元的元评估合同，从2005年8月至2006年12月进行了持续20个月的元评估。元评估主要围绕三个问题展开：①评估过程及其组成部分的优点和缺点有哪些？如何改进评估过程？②如何评估产生预期结果的评估过程的有效性？③评估框架在多大程度上能够帮助评估者进行一项能够满足公认的项目评估标准的评估？

三、元评估过程

与形成性和总结性元评估不同，评估团队采取了一种并行性的元评估方式，将元评估活动贯穿在快速评估方法开发和执行的始终，全面参与了包括数据收集和数据质量验证的评估过程。评估小组将美国教育评估标准联合委员会、斯克里文等构建的元评估清单作为元评估方案设计的主要依据，将定性和定量相结合的评估方法融合进25个过程评估以及26个结果评估问题中，每个具体问题都围绕数据来源、数据收集策略、数据收集责任人以及分析计划等展开。针对需要回答的三个主要元评估问题，元评估小组主要实施了七种元评估行为，主要包括：①每周与评估小组进行例行的电话会议；②及时评估各种文档草案；③参观工厂现场，进行非正式访谈；④与专家小组成员进行电话访谈；⑤聘请独立的工作场所健康促进专家小组来验证评估小组的评估结论；⑥与评估小组成员进行一对一的电话访谈；⑦与工作场所的员工代表进行电话访谈。

四、元评估结果

在实施和综合元评估行为基础上，依据所构建的元评估清单，评估团队向项目评估小组提供了最终反馈和建议，认为SWAT的优势在于其系统和详细的评价程序、服务导向以及所提供的信息的准确性。SWAT是一种快速评估工作场所健康促进行为的有效方法，项目评估小组遵守了公认的评估标准，但项目评估小组仍然需要在减少评估偏见、精简访谈内容等方面采取改善措施。

📝 本章小结

评估结果交流是指评估者通过各种方式、利用各种媒介向利益相关者传递、呈现、沟通评估结果的过程。在该过程中，评估人员应灵活运用书面报告、非书面报告两种交流形式，同时注意交流成果的数据可视化、交流的引导和冲突管理以及交流的评估伦理遵守等问题。评估利用是各种潜在用户对来自评估结果或其过程的信息加以适当运用，以便对被评估的政策或项目及其内容、组织成员的角色及其观点等施加影响，进而达到做出决策、改变态度、证实先前的决策或行动或者建立个人或组织评估能力等目的。评估利用会受到评估的用户、评估者、评估本身以及评估的组织/社会背景因素的影响，可以通过鼓励利益相关者参与评估、确定预期用户及其评估结果的潜在应用、通过评估合同建立信任和可行性以及建立利益相关者评估审查小组等方式推动评估利用。元评估是对评估行为本身进行的评估，包括内部元评估、外部元评估、形成性元评估、总结性元评估等类型。元评估过程大体上可以分为三个主要阶段，元评估清单以及相关质性分析方法是元评估运用的主要方法。

关键术语

评估结果交流；书面报告、非书面报告；评估利用，评估滥用；元评估；形成性元评估、总结性元评估；内部元评估、外部元评估

复习思考题

1. 评估结果的交流方式有哪些？
2. 评估结果交流需要注意哪些关键事项？
3. 影响评估利用的因素有哪些？
4. 促进评估利用具有哪些具体途径？
5. 开展元评估有何意义？
6. 实施元评估的过程是怎样的？包括哪些任务？
7. 斯塔弗尔比姆设计的总结性元评估清单包含哪些标准？
8. 开展元评估的质性分析方法有哪些？

参 考 文 献

宾厄姆 R D, 菲尔宾格 C L. 2008. 项目与政策评估: 方法与应用. 2 版. 朱春奎, 杨国庆, 等, 译. 上海: 复旦大学出版社.

陈家刚, 2019. 大数据时代的公共政策评估研究: 挑战、反思与应对策略. 河南社会科学, 27(8): 46-51.

陈振明. 2015. 公共政策分析导论. 北京: 中国人民大学出版社.

邓恩 W N. 2002. 公共政策分析导论. 2 版. 谢明, 等, 译. 北京: 中国人民大学出版社.

杜栋, 庞庆华, 吴炎. 2005. 现代综合评价方法与案例精选. 北京: 清华大学出版社.

方振邦. 2019. 公共部门绩效管理. 北京: 中国人民大学出版社.

费希尔 F. 2003. 公共政策评估. 吴爱明, 李平, 等, 译. 北京: 中国人民大学出版社.

古贝 E G, 林肯 Y S. 2008. 第四代评估. 秦霖, 蒋燕玲, 等, 译. 北京: 中国人民大学出版社.

郭峰, 陶旭辉. 2023. 机器学习与社会科学中的因果关系: 一个文献综述. 经济学(季刊), 23(1): 1-17.

吉 J P. 2011.话语分析导论: 理论与方法.杨炳钧, 译. 重庆: 重庆大学出版社.

吉尔林 J. 2017. 案例研究:原理与实践. 黄海涛, 刘丰, 孙芳露, 译. 重庆: 重庆大学出版社.

姜维. 2018. 文本分析与文本挖掘. 北京: 科学出版社.

柯克帕特里克 J D, 柯克帕特里克 W K. 2012. 柯氏评估的过去和现在: 未来的坚实基础. 崔连斌, 胡丽, 译. 南京: 江苏人民出版社.

孔翠芳, 龙玉清, 王女英. 2023. "三个重大" 评估实践概述. 宏观经济管理, (1): 74-82.

库卡茨 U. 2017.质性文本分析: 方法、实践与软件使用指南. 朱志勇, 范晓慧, 译. 重庆: 重庆大学出版社.

李允杰, 丘昌泰. 2008. 政策执行与评估. 北京: 北京大学出版社.

李志军. 2016. 第三方评估理论与方法. 北京: 中国发展出版社.

梁鹤年. 2009. 政策规划与评估方法. 丁进锋, 译. 北京: 中国人民大学出版社.

罗希 P, 李普希 M, 弗里曼 H. 2007. 评估:方法与技术. 邱泽奇, 等, 译. 重庆: 重庆大学出版社.

戚安邦. 2006. 项目评估学. 天津: 南开大学出版社.

陕西师范大学教育实验经济研究所. 2022. 影响评估手册: 经济学实验方法在中国农村教育与健康领域的实践与发展. 上海: 华东师范大学出版社.

舍恩伯格 V M, 库克耶 K. 2013. 大数据时代: 生活、工作与思维的大变革. 盛杨燕, 周涛, 译. 杭州: 浙江人民出版社出版.

施托克曼 R, 梅耶 W. 2012. 评估学. 唐以志, 译. 北京: 人民出版社.

斯塔弗尔比姆 D L. 2007. 评估模型. 苏锦丽, 等, 译. 北京: 北京大学出版社.

斯塔弗尔比姆 D L, 柯林 C L S.2019. 评估理论、模型和应用. 2 版. 杨保平, 杨昱, 姬祥, 等, 译. 北京: 国防工业出版社.

王建冬, 童楠楠, 易成岐. 2019. 大数据时代公共政策评估的变革: 理论、方法与实践. 北京: 社会科学文献出版社.

吴建南, 白波. 2009. 评估政府绩效评估:元评估方法的探索性应用. 行政论坛, 16(6): 32-37.

吴君民, 魏晓卓, 宁宣熙. 2007. 经济利益的理性思考: 效果、效率与效益. 会计研究, (3): 26-32, 93-94.

伍斌. 2015. 种族批判理论的起源、内涵与局限. 民族研究, (3): 107-119, 126.

谢尔巴姆 A C, 肖克利 M K. 2019. 定量数据分析. 王筱, 华莎, 译. 上海: 格致出版社.

杨代福. 2023. 西方政策评估理论与方法研究. 杭州: 浙江大学出版社.

杨永恒, 陈升. 2019. 现代治理视角下的发展规划: 理论、实践和前瞻. 北京: 清华大学出版社.

贠杰, 杨诚虎. 2006. 公共政策评估: 理论与方法. 北京: 中国社会科学出版社.

Abadie A, Gardeazabal J. 2003. The economic costs of conflict: a case study of the Basque country. American Economic Review, 93(1): 113-132.

Agostino D, Arnaboldi M. 2017. Social media data used in the measurement of public services effectiveness: empirical evidence from Twitter in higher education institutions. Public Policy and Administration, 32(4): 296-322.

Alkin M C, 2013. Evaluation Roots: A Wider Perspective of Theorists' Views and Influences. 2nd ed. Thousand Oaks: Sage.

Alkin M C, King J A. 2016. The historical development of evaluation use. American Journal of Evaluation, 37(4): 568-579.

Alkin M C, King J A. 2017. Definitions of evaluation use and misuse, evaluation influence, and factors affecting use. American Journal of Evaluation, 38(3): 434-450.

American Evaluation Association. 2004. Guiding principles for evaluators. https://www.eval.org/About/ Guiding-Principles[2023-03-09].

American Evaluation Association. 2018. Guiding principles for evaluators. https://www.eval.org/ About/ Guiding-Principles. [2023-05-07].

Andersson T D, Armbrecht J, Lundberg E. 2008. Impact of mega-events on the economy. Asian Business & Management, 7(2): 163-179.

Ashenfelter O. 1978. Estimating the effect of training programs on earnings. The Review of Economics and Statistics, 60(1): 47-57.

Bamberger M. 2016. Integrating big data into the monitoring and evaluation of development programmes. http://unglobalpulse.org/sites/default/files/IntegratingBigData_intoMEDP_web_UNGP. pdf[2023-06-08].

Bamberger M, Vaessen J, Raimondo F. 2016. Complexity in development evaluation: a framework // Bamberger M, Vaessen J, Raimondo F. Dealing with Complexity in Development Evaluation:A Practical Approach. Thousand Oaks: Sage: 2-29.

Bazeley P. 2018. Integrating Analyses for Mixed Methods Research. London: SAGE Publications Ltd.

Bennett G, Nasreen J. 2011.The Knowledge Translation Toolkit-Bridging the Know-Do Gap: A Resource for Researchers. Mumbai: SAGE Publications India Pvt. Ltd

Bergeron D A, Gaboury I. 2020. Challenges related to the analytical process in realist evaluation and latest developments on the use of NVivo from a realist perspective. International Journal of Social Research Methodology, 23(3): 355-365.

Bickman L, 1987. The functions of program theory. New Directions for Program Evaluation, (33): 5-18.

Boardman A E, Greenberg D H, Vining A R, et al. 2010. Cost-Benefit Analysis: Concepts and Practice. 4th ed. Hoboken: Prentice Hall.

Bogenschneider K, Corbett T J. 2011. Evidence-Based Policymaking:Insights from Policy-Minded Researchers and Research-Minded Policymakers. New York: Routledge.

Campbell D T, Stanley J C, Gage N L. 1963. Experimental and Puasi-Experimental Designs for Research. Houghton: Mifflin and Company.

Caplan N，Morrison A，Stainbaugh R J .1975. The use of social science research at the national level. Ann Arbor, MI: Institute for Social Research.

Chen H T, 1989. The conceptual framework of the theory-driven perspective. Evaluation and Program Planning, 12(4): 391-396.

Chen H T. 1990.Theory-Driven Evaluations. California: Sage.

Chen H T，Rossi P H.1981.The multi-goal, theory-driven approach to evaluation: a model lining basic and applied social science.Evaluation Studies Review Annual, 6: 38-54.

Chen H T, Rossi P H. 1989. Issues in the theory-driven perspective. Evaluation and Program Planning, 12(4): 299-306.

Chouinard J A, Cousins J B. 2013. Participatory evaluation for development: examining research-based knowledge from within the African context. African Evaluation Journal, 1(1): 9.

Cook T D. 1985. Postpositivist critical multiplisrn//Shotland R L, Mark M M. Social Science and Social Policy. Thousand Oaks: Sage: 21-62.

Cook T D, Gruder C L. 1978. Metaevaluation Research. Evaluation Quarterly, 2(1): 5-51.

Cook T D, Campbell D T. 1979. Quasi-Experimentation: Design and Analysis Issues for Field Settings. Boston: Houghton Mifflin.

Cooksy L J, Caracelli V J. 2005. Quality, context, and use. American Journal of Evaluation, 26(1): 31-42.

Cousins J B, Earl L M. 1992. The case for participatory evaluation. Educational Evaluation and Policy Analysis, 14(4): 397-418.

Cram F. 2009. Maintaining indigenous voices//Mertens D M, Ginsberg P E. Handbook of Social Research Ethics. Thousand Oaks: Sage: 308-322.

Datta L E. 1994. Paradigm wars: a basis for peaceful coexistence and beyond. New Directions for Program Evaluation, 61: 53-70.

de Souza D E. 2013. Elaborating the context-mechanism-outcome configuration (CMOc) in realist evaluation: a critical realist perspective. Evaluation, 19(2): 141-154.

Donaldson S.I. 2007. Program Theory-Driven Evaluation Science: Strategies and Applications. 1st ed. New York: Routledge.

Egon G. 1990. The Paradigm Dialog. Beverly Hills: Sage.

Egon G. 2018. Mixed Methods Design in Evaluation. London: Sage.

Ehrlich I. 1975. The deterrent effect of capital punishment: a question of life and death. The American Economic Review, 65(3): 397-417.

Eisner E W. 2004. The roots of connoisseurship and criticism: a personal journey. DOI:10.4135/9781412984157. N12[2023-04-06].

Eisner E W, Peshkin A. 1990. Qualitative inquiry in education: the continuing debate. New York: Teachers College, Columbia University.

Fetterman D M, Kaftarian S J. 2015. Empowerment Evaluation: Knowledge and Tools for Self-Assessment, Evaluation Capacity Building, and Accountability. 2nd ed. Los Angeles: Sage Publications.

Fina S, Joshi J, Wittowsky D. 2021. Monitoring travel patterns in German city regions with the help of mobile phone network data. International Journal of Digital Earth, 14(3): 379-399.

Fischer F, Gottweis H. 2012. The Argumentative Turn Revisited Public Policy as Communicative Practice. Durham: Duke University Press.

Fitz-Gibbon C T, Morris L L. 1992. Theory-based evaluation. Evaluation Comment, 5(1): 1-4.

W. K Kellogg Foundation. 2004. Logic model development guide. www.wkkf.org/knowledge-center/resources/2006/02/WK-Kellogg-Foundation-Logic-Model-DevelopmentGuide.aspx[2023-06-07].

Fournier D M. 2005. Evaluation. California: Sage.

Glennester R. Takavarasha K. 2013. Running Randomized Evaluations: A Practical Guide. Princeton: Princeton University Press.

Global Environment Facility. 2015. Impact evaluation of GEF support to protected areas and protected area systems. Washington D.C.: 49th GEF Council Meeting.

Government Accountability Office. 2013. Program evaluation: Strategies to facilitate agencies use of evaluation in program management and policy making. https://www.gao.gov/assets/ gao-13-570. pdf[2023-05-07].

Greene J C, Caracelli V J, Graham W F. 1989. Toward a conceptual framework for mixed-method evaluation designs. Educational Evaluation and Policy Analysis, 11(3): 255-274.

Guba E G. 1990. The alternative paradigm dialog//Guba E G. The Paradigm Dialog. Newbury Park: Sage: 17-30.

Guba E G, Lincoln Y S. 2005. Handbook of Qualitative Research. Thousand Oaks: Sage Publications.

Hammer D, Kraft R, Wheeler D. 2010. Forma: forest monitoring for action- rapid identification of pan-tropical deforestation using moderate-resolution remotely sensed data. https://www.cgdev.org/sites/default/files/1423248_file_Hammer_Kraft_Wheeler_FORMA_FINAL. pdf[2023-07-08].

Harris R, Holmes H M, Mertens D M. 2009. Research ethics in sign language communities. Sign Language Studies, 9(2): 104-131.

Hedrick T E. 1994. The quantitative-qualitative debate: possibilities for integration. New Directions for Program Evaluation, 61: 45-52.

Hedler H, Ribeiro N G. 2009. The contribution of metaevaluation to program evaluation: proposition of a model. Journal of MultiDisciplinary Evaluation. 6(12): 210-223.

Højlund S, Olejniczak K, Petersson G J, et al. 2017. The Current Use of Big Data in Evaluation//Petersson G J, Breul J D. Cyber Society, Big Data and Evaluation. Missouri: Transaction Publishers: 35-60.

Hood S, Hopson R K, Kirkhart K E. 2015. Culturally responsive evaluation: theory, practice, and future implications//Newcomer K E, Hatry H P, Wholey J S. Handbook on Practical Program Evaluation.4th ed. San Francisco: Jossey-Bass: 281-317.

Hopkins C Q, Koss M P. 2005. Incorporating feminist theory and insights into a restorative justice response to sex offenses. Violence Against Women, 11(5): 693-723.

Houge S. 2017. West Africa Report. New York: Mill Neck Foundation.

House E R. 1990. Research news and comment: trends in evaluation. Educational Researcher, 19(3): 24-28.

House E R. 2019. Democracy and evaluation//Mertens D M, Wilson A T. Program Evaluation Theory and Practice: A Comprehensive Guide. 2nd ed. New York: The Guilford Press: 178-179.

House E R, Howe K R. 2000. Deliberative democratic evaluation. New Directions for Evaluation, 85: 3-12.

Houts A C, Cook T D, Shadish W R Jr. 1986. The person-situation debate: a critical multiplist perspective. Journal of Personality, 54(1): 52-105.

Jackson S. 2015. Big data monitoring and evaluation: a theoretical framework, tools and lessons learned from practice. http://unglobalpulse.org/sites/default/files/Annex%201%20Big_data_monitoring_and_evaluation.pdf [2023-07-08].

Johnson R B. 2011. Dialectical pluralism: a metaparadigm to help us hear and "combine" our valued differences. Urbana-Champaign: 7th International Congress of Qualitative Inquiry.

Johnson R B. 2017. Dialectical pluralism. Journal of Mixed Methods Research, 11(2): 156-173.

Johnson R B, Onwuegbuzie A J, Tucker S, et al. 2014. Conducting Mixed Methods Research Using Dialectical Pluralism and Social Psychological Strategies. New York: Oxford University Press.

Johnson R B, Schoonenboom J. 2016. Adding qualitative and mixed methods research to health intervention studies: interacting with differences. Qualitative Health Research, 26(5): 587-602.

Joseph J. 2001. Critical realism: essential readings. Historical Materialism, 8(1): 507-517.

King J A, 2005. A proposal to build evaluation capacity at the Bunche–Da Vinci Learning Partnership Academy. New Directions for Evaluation, (106): 85-97.

Kirilenko A P, Stepchenkova S O. 2014. Public microblogging on climate change: one year of Twitter worldwide. Global Environmental Change, 26: 171-182.

Korzenik D, 1977. On Robert stake's "responsive evaluation". Journal of Aesthetic Education, 11(1): 106.

Landry R, Lamari M, Amara N, 2003. The extent and determinants of the utilization of university research in government agencies. Public Administration Review, 63(2): 192-205.

Lather P. 1992. Critical frames in educational research: feminist and post-structural perspectives. Theory Into Practice, 31(2): 87-99.

Leeuw H B M. 2017. Using big data to study digital piracy and the copyright alert system 1//Cyber Society,

Big Data, and Evaluation. New Brunswick: Transaction Publishers: 97-116.

Lincoln Y S, Guba E G. 2005. Handbook of Qualitative Research. Thousand Oaks: Sage.

Lincoln Y S, Guba E G. 2013. The Constructivist Credo. Walnut Creek: Left Coast Press: 7-13, 20, 27-31, 37-82.

Lincoln Y, Guba E. 2004. The roots of fourth generation evaluationl: theoretical and methodological origins//Alkin M C. Evaluation Roots. California: Sage : 226-241.

Madaus G F, Stufflebeam D L. 1989. Educational Evaluation: Classic Works of Ralph W. Tyler. Boston: Springer Dordrecht.

Manyika J, Chui M, Brown B, et al. 2011. Big data: the next frontier for innovation, competition, and productivity. McKinsey Global Institute:1-143.

Mark M M, Caracelli V, McNall M A, et al. 2018. The oral history of evaluation. American Journal of Evaluation, 39(2): 290-304.

Mark M M, Gamble C. 2009. Handbook of social research ethics. Thousand Oaks: Sage.

Mark M M, Henry G T. 2006. Methods for Policy-Making and Knowledge Development Evaluations//Shaw I F, Greene J C, Mark M M. The SAGE handbook of evaluation. Thousand Oaks: Sage Publishing: 317-339.

Mark M M, Henry G T, Julnes G. 2004. Evaluation. San Francisco: Jossey-Bass.

Mark M M, Henry G T, Julnes G. 1999. toward an integrative framework for evaluation practice. American Journal of Evaluation, 20(2): 177-198.

Mathison S. 2005. Encyclopedia of Evaluation.Thousand Oaks: Sage.

Mertens D M. 1998. Research Methods in Education and Psychology: Integrating Diversity with Quantitative and Qualitative Approaches.Thousand Oaks: Sage.

Mertens D M. 2009. Transformative Research and Evaluation. New York: Guilford Press.

Mertens D M. 2015. Research and Evaluation in Education and Psychology: Integrating Diversity with Quantitative, Qualitative, and Mixed Methods. 4th ed. Thousand Oaks: Sage.

Mertens D M. 2018. Mixed Methods Design in Evaluation. London: Sage.

Mertens D M, Wilson A T. 2012. Program Evaluation Theory and Practice: A Comprehensive Guide. London: Guilford Publications.

Mertens D M, Wilson A T. 2019. Program Evaluation Theory and Practice: A Comprehensive Guide. 2nd ed. London: Guilford Publications.

Mienczakowski J, Morgan S. 2001. Ethnodrama: Constructing Participatory, Experiential and Compelling Action Research Through Performance//Reason P, Bradbury H .Handbook of Action Research. London: SAGE Publications Ltd.

Morris M. 2005. Ethics//Mathison S. Encyclopedia of Evaluation. Thousand Oaks: Sage: 132-134.

Morris M. 2015. Research on evaluation ethics: reflections and an agenda. New Directions for Evaluation, (148): 31-42.

Munger K M, Mertens D M. 2011. Conducting research with the disability community: a rights-based approach. New Directions for Adult and Continuing Education, 132: 23-33.

Newman D L. 1995. The future of ethics in evaluation: developing the dialogue. New Directions for Program Evaluation, 66: 99-110.

Newman D L, Brown R D. 1996. Applied Ethics for Program Evaluation. Newbury Park: Sage.

Nielsen S B, Ejler N, Schretzman M. 2017. Exploring big data opportunities: the case of the center for innovation through data intelligence (CIDI), New York city//Petersson G J, Breul J D. Cyber Society, Big Data and Evaluation. Missouri: Transaction Publishers: 147-169.

Nisbet M C, Scheufele D A. 2009. What's next for science communication? Promising directions and lingering distractions. American Journal of Botany, 96(10): 1767-1778.

Nutley S, Walter I, Davies H T O. 2007. Using Evidence: How Research can Inform Public Services. Bristol UK: Policy Press.

Olejniczak K. 2013. Mechanisms shaping an evaluation system: a case study of Poland 1999-2010. Europe-Asia Studies, 65(8): 1642-1666.

Oliver K, Innvar S, Lorenc T, et al. 2014. A systematic review of barriers to and facilitators of the use of evidence by policymakers. BMC Health Services Research, 14(1): 1-12.

Orr L L, 2018. The role of evaluation in building evidence-based policy. The ANNALS of the American Academy of Political and Social Science, 678(1): 51-59.

Parker L, Lynn M. 2002. What's race got to do with it? Critical race theory's conflicts with and connections to qualitative research methodology and epistemology. Qualitative Inquiry, 8(1): 7-22.

Parlett M, Hamilton D. 1972. Evaluation as illumination: a new approach to the study of innovatory programs//Glass G. Evaluation Review Studies Annual. Beverly Hills: SAGE: 140-157.

Patton M Q. 2007. Utilization-Focused Evaluation. 3rd ed. Los Angeles: Sage Publications.

Patton M Q. 2008. Utilization-Focused Evaluation. 4th ed. Los Angeles: Sage Publications.

Patton M Q.2013. Utilization-Focused Evaluation Checklist. https://wmich.edu/sites/default/files/attachments /u350/2014/UFE_checklist_2013. pdf[2023-02-03].

Patton M Q. 2015. Misuse The Shadow Side of Use // Christie C A,Vo A T. Evaluation Use and Decision-Making in Society: A Tribute to Marvin C. Alkin. Charlotte: Information Age Publishing Inc.

Pawson R D , Tilley N . 1997. Realistic Evaluation. London: Sage Publications Ltd.

Pawson R. 2007. Evidence-Based Policy: A Realist Perspective. London: Sage Publications.

Pearl J. 1988. Probabilistic Reasoning in Intelligent Systems: Networks of Plausible Inference. San Francisco: Morgan Kaufmann.

Pearl J. 2009. Causality: Models, Reasoning, and Inference. 2nd ed. New York: Cambridge University Press.

Picciotto R. 2003. International trends and development evaluation: the need for ideas. The American Journal of Evaluation, 24(2): 227-234.

Pradhan E, Jamison D T. 2019. Standardized sensitivity analysis in BCA: an education case study. Journal of Benefit-Cost Analysis, 10(1): 206-223.

Preskill H, Torres R T. 1999. Evaluative Inquiry for Learning in Organizations. Los Angeles: Sage Publications.

Rathinam F, Khatua S, Siddiqui Z, et al. 2021. Using big data for evaluating development outcomes: a systematic map. Campbell Systematic Reviews, 17(3): ell49.

Rosenbaum P R. Rubin D B. 1983. The central role of the propensity score in observational studies for causal effects. Biometrika, 70(1): 41-55.

Ryan K E. 2005. Making educational accountability more democratic. American Journal of Evaluation, 26(4): 532-543.

Saldaña J. 2011. Ethnotheatre: Research From Page to Stage. Walnut Creek: Left Coast Press.

Schintler L A, Kulkarni R. 2014. Big data for policy analysis: the good, the bad, and the ugly. Review of Policy Research, 31(4): 343-348.

Schoonenboom J, Johnson R B. 2017. How to construct a mixed methods research design. KZfSS Kölner Zeitschrift für Soziologie und Sozialpsychologie, 69(2): 107-131.

Schwandt T A. 2000. Three epistemological stances for qualitative inquiry: interpretivism, hermeneutics, and social constructionism//Denzin N K, Lincoln Y S. Handbook of Qualitative Research. 2nd ed. Thousand Oaks: Sage: 17-213.

Schwandt T A. 2007. Expanding the conversation on evaluation ethics. Evaluation and Program Planning, 30(4): 400-403.

Schwandt T A. 2013. Egon Guba:observations on a journey to constructivism//Lincoln Y S, Guba E G. The Constructivist Credo. Walnut Creek: Left Coast Press.

Schweigert F J. 2007. The priority of justice: a framework approach to ethics in program evaluation. Evaluation and Program Planning, 30(4): 394-399.

Scriven M. 1969. An introduction to meta- evaluation.Educational Product Report, 2: 36-38.

Scriven M. 1975. Evaluation Bias and Its Control. Kalamazoo: Western Michigan University.

Scriven M. 1993.Hard-Won Lessons in Program Evaluation.San Francisco : Jossey-Bass Publisher.

Scriven M. 2009. Meta-evaluation revisited. Journal of MultiDisciplinary Evaluation, 6(11): 3-8.

Scriven M. 2012. Evaluating evaluations: a meta-evaluation checklist. http://michaelscriven.info/images/ EVALUATING_ EVALUATIONS_8.16.11.pdf[2023-07-08].

Segone M. 2006. New Trends in Development Evaluation. Geneva, Switzerland: UNICEF Regional Office.

Shadish W R, Cook T D, Leviton L C. 1990. Foundations of Program Evaluation. Thousand Oaks: Sage.

Shadish W R. 1993. Critical multiplism: a research strategy and its attendant tactics. New Directions for Program Evaluation, 60: 13-57.

Shadish W R. 1998. Evaluation theory is who we are. American Journal of Evaluation, 19: 1-19.

Shaw I F, Greene J C, Mark M M. 2006. The SAGE Handbook of Evaluation. Thousand Oaks: Sage.

Shonkoff J P. 2000. Science, policy, and practice: three cultures in search of a shared mission. Child Development, 71(1): 181-187.

Sielbeck-Bowen K A, Brisolara S, Seigart D, et al. 2002. Exploring feminist evaluation: the ground from which we rise. New Directions for Evaluation, 96: 3-8.

Simons H. 2006. Ethics in evaluation//Shaw I F, Greene J C, Mark M M. The SAGE Handbook of Evaluation. London: SAGE Publications Ltd: 244-265.

Smith C, Mashhadi A, Capra L. 2013. Ubiquitous sensing for mapping poverty in developing countries. http://citeseerx.ist.psu.edu/viewdoc/download;jsessionid=086120FED6EF82F11AA79F83137AB951?doi=10. 1.1.408.9095&rep=rep1&type=pdf [2023-07-09].

Smith N L. 2002. An analysis of ethical challenges in evaluation. American Journal of Evaluation, 23(2): 199-206.

Smits P A, Champagne F. 2008. An assessment of the theoretical underpinnings of practical participatory evaluation. American Journal of Evaluation, 29(4): 427-442.

Solórzano D G, Yosso T J. 2001. Critical race and LatCrit theory and method: counter-storytelling. International Journal of Qualitative Studies in Education, 14(4): 471-495.

Soto V, Martinez V F, Virseda J, et al. 2011. Prediction of socioeconomic levels using cell phone records. Umap, Girona, Spain, Springer-Verlag: User Modeling, Adaption & Personalization-International Conference.

Stake R E.1975. Program evaluation, particularly responsive evaluation. Kalamazoo: The Evaluation Center, Western Michigan University.

Stake R E, Abma T A. 2005. Responsive evaluation//Mathison S. Encyclopedia of Evaluation. Thousand Oaks: Sage: 376-379.

Stefurak T, Johnson R B, Shatto E H. 2015. Mixed methods and dialectical pluralism//Jason L A, Glenwick D S. In Handbook of Methodological Approaches to Community-Based Research. New York: Oxford University Press: 345-354.

Stern C, Lizarondo L, Carrier J, et al. 2020. Methodological guidance for the conduct of mixed methods systematic reviews. JBI Evidence Synthesis, 18(10): 2108-2118.

Strategic Policy Making Team Cabinet Office. 1999. Professional Policy Making for the Twenty-First Century. https://dera.ioe.ac.uk/id/eprint/6320/1/profpolicymaking.pdf[2023-07-12].

Stufflebeam D L. 2001. The metaevaluation imperative. American Journal of Evaluation, 22(2): 183-209.

Stufflebeam D L, Shinkfield A J. 2007. Evaluation Theory, Models, and Applications. San Franciso: Jossey Bass: 242-243.

Stufflebeam D L, Zhang G L, 2017. The CIPP Evaluation Model: How to Evaluate for lmprovement and Accountability. New York: Guilford Publications.

Sullivan M. 2009. Philosophy, ethics, and the disability community//Mertens D M, Ginsberg P E. Handbook of Social Research Ethics. Thousand Oaks, CA: Sage: 69-84.

Tashakkori , Teddlie C, 1998. Mixed Methodology: Combining Qualitative and Quantitative Approaches. Los Angeles, CA: Sage Publications, Inc.

Teddlie C, Tashakkori A. 2009. Foundations of mixed methods research: integrating quantitative and qualitative approaches in the social and behavioral sciences. Los Angeles: Sage Publications Inc.

Teddlie C, Tashakkori A. 2010. Overview of Contemporary Issues in Mixed Methods Research//Tashakkori A,Teddlie C.Sage Handbook of Mixed Methods in Social and Behavioral Research. Thousand Oaks: Sage:1-41.

Terry E H. 1995. Programme evaluation: improving the flow of information to the congress. https://www.gao.gov/assets/pemd-95-1.pdf[2023-07-04].

Tevens A, Abrams K R, Brazier J, et al. 2001. reviews and meta-analysis: an introduction//Tevens A, Abrams K R, Brazier J, et al. Methods in Evidence Based Healthcare. London: Sage Publications: 367-369.

Thomas V G. 2009. Critical race theory: ethics and dimensions of diversity in research//Mertens D M, Ginsberg P E. Handbook of Social Research Ethics. Thousand Oaks: Sage: 54-68.

Todahl J L, Linville D, Bustin A, et al. 2009. Sexual assault support services and community systems: understanding critical issues and needs in the LGBTQ community. Violence Against Women, 15(8): 952-976.

Trochim W. M. 1998. An evaluation of Michael scriven's "minimalist theory: the least theory that practice requires." American Journal of Evaluation, 19(2): 243-249.

Tseng V, 2012. The uses of research in policy and practice. Social Policy Report, 26(2): 1-24.

U.S.General Accounting Office. 1990. Case study evaluation.Washington: U.S.GAO, Program Evaluation and Methodology Division.

UN Global Pulse. 2015. Analysing seasonal mobility patterns using mobile phone data. Global Pulse Project Series, no.15.

Vedung E. 2010. Four waves of evaluation diffusion. Evaluation, 16(3): 263-277.

Vernon H J, Storeygard A, Weil D N. 2012. Measuring economic growth from outer space. American Economic Review, 102(2): 994-1028.

Weiss C H. 1997. Theory-based evaluation: Past, present, and future. New Directions for Evaluation, (76): 41-55.

Weiss C H. 1972. Utilization of evaluation: toward comparative study//Weiss C H. Evaluating Action programs: Readings in Social Action and Education. Boston: Allyn and Bacon: 318-326.

Weiss C H Murphy-Graham E, Petrosino A, et al. 2008. The fairy godmother and her warts making the dream of evidence-based policy come true. American Journal of Evaluation, 29(1): 29-47.

Wertz F J. 1999. Multiple methods in psychology: epistemological grounding and the possibility of unity. Journal of Theoretical and Philosophical Psychology, 19(2): 131-166.

Willemsen F, Leeuw F. 2017. Big data, real-world events, and evaluations//Petersson G J, Breul J D. Cyber Society, Big Data and Evaluation. Missouri: Transaction Publishers: 77-95.

Wilson A T, Winiarczyk R E. 2014. Mixed methods research strategies with deaf people: linguistic and cultural challenges addressed. Journal of Mixed Methods Research, 8(3): 266-277.

Wolf A, Turner D, Toms K. 2009. Ethical perspectives in program evaluation//Mertens D M, Ginsberg P E. The Handbook of Social Research Ethics. Thousand Oaks: Sage: 170-184.

World Federation of the Deaf. 2014. Deaf women and girls not able to enjoy basic human rights//Wilson A T, Winiarczyk R E. Mixed Methods Research Strategies with Deaf People. Journal of Mixed Methods Research, 8(3): 267.

Yarbrough D, Shulha L, Hopson R, et al. 2011. The Program Evaluation Standards. 3rd ed. Thousand Oaks: Sage.

Yardley L. 2009. Demonstrating validity in qualitative psychology//Smith J A. Qualitative Psychology: A Practical Guide to Research Method. Los Angeles: Sage: 235-251.

Yin R K. 2011. Qualitative Research from Start to Finish. New York: Guilford: 188-192.

Youker B W. 2013. Goal-free evaluation: a potential model for the evaluation of social work programs. Social Work Research, 37(4): 432-438.